D1678743

COLLECCAO
DE
TRATADOS E CONCERTOS DE PAZES

COLLECCAO
de
TRATADOS E CONCERTOS DE PAZES
que o

Estado da India Portugueza
fez
com os Reis e Senhores com quem teve relacoes
nas partes

da Asia e Africa Oriental
desde
O principio da conquista ate ao fim do seculo XVIII
por

Julio Firmino Judice Biker
Primeiro Official e Chefe de Reparticao aposentado
da Secretaria d'Estado dos Negocios Estrangeiros, Socio
correspondente do Instituto de Coimbra,
e da Real Academia de Historia de Madrid,
e Official da Academia em Franca

Tomo VI

GYAN

Published by

GYAN

Gyan Publishing House
5, Ansari Road
Daryaganj, New Delhi-110002
Phone: 011-47034999, 9811692060
E-mail: books@gyanbooks.com

Distribution Network
gyanbooks.com
India, USA, Canada, UK, Australia, France

© Publisher

All rights reserved. No part of this work may be reproduced, stored, adapted, or transmitted in any form or by any means, electronic, mechanical, photocopying, micro-filming, recording or otherwise, or translated in any language, without the prior written permission of the copyright owner and the publisher.

ISBN : 978-81-212-3260-9 (Set)
ISBN : 978-81-212-4778-8 (HB)
First Published, 1885

2nd Impression 2020

Printed at: Gyan Press, Delhi.

The book is sold subject to the condition that it shall not, by way of trade or otherwise, be lent, resold, hired out, or otherwise circulated without the prior publisher's written consent.

Colleccao de Tratados e Concertos de Pazes Tomo VI
Author: Julio Firmino Judice Biker

Collecção
de
Tratados e concertos de pazes
que o
Estado da India Portugueza
fez
com os Reis e Senhores com quem teve relações
nas partes
da Asia e Africa Oriental
desde
o principio da conquista até ao fim do seculo XVIII
por

Julio Firmino Judice Biker
Primeiro Official e Chefe de Repartição aposentado
da Secretaria d'Estado dos Negocios Estrangeiros, Socio correspondente
do Instituto de Coimbra,
e da Real Academia de Historia de Madrid,
e Official da Academia em França

Tomo VI

Lisboa–Imprensa Nacional–1885

Kaiserlich Deutsche Gesandtschaeft in Portugal.—Lisbonne, ce 6 décembre 1884.

Monsieur.—D'ordre de mon Gouvernement j'ai l'honneur de vous accuser réception du 5e volume de votre ouvrage titré *Collecção dos Tratados da India Portugueza, etc.*, que vous avez bien voulu lui faire parvenir sous bande il y a peu de temps.

En vous exprimant au nom du Gouvernement Impérial toute sa reconnaissance pour cet aimable envoi, je profite de cette occasion pour vous offrir, Monsieur, l'expression réitérée de ma considération très-distinguée.

Le Ministre d'Allemagne,

Baron de Schmidthals.

Monsieur Julio Firmino Judice Biker, ci-devant Chef de département au Ministère des affaires étrangères, etc., etc., etc., à Lisbonne.

E. Sr.—Meu prezado amigo.—Da importantissima *Collecção de Tratados, etc.*, por V. coordenada, relativa ao Estado da India, o volume v é sem a menor duvida o mais interessante. Avidamente o li ainda antes de encadernado. A sua publicação alem de tudo o mais tem o merecimento da opportunidade, hoje que tanto se falla de fazer valer os direitos da corôa portugueza ao padroado das igrejas do Oriente. Emquanto ao legado a latere Cardeal de Tournon, muitas cousas tinha eu lido em oppostos escriptos. Agora fiquei possuindo noções fundadas em documentos authenticos. Elles explicam, e em grande parte justificam, relativamente a ritos sinicos e malabares, certas resistencias accusadas como criminosas..............................

Agora a devida significação pelos repetidos obsequios, do intimo reconhecimento, e juntamente os sinceros protestos de respeitosa estima com que me prezo ser

De V.
obediente creado e amigo obrigadissimo,

Antonio José Viale.

S. C. no Pateo das Vaccas, 20 de Novembro de 1884.

Sua casa, 22 de novembro de 1884.

Meu respeitavel amigo.— Não posso demorar por mais tempo o requerimento para me obsequiar com o III e mais volumes seguintes dos *Tratados da India.* Desejo conversar com o Em.^mo Thomás de Tournon, a cuja memoria consagro muito...

Aproveito esta occasião para significar a V. a minha admiração pela constância com que V. se consagra e dedica ao trabalho, para enriquecer as lettras e os estudos historicos do nosso paiz.

É preciso muita dedicação, muito saber e muito desinteresse para arrostar e vencer as difficuldades que V. affronta e leva de vencida.

Em troca só V. póde contar com a admiração, respeito e agradecimento dos que têem desejo de estudar, e encontram nas publicações de V. os valiosissimos subsidios, que em nenhuma outra parte se acham, e que até ignoravam que existiam.

Acceite V. os protestos e admiração de quem é

De V.
amigo e creado attento,

Antonio José de Barros e Sá.

Camara municipal de Coimbra.— N.º 1429.

Illmo e E. Sr.— Recebi ha pouco o tomo V da importante *Collecção de Tratados e concertos de pazes entre o Estado da India Portugueza e os Reis e Senhores com quem teve relações na Asia e Africa Oriental desde o principio da conquista até ao fim do seculo* XVIII.

Este novo documento, que V. se dignou enviar á camara a que presido, vae ser junto aos demais que existem aqui por igual offerecimento.

Por vezes tem a presidencia d'esta camara agradecido a V. e a ultima em 9 de abril, mostra bem o apreço em que é tida esta collecção, e o trabalho a que V. se prestou.

Vou apresentar este volume em acto de vereação e sei que serão registados novamente votos de agradecimento a V. com o louvor que ninguem poderá roubar-lhe pelo zêlo, superior intelligencia e desinteresse que tem manifestado em serviço de tanta valia.

Deus guarde a V. Coimbra, 28 de novembro de 1884.

Ill.mo E. Sr. Julio Firmino Judice Biker.

O Presidente,

Lourenço de Almeida Azevedo.

Ill.mo e E. Sr.—Recebi os cinco tomos da *Collecção de Tratados que o Estado da India Portugueza fez com alguns Reis do Oriente*, e bem assim a *Memoria sobre Macau.*

Agradeço penhoradissimo esta grande fineza, que V. tão liberalmente acaba de me dispensar.

Anciosamente esperava poder ler o quinto tomo, pela relação que me tinham dado das noticias n'elle contidas, e isto consegui já com o favor de V. Confesso que me surprehendeu a circumstanciada noticia sobre acontecimentos dados na China, e especialmente em Macau, excedendo no meu conceito todo o encarecimento que de tão valioso trabalho me haviam feito. Desaffronta plenissimamente Portugal de arguições que sobre elle se tem feito pesar duramente, e espalha clarissimas luzes na mais importante parte da historia de Macau.

Cabe por isto grande gloria a V. e o profundissimo respeito de quem tem a distincta honra de ser

De V.
servo muito obrigado,

Antonio, Bispo de Macau.

Lisboa, 7 de janeiro de 1885.

Ill.mo e E. Sr. e meu presado amigo.—V. tem tido a benevolencia de me offerecer um exemplar de cada um dos seus valiosissimos trabalhos, e digo valiosissimos, porque só recorrendo a elles se póde estudar, com proveito, a historia do nosso paiz durante os ultimos seculos.

A perseverança e as pesquisas, que demandam a obra que V. tem feito, avaliam-as sómente aquelles que se entregam a este genero de estudos. As gerações futuras hão de apreciar melhor o que a presente não sabe ou não quer ver. Maravilhou-me sobre modo o tomo v da sua *Collecção de Tratados* ácerca do estado da India, entre todas as riquezas que V. tem dado a lume. D'ahi se deprehende quem aniquilou as missões da China, e como são errados todos os juizos levianos que se tem feito d'aquelle imperio. Agradeço-lhe do fundo d'alma os seus livros, que guardo como um riquissimo presente, e sou

De V.
amigo e creado obrigado,

Visconde de Ouguella.

22 de fevereiro de 1885.

Carta de El-Rey ao Vice Rey da India, pelo Conselho Ultramarino

(Arch. da India, livro das Monções, n.º 72, fol. 277.)

Vice Rey da India, amigo.—Eu El-Rey vos envio muito saudar. Havendo visto os avisos que me fez o Arcebispo Primaz desse Estado das grandes perturbações que tem causado D. Carlos Thomaz, Patriarcha de Antiochia, assim nas christandades desse Estado, como nas da China, sem embargo das varias amoestações que lhe tem feito: e visto o dito Legado não mostrar Bullas Apostolicas, que me fossem neste Reino apresentadas e consentidas, e approvada a sua pessoa; me pareceu ordenar-vos (como por esta o faço) o não admitaes nesse Estado, e sendo possivel, o façaes lançar logo fóra delle. E ao Reverendo Arcebispo mando fazer o mesmo aviso, para que o encomende aos Prelados; e ao Bispo de S. Thomé estranhar o modo com que se tem havido em admittir o dito Legado. Escripta em Lisboa a 2 de Abril de 1708.—REY.—Para o Vice Rey do Estado da India. 1708 Abril 2

Resposta do Vice Rey a El-Rey

Senhor.—Em outra carta respondo ao que Vossa Magestade nesta me diz sobre as perturbações, que tem causado o Patriarcha de Antiochia nas christandades deste Estado, de 1709 Dezembro 28

1709 Dezembro 28 que deu conta o Arcebispo Primaz; e por mais que elle exagere os effeitos de tão continuados desacertos, não poderá cabalmente encarecer os que se experimenta neste particular; assim na China como nesta cidade, sem que haja razão que o mova a ceder de sua opinião, como Vossa Magestade verá na carta mencionada; e como o dito Patriarcha está em Macau com ordem do Imperador da China para não sahir daquella cidade, não he possivel separal-o della como Vossa Magestade me ordena, sem que o mesmo Imperador o consinta. Deus guarde e prospere a Real pessoa de Vossa Magestade os felizes e ditosos annos, que todos seus vassallos desejamos.

Goa 28 de Dezembro de 1709. — (Rubrica do Vice Rey).

Condições com que Sambagy Raze ratifica a paz e amisade que tinha com o Estado, violada por alguns dos seus Capitães das fortalezas dos portos de mar, principalmente pelo Capitão e Governador da fortaleza de Melondim

(Arch. da India, livro 1.º de Pazes, fol. 285.)

1716 Março 23 1. Que Sambagy Raze faça por terra e por mar toda a guerra possivel ao Angriá, a fim de lhe tirar todas as fortalezas que possue como Regulo levantado em toda a marinha da costa do Norte, principalmente a fortaleza de Griem pertencente ao mesmo Sambagy, e para esse effeito o ajudará o Estado com embarcações de guerra.

2. Que visto constar que o capitão velho de Melondim consumiu em si algum cabedal que roubou aos vassallos deste Estado, e algumas embarcações de que se não empossou Sambagy Raze quando entrou no governo, se lhe não falla na restituição de tal cabedal, e em logar de embarcações que não existirem, constando que ha algumas no porto de

Melondim, ainda que tomadas a outras nações, as restituirá ao Estado, como fará logo restituição de huma galeota que foi de Amada Sarangue, entregando-se a seu filho, como tambem huma galeota de Angediva, que ha dois annos se tomou, como tambem entregará dez peças de artilharia pertencentes á galeota do Desembargador Domingos Doirado de Oliveira, cujo cabedal e carga ficou na fortaleza de Melondim. 1716 Março 23

3. Que poderão livremente os vassallos deste Estado, e os de Melondim fazer negocio por mar e terra para huma e outra parte.

4. Que as embarcações deste Estado, e de seus vassallos poderão navegar livemente sem que sejam represadas pelas embarcações de Melondim, e para que não haja equivocação, navegarão com passaportes, as do Norte com os do General daquella jurisdição, ou dos Capitães das praças e fortalezas della; as de Goa com passaportes do governo; e as do sul com os dos Capitães e Feitores; e o mesmo se praticará com as embarcações dos portos sujeitos a Sambagy Raze, que vierem com negocio para os portos deste Estado, trazendo cartazes, como he estylo; e nem humas nem outras embarcações pagarão ancoragens.

5. Que as embarcações do Estado, e de seus vassallos tendo necessidade de alguma cousa, ou obrigadas do tempo poderão amparar-se em Melondim, ou em outro qualquer porto sujeito a Sambagy Raze, e o mesmo poderão fazer as daquella fortaleza nos portos deste Estado.

6. Que fazendo guerra Sambagy Raze ao levantado Angriá, e carecendo de polvora e balla, e pedindo-a ao Estado, pelo preço que valer lhe mandará dar a que poder para esse ministerio.

7. Que visto Narba Saunto Bounsuló, Dessay de Cuddal, estar em amizade com o Estado, e ser feudatario deste em reconhecimento do feudo que paga em cada anno, e lhe não ser permittido fazer-lhe guerra sem causa, ou motivo que tenha dado, e estando na boa fé da amizade do Estado, que este não póde violar; com tudo que pela nova ratificação da

1716 Março 23 amizade de Sambagy Raze com o Estado, não ajudará este ao dito Bounsuló contra Sambagy Raze[1].

8. Que querendo os vassallos de Melondim mandar suas embarcações para o Norte em companhia das armadas do Estado, o poderão fazer, e voltarem na mesma companhia.

9. Que o Estado dará cartaz a hum barco de Sambagy Raze, com faculdade de poder trazer cavallos de Bassorá, ou do Congo, trazendo certidão do Feitor, que o Estado tem naquelle porto, porque conste tel-os nella embarcado, ou em Bassorá, e não trazendo a tal certidão, poderá ser tomado por perdido, por se ficar entendendo os carrega em porto sujeito ao Imamo de Mascate, com quem o Estado está em guerra.

Secretaria 23 de Março de 1716.

Segue-se a confirmação em maratha, que diz:

Todo o suprascripto, exceptuando o objecto de peças, cuja resolução depende do arbitrio do Senhor (Ragêsri, titulo por que era conhecido o Sambagy) fica por mim ratificado. Escripto por mim proprio—Hari Pant—Ruzú.

Carta do AdRajáo de Cananor ao Vice Rey, Vasco Fernandes Cesar de Menezes

(Arch. da India, livro 1.º de Pazes, fol. 279.)

1714-1717 Senhor Vice-Rey da India, mui esclarecido, valeroso e soberano, e assim reputado em toda a Asia.—Eu AdRajáo, escrevo esta carta que chegando a nau *Santa Anna* a este

1 O legitimo dominante Bounsuló era Fondú Saunto, mas Nar ou Narbá Saunto seu filho mais velho, tendo-se levantado contra elle, o prendeu e o depoz. Seguiu-se guerra, em que Narbá foi morto, e Fondú Saunto restituido ao poder. Este tratado foi celebrado durante o ephemero dominio de Narbá Saunto, como delle se vê.

porto donde sou Principe, e nella vir por Governador Francisco Freire de Araujo, desembarcando alguns Portuguezes para fazer negocio, mandei hum refresco de vaccas, lanhas[1], verdura e mais refrescos ao dito Governador, o qual me mandou hum saguate de escarlata e tabaco do Reino, e pelo bem que se houveram no negocio os Portuguezes, e pela muita verdade que achei em todos elles, tive a maior amizade, e ficamos mui satisfeitos de ver Portuguezes tão bons como aquelles antigos com quem nos criamos, e logo mandei offerecer ao Governador tudo o que quizesse assim para a nau, como para o negocio della, e mandou-me dizer que não necessitava de nada, e só queria alguma gente da sua naú fazer negocio neste porto, lhe dei tudo que havia nelle, que foi, pimenta, cardamomo, cauri e sandalo, o que tudo os Senhores Portuguezes me satisfizeram com tanta pontualidade e paz, que me motivaram a escrever esta a V. Ex.ª pela grande fama que tem em toda esta India do seu governo, pedindo-lhe me queira fazer a honra de me ter a mim, e aos meus vassallos debaixo da sua protecção, pois terei por grande fortuna conceder-me licença para poder mandar as minhas embarcações a Goa, e eu hiria em pessoa beijar as mãos a V. Ex.ª pedir-lhe que mande sempre as suas fragatas a este porto pela grande amizade que tiveram meus antecessores com os Senhores Portuguezes, peço agora a V. Ex.ª que na mesma fórma a tenha comigo, a qual guardarei eu e os meus descendentes para sempre; e se o Samorim ou Canará, ou outra qualquer nação tiver alguma cousa com esse Estado, com qualquer aviso de V. Ex.ª estou prompto para fazer guerra, por quanto por esta prometto de ser inimigo de todos aquelles que forem dos Senhores Portuguezes, e tomar os seus cartazes para os meus barcos, sem os quaes nunca navegaram, e tendo actualmente dois, hum para Mecca, outro para Surrate, pedi ao Governador da nau mos passasse, o qual Governador passou, declarando que havendo V. Ex.ª assim por bem, de que peço confirma- 1711-1717

[1] Côco verde.

1711-1717 ção, e querendo pagar os ditos cartazes, o não quiz acceitar, dizendo que não podia tomar cousa alguma sem ordem de V. Ex.ª e como nas feitorias, que tem os Senhores Portuguezes se acham mui distantes desta minha terra, e nella haver huma igreja com bastantes christãos, e haver muitos Padres da Companhia em Goa, me mande hum como está em Calecut para assistir nella, que lhe darei todo o necessario, e o dito Padre traga ordem de V. Ex.ª para passar cartazes aos meus barcos, e dos meus vassallos, e no mez de Janeiro mandarei minhas embarcações a Goa com fazendas, pimenta, cardamomo, canella, cravo, maça, noz, roupas e juntamente queria mandar saguate para o Senhor Vice-Rey conforme o nosso costume, mas o Governador disse que não podia levar, visto hir para Bengala, o que farei quando mandar a minha embarcação a essa cidade de Goa, e peço a V. Ex.ª que aquella amizade antiga, que os Senhores Portuguezes tiveram sempre com os meus antecessores, haja agora no seu tempo, para que confirmada por V. Ex.ª seja perduravel entre mim e os meus descendentes, e esta palavra juro de guardar por mim, e por todos os meus ao Senhor Vice-Rey.—AdRajáo de Cananor, Principe de las Cardinas (*sic*).

Carta do Vice Rey, Conde da Ericeira, a Sua Magestade, sobre a paz feita com o Rey de Assarcete [1]

(Arch. da India, livro das Monções, n.º 85, fol. 5.)

1719
Dezembro
9

Senhor.—Nos principios de Junho deste anno se concluiu a paz com o Rey de Assarcete e Ramanaguer, descontando-se na pensão de 18:000 xerafins, que annualmente lhe pagam os foreiros das Aldeias de Damão em razão da utilidade do Chouto, as despezas que se fizeram na guerra que havia de-

[1] As pazes a que se refere esta carta estão no tomo II, a pag. 74.

clarado nos fins de Dezembro antecedente, restituindo as carretas, e as cabeças de gado, que o tinha rebanhado nas Aldeias mais expostas, e juntamente se obriga a não dar passagem pelas suas terras ao Gracia, e outros Regulos vizinhos, e avisar o Estado de qualquer movimento que estes façam para invadir as terras do Norte, e constando o não faz a tempo competente, delle se hão de satisfazer as perdas e damnos; e se ratificou o antigo ajuste da restituição dos Curumbins, Abunhados e cafres, alem de outros artigos de menos importancia. A paz podera ser mais vantajosa, se aquelle Rey estivesse em estado de cumprir outras condições, mas alem delle, ainda estando em paz, ser pouco poderosa, a consideravel ruina em que o pozeram as frequentes entradas, saques, e o estrago que ultimamente fez o Capitão mór do campo de Damão Marcos Vieira de Carvalho em huma sua feira, que todos os annos se junta não longe da côrte de Fatapôr, e em quinze das melhores Aldeias, que lhe ficam circumvizinhas, reduzindo-as a cinzas, obrigou o dito Rey por mediação do de Pentte a pedir a paz, que até então protestava não acceitar, ainda que os Portuguezes lha offerecessem; mas ficou tão arruinado, que lhe não quiz pôr outras condições; porque ainda que certamente as havia de assignar, quaesquer que ellas fossem, seria impossivel darlhe execução; e assim para que estas a tivessem, e elle não fosse perdendo o medo, e viesse obrigar o Estado a huma nova guerra para as fazer cumprir. O dito Capitão mór tem mostrado no Norte o mesmo prestimo que sempre se reconheceu nelle na guerra de Portugal e Catalunha, e justamente he acredor ás honras que Vossa Magestade costuma fazer a quem se distingue tanto no seu real serviço. Deus guarde a muito poderosa pessoa de Vossa Magestade felices annos. Goa 9 de Dezembro de 1719.—Rubrica do Vice-Rey.

1719 Dezembro 9

Carta do Secretario d'Estado para o Vice Rey da India

(Arch. da India, livro 86, fol. 701.)

1720 Abril 6 Em 25 do passado partiu para Macau uma nau da companhia daquella cidade, e nella foi o Patriarcha de Alexandria (Carlos Antonio Mezzabarba) nomeado por Sua Santidade por Visitador para a China, *apresentou aqui o Breve da sua commissão, e a elle se fizeram as restricções,* que constarão a V. S.ª de outra carta, que lhe escrevo nesta occasião, *e não excedendo elle,* tem Sua Magestade resoluto que se lhe dê toda a ajuda e favor para a execução do dito Breve; e que V. S.ª ordenará a todos os Governadores e Prelados desse Oriente, *tendo V. S.ª entendido que a jurisdicção deste Prelado só se estende á China, e não a outros quaesquer dominios de Sua Magestade.* Deus guarde a V. S.ª Lisboa occidental a 6 de Abril de 1720.—Diogo de Mendonça Corte Real.—Senhor Vice Rey e Capitão General do Estado da India.

Na India, e principalmente na China havia-se suscitado entre os Missionarios de diversas parcialidades uma grave questão de doutrina theologica, a da tolerancia de certos ritos gentilicos aos novos conversos. Os Summos Pontifices havião dado sobre a materia encontradas decisões, quando o Papa Clemente XI, desejoso de terminar por uma vez a contenda, mandou á India, e á China com poderes de Legado *à Latere* a Monsenhor Carlos Thomaz Maillart, então Patriarcha de Antiochia, e depois Cardeal de Tournon. Os decretos e resoluções do Patriarcha em vez de aquietarem e conciliarem os animos, ainda os alvoroçaram mais, e tal chegou a ser a perturbação no Imperio da China, que o Imperador fez sair o Patriarcha do interior do paiz, e por seus Mandarins o mandou entregar ao Senado da camara de Macau, para nesta cidade estar em deposito, e della não sair sem ordem do mesmo Imperador, a quem o dito Senado havia de dar conta do Patriarcha no caso que della se ausentasse; e temendo o Senado que o fizesse, pediu ao Governador da cidade que lhe mandasse pôr huma guarda á porta. Irritado o Patriarcha de sentir esta nova contradicção a seus projectos, e dominado por seu genio naturalmente fogoso e arrebatado, chegou por meio de repetidas excommunhões e outros procedimentos a produzir uma verdadeira guerra civil em Macau, e arriscar a segurança daquelle estabelecimento. Na casa da residencia, donde nunca mais quiz sair, recebeu o barrete de Cardeal; e no meio da lucta, que havia promovido falleceu aos 10 de Junho de 1710.

Os successos do Cardeal em Macau forão objecto de longas negociações entre as Côrtes de Portugal e Roma, que por vezes estiveram a ponto de interromper a sua amigavel correspondencia. Resolvendo o Santo Padre mandar á China outro Delegado seu, o encaminhou a Lisboa para ahi apresentar o Breve da sua commissão, e receber nella as restricções que fossem do agrado de ElRey de Portugal, mostrando assim que desapprovava tudo quanto havia de exorbitante no procedimento do Cardeal de Tournon, e queria dar uma solemne demonstração do seu escrupulo em guardar e fazer guardar religiosamente os direitos do Padroado, estabelecidos nos genuinos titulos canonicos.

Esta solemne demonstração, apertando os laços de mutua estimação entre o Pae commum dos Fieis, e o Filho Fidelissimo da Igreja, fez com que a presença do Patriarcha de Alexandria em Macau, em logar de ser o symbolo do terror, como a do Cardeal de Tournon, fosse acolhida com as mais obsequiosas demonstrações de sincera devoção, como elle proprio testefica, e se póde ver na seguinte carta, que o Vice Rey da India lhe escreveu em Maio de 1721.

Carta do Vice Rey da India ao Patriarcha

(Arch. da India, livro competente das ordens de Macau, fol. 36.)

1721 Maio — A generosa attenção com que V. S.ª Ill.ma agradecido me gratifica as demonstrações dos affectuosos obsequios dos moradores de Macau, e principalmente do Governador daquella cidade, he de mim tão bem recebida que não tive particular mais de meu contentamento; porque só desejo conheça V. S.ª Ill.ma o meu bom animo em tudo o que respeita ao seu agrado; e ao mesmo Governador e Senado da camara da mesma cidade mando declarar o acerto com que se houveram no que obraram com a pessoa de V. S.ª Ill.ma em a qual ficam bem empregadas todas as galantarias a que chegasse a sua possibilidade; e todas as que couberem na minha offereço a V. S.ª Ill.ma para que se sirva de uma boa vontade disposta e prompta para em tudo se mostrar obsequiosa. B. A. M. de V. S.ª Ill.ma — Francisco José de Sampaio e Castro. — Ao Ill.mo e Ex.mo Sr. D. Carlos Antonio Mezzabarba, Guarde Dios, Patriarcha de Alexandria, Legado Apostolico.

Tratado de paz que se ajustou entre o Ex.mo Senhor Francisco José de Sampaio e Castro, Vice Rey e Capitão geral da India, com Bagy Ráo Pandito Pardana, pelos poderes que tinha de Sau Razá

(Arch. da India, livro 1.º de Pazes, fol. 289.)

1722 Janeiro 9 — 1.º Que as terras da corôa de Portugal, suas embarcações, e Colles ficaram isentos de todo o tributo, e o mesmo se praticará com o Maratta.

2.º No caso que seja necessario soccorro por mar e terra, qualquer dos alliados os fará hum ao outro, não sendo, porém, com quem o Estado tenha pazes, e na mesma fórma o Maratta.

3.º A fazenda que pertencer ao Sarcar, que for a contratar nos portos do Estado, como tambem o retorno della, não pagará direitos, e na mesma fórma toda a fazenda real, que se mandar beneficiar nos portos do Maharaza Xatrapaty[1], como tambem a que ali se comprar, não pagará os direitos. 1722 Janeiro 9

4.º E porque os Capitães Portuguezes costumam dar comboy ás embarcações dos inimigos do Maratta, e lhe seja grave prejuizo, espera do Exmo Sr. lhes ordenará o não faça ao diante.

5.º E como de parte a parte ouvesse esta convenção da paz, e seja o seu fim frequentarem-se os contratos e negocios, entrando e sahindo as embarcações, e fazendo suas compras e vendas, não haverá impedimento algum assim para o mantimento, como polvora, balla, peças e mais drogas, *pagando o seu justo preço,* sem a menor implicancia[2]; devendo-se manter a frequencia de negocios tambem por terra firme, tanto quanto for possivel.

6.º Os mercadores das terras do Estado poderão livremente mandar suas mercancias aos portos que quizerem nas suas embarcações; exceptua-se o não façam naquellas em que não tem parte o Estado.

7.º Convem-se que o Maratta largará toda a presa que tiver, e na mesma fórma não terá duvida o Estado em soltar a que for do dito Maratta.

8.º E porque na presente occasião sahiram as embarcações pertencentes ao Culabo para Suuari, e porque ainda não recolheram, se alcançou que todas as embarcações que trouxer pertencentes ás terras do Estado, e entregal-as logo o Maratta com todo o seu recheio, etc.

Que a observancia e cumprimento de todos os capitulos de que se tem ajustado a paz, se obrigam a fazer boa o

1 Titulo que se dava ao Soberano Maratha, indicando superioridade sobre outros dominantes e regulos.

2 A clausula seguinte, que não está no papel portuguez, acha-se no maratha, e foi advertida pelo Lingua actual do Estado Suriagy Ananda Ráu.

1722 Janeiro 9 Exmo Sr. Vice-Rey e Bagy Ráo Panditto Pardana, cada hum pela parte que lhe toca, etc. Campo de Alibaga, 9 de Janeiro de 1722.

Sello em tinta das armas do Maratta.

Sello em lacre vermelho das Armas de Portugal.

Assigno pela auctoridade que me concedeu o Exmo Sr. Vice-Rey—Antonio Cardim Froes.

Assignatura maratta que diz—Presente, Madagi Crusná.

E o mesmo se dá por ajustado com a nação Britanica como alliada com a Portugueza, e no termo de oito dias mandará o Sr. General de Bombaim pessoa que haja de assignar o que fica dito, cujo artigo se entregou ao cavalheiro Roberto Coivan com a chapa do Pardana Bagy Ráo a bordo da nau *Nossa Senhora da Piedade* a 12 de Janeiro de 1722.

Ha copia maratta, e outro original maratta, que diz ser feito este Tratado na aldeia Varsoli do districto de Chaul com a data de 12 de Janeiro de 1722, e com declaração que igual Tratado foi celebrado e entregue ao cavalheiro Coivan, agente do General de Bombaim.

He observação do actual Lingua do Estado Suriagy Ananda Ráu.

Traducção do ajuste que foi feito pelo Governador da fortaleza e terras de Galiana Ramachandra Panta, presentes Pillagy Zadau, e Daulgy Somauancy Rustama Ráo, Sammasser Bahadur, no anno Suma Arbá Assarinamayaua Alafa, que em portuguez vem a ser no anno de 1724

(Arch. da India, livro 1.º de Pazes, fol. 294.)

1724 Janeiro 10 1. Em como no ajuste das terras Portuguezas feito pelo felicissimo Bagi Ráo Panditta Pradana no campo de Culabo, ao que proximamente Luiz de Mello de Sampayo, General o que era do Norte, estando correndo conforme o dito ajuste, levou represados os mocadamas da Praganã Talojá, da jurisdição de Galiana, por esta causa entre a nossa amizade tinha havido differença, razão porque attendendo D. Luiz da Costa, do conselho de Estado, General das terras referidas admittiu o encontrarem-se na aldeia Camba, aonde depois de encontrar Ramachandra Panta, Pillagy Zadau, e Daulgy Somauancy se ajustaram pelo ajuste de corresponderem na fórma do dito ajuste feito no dito campo de Culabo. 1724 Janeiro 10

2. Nas terras de V. S.ª recebe molestia, causa porque deve mandar V. S.ª huma pessoa de supposição á presença de Maharazá Xatrapaty, Senhor e felicissimo Bagirão Panditta Pradana até o mez de Maio, e depois de o apresenciar faremos com que haja a pratica de sorte que não haja molestia as terras de V. S.ª

3. Toda a fazenda do Sarcar, que for de Galiana e Biundym ás terras Portuguezas, e de lá toda a fazenda que comprarmos, polvora, balla, inxofre e peças de artilharia, e trouxermos, ao que não haverá impedimento, nem menos direitos.

4. E agora foi entrada nas terras de V. S.ª pela qual o exercito tinha feito presa de gente, gado e quatro peças de artilharia, de que se fará entrega a V. S.ª sem resgate algum.

5. As embarcações de ambos os portos, Galiana e Biundim, que forem para Baçaim, Bombaim e para as terras de V. S.ª e trouxerem toda a fazenda que for mercantil, se cobrará os direitos acostumados e devidos, e deixará hir e vir, e se naquellas embarcações houver tabaco, huma ou duas seiras pacás, se não fará impedimento.

6. As embarcações, que forem de Galiana e Biundym para as terras Portuguezas, as quaes não deve permittir a molestia dos Vettes.

7. Das terras de V. S.ª todos os cafres, e mais escravos captivos, e negros, se fugirem, e vierem ás nossas terras, os quaes serão entregues, e se de nossas terras forem escravos, negros e servidores captivos para lá, nos deve mandar entregar.

1724 Janeiro 10 8. A fazenda toda que for do Sarcar para Bombaym, e de lá vier, não deve fazer impedimento, nem menos tomar os direitos.

E nesta fórma tem feito este ajuste por meio do Capitão mór do Sabayo José Pereira de Vasconcellos, que a sua instancia e bons termos se fez este ajuste, assim que V. S.ª até o mez de Maio deve mandar huma pessoa sua grave para Satará, e antes disso não hade haver nenhuma molestia ás terras de V. S.ª e conforme o praticado acima referido daremos tudo concluido. Feito aos 12 do mez Rabilacar, que em Portuguez vem a ser, aos 10 de Janeiro, etc.

Traducção do papel dado escripto pelo Pillagy Zadau Ráo ao Senhor D. Luiz da Costa, do Conselho de Estado, Capitão geral das fortalezas e terras do Norte, em que alem das cortezias, cuja sustancia diz o seguinte:

(Arch. da India, livro 1.º de Pazes, fol. 294.)

1724 Janeiro 12 Eu com saude passo, e estimarei me mande V. S.ª sempre boas novas suas.

Na aldeia Cambá com o parecer de Ramachandra Panta e Daulgy Somauancy Rustamá Ráo Samascer Bahadur, se fez o ajuste das terras Portuguezas, o qual tambem está feito com o meu parecer, com que será observado na fórma do dito ajuste, ao qual não hade haver falta, e não sou mais largo, e me tenha V. S.ª na sua graça e amizade. Feito aos 14 do mez Rabilacar, que em portuguez vem a ser aos 12 de Janeiro, etc.

Traducção do papel dado escripto pelo Daulgy Somauancy Rustuma Rao Samasser Bahadur ao Senhor D. Luiz da Costa, do Conselho de Estado, Capitão geral das fortalezas e terras do Norte, em que alem das cortezias, cuja sustancia diz o seguinte:

(Arch. da India, livro 1.º de Pazes, fol. 294.)

Eu com saude passo, e estimarei me mande V. S.ª boas novas suas. Em como o ajuste que está feito por minha via pela do Pillagy Zadau Ráo, e Ramachandra Panta das terras Portuguezas na aldeia Camba, na fórma do qual será observado, e não hade haver falta, e não sou mais largo, etc.

Traducção da carta de Pillagy Zadó escripta ao mesmo Senhor Capitão geral, em que alem das cortezias, cuja sustancia diz o seguinte:

(Arch. da India, livro 1.º de Pazes, fol. 294.)

Eu com saude passo, e estimarei me mande V. S.ª sempre boas novas. 1724 Janeiro 13

Hontem em Biundim me veio encontrar José Pereira do Vasconcellos, Capitão mór do Sabayo, a quem tenho manifestado os particulares, que já o hade ter communicado a V. S.ª a que attento deve com attenção fazer com que haja boa correspondencia. As duas embarcações dessas partes de V. S.ª sobre o que tenho escripto ao Sarquel e hade haver seu recurso. Eu com junto Ramachandra Panta viemos quinta feira. A peça de artilharia, e a presa da gente lhe heide entregar, elle o remetterá a V. S.ª e ámanhã que he sexta feira eu me abalarei para hir, assim que V. S.ª deve mandar pelos portadores sempre suas cartas para que vá em acrecimento a amizade, etc. Foi dada aos 13 de Janeiro de 1724 de noite.

Traduzido por mim Crisná Sinnay Cabary, lingua do Estado desta fortaleza e cidade de Baçaym, em que me assignei hoje aos 15 de Janeiro de 1724 annos, etc.—Crisná Sinnay.

Artigos de paz, que Pedro Guedes de Magalhães, Capitão de Mar e Guerra da Corôa, por Sua Magestade, que Deus guarde, ajustou com o Rey Samory, pela ordem que tem dos Illustrissimos Senhores Governadores do Estado da India do Serenissimo Rey de Portugal.

(Arch. da India, livro 1.º de Pazes, fol. 296.)

1724 Março 4

1. Primeiramente se obrigou o dito Rey Samory a fazer huma igreja de pedra e cal com sua casa para o Padre, sachristia, alpendre, com sua torre e sino de 150 arrates.

2. Outrosim se obrigou o dito Rey a dar hum chão separado, em que hade fazer huma feitoria para assistir o nosso Feitor, de pedra e cal, sobradada, muito forte, com suas lojas em baixo.

3. Se obrigou mais a mandar quebrar logo as casas dos Mouros motores da revolução passada, e mandar entregar dois rapazes mouros de idade de quatorze annos pouco mais ou menos pelo bicho captivo, que tiraram ao Feitor Felicio dos Santos, e aparecendo o dito bicho, se obrigou entregar ao Padre, ou ao Feitor.

4. Outrosim mais se obrigou a proteger os christãos, assim ao Padre, como toda a mais christandade, para que os Mouros d'aqui em diante em nenhum tempo lhe façam desacato algum, principalmente ao Feitor e Padre, e fazendo pelo contrario, será obrigado o dito Rey responder por elles, e se os christãos fizerem alguns insultos aos Mouros, o Padre e o Feitor os castigará conforme as suas culpas.

5. Se por desgraça se perder alguns barcos, ou embarcações mercantes por causa de alguma tormenta nas terras do dito Rey Samory, se obriga elle, e seus vassallos de dar todos os soccorros assim de embarcações como do mais que houver na terra para salvar a gente e fato, e este poderão levar livre seus donos em tempo de vinte e quatro horas, e passado este, se observará o que nas capitulações passadas se tem

assentado, e com as embarcações de guerra da corôa de Portugal se obriga o dito Rey a dar-lhe toda a ajuda e favor para o seu salvamento, e com o seu fato não contenderá em cousa alguma. 1724 Março 4

6. Outrosim se obriga mais o dito Rey a todas as vezes que aparecer nau ou embarcação de guerra da corôa do Serenissimo Rey de Portugal, mandar logo a seu bordo quatro toneis de agua doce, quatro de lenha, e o refresco que houver na terra, sem que para isto sejam obrigados os Capitães a pagar cousa alguma.

7. E toda a vez que os Regedores do Rey Samory pedirem cartaz ao nosso Feitor, ou ao Padre Vigario, será obrigado a passar-lho, pagando como he costumado.

8. E tudo isto acima declarado á custa do dito Rey Samory, e nestes artigos se assignará como fiador o Mossur (*sic*) Molandim, xefre (*sic*) da Real Companhia de França, e os seus Regedores do dito Rey Samory, a qual he huma Olla assignada por elle, em que affirma tudo quanto nestes artigos se declara e se obriga mais a dar outra em cobre, a qual hade remetter o Mossur (*sic*) Molandim a Goa ás mãos dos Senhores Governadores do Estado. Fragata *Madre de Deus* 4 de Março de 1724.

A Mayé ce 5.e mars 1724—Como mediador e fiador, André Mollandin.—Seguem-se tres assignaturas malabares.

Traducção da Olla escripta pelo Rey Samory, que verteu Manuel Pereira com hum Malabar, que trouxe em sua companhia, pela maneira seguinte:

(Arch. da India, livro 1.º de Pazes, fol. 300.)

Carta dada escripta por Rey Samory aos Senhores Governadores do Estado de Goa por El-Rey de Portugal escripta em Calecut no anno de 899 aos 18 do mez Camanhar, em como se fez ajuste perante o Feitor Francez do negocio que foi tratado da materia do Feitor e igreja, sobre que havia desconfiança e impedimento, e por esta se cumprirem as capitulações das pazes feitas antes entre El-Rey de Portugal, fica ajustada a materia, qual se expressa por outros escriptos, e por verdade obrigo repetidas vezes a dar cumprimento ás ditas capitulações sem duvida alguma.—Signal do Rey Samory.

Carta do Feitor de Mahim ao Capitão mór

(Arch. da India, livro 1.º de Pazes, fol. 311.)

1724 Outubro 1 Senhor. Nobilissimo Senhor.—A de V. S.ª recebi, e tenho visto com bastante quebra da cabeça e enfados só para compor, e fazer dar satisfação do que se tem promettido o ElRey Samorim ao Estado. Primeiramente tem dado o Samorim os quarteis vencidos ao Feitor, Escrivão, Padre Vigario, Topaz, e ao Jangada Nairo, estes quarteis fiz já entrega ao Feitor, excepto paga do Feitor e do Escrivão, tenho guardado. Para satisfazer a V. S.ª da divida que o Felicio dos Santos deve a V. S.ª fiz conforme a portaria que V. S.ª me deixou. A paga do Escrivão guardei junto com a do Feitor, porque pertence ao Feitor, porque o dito tinha pago ao Escrivão, e tambem só com isso junto poderá satisfazer o Felicio dos Santos a V. S.ª

Segundariamente tem deixado 10:000 fanões de Calecut para principiar a obra da igreja, casa do Feitor, e dos Padres, e torre do sino; acabados estes 10:000 fanões El-Rey me deu hum fiador, que he o mouro mercador por nome Bamachery Issumaly, para o restante das obras todas serem acabadas; com esta segurança larguei o tabaco, e tambem vi que todo o tabaco estava já danado, e que não houvera de prestar por cousa alguma, assim o larguei.

Tambem tirei do Samorim 700 fanões por sino, estes fanões tambem ficam comigo. V. S.ª por trabalho mande fazer hum sino do custo destes fanões, e trazer junto quando V. S.ª portar a este Calicut, para satisfazer este dinheiro, e outro de Felicio dos Santos; mas cedo acabará este negocio, por impertinencia do Padre Vigario Bernardo de Sá he que ficou tardando, por que o Padre para si huma casa soberada (*sic*) com seus correctores (*sic*), e loja em baixo que de sua casa para hir á Igreja pelo corredor, tudo isto he fóra do que nós praticamos em Mahim, está o Samorim para dar cumprimento conforme o concerto. Aos ereges faço rabiar com estas procurações, que procuro por bem da christandade. Meia duzia de paios que V. S.ª me remetteu não sei por cujas mãos são, até agora não recebi, ainda que não recebi, agradeço a V. S.ª pela boa lembrança. 1724 Outubro 1

Meudamente escrevo a V. S.ª para que dê a inteira noticia aos Srs. Governadores do Estado. Os dois rapazes mouros promettidos a Santos mandei entregar, trazendo-os para os entregar, o Padre Vigario não quer tomar entregue, visto isso deixa para quando V. S.ª voltar para os mandar entregar a V. S.ª

A Olla de cobre fica para dar depois de acabada toda a obra, e dado cumprimento das cousas promettidas para escrever na Olla; esta he a razão que fica para depois de acabada a obra.

No mais fico esperando occasiões em que possa servir a V. S.ª por onde me occupar fico muito obrigado. Todos estes Senhores enviam muitas lembranças a V. S.ª Deus guarde a V. S.ª etc. De V. S.ª muito cordial amigo e obrigado — André Mollandin — Calicut, Outubro primeiro de 1724.

Carta dos Francezes de Mahim aos Governadores do Estado

(Arch. da India, livro 1.º de Pazes, fol. 307.)

Ex.mos Srs. e Governadores do Estado. — Por esta nossa manchua faço esta dando de saber que os Cabos (?) de Samorim tem já concertado em presença do Reverendo Padre Bernardo de Sá, e tem depositado algum dinheiro em meu poder por começar obra da Igreja, e mais cousas que diz no concerto, e já tem principiado com a obra da Igreja. Tenho já escripto ao Estado logo quando se compoz as pazes (?) por 1724 Dezembro 27

1724 Dezembro 27 via do Feitor de Mangalor Ignacio Leitão da Silveira para remetter (?) a Goa, e tambem mais claro especificado todas cousas para notificar e... ao Capitão Pedro Guedes de Magalhães.

Como esta manchua vem a essa cidade de Goa com alguma fazenda para carregar vinho arequim para nosso barco que está preste neste (?) Mahim, espero que dará toda boa passagem á nossa gente.

Mahim aos 27 de Dezembro de 1724— De Ex.^mos^ Srs.— André Mollandin—Tremisot.

Carta do Feitor de Mahim ao Capitão mór

(Arch, da India, livro 1.º de Pazes, fol. 338.)

1724 Dezembro 27 Sr. Pedro Guedes de Magalhães.—Como se offerece occasião faço estas primeiramente procurando a boa saude de V. S.ª que sendo boa servir-me-ha de estimação; a que logro he boa, exposta ao serviço de V. S.ª

Senhor. Escrevi já a V. S.ª por via de Ignacio Leitão da Silveira dando noticia de todos os concertos que fez com Samorim, e tudo foi em presença do Reverendo Padre Bernardo de Sá. Miudamente tenho escripto por dar inteira noticia aos Srs. Governadores do Estado; tambem escrevi, mais não especificada, como a V. S.ª depositou Samorim 10:000 fanões por começar com a obra, e já tem começada a obra da igreja; acabada a igreja começará com outras obras, caza do Padre, e do Feitor, do Feitor soberada (*sic*), 700 fanões de Calicut por hum sino, todo o quartel vencido pago já, os dois rapazes estão já depositados para quando vier a fragáta fazer entrega; e qualquer tempo que apparecer Bicho de Felicio dos Santos para entregar ao Feitor que estiver, ou ao Padre Vigario. Sobre o sino que escrevi a V. S.ª traga quando vier a esse Calecut por valia de 700 fanões de Calecut, estes estão em meu poder até a ordem de V. S.ª; não mando nesta nossa manchua por não correr risco; ordene V. S.ª o que farei disso, e tambem peço a V. S.ª recomendando esta manchua que vem a Goa com alguma fazenda para carregar vinho daraquim toda boa passagem e ajuda. Deus guarde etc. De V. S.ª muito certo amigo—Mollandin.—Mahim 27 de Dezembro de 1724. 1724 Dezembro 27

Artigos de paz, que Pedro Guedes de Magalhães, Capitão de Mar e Guerra da Corôa, por Sua Magestade, que Deus guarde, ajustou com o Rey de Tanor, pela ordem que tem dos Illustrissimos Senhores Governadores do Estado da India do Serenissimo Rey de Portugal.

(Arch. da India, livro 1.º de Pazes, fol. 297.)

1. Primeiramente se obrigou o dito Rey a dar 10:000 xerafins para o anno que vem de 1725, que restam da conta de 20:000 xerafins, que lhe foram impostos pela despeza que fez a fragata na guerra que lhe foi fazer no anno de 1723. 1724 Março 5

2. Outrosim se obrigou o dito Rey a fazer igreja de pedra e cal com sua telha, e caza para o Padre logo, e mandallo chamar a Parporangarẽ, e toda a mais christandade.

3. Se obrigou mais o dito Rey a mandar espichar os Mouros que mataram os filhos do Feitor, e isto se hade executar na praia á vista da embarcação de guerra que for ao dito porto, adonde mandará entregar á dita embarcação quatro Mouros rapazes de idade de treze até quatorze annos pouco mais ou menos. Na falta de matar os Mouros será obrigado a entregar os quatro.

4. Outrosim se obriga mais a proteger os christãos, assim o Padre como toda a mais christandade, para que os Mouros daqui em diante em nenhum tempo lhe façam desacato algum, principalmente ao Padre, e fazendo pelo contrario, será obrigado o dito Rey a responder por elles, e se os chris-

1724 Março 5 tãos fizerem alguns insultos aos Mouros, o Padre os castigará conforme as suas culpas.

5. Outrosim se obriga mais o dito Rey a todas as vezes que apparecer nau ou embarcação de guerra da corôa do Serenissimo Rey de Portugal, mandar logo quatro toneis de agua doce a seu bordo, e quatro de lenha, e o refresco que houver na terra, sem que para isto sejam obrigados os Capitães a pagar cousa alguma.

6. E tudo isto acima declarado se obriga o dito Rey a fazer á sua custa, e se assignará neste com os seus Regedores, e dará outro deste mesmo theor em sua lingua, e junto hum conhecimento de obrigação de pagar os 10:000 xerafins para o anno que vem. Fragata *Madre de Deus* 5 de Março de 1724.—Signal do Rey—Comme themoin, André Mollandin—Comme temoin, Jean Quentin Tremisot.

Segue-se o texto malabar, com o signal do Rey.

1725 Setembro 7 Certifico eu José de Paiva Brandão, escrivão do thesouro, em como a fl. 18 do livro da receita do Feitor e Alcaide mór de Sua Magestade, Manuel Pires de Carvalho, lhe ficam carregados por lembrança huma Olla do Rey de Tanor, pela qual o dito Rey se obrigou nas pazes que celebrou com o Estado, mediante a pessoa do Capitão de mar e guerra Pedro Guedes de Magalhães, de pagar ao mesmo Estado a quantia de 10:000 xerafins, a qual Olla mandarão os Senhores Governadores remetter para esse effeito da secretaria do Estado, e para que nella não possa ao futuro haver equivocação alguma, se lhe declarará na dita carga que está sergida de huma cinta de papel com dois sellos de Armas Reaes, entre os quaes está escripta a firma do Vedor Geral da Fazenda Thomé Gomes Moreira, que servia por impedimento de D. Francisco Souto Mayor, e o signal inteiro delle, e na mesma Olla da face em que se acham em portuguez as palavras «Conhecimento de 10:000 xerafins» e poz tambem a rubrica de meio signal do dito secretario, e da dita receita foi passada esta certidão para a secretaria do Estado, para poder cobrar, feita por mim escrivão, e assignada por ambos. Goa 7 de Setembro de 1725 annos.—José de Paiva Brandão—Manuel Pires de Carvalho. 1725 Setembro 7

(Arch. da India, livro 1.º de Pazes, fol. 302.)

Documentos relativos ás pazes com o Rey de Tanor, e Samorim

Com estes papeis estão outros dois sem data, nem assignatura, que dizem:

O 1.º «Daqui hade hir a nau em direitura a Panaue com terra alagada, e ali naquelle porto virá para o Norte; hade passar perto da terra para Tanor e Calecut com as nossas bandeiras ferradas até ver se em qualquer destes portos acha algum barco sem cartaz, por ser sitio adonde costumam estar neste tempo para partirem para Mecca, e dahi mais ao Norte está Mahim, adonde está o Francez, lugar em que se hade fazer tudo, e se hade resolver a viagem outra vez a Calecut.»

O 2.º «Hirá a nau em derrota ao porto de Mahim, que fica huma legua ao sul da Talichera. Logo que chegar mandará o Capitão dois officiaes a terra a visitar o Maior Francez, e entregar-lhe a carta dos Ill.^mos^ Srs. Governadores, agradecendo-lhe da parte do Capitão o que tem obrado a nosso respeito.

Pelo treslado das capitulações que hade levar, e cartas que do Mossur (*sic*) Mollandin vieram para esta côrte, poderá o Capitão ver ao que o Rey Samorim e o de Tanor tem faltado, para procurar por tudo.

Em tudo hade caminhar pelo dito Francez. Quando os Regedores do Rey Samorim repugnem o vir a bordo, he necessario ajustar com o Francez hir a nau para Calecut, mandando o Mossur (*sic*) Mollandin algum Capitão seu para lá, ou commissão sua ao seu Governador que estiver na feitoria de Calecut, para que em sua presença ajustem dois officiaes nossos, os quaes hirão a terra no tal porto para a feitoria franceza, e ali virão os Regedores do Rey Samorim, e de nenhuma sorte hirão os nossos officiaes a outra qualquer caza, nem que seja a do Rey, e estes para maior respeito levarão comsigo para terra dez soldados dos melhores que tiver a nau.

Por nenhum dos casos desembarcará o Capitão que for governando a nau, porque alem de correr risco a sua pessoa em qualquer destes reinos do Samorim e Tanor, como tambem he de muita utilidade para o respeito, mas no caso que o Maior Francez venha visitar no porto de Mahim a bordo da fragata, então lhe poderá hir pagar a visita.

Em Calecut visitarão os officiaes que forem a terra as obras, a que se tem dado principio, igreja, casa do Padre e feitoria, para que no caso que não estejam findas, as façam acabar, fazendo sempre diligencia por mais dinheiro do que aquelle que lá está na mão de Mollandin para o cumprimento dellas, e todo dinheiro ficará na mão do tal Maior no caso que lá não esteja já outro Feitor, recommendando ao Padre a assistencia das ditas obras.

Todas as vezes que estiverem as cousas do Samorim correntes e amigavelmente acabadas por via do Rey Samorim ou seus Regedores, naquelle mesmo porto de Calecut se hão de acabar as carias com Tanor, e na mesma feitoria franceza hão de vir os Regedores do Rey de Tanor, e o mesmo Rey virá tambem, se for necessario; nas capitulações verá ao que elle está obrigado, e lá achará noticia ao que tem faltado. A este Rey se póde roncar com mais largueza promettendolhe se lhe hade destruir o reino ainda, e dando elle cumprimento dos 10:000 xerafins e igreja, e a tudo mais que tem promettido, que o Estado o hade soccorrer contra seus inimigos, e por via do Rey Samorim, e do Francez se hade acabar tudo com o de Tanor. A Tanor não hirá pessoa nenhuma nossa pelo muito risco que corre pela pouca fidelidade dos mouros; tudo se hade completar em Calicut.

Por nenhum dos casos hirá a nau surgir a Talichera, nem

com aquelles Inglezes terá trato algum, porque alem de serem nossos inimigos, se bota a perder tudo pela opposição que ha entre elles e Francezes, e o Rey de Bainor, adonde os taes Francezes estão com guerras com os Inglezes, o ser este Rey parente do Samorim, e lhe causamos grandes ciumes todas as vezes que vem nau nossa naquelle porto, por entender os soccorremos.»

Condições com que o Excellentissimo Senhor Vice Rey, João de Saldanha da Gama, entrega ao Sar Dessay Nagubá Saunto o dominio util da fortaleza de Bicholim, e os seus districtos, excepto as varges, que ficam defronte de Corjuem e Panelem [1].

(Arch. da India, livro 1.º de Pazes, fol. 316.)

Primeira. Que o dito Sar Dessay ficará obrigado a reconhecer a mesma vassallagem, que seu pae tinha assentado pelo termo que se acha por elle assignado na Secretaria do Estado. 1726 Maio 27

Segunda. Que chegando a ser util possuidor dos mais dominios, que seu pae occupa, pagará pontualmente a mesma pensão, a que o dito seu pae se tinha obrigado, e emquanto não, por parte do Estado se administrarão as varges declaradas no primeiro ajuste até ser paga a fazenda real assim das pensões annuaes, a que se tem faltado, como das particulares que se fizerão nesta expedição, e de algumas fazendas que com violencia tomou aos vassallos do Estado.

Terceira. Que chegando a ser senhor dos portos do mar,

1 Nag ou Nagobá Saunto era segundo filho de Fondú Saunto. Sabemos que conquistou algumas provincias, e d'este tratado se deprehende que usurpou parte dos dominios de seu pae. Assim teve Fondú Saunto contra si os dois filhos mais velhos.

1726 Maio 27 não fará o corso a embarcação alguma que venha para os portos do Estado, nem ás que sahirem delles; como tambem a quaesquer outras que trouxerem cartaz portuguez; mas antes quando fizer sahir algumas das suas embarcações para fóra, o dará a saber ao Estado.

Quarta. Que os seus subditos com os vassallos do Estado terão huma reciproca comunicação, e comettendo huns contra os outros alguma violencia, serão castigados conforme as leis portuguezas.

Quinta. Que fugindo qualquer soldado, será obrigado a restituil-o, como tambem qualquer cafre.

Sexta. Que não consentirá que balhadeira alguma viva em Peligão, nem em qualquer outra povoação, que de Bicholim esteja para a parte de Goa; e que fazendo o contrario, se permitte a qualquer soldado portuguez as roube, e lhe queime as casas.

Setima. Que as pessoas portuguezas que quizerem cultivar as suas terras, se lhe permittirá, pagando-lhe ellas os foros devidos; e quando por algum incidente lhe não paguem, o Estado os obrigará; mas que estes taes serão tratados com attenção, e se lhe recomenda que as obrigações que fizerem sejão por escripto para ao depois constarem legalmente.

Oitava. Que qualquer furto que se faça de huma e outra parte será restituido tanto que for descoberto, e os delinquentes castigados.

Nona. Que se lhe permittirão officiaes para reedificar o vazar (*sic*), reduzindo-o ao estado que tinha.

Decima. Que não admittirá que no districto todo que se lhe entrega, se consintão carias, como de castas, ou outras quaesquer controversias, que possão perturbar o socego, ou commercio dos gentios, que vivem debaixo da protecção do Estado.

Undecima. Que cumprindo tudo o declarado, o Exmo Sr. Vice Rey o admitte na protecção do Estado, promettendo-lhe em nome delRey nosso Senhor ajudal-o nas suas dependencias até o deixar com socego, e faltando (como não se espera) será castigado com o rigor da guerra; e para firmeza de tudo se assignará neste papel com o juramento devido. 1726 Maio 27

Duodecima. Que querendo o dito Sar Dessay Nagubá Saunto viver em qualquer terra do Estado, o poderá fazer com toda a segurança, sem que em algum tempo se lhe faça violencia. Campo dos Ataques de Bicholim 27 de mayo de 1726.—(Sello do Sardesay).

Tratado de paz, que o Excellentissimo Senhor João de Saldanha da Gama, do Conselho d'Estado de Sua Magestade, Vice Rey e Capitão geral da India, concede a Fondu Saunto Bounsuló, Sar Dessay das terras de Cuddalle, por lha pedir com instancia, promettendo de a guardar inviolavelmente.

(Arch. da India, livro 1.º de Pazes, fol. 318.)

1.ª Condição

Que no juramento que der elle Sar Dessay para estabelidade do presente tratado de paz, se incluirá tambem a observancia da que celebrou com o Estado no anno de 1712, sendo Vice Rey o Exmo Sr. D. Rodrigo da Costa, cujo theor he o seguinte: 1726 Agosto 22

«O Exmo Sr. Vice Rey promette admittir á amizade do Estado a Babu Dessay, das terras de Cuddale, permittindolhe a paz que pede arrependido do erro que commetteu em tomar armas contra o Estado, a cujo abrigo viverão sempre todos os seus antepassados como criaturas suas, e se obriga a cumprir todas as condições abaixo declaradas, para o que obriga todas as suas vargeas, que estão debaixo de nossa artilharia das fortalezas de Corjuem, Panelem, e Naroá.

1.ª Primeiramente que não bulirá com as terras de Ponddá, pelo Estado ter mettido de posse dellas ao Rey do Sunda.

2.ª Que aos Dessaes vassallos do Estado lhe deixará possuir tudo o que lhe pertence, e possuião, por ser justo que o Estado lhes patrocine, e defenda, não consentindo que lhes

1726 Agosto 22 usurpem o que lhes toca, e possuião em tempo do Mogor, ou Sivagy.

3.ª Que aos mercadores das terras do Estado, que passarem pelas que obedecem a Babu Dessay, se lhes não fará nellas hostilidade alguma, nem se lhes levará mais direito, ou juncão que aquelle que sempre foi estyllo pagar-se, e na mesma fórma se usará com as embarcações mercantes, que forem a seus portos, e nelles se lhes fará toda a boa passagem.

4.ª Que com os Arabios, por serem inimigos do Estado, não terá Babu Dessay genero algum de commercio em seus portos, e no caso que consinta nelles alguma embarcação dos Arabios, ou alguma em que elles venhão, poderão as embarcações portuguezas licitamente tiral-as, ou queimal-as sem por isso quebrantar a paz que promette.

5.ª Que os portuguezes que passarem para as suas terras sem licença do Ex.mo Sr. Vice Rey, os mandará logo impedir não passem por ellas, e os represará, avisando ao general das terras de Bardez para que mandando-lhe seguro do Ex.mo Sr. Vice Rey os mande logo entregar ao dito general.

6.ª Que a gente de Babú Dessay não tornará a fazer furto, ou roubo algum aos vassallos do Estado, e fazendo pelo contrario, se satisfará pelo maior preço tudo quanto os prejudicados declararem por seus juramentos, e havendo morte, ou feridas nas taes occasiões, entregará os executores dos taes maleficios para nas terras do Estado se lhes dar o castigo merecido.

7.ª Que mandará logo restituir todos os cafres e cafras, e mais captivos de nossas terras, que estiverem nas que domina Babu Dessay, e não consentirá passem por ellas, mandando-os logo prender, e entregar ao general das terras de Bardez, para se entregarem a seus donos.

8.ª Que não pertenderá direito algum ter nas ilhas de Panelem e Corjuem, e seus annexos, de que o Estado está de posse, não só com justo titulo de as haver tomado quando se fez preciso ao Estado castigar a Qhema Saunto, mas por serem em parte pertenças das terras de Bardez deste Estado, a quem o Rey Mogor tinha feito doação dellas. 1726 Agosto 22

9.ª Que mandará 10:000 xerafins para se reedificar a Igreja de Revorá, e casas do Parocho para a satisfação do custo que se fez em reedificar a dita Igreja.

10.ª Que mandará dois cavallos arabios de feudo ao Estado em cada anno, e não os tendo, pagará de cada hum 500 xerafins em reconhecimento da mercê que o Ex.mo Sr. Vice Rey lhe faz de o admittir á protecção do Estado, debaixo da qual viverão todos os seus antepassados, e proximamente Qhema Saunto.

(Em entrelinha, e por outra letra está aqui acrescentado): Bem assim na Provincia de Satari, cujo tributo, que elle cobrava em 3:000 rupias por anno, pertencerá ao Magestoso Estado.

Acceito os onze capitulos das condições acima, e me obrigo a guardal-os, fiando da protecção do Estado me valerá nas occasiões que eu necessitar com a mesma correspondencia que eu merecer. Ao primeiro do mez chamado Rabilla vallo da era chamada Inburssana Aifar Miya Alafa, que vem a ser 7 de abril de 1712—Dois sellos de Babu Dessay.

Declaração com que o Sar Dessay promette observar o tratado de paz acima encorporado

Quanto ao primeiro capitulo das pazes, que celebrou com o Ex.mo Sr. Vice Rey D. Rodrigo da Costa, se observará como nelle se contém.

Quanto ao segundo, que se lhe não dissimulará de modo algum a infracção delle.

Quanto ao terceiro o mesmo.

Quanto ao quarto, que o mesmo observará com outro qualquer inimigo do Estado, e se lhe não permitte commetter hostilidades algumas nas embarcações que sahirem, e vierem para os portos do Estado, e fazendo-o, lhe não valerá a desculpa de dizer foram comettidas por outrem.

1726 Agosto 22 Quanto ao quinto, que o Estado dará 10 xerafins de premio ás pessoas que conduzirem os soldados fugidos, o que lhe promette para as obrigar a fazerem de boa vontade esta diligencia, e aos ditos soldados se não dará castigo algum rigoroso.

Quanto ao sexto, que elle Sar Dessay será obrigado a satisfazer completamente (como tem promettido) os damnos e roubos que da data da dita paz até o presente tiver feito aos vassalos do Estado, para o que se lhe remetteu lista dos que requererão: concede-se-lhe, porém, o termo de trinta dias para averiguação da verdade, e liquidada esta, serão promptos os pagamentos, e não os satisfazendo com promptidão, poderão as partes havel-os pelo meio que puderem, ajudando-os a isso o Estado.

Quanto ao setimo, que elle Sar Dessay tem restituido doze escravos, duas escravas, e hum cafrinho, que são os que achou nas suas terras; concede, porém, faculdade a que os vassallos do Estado possão procurar por si, ou por outrem os mais que estiverem nellas, os quaes mandará logo entregar, e ao futuro será o senhor do escravo fugido obrigado a dar 5 xerafins de premio á pessoa que lho conduzir ás terras do Estado.

Quanto ao oitavo, na mesma fórma que nelle se contém.

Quanto ao nono, que tem satisfeitos os 10:000 xerafins de que trata, como constou da conta dos feitores, que forão desta cidade Amaro da Silva, e Manuel Ribeiro.

Quanto ao decimo, que tem satisfeito ao feitor actual de Sua Magestade Joseph Antunes Branco 13:000 xerafins, importancia do feudo de cavallos.

Continúa o tratado da presente paz.

2.ª Condição

Que as embarcações delle Sar Dessay, nem por si só, nem em companhia de outras farão corso algum, ou presa nos mares do Estado.

3.ª Condição

Que dará a seu filho Nagobá Saunto de alimentos a quantia de 800 xerafins por mez, e para segurança della fiadores abonados moradores nas terras do Estado, porém, que não acceitando o dito seu filho estes alimentos, lhe entregará a fortaleza de Bicholim. 1726 Agosto 22

4.ª Condição

Que não acceitando o dito seu filho os taes alimentos de 800 xerafins por mez, querendo antes ficar com a dita fortaleza de Bicholim, lhe dará passo livre para ella, ou para outra parte para onde queira hir, não lhe fazendo no emtanto embaraço algum.

5.ª Condição

Que saindo seu filho Nagobá Saunto das terras do Estado, e havendo guerra entre elle e o dito Sar Dessay, não ajudará o Estado a algum delles, nem consentirá que das suas terras saião Lascarins do dito Nagobá a fazer hostilidades algumas nas delle Sar Dessay, antes se conservará indifferente, e com trato e amizade politica entre hum e outro.

6.ª Condição

Que não consentirá que balhadeiras algumas fabriquem de novo casas á borda dos rios, que dividem o Estado do dominio delle Sar Dessay.

7.ª Condição

Que os barcos delle Sar Dessay, e de seus vassallos serão obrigados a tomar cartaz do Estado na mesma fórma que se pratica com o Mogor, Canará, Sunda, e mais potentados da Asia, e navegando sem elles, serão represados, e julgados por boa preza.

8.ª Condição

Que fugindo qualquer subdito delle Sar Dessay por dividas, ou maleficios para as terras do Estado, poderá elle Sar Dessay requerer ao mesmo Estado, o qual lhe fará justiça recta pela verdade sabida, e sem estrepito de juizo, e o mesmo se observará no caso que o dito fugido seja vassallo do

1726 Agosto 22 Estado, e devedor delle Sar Dessay, ou tenha nas suas terras commettido algum maleficio.

9.ª Condição

Que transgredindo elle Sar Dessay por si, ou por algum dos seus subditos qualquer dos capitulos acima expressados por parte do Estado, se lhe fará aviso huma só vez, e não o cumprindo logo, tomará o Estado por si a resolução de se satisfazer pelo meio mais conveniente.

Goa 22 de Agosto de 1726.—João de Saldanha da Gama.

Sello das armas reaes portuguezas em lacre vermelho.

Ratificação em lingua maratha com dois sellos em tinta preta.

Traducção do que contém esta ratificação

1726 Agosto 24 Obrigo-me a observar inviolavelmente este tratado de paz como nelle se contém, e tenho dado outro como este em letra Indiuy. Naroá 26 do mez Gilher do anno chamado Sabam Asserim Meam Ala phy, em portuguez vem a ser 24 de Agosto de 1726.

Dois sellos de Fonddu Saunto Bounsolo, Sar Dessay das terras de Cuddalle.—Bogana Camoty.

Condições preliminares com que o Embaixador de Pate, o honrado Banamade, e Bonu Malimo Bacar, em nome de seu Rey, o muito illustre Sultan Abu Bacar Bonu Sultan Humade, se submette á soberana protecção do muito alto e muito poderoso Senhor Dom João V, Rey de Portugal e dos Algarves, ajustadas com o Excellentissimo Senhor João de Saldanha da Gama, Vice Rey e Capitão geral da India.

(Arch. da India, livro 1.º de Pazes, fol. 321.)

1727 Dezembro 17 1.ª Que El-Rey de Pate Sultan Abu Bacar Bonu Sultan Humade e seus successores com todo o seu Estado reconhecerá por seu legitimo soberano ao muito alto, e muito pode-

roso Senhor D. João V Rey de Portugal, e a seus serenissi- 1727 Dezembro 17
mos Successores, para que o dito Senhor o tome debaixo de sua real, e soberana protecção, defendendo-o de qualquer invasão dos Arabios.

2.ª Que nenhuma pessoa vassallo de El-Rey de Pate, de qualquer grau, qualidade, e preheminencia que seja, terá communicação com os Arabios de Mascate, ou outros da sua parcialidade; e que no caso que a tenha ou por escripto, ou por palavras, ou por interpostas pessoas, será tido por réu de lesa Magestade da primeira cabeça, e responderá pelo tal crime perante as justiças de Sua Magestade Portugueza, sendo punido e castigado pelas suas leis.

3.ª Que da condição proxima se não exceptua, nem ainda El-Rey de Pate; mas que por se não esperar delle tão horrendo crime, se calou na dita condição por modestia, e attenção á sua real pessoa.

4.ª Que como da promptidão do castigo de tão execrando crime se espera a conservação dos Estados de El-Rey de Pate, será elle logo que souber que algum dos seus vassallos tem communicação com os ditos Arabios de Mascate, ou com os da sua parcialidade, obrigado a entregal-o ao Capitão dos Portuguezes, o que cumprirá, ainda que o delinquente seja pessoa de sangue real, e seu proprio filho.

5.ª Que como da mudança das regencias dos Estados resultão variedades perniciosas á conservação delles, se recomenda com especialidade a El-Rey de Pate que no governo do seu Reino, e modo de reger, não altere o costume antigo, conservando o conselho que sempre teve, e as pessoas e logares para o dito conselho destinados.

6.ª Que quando El-Rey de Pate queira pagar a guarnição Portugueza, que se julgar necessaria para defeza daquella cidade, cobrará todos os direitos das fazendas que nella entrarem, excepto as do barco annual de Sua Magestade Portugueza, e não tomando El-Rey de Pate a obrigação de pagar a dita guarnição, cobrará o Governador, ou Capitão Portuguez todos os direitos dos barcos dos vassallos do Estado, que entrarem naquelle porto.

1727 Dezembro 17 7.ª Que os portos Cavo, e Tucuto, que El-Rey de Pate tinha cedido aos Arabios, serão proprios de Sua Magestade Portugueza de tal sorte que nenhuma outra nação, nem El-Rey de Pate e seus vassallos poderão fazer nelles negocio algum; e será El-Rey de Pate obrigado a concorrer com os praticos necessarios para a introducção, e estabelecimento do commercio dos ditos portos.

8.ª Que não consentirá El-Rey de Pate que nação alguma Europeia, ou Turcos, possa hir commerciar a seus portos; e outrosim não fará com as ditas nações aliança, pacto, ou contrato algum.

9.ª Que os navios de El-Rey de Pate, e seus vassallos poderão livremente navegar para todos os portos da Asia, excepto os dos Arabios sujeitos ao Imamo de Mascate, e que o Governador, ou Capitão Portuguez lhe dará gratuitamente os cartazes, que lhes pedirem, com declaração, porém, que findas as viagens, se entregarão os mesmos cartazes ao dito Governador ou Capitão, para que não succeda o poderem-se aproveitar delles as nações estranhas.

10.ª Que no caso que em Pate, Mombaça, ou outro lugar daquella costa se mova guerra contra os Portuguezes, farão os Governadores ou Capitães de Sua Magestade aviso a El-Rey de Pate para castigar a nação que a mover, e El-Rey de Pate será obrigado a assim o cumprir, dando-se-lhe ajuda para a despeza da guerra.

11.ª Que quando algum barco de Surrate queira fazer viagem para Pate, se lhe concederá cartaz, pagando os direitos do estyllo.

12.ª Que El-Rey de Pate e seus vassallos, poderão livremente usar da religião que lhes parecer, mas que não consentirão que catholico algum, ou gentio vassallo do Estado se faça Mouro, ou lhe darão protecção, ou asos para isso, antes fazendo-se Mouro algum gentio, ou christão, o entregarão aos Portuguezes para ser castigado.

13.ª Que como se convem que os vassallos de El-Rey de Pate tenhão liberdade de religião, não poderá a Inquisição mover duvida alguma sobre os seus procedimentos.

14.ª Que quando algum christão, que se tenha tornado mouro, se queira reconciliar com a Igreja catholica, o não poderá impedir El-Rey de Pate, e no caso que o tal christão esteja em dominio de algum Mouro, se lhe restituirá o preço por que o comprou. 1727 Dezembro 17

15.ª Que quando a pessoa christã, que se tiver tornado mouro, não venha por sua vontade á Religião verdadeira, e fé de Nosso Senhor Jesus Christo, o poderão cathequisar, e industriar os ministros della, para que dando-se-lhe a perceber o seu erro, emendado delle, se reconcilie voluntariamente com a Igreja Catholica.

16.ª Que chegando com o favor de Deus a armada Portugueza ao porto de Pate, será El-Rey de Pate obrigado a fazer promptas trinta embarcações bem guarnecidas de suas milicias, as quaes se transportarão a Mombaça, e occuparão os postos e passos daquella ilha, antes que faça desembarque nella a dita armada, o que se executará pela fórma que com os Cabos Portuguezes se ajustar mais conveniente, e os vassallos de El-Rey de Pate de maior distincção e nobreza, que forem a esta jornada, hirão nas embarcações Portuguezas.

17.ª Que como El-Rey de Pate se sujeita sinceramente, e de boa vontade á soberania de Sua Magestade Portugueza, e acceita a sua protecção e vassalagem, se declararão as mais condições que parecerem uteis, quando o tempo, e conjectura (*sic*) das cousas mostrarem a fórma por que melhor se possão expressar com conveniencia de ambas as partes. O secretario Thomé Gomes Moreira as fiz escrever—João de Saldanha da Gama.

Assignatura arabica, e sêllo (em tinta preta) do embaixador.

E ao lado diz:

Firma do Embaixador de El-Rey de Pate—Thomé Gomes Moreira.

Carta de Alexandre Metello de Sousa e Menezes para o Secretario de Estado dando conta da Embaixada que deu ao Imperador da China, por ordem de El-Rey Dom João V

(Collecção da Livraria Real, Mss.)

1727 Dezembro 18 Na monção passada, escrevi a V. S.ª na fórma da copia inclusa, pela fragata *Nossa Senhora da Oliveira,* pela India, por Ostende, e por Inglaterra, e agora acrescento, que sahi desta cidade de Macau para a côrte de Pekim a 18 de Novembro de 1726 cheguei á dita cidade, ou côrte, a 18 de Maio de 1727, a 28 do dito tive a primeira audiencia do Imperador, a 7 de Junho fui entregar o presente de Sua Magestade, a 13 me mandou mostrar a sua quinta, a 16 de Julho tive audiencia de despedida, a 18 do dito sahi da corte, a 8 de Dezembro cheguei a esta cidade de Macau, e fico para partir na nau *Madre de Deus;* pela qual recebi duas cartas de V. S.ª por que tenho executado as ordens de Sua Magestade, e com a maior felicidade que podia ser no systema presente, por que tanto que chegou a minha carta á côrte de Pekim, mandou o Imperador conduzir-me por hum Ministro em companhia do Padre Antonio de Magalhães, com os quaes me encontrei na Provincia de Kianti mais de 200 leguas de distancia da côrte de Pekim; e como o decreto do Imperador, era que me tratassem com maior honra que qualquer outro Embaixador, que tivesse vindo a este Imperio; cresceram os obsequios dahi por diante, ainda que sempre tinham sido os cortejos maiores do que na Europa se fazem aos Embaixadores.

Na côrte fiz a minha entrada tão estrondosa que entendo se não tinha visto acção tão luzida em toda a Asia, e assim o confessão os que se prezão de ter noticias; e talvez que o mesmo se possa dizer das Embaixadas da Europa se exceptuarmos as carruagens porque demais dos vestidos, que vierão se vestirão de novo 282 pessoas para o dia da entrada, e constava a minha comitiva de 326, fizerão-se 30 andores amarellos para o prezente do Imperador, 12 azues para os cofres da minha roupa; hião mais 24 carros com os restantes moveis da minha casa: tinha eu mandado comprar 40 cavallos, 10 dos quaes tinhão jaezes de veludo guarnecidos de prata e oiro, e do mesmo veludo erão os reposteiros dos andores dos meus cofres, e os telizes de dois cavallos a destra tudo azul excepto os destes dois cavallos que erão de encarnado, hião mais varios ternos de choromellas e 200 soldados do Imperador repartidos para apartarem o povo, e fazerem caminho e guarnecerem os lados do presente, logo se notou a excessiva differença que havia da entrada do Embaixador de Moscovia, e as grandes vantagens do respeito com que o Imperador me mandava tratar, as quaes crescerão depois que o Imperador vio o presente de Sua Magestade, de que ficou muito agradecido. 1727 Dezembro 18

No mesmo dia da entrada me mandarão ao Tribunal do Lipu pedir a carta, que vinha para o Imperador, a que respondi que eu não tinha nenhum negocio no Tribunal, e só o tinha com o Imperador; não se me pedio que entregasse o presente, porque foi materia que se controverteo em Cantão; entrarão depois a dizer-me que fosse aprender as cortezias ao Tribunal dellas, e respondi, que eu bem sabia fazer as devidas cortezias ao Imperador.

E por que as naus, que partem para Inglaterra e Ostende, não dão logar para fazer relação mais distincta, faço aqui hum resumo das cousas mais substanciaes deixando o mais para quando chegar a essa côrte, se Deos lá me levar, e quando eu falte se verá pelos apontamentos que levo, e tambem pela informação do Padre Caetano Lopes, da Companhia de Jesus, que me acompanhou por interprete, e está nomeado para hir por Procurador da sua Religião a Roma na mesma nau em que eu vou.

Em summa, nem eu fui aprender as cortezias, nem consenti que os do Tribunal vissem se eu as sabia fazer, sem embargo de que vierão a minha casa para isso, e só me informei de hum Missionario, que as tinha visto fazer muitas

1727 Dezembro 18 vezes, e vi a ordem que se passou das cerimonias que se havião de fazer no dia da minha audiencia, depois de ter vencido as instancias que faziam sobre pôr a carta na meza deante do Imperador, ou entregar-lha na mão.

No dia da minha audiencia se me deo banquete em palacio em nome do Imperador, a que assistirão tres grandes, e servirão os mesmos da familia do Imperador de pena de pavão, e pela mesma fórma se me derão banquetes no dia em que levei o presente, no dia em que fui ver a quinta do Imperador, e no dia da audiencia de despedida.

No primeiro banquete da primeira audiencia, se me perguntou, se de Portugal tinha vindo outro Embaixador á China, que havia eu de dizer ao Imperador naquella audiencia, e se tinha mais algum negocio que houvesse de propor, perguntarão-me tambem o nome do meu reino, e se havião mais reinos na Europa. Estas perguntas não foram com a formalidade da China que he responder de joelhos, sendo as perguntas feitas em nome do Imperador, logo que lhe respondi se levantou o que estava no primeiro logar, e foi dar parte ao Imperador, passado algum tempo trouxe ordem para eu entrar, depois mandou o Imperador, que podesse levar duas pessoas da minha familia, porque assim se tinha concedido ao Embaixador de Moscovia; e aos dois que levei se lhe derão tambem accentos por baixo dos grandes da côrte, e a mim se me deo accento por cima dos Regolos, perto do throno do Imperador: mandou-me dar chá tartaro, e depois fez signal de eu poder fallar.

E eu disse que o Rey Nosso Senhor me ordenavā dar-lhe o parabem da sua assumpção ao throno, que o Rey Nosso Senhor fazia tão grande estimação da amizade de Sua Magestade Imperial, que se não satisfez com menos que mandar dos ultimos fins da terra hum Embaixador, que viesse a reverenciar a Sua Magestade Imperial, e congratulal-o por se achar digno successor do Imperio de seu pae, e significar-lhe com as mais vivas expressões o muito que dezejava se conservasse incorrupta huma boa correspondencia entre ambas as monarchias, que com grande propensão que o Imperador

Kamtti mostrava para favorecer os Portuguezes, e ao acto da 1727
attenção que faz em mandar a Sua Magestade hum grande Dezembro
mimo, poz a Sua Magestade em tão grande reconhecimento, 18
que com a noticia do dito Imperador ser fallecido, ficara summamente sentido; e que me ordenava segurasse assim a Sua Magestade Imperial, como tambem que suavizara o seu sentimento a noticia que juntamente teve de que Sua Magestade Imperial fôra seu successor no throno; e como tal me mandava agradecesse os favores, que os moradores de Macau, e mais Portuguezes tem recebido neste Imperio, e que eu indigno de tão alta commissão, ignorava os termos mais gratos a Sua Magestade Imperial, com que devia executal-a, e lhe pedia tivesse por certo que se houvesse alguma falta nesta acção, seria nascida da minha pouca pratica do Paiz, e não da vontade do meu Soberano, que esta era geral, de que eu fizesse a Sua Magestade Imperial todos os devidos obsequios.

Esta falla foi feita em duas partes, porque no meio interrompeo o Imperador dizendo, que o Imperador seu pae o tinha doutrinado quarenta annos para haver de chegar ao throno, e que a sua primeira intenção foi imitar a seu pae, em todo o seu modo de governo, principalmente na affeição que teve aos estrangeiros, e disse para o interprete, o Padre Paranim, que elle bem sabia, e que todos sabiam que elle não fazia distincção de estrangeiros, e domesticos, que o Rey Nosso Senhor mandava tão longe o seu Embaixador, e que elle Imperador perguntava pela saude de Sua Magestade, ao que respondi, que ficava com boa saude quando eu sahi de Portugal; disse o Imperador que me dissessem que eu tomara grande trabalho de fazer huma jornada tão grande, e que elle me perguntava pela minha saude; respondi que ainda que trouxesse molestias, de todas estaria convalescido com as honras que Sua Magestade Imperial me estava fazendo, e tinha mandado fazer por todo o seu Imperio; as quaes eu conhecia não erão por meu respeito, mas pela ordem imperial que Sua Magestade expedio, attendendo a ser eu Embaixador de Sua Magestade Portugueza.

1727 Dezembro 18 O Imperador a isto disse, que eu tomasse chá, derão-me chá tartaro, e aos dois da minha familia; e depois de o beber fez o Imperador signal de que me conduzissem para fóra, e depois de me levantar, disse o Imperador com alegria algumas palavras em meu louvor, de que se moveo gosto demonstrativo entre os circumstantes, e sahindo para fóra me derão os parabens, e na mesma fórma aos Missionarios, pela fortuna de ser agradado do Imperador. Emquanto durou a audiencia esteve hum grande ao lado do throno do Imperador com a caixa em que estava a carta do Rey Nosso Senhor levantada nas mãos, porque o Imperador lha entregou logo que a recebeo das minhas.

Recolhido eu a minha casa, se me mandou assistir com toda a grandeza, com o comestivel, ainda que não vinhão todas as cousas que se continhão na ordem que se passou para a despeza que se havia de fazer commigo; nunca consenti que se fallasse nessa materia, o que contribuio para o bom nome, que davão de mim os que estavão destinados para a assistencia da minha casa, assim como o artificio de fazer avultar as acções publicas, contribuio muito para a boa fama que correo por todo o Imperio.

Logo tive noticia que os Embaixadores podem estar só sessenta dias na côrte, e que os Ministros podião conceder-lhe mais dez dias de dilação, e passados estes, era precizo recorrer ao Imperador, e que o Embaixador de Moscovia pedio duas vezes ao Imperador prorogação de tempo, e fôra esta huma das causas porque se fizera odioso, e se lhe dera dahi por diante peior tratamento, ainda que sempre o teve muito differente do que se me dava, e por isso entrei logo a fallar em querer tornar a ver o Imperador, e levar-lhe o presente de Sua Magestade, assignou-me o dia em que o havia de levar, e deixou-se-me em duvida o poder elle fallar-me, e com effeito recebeo-se o presente com grandes cautellas, emquanto eu estava no banquete, e mandou-se escusar de fallar, dizendo tambem que elle tinha visto o grande presente, e numero de cousas boas que Sua Magestade lhe mandava, e me perguntava se na Europa era estyllo receber todo o presente, ou parte delle, e o que seria mais do agrado do Rey Nosso Senhor. 1727 Dezembro 18

No dia seguinte 9 de Junho, veio o Ministro meu conductor vestido de ceremonia em companhia de outros tres Mandarins mais pequenos, com recado do Imperador para mim, e na presença delles me disse, que o Imperador me mandava dizer, que estimava eu ter chegado a salvamento de huma jornada tão dilatada, e que folgava muito pelas boas informações que tinha do bem, que eu me tinha havido pelo caminho de todo o Imperio, e que eu estaria molestado de huma tão comprida viagem, e que assim me poderia hir divertir a toda a parte que quizesse, e hir ver as Igrejas se me parecesse, e que não tinha cousa alguma no seu Imperio, que se me quizesse occultar, e que eu havia de querer algumas curiosidades da terra, e que elle não sabia quaes, e assim me mandava 1:000$000 réis para eu comprar o que me parecesse para o meu divertimento, que elle Imperador tinha recebido todas as cousas do presente do Rey Nosso Senhor, visto dizer eu, que essa seria a sua vontade, e estava eu já livre do cuidado do presente, e que assim recebera o que eu tambem lhe offerecera e que tinha conhecido a vontade do Rey Nosso Senhor, e as boas partes dos seus vassallos, que são muito differentes das mais nações que tem vindo á China; e que mandava ordenar ao Ministro meu apozentador, que não tivesse eu nem a minha gente impedimento para hir adonde quizesse, e que a todos mostrasse muito maior honra do que se costumavão outros Embaixadores; para inteligencia desta ordem se necessitava dar muitas noticias para o que não tenho tempo. Na lingua sinica os nomes, e verbos são indeclinaveis: o estyllo he não fallarem os Embaixadores com pessoas da côrte, e só em presença do Ministro, que chamão Apozentador, nem entrar nem sahir pessoa, nem cousa alguma a que elle não presenceie, nem elle póde hir ou o Embaixador a parte alguma sem licença do Imperador, e ao Embaixador de Moscovia não foi possivel fallar particularmente com o Padre Paranim, sendo este o que traduzia os papeis dos seus negocios de latim em tartaro, e de tartaro em latim.

1727 Dezembro 18 Toma-se por grande deslustre que o Embaixador trate negocios, porque he necessario remettel-os aos Ministros, aos quaes fallando em negocios, se ha de fallar de joelhos, e fazendo requerimento por escripto ha de ser em papel com capa azul, que significa a mesma submissão: e o Embaixador de Moscovia sendo esta a oitava embaixada em que se achava, se achou notavelmente embaraçado com isto, porque ainda que os requerimentos se faziam por terceiras pessoas se não concluio cousa alguma, e foi quazi lançado fóra, reservando-se os ajustes das dependencias para os Ministros das raias dos dois dominios.

Elle mostrava querer ver-me, e talvez lhe fizesse isto mal, porque a nimia cautella destes homens, parece lhes incitou algum receio de que entre nós havia alguma inteligencia, e que por isso se lhe não permittio mais demora na côrte.

Com a occasião da honra que me fez o Imperador mandando-me o dito recado e prata, que se tem por excessiva a de dar prata, de sorte que nas Embaixadas se dá sempre 300$000 réis em prata ao Soberano que a manda, representei querer hir dar-lhe o agradecimento pessoalmente; e me veio por resposta que a 13 de Junho me veria; e que não seria a ultima vez, e que nesse dia teria o divertimento de ver a sua quinta.

Tambem me mandava alguns pratos da sua mesa, favor que se me repetio de cinco em cinco dias emquanto estive na côrte.

No dia 13 fui á quinta do Imperador, e logo os grandes destinados para me assistirem, me trouxerão da sua parte hum recado de que a elle se lhe tinha dito, eu podia ser admittido a dar-lhe as graças pelas honras que me tinha feito, e que eu mostrava dezejo de ver a sua quinta, e que elle me mandara responder que n'aquelle dia 13 de Junho podia eu hir a huma e outra cousa, mas que então me não poderia fallar, e que ainda me veria antes que eu partisse.

Eu não quiz referir o recado que se me tinha dado, por ser replica sem fruto, e porque logo percebi por estas, e outras cousas, que o Imperador queria evitar audiencias, por receiar que eu lhe fallasse na materia da missão, e talvez que entendesse lhe queria eu pedir pelo Padre Mourão, por entender me não constava da sua morte, a qual se tinha mandado executar occultamente na cadeia em que estava, logo que chegou a Pekim a noticia de eu estar em Macau. 1727 Dezembro 18

Embarquei com os grandes na quinta do Imperador, e levei comigo o Secretario e Mordomo, e o Lingua, que aqui tomei, e discorremos por toda a quinta, que he retalhada em rios, e na sahida fiz as cortezias em hum pateo interior, que he a fórma que se tem neste Imperio de dar os agradecimentos ás pessoas superiores. Recolhi-me a casa com cuidado de solicitar audiencia em que propozesse alguma materia conducente, ao bem da Missão e de Macau, e como o meu Contador e o meu Aposentador me perguntavam quando queria eu partir, me confirmava eu mais no conceito de que o Imperador queria evitar alguma occasião de desgostar-me ou desgostar-se.

Os Missionarios que percebião isto, e eu lhe dava todo o accesso para os ouvir, mostravão os seus differentes discursos nas praticas que comigo tinhão, e os de propaganda erão de parecer que eu sempre pedisse pela liberdade da pregação da lei, e alguns destes me disserão que pouco se perdia em se desgostar o Imperador, pois já vivia desgostoso dos Missionarios; e tal destes houve, que me disse que o mais que podia fazer o Imperador se se desgostasse da minha proposição era mandar que os Missionarios sahissem comigo do Imperio, como dizia o Padre Paranim se lhes tinha ameaçado, e que nisto se perdia pouco, pois já não permittia senão em Pekim, e ahi com pouca liberdade, e que em se arriscar a esse resto pela consequencia de se poder adquirir huma permissão universal, não haveria quem o não louvasse (aparentemente com oculto fim) os Padres Francezes que são os doutos nesta Missão incessantemente clamavão que ella se arruinava se eu desgostasse o Imperador fallando no que elle mostrava não querer ouvir; os Padres da Vice-Provincia assim Portuguezes como das mais nações, que quazi todos erão do mesmo parecer, e porque

1727 Dezembro 18 alguns poucos ou movidos das razões pouco solidas, ou desejozos de maior gloria para esta Embaixada, desejavão se fallasse nesta materia, lhes disse hum Padre Francez com intrepida resolução, que ou era zellar pouco huma acção tão importante, ou querer fazer verdadeira a opinião que alguns tinhão de que esta Embaixada se encaminhava a arruinar de todo a Missão, porque recolhidos todos os Missionarios á Europa só os Portuguezes ficavam em Macau, e poderião pelo tempo adiante tornarem-se a introduzir.

Eu, que segundo as ordens que trago, sabia não era occasião oportuna de fallar na materia, me pareceu occultar a minha determinação, e pedir a todos os Missionarios o seu voto por escripto; assim o fiz e alguns derão os seus pareceres muito eruditos, e nem os que tinhão mostrado dezejo, que se fallasse pela liberdade da Missão se atreverão a escrevel-o assim, mas tal houve que votou se fallasse pelos Missionarios que vinhão de novo, por não haver nestes a razão de desconfiança que havia nos mais; porém, como quazi todos concluirão o mesmo, tive occazião de fallar de sorte que se ouvisse em Roma o grande serviço que Sua Magestade tinha feito a Deos em dirigir huma acção de tanta despeza, para tudo o que conduzisse a favor da pregação evangelica, como Padroeiro da Missão, e que eu estava vendo que os Missionarios, que devião pelas suas experiencias mostrar-me os caminhos, erão os mesmos que me impedião os passos com os seus votos, e com as ponderações que fazião do evidente risco que me propunhão.

Vendo-me os Missionarios com cuidado entrarão elles a persuadir-me as razões que eu tinha para me gloriar dos prodigiosos effeitos que tivera a Embaixada a favor da lei pela grande differença com que já erão tratados depois da minha vinda, pelas honras que o Imperador lhes fazia, pelo respeito que já os Mandarins lhe mostravam depois que o Imperador me disse, que mandava tratar os Europeus da mesma fórma que seu pae, pela licença que deu para se continuar a obra da Igreja de S. José dos Portuguezes, e pelos parabens que todos davão aos Missionarios; vendo o Impera-

dor com differente propensão, do que antes lhe mostrava. 1727 Dezembro 18
Dizião que Sua Magestade tinha feito hum tão grande serviço a Deos, e á Santa Sé Apostolica, que só por elle merecia ser Padroeiro da Missão, quando o não fôra desde o principio della.

Eu que só para lhes ouvir o fim destas respostas, para que fossem ellas AA. do que depois, não podessem negar, lhe tinha promovido a materia sujeita, condescendi logo com os seus votos dizendo que eu não fallaria ao Imperador na materia da propagação da lei, se elle me não movesse a pratica; mas que se elle me tocasse na materia, eu me não obrigava a estar pelos votos, e faria o que me parecesse mais conforme á vontade do Rey Nosso Senhor; e nisto fiquei.

Se eu não tivesse estes votos, sempre obraria na mesma fórma, porque eu tinha provas por inferencias veementes do grande receio, que o Imperador tinha de que algum dos seus irmãos, de que vivia desconfiado, se valessem dos Christãos para com algumas forças da Europa o poderem inquietar, pois já em vida de seu pae, vivião oppostos, e depois da sua morte, trabalharão por fazel-o mal quisto publicando-lhe, ou attribuindo-lhe defeitos de que nasceu fazer matar a huns, e ter a outros prezos, por serem os primeiros inclinados aos Missionarios; chegou este castigo ao Padre Mourão; e foi mercê de Deos que não chegasse a todos os Missionarios; hum dos de propaganda me chegou a dizer mais alguns particulares sobre a vinda de hum Embaixador de Portugal, que se prognosticava, ou se promettia já em tempo do Imperador defunto, de que eu recebi muita luz, para saber encaminhar as praticas e as acções de fórma que não viesse a comprovar a sua suspeita, se a houve.

Para o fim de extirpar a desconfiança, e de ver se podia sondar os intentos do Imperador nesta materia, e de tocar em todas as que me podião ser uteis, e juntamente para mostrar ao Imperador que eu me não hia da sua côrte desgostoso delle, pois esta desconfiança me podia ser de grande prejuizo, entrei a pretender vizitar o Regulo 13.º, filho de Kamki, e irmão do Imperador, seu primeiro Ministro, e unico em

1727 Dezembro 18 quem mostra fazer confiança; mas não pude conseguil-o, e por mais que quiz remover os obstaculos que se punhão concludentemente, me mandou responder, que elle não menos desejava ver-me, pelas muitas cousas que tinha ouvido de mim, mas que o não podia fazer sem licença do Imperador, e que de nenhuma sorte lhe convinha a elle nem a mim que esta licença se pedisse; instei dizendo, que eu tinha que fallar-lhe sobre materia do serviço do Imperador, e não em negocio meu; quiz elle primeiro saber que materia, e como eu disse que me não convinha dizel-a a outrem ficou esta porta fechada.

Todas estas cousas propunha eu por via do meu conductor, sem que Missionario algum interviesse nisso, nem ainda o meu interprete, e assim continuei esta materia até o fim, porque ainda que aos de casa se não podia occultar que havia praticas occultas, não faltavão pretextos para divertir. Pelo mesmo conductor intentei outro caminho, porque não tinha outro Ministro licença para vir a minha casa.

Pretendi que o Imperador me nomeasse hum ou dois Ministros a quem eu dissesse certo negocio do seu serviço, sem embargo de que eu dizia que não havia de ser do seu agrado que eu o dissesse a outrem: nenhuma diligencia bastou para se quererem encarregar da propozição sem eu dizer primeiro a materia do negocio: dizia eu que primeiro queria propor a materia do negocio antes de me despedir do Imperador, porque elle não havia de querer que eu lha dissesse em publico, mas como era conveniente dizer-lha, o faria na primeira audiencia que me desse desculpando-me com as difficuldades que me tinhão posto de se lhe propor por outros meios, e como esta diligencia não bastou, fiquei persuadido que o Imperador sabia das minhas instancias, e que não queria ouvir a minha proposição receiando ser alguma materia prejudicial, com que se visse precizado a não condescender com a vontade do Rey Nosso Senhor, e por esta mesma causa me convinha tirar-lhe este escrupulo.

A 7 de Julho veio o meu conductor com aviso do Imperador de que no dia seguinte, me queria dar audiencia, e que para eu não hir fatigado no mesmo dia, me tinha destinado huma quinta de hum Regulo que fica junto da do mesmo Imperador para eu hir dormir a ella aquella noute, e assim vinha elle para me conduzir, e como erão já duas horas da tarde, e a quinta fica em distancia de 3 leguas da minha casa, me pareceu aspera a proposição, e ainda que não percebi logo a que fim se encaminhava, mas como era ordem do Imperador, a quem não convinha faltar, mandei preparar a familia, e conduzir o precizo, porque na China quem quizer dormir ha de levar a cama, e como a familia era numerosa já sahi de casa junto á noite, e cheguei á quinta do Regulo pelas onze horas della. 1727 Dezembro 18

No dia seguinte fui avisado para hir á quinta do Imperador, e não me fez novidade achar o caminho junto da quinta guarnecido de soldados, porque isto mesmo se tinha praticado comigo de outras vezes que fui a ella, mas logo vi todas as pessoas da casa Imperial, vestidos de ceremonia, julguei ser acção solemne, e tanto que reparei, que havia grande quantidade de caixões com cobertas amarellas, suppuz ser o prezente para o Rey Nosso Senhor que eu sabia na mesma quinta se preparava, e daqui inferi poderia ser audiencia de despedida, e que por me não darem tempo a cuidar no que devia propor ao Imperador, nem ouvir os Missionarios, de quem mostravão ter desconfiança de que me suppriam fallasse na Missão me mandou o Imperador conduzir tão repentinamente; perguntei ao meu conductor se era audiencia de despedida, respondeu-me, que se lhe não tinha dito nada neste particular; perguntei o mesmo ao meu Aposentador e a outro Ministro seu companheiro. Ali disserão que o Imperador tinha nomeado tres interpretes para aquella audiencia, o Padre Marim, Francez, o Padre André Peruza, Portuguez, e João Francisco, que foi o lingua que eu tomei em Macau.

Chegarão logo os grandes que me tinhão acompanhado nos banquetes, que se me tinhão dado nas outras occaziões que fui a palacio, e pouco depois veio recado, que entrasse eu, e entrando no pateo imediato á sala do throno do Im-

1727 Dezembro 18 perador achei a copa Imperial armada debaixo de hum toldo, e o frontespicio da dita sala guarnecido de instrumentos muzicos, pela fórma que se faz no primeiro dia do anno, e no dia do nascimento do Imperador, confirmei-me logo em que era audiencia de despedida. Os mesmos grandes que me acompanhavão, me conduziram até á porta do dito pateo, e dali por diante hum dos presidentes do Tribunal das cortezias; entrarão comigo o meu Secretario e o meu Mordomo, os grandes, e os ditos tres interpretes. Esperou-se no pateo por pouco tempo, deu-se huma pancada no tambor grande que era hum dos ditos instrumentos muzicos, tocarão todos os mais, e cantou huma voz; sahiu logo o Imperador e assentou-se no throno, fui eu logo conduzido até o logar da minha meza sem fazer cortezia; por detraz do logar em que eu estava havia duas mezas, huma para o meu Secretario, e outra para o meu Mordomo. Assentados á meza tomou o Imperador chá, e depois mo derão a mim, e logo ao meu Secretario, e Mordomo: pozerão depois huma meza diante do throno do Imperador, e sobre esta huma meza tartara provida de comer; derão vinho ao Imperador, e depois de beber delle, fui eu conduzido ao throno, onde se lançou vinho em hum copo de oiro, e se entregou ao Imperador, o qual pegou nelle com ambas as mãos, e mo entregou, dizendo-me que o bebesse todo se me parecesse, ou aquelle que fosse da minha vontade; depois de beber delle o entreguei ao grande que o tinha dado ao Imperador, e fui outra vez conduzido para a minha meza, comeu o Imperador alguma cousa, e mandou-me que comesse eu tambem; e no tempo que eu estive á meza me mandou dar alguns pratos de comer da sua.

Principiou o Imperador a fallar em tartaro, e ficarão frustrados os dois interpretes Portuguezes, porque dos Missionarios só o Padre Paranim, Francez, sabe a lingua tartara, entendo que tudo foi misteriosamente, porque tudo se encaminhava ao mesmo fim; perguntou-me o Imperador se na minha terra fazia tambem calma, respondi-lhe que algumas terras de Portugal ficavão na mesma altura que Pekim, mas que por ficarem mais perto do mar não era Portugal tão frio; disse o Imperador, que como eu voltava para o meu reino me guardasse dos calores me não fizessem mal, para poder chegar á minha terra com saude, que o Rey Nosso Senhor me tinha mandado de distancia de mais de 9:000 leguas, e que soubera escolher pessoa a proposito, e que conhecendo o meu talento, me encarregára desta funcção, a qual eu tinha feito bellamente, de modo que elle Imperador se achava muito satisfeito, e que quando eu chegasse á côrte do Rey Nosso Senhor lhe perguntasse pela saude da parte delle Imperador. 1727 Dezembro 18

Achei-me despedido por esta fórma, e achei ser infructuozo dar-me por entendido do modo, mas antes entrei a render-lhe as graças pelas muitas honras e beneficios que me tinha feito, e que de tudo daria conta ao Rey Nosso Senhor, que me parecia o estimaria muito, e que a melhor nova que lhe levava depois da noticia da sua boa saude delle Imperador, era a de que Sua Magestade Imperial me declarou na primeira audiencia, que tratava os Europeus do mesmo modo que o Imperador seu pae, e que como este tinha especial cuidado de favorecer aos moradores de Macau, esperava eu que tambem o actual Imperador lhe fizesse o mesmo favor, recomendando-os aos Ministros de Cantão.

Emquanto eu fallei, se mostrou o Imperador assustado, talvez por entender lhe fallava no que elle não queria ouvir: depois que o interprete lhe fallou o que eu lhe tinha dito, não respondeu o Imperador, e ainda que alguns dizem que elle assanára com a cabeça que sim, eu não reparei nesta acção mas só attendi para a suspensão com que ficou, e vendo-me despedido, e o Imperador suspenso, lhe pedi me assignasse dia em que queria sahisse da sua côrte, respondeu-me que elle o determinaria, e que elle me tinha mandado vir á sua presença para me divertir, mas que por fazer muita calma me seria mais commodo hir acabar de jantar com os grandes para outro logar mais fresco, e a hir descançar a ver a comedia que se me tinha preparado. Levantei-me e o Imperador disse que estimaria muito que eu che-

1727 Dezembro 18 gasse depressa e com saude ao meu reino, e que lá me lembrasse de perguntar da sua parte pela saude do Rey Nosso Senhor, e que lhe dissesse que elle Imperador ficava muito contente.

Fui conduzido para fóra, e antes de chegar ao pateo onde estavão os Europeus, disse eu ao lingua que tomei em Macau, que me dissesse aos grandes que me acompanhavão, que eu tinha um particular que lhe communicar do serviço do Imperador, e importava fallar-lhe particularmente, responderão, que depois de jantar seria, e fossemos para a casa onde se tinha preparado o banquete, e a comedia, e para dar sahida ás figuras se tinha rompido huma parede, porque era funcção, que naquelle logar se não tinha feito. Foi representada por rapazes de até dezaseis annos, e dizem que o poeta a fizera de propozito para aquella occasião, era já quazi no fim da meza quando veio hum Eunevo da prezença do Imperador da parte do qual me trouxe hum vazo de barro com flores, huma caixa de prata com filagrana com outras flores, outra caixa de seda de cavallo com outras flores, dois taboleiros de vidro, hum escaparate com duas espigas de trigo fingidas, com algumas perguntas a cada huma destas cousas.

Acabado o jantar mandei sahir para fóra os meus gentis homens que estavão a suas mezas, e aos Missionarios que assistião de fóra, disse aos grandes que mandassem sahir a todos os mais ficando eu só com o dito lingua e dois grandes, tive com elles huma pratica de que rezultou hirem a minha casa disfarçados por ordem do Imperador no dia 14 de Julho de tarde, donde se recolherão de noite, e tornarão no dia 15 de tarde, o que deu algum ciume aos Missionarios por não saberem de que nascia esta novidade. As conferencias que tive nestas duas tardes direi quando tenha de subir aos pés do Rey Nosso Senhor, porque como são largas não he possivel reduzil-as em cifra, e não he defeito algum antecipar a noticia dellas quando se encaminhavão a tirar ao Imperador a desconfiança que me pareceu tinha de que eu viria a pedirlhe pela Missão, ou Missionarios; e tambem se encaminhavão a tentear o animo com que o Imperador ficava a respeito da mesma Missão, elle me mandou respostas tão agradecidas, e satisfações tão forçozas que não poderia eu esperar mais, se gastasse muitos tempos em negociar estas materias. Desde então se augmentarão as recomendações do meu bom tratamento, que foi de sorte em todo o caminho, até esta cidade que dizião os Chinas se não podia fazer mais aos filhos do Imperador. 1727 Dezembro 18

Restava só applicar todo o cuidado em conservar o respeito com que me tratavão, e attenção que me tinhão.

Entrei a prevenir que não me entregassem carta em resposta de Sua Magestade, porque me disserão que tambem o Embaixador de Moscovia a não quiz acceitar, e me dizião que era impraticavel deixar de trazer a clausula de que mandava 300 taeis em prata, por ser este o formulario daquella secretaria. Segurei ao meu Aposentador de que não receberia a carta, nem os 300 taeis, porque esta circumstancia me poderia equivocar com os que vinhão trazer tributo ao Imperador, cujo receio me tinha dado tanto trabalho em Cantão, e que visse como havia de evitar este desgosto a mim, e o que se poderia originar ao Imperador.

Derão conta ao Tribunal dos Ritos, ao Regulo 13.º que se escuzou de se encarregar deste particular: fizerão consulta ao Imperador, que mandou o consultasse de boca ao dito Regulo, o qual trouxe a resolução, que o Imperador dissera, que o Embaixador de Portugal não viera pagar tributo nem tratar commercio, nem tinha dependencia na côrte, e só viera a perguntar da parte de seu amo, pela saude do Imperador, e que seu amo não havia de tomar bem, levarem-se-lhe os 300 taeis, como se levavão ordinariamente aos Reys que mandão embaixadas; fizera bem o Embaixador em não querer acceital-os, e que se elle Imperador tinha dado 1:000 taeis pela estimação que delle fazia, como lhe occorreria dar-lhe 300 taeis, para levar a seu amo, e que o Imperador folgaria que Sua Magestade Portugueza soubesse desta sua determinação e na mesma fórma todos os mais Reys da Europa.

1727 Dezembro 18 Constou-me que o Imperador mandou vir os registos de todos os mimos que os Imperadores da China tinhão mandado, porque queria fazer hum ao Rey Nosso Senhor com muitas vantagens aos outros; perguntou-me varias vezes de que cousas da China se agradaria mais Sua Magestade e como eu não dava a resposta, que pretendião, me perguntavão se tinhamos em Portugal alguns generos dos que na China se achão, e com effeito do bom que aqui tem manda o Imperador a ElRey Nosso Senhor o mais precioso deste Imperio, he a raiz chamada Ginsem por ser cousa que só he permittido vir da Tartaria para o Imperador, e aqui mesmo vale a boa a pezo de oiro. Costumava-se mandar em similhantes occasiões de Embaixada, 2 ou 3 catez della mas no prezente do Rey Nosso Senhor manda o Imperador 40 catez que fazem 50 arrateis com pouca differença, he necessaria huma grande vigilancia com ella porque a come hum bicho que dentro della se gera.

A 14 de Julho fui a palacio fazer as cortezias da despedida, e então se dá convite aos Embaixadores e a sua familia. A 16 do dito mez sahi da côrte com a mesma fórma com que tinha entrado nella, e com muita alegria dos Missionarios, por verem o gosto que o Imperador mostrava.

Esta primeira jornada de 6 leguas, até Cham Kiavan he por terra, e lá achei dois grandes, que o Imperador mandou me fossem acompanhar, hum delles he dos que me assistião nos banquetes e dos que forão a minha casa, e elle foi o que me trouxe as respostas do Imperador. Naquella noite me derão huma ceia com a mesma louça de palacio, para a qual vierão cozinheiros da mesma cozinha do Imperador, de que os Chinas se mostrão muito admirados, por se não ter feito até áquelle tempo similhante honra na China, com especialissimas attenções e cortezias dos Mandarins; fui tratado pelo caminho, e quazi todos os Governadores das villas quando me buscavam, offerecião seus papeis azues, que he vir bater cabeça, e se eu lhe admittia a vizita, era logo precizo não deixal-os ajoelhar, porque havião de fazer com effeito o que no papel dizião.

Em Cantão fizeram os cortejos maior admiração, pelo desprezo com que são aqui tratados os de Macau, e todos os da Europa. O meu Conductor, e o Vice Rey de Cantão quizerão que até dentro em Macau se vissem os obsequios que se me fazião na China: mandou o Vice Rey adiante hum Ministro que tinha sido Governador do Politico, nesta ilha de Stiam Xam, em que está Macau, para que viessem preparar-me as barcas a Stiam Xam, porque as de Cantão não podem aqui chegar: mandou chamar a Cantão o Governador das armas desta mesma ilha, e ordenou-lhe que me acompanhasse até Macau: mandou mais dois Xeupins que cada hum governa 1:000 soldados, que viessem acompanhar-me, e assistir-me em seu nome; mandou hum Tau que era Governador de Cantão, quando eu passei para a côrte, e todos aqui vierão, e assistirão alguns dias; e por todo o Imperio deu hum grande brado, e trabalho aos Mandarins a minha vinda, e orçando-se a despeza que esta fez por todo o Imperio, na fazenda do Imperador, neste anno que andei dentro dos seus dominios, parece que passou de 100:000 cruzados de prata, e na Europa similhante despeza importaria em mais que duplicada quantia, por serem ahi os generos mais caros: os da Camara de Macau quizerão mostrar o grande gosto que tinhão de ver esta funcção tão bem succedida, fazendo ponte para desembarcar, e arcos triumphaes pelas ruas da cidade com boa architectura, e sufficiente ornato, e ainda que estão exaustos de cabedaes buscarão prata para isso, e para os prezentes dos Mandarins que aqui vierão, e me estão continuando a despeza ordinaria da casa, dando ordem aos homens que assistem, a fazel-a para a darem em tudo o que se lhes pedirem.

1727 Dezembro 18

Eu me estou condoendo delles pela penuria em que os vejo, e muito mais de os ver em poder de hum Governador que nesta monção veio, que receio muito seja para ultima ruina desta terra. Huma das suas primeiras acções foi prender o Ouvidor, metel-o em huma fortaleza, mandar-lhe lançar grilhões, e prohibir-lhe que fallasse com pessoa alguma, e isto quando eu estava para chegar com os Ministros do

1727 Dezembro 18 Imperador. São estas acções tão escandalozas aos Chinas, que dellas nascem o conceito de que os da Europa são barbaros; e tendo eu conseguido que os da minha familia se ouverão exemplarmente, vim a perder em o procedimento do Governador o que tanto me tinha custado a adquirir; dizem que intervierão meios surdidos para este fim, porque o Ouvidor, tratava de averiguar não sei que crimes, que os culpados dizem são affectados, e o Governador depois de soltar os prezos do Ouvidor se quiz apoderar dos cartorios, e os mandou pedir a hum convento para onde tinhão fugido os Escrivães da Ouvidoria com os papeis. Alguns me segurão que o tem refriado o povo por meu respeito, e que em mim confiavão o remedio: não tem bastado mostrar-lhe eu, que no seu mesmo regimento se lhe prohibe prender, ou emprazar ao Ouvidor, nem outras evidentissimas razões, que lhe tenho dito, sem elle allegar outras mais, que ser assim conveniente o refugio a que recorrem he dizer, que a outros Ouvidores, e Ministros se tem feito no Estado da India, a mesma descomposição, e que não passarão mal os que a fizerão.

He sem duvida que o que tem arruinado o Estado he a falta de castigo em similhantes delitos, e pela mesma razão todos fogem para terras donde se lhes faça justiça, e tem-se já tomado tão mau habito nesta parte, que he impossivel tirar-se de repente, e póde ser perigoso querer por huma vez emendal-o.

De tudo dou parte ao Vice Rey, e o que mais póde fazer he mandar-lhe logo successor; mas não sei se achará pessoa a proposito para isso, nem se chegará a tempo que aproveite.

Resta dizer a V. S.ª que quando parti para a côrte de Pekim, perguntei aos officiaes da Camara de Macau, que privilegios tinha a cidade, dados pelo Imperador da China, responderão, que não tinhão mais privilegios que os que os Vice Reys da India lhes tinhão dado, e se achavão confirmados; e assim he: perguntei-lhe, que querião se pertendesse do Imperador, (que o que lhes importava era ficar o Imperador contente da Embaixada) para que mostrasse propensão aos de Macau, que dali lhes nasceria o tratarem-nos bem os Mandarins da Provincia, e que se em alguma conversação com o Imperador eu podesse dizer, que os de Macau se achavão descontentes, porque não podia servir ao Imperador, trazendo-lhe de fóra os Chinas, porque hoje navegavão estes, e que lhe podia ser util esta palavra: isto me dicerão os Officiaes da Camara de Macau, e eu não achei a proposito esta idéa, nem houve occasião de a praticar, mas segui outra na conferencia com os grandes, e não sei se terá effeito algum. 1727 Dezembro 18

Fico esperando que a nau *Madre de Deos* se ponha prompta para nella fazer viagem, porque me não resta mais que fazer nesta terra.

Deos guarde a V. S.ª muitos annos. Macau a 18 de Dezembro de 1727. — Sr. Secretario de Estado — Alexandre Metello de Sousa e Menezes.

Tratado de paz, amisade e alliança concluido na cidade de Pate aos 24 de Agosto de 1728, entre o Vice Rey e Capitão geral da India, João de Saldanha da Gama, e Banatamo Bubacar Bin Mahameth, Rey de Pate, feito por D. Alvaro José Marques Cardoso y Cien fuegos, Coronel de Dragões das tropas Imperiaes, e Manuel Felix Valente de Azevedo Cotrim, Capitão de Mar e Guerra da Coróa, com as condições abaixo declaradas.

(Chronista do Tissuary, vol. 3.º, pag. 85.)

Em nome da Santissima Trindade, etc. Por ser que havendo ajustado com o General da armada de alto bordo, Luiz de Mello e Sampayo, paz, alliança, e perpetua vassalagem entre Sua Magestade Portugueza, e o Serenissimo Rey de Pate, e havendo-se tratado a paz em Syo verbalmente, não foi de nenhum valor, pois não consta nada por escripto; 1728 Agosto 24

1728 Agosto 24 não procedendo esta falta por culpa do dito Rey de Pate, senão do General, o qual se obrigou de tornar a Pate para ratificar esta paz levando testemunho della por escripto, e deixar huma guarnição de soldados Portuguezes para defensa do Rey de Pate, e construir huma fortificação regular para melhor resguardo da terra, e havendo precedido haver faltado o dito General, pois não veio a esta terra, veio depois a Pala chamada *Nossa Senhora da Assumpção*, cujo Capitão de Mar e Guerra Manuel Felix Valente de Azevedo Cotrim, donde depois de ter dado fundo veio diante do dito Rey de Pate o Coronel D. Alvaro Marques de Cien Fuegos com poder sufficiente do Excellentissimo Senhor João de Saldanha da Gama, Vice Rey e Capitão geral da India, e com todo o que tem e póde ter o dito Capitão de Mar e Guerra Manuel Felix Valente para tratar, e ajustar toda a sorte de paz, augmentando nella, se fosse necessario, novos artigos, e tratar em todos os negocios convenientes ao Real serviço de Sua Magestade, e assim ajuntando-se aos 24 de Agosto de 1728 da Redempção do genero humano, e segundo a conta dos Maumethanos 1606 no mez de Fumguane aos 18 dias do mez declarado: o dito Coronel D. Alvaro Marques de Cien Fuegos foi por parte de Sua Magestade, e por parte do dito Rey de Pate, o mesmo Rey, seu irmão Banamacua, Bana Sultão Abubacar, e Banamade Malemo, Embaixador do dito Rey de Pate, os quaes todos juntos começaram a tratar, e conferir a dita paz, da qual se espera de huma e outra parte seja inviolavelmente guardada, e religiosamente entendida, sem que por nenhum modo possa ser malmente interpretado nenhum capitulo, nem palavra della, senão entendidas lisamente; os quaes são como se segue:

1.° Perpetuo esquecimento das inimisades das guerras passadas, as quaes se devem contar como não succedidas.

2.° Se promette de ambas as partes sincera, e religiosamente paz, amisade, e alliança perpetua em ser amigo de amigo, e inimigo de inimigos, soccorrendo-se reciprocamente quando a necessidade peça.

3.° Promette o Rey de Pate perpetua vassalagem e tributo

a Sua Magestade, o qual tributo será á vontade do Excellentissimo Senhor Vice Rey, por não querer o Coronel Plenipotenciario arbitral-o, senão que seja o que Sua Excellencia quizer decidir; o que o Rey admittirá. 1728 Agosto 24

4.° Promette o Rey de Pate permittir em suas terras a construcção de huma regular fortaleza, e guarnição de 150 homens Portuguezes, e que estes sejam tratados como he devido.

5.° Promette o Rey de Pate absoluto contrato do commercio de marfim a Sua Magestade, sem que seja permittido a nenhum vassallo do dito Rey de Pate o fazer este contrato, e que aquelle que o fizer será castigado severamente.

6.° Promette o Rey de Pate ser inimigo declarado dos Arabios de Mascate, e não permittir directa, nem indirectamente a nenhum dos seus vassallos trato nem commercio algum com os ditos Arabios, obrigando-se dar, se fosse necessario, o seu mesmo filho no caso que coopere na dita traição.

7.° Promette o Rey de Pate entregar ao official commandante de Sua Magestade todo aquelle Portuguez, ou Cafre que apostatar da nossa santa religião, como a qualquer outra pessoa pertencente a Sua Magestade.

8.° Promette o Rey de Pate dar todo o favor, e ajuda que necessitar a fortaleza de Mombaça em caso de assedio, ou de necessidade, e outras quaesquer praças, ou dominios de Sua Magestade desta conquista.

9.° Promette o Rey de Pate toda a boa passagem, e provimento a todas as embarcações de Sua Magestade, que para este porto fizerem escala, ou vierem arribadas, dando-lhe todo o necessario por moderados preços.

10.° Promette o Rey de Pate a construcção de huma Igreja catholica, com Padres Portuguezes para a propagação da fé, e honra do culto divino.

11.° Promette o Rey de Pate em admittir huma alfandega para o bom cobro da fazenda real.

12.° Promette o Rey de Pate denunciar, e entregar a qualquer pessoa, que for traidor a Sua Magestade.

13.° Promette o Rey de Pate fazer ratificar, e jurar esta

1728 Agosto 24 mesma paz a seus filhos, e successores, para que inviolavelmente se guarde.

14.º Promette o Coronel D. Alvaro Marques de Cien Fuegos por parte de Sua Magestade todo o favor, e ajuda ao Rey de Pate para defendel-o, e vingal-o de todos os inimigos, a cuja defensa está obrigado o governador de Mombaça, como assim mesmo todos os officiaes maiores, e menores, maritimos e terrestres.

15.º Promette o Coronel por parte de Sua Magestade que perpetuará o Reyno de Pate em todos os successores do dito Rey, chamado Banatamo, ou em aquelle que o dito Rey de Pate nomear para o seu Reyno.

16.º Promette o Coronel por parte de Sua Magestade que a todas as embarcações do Rey de Pate se lhe dará cartas para poder fazer contrato em todos os dominios de Sua Magestade, ou em outra qualquer parte da Africa ou da Asia, como não seja com o Arabio de Mascate.

17.º Promette o Coronel por parte de Sua Magestade, que visto haver faltado o General Luiz de Mello e Sampayo ao promettido e capitulado com o Rey de Pate, e haver-se achado dois papeis contrarios hum do outro, cousa que toca, segundo o entende o Rey de Pate, em ponto de traição, informará o dito Coronel a Sua Excellencia com as testemunhas que tomará o Escrivão da Pala, para que Sua Excellencia seja melhor informado, e faça a justiça que pede a lei do Reino.

18.º Promette o Coronel da parte de Sua Magestade informar a Sua Excellencia das traições, e cavilações, e aleivosias do traidor Banamacua pequeno, executadas em Pate, e em Mombaça, como se mostra das informações que tirou o Escrivão da Pala, para que Sua Excellencia o mande castigar com a pena de morte que merece, havendo esta de ser executada diante de Banamade Malemo, Embaixador do dito Rey, porque emquanto tiver vida este Banamacua, os Arabios de Mascate sempre hão de intentar a tomada da fortaleza de Mombaça, Pate, e suas conquistas, e sempre ha de haver conspirações com o partido contrario, e cortando-lhe a cabeça a quem he causa, se tranquillisará tudo.

19.º Promette o Coronel da parte de Sua Magestade em que com a brevidade que seja possivel venha soccorro de Goa para manter no seu Reyno o dito Rey de Pate, e pacificar a terra, pois a experiencia tem mostrado se necessita de tropas Portuguezas, pois temos visto por experiencia, que com a vinda da Pala a este porto se extinguiu a parcialidade contraria, havendo-se acomodado, e ajustado com a sua vinda, o que tão desconcertado deixou o General Luiz de Mello, e tudo sendo ratificado por boa disposição do Capitão de Mar e Guerra da Pala, e do dito Coronel Plenipotenciario. 1728 Agosto 24

20.º He capitulo separado de ambas as partes, que se o Excellentissimo Senhor Vice Rey depois de haver visto este Tratado de paz, que se quizerem acrescentar outros capitulos, o possam fazer sem alterar a boa correspondencia, e o Tratado em este preliminar.

21.º Promette o dito Coronel por parte de Sua Magestade, que certo ponto de Pemba, de que fez requerimento o Rey de Pate, o ha de decidir Sua Excellencia junto com o dito Coronel, e o Embaixador do dito Rey, por o dito Coronel ignorar a proposição, e não constar nada por escripto pelo que se tratou com o General da Armada.

22.º Na proposição posta pelo Rey de Pate, declarou ter justo com o General da Armada, que dos rendimentos da alfandega tres partes fossem para ElRey de Portugal, e huma para o dito Rey de Pate, por cuja rasão se obrigava elle, e todos, a não consentir contrato de marfim, e apparecendo algum o faria entregar por conta de Sua Magestade, e que no caso que se lhe não concedesse o dito contrato da alfandega, não ficaria o dito Rey de Pate obrigado a cumprir o resguardo que promette ter no marfim por conta da fazenda real, cuja proposta vae para decidir o Excellentissimo Senhor Vice Rey, como for muito servido.

Com o favor divino se finalisou este presente preliminar, o qual vae firmado por parte de Sua Magestade do dito Plenipotenciario D. Alvaro Marques de Cien Fuegos, e do Capitão de Mar e Guerra da Pala, Manuel Felix Valente de Aze-

1728 Agosto 24 vedo Cotrim, o qual não poude assistir a este congresso pela obrigação precisa da sua Pala, inda que assistio com os seus acertados pareceres: e da parte do Serenissimo Rey de Pate foi firmada a dita Alteza, como tambem do Excellentissimo Banamacua Sultam Babucar, e de Banamade Malemo, Embaixador, e de Malemo Sulimam Estasi de Zeina; testificada por mim Antonio Rodrigues da Graça, Escrivão da dita Pala, sendo testemunhas para maior consto deste preliminar o Capitão Francisco Rodrigues, e os Alferes Joseph de Araujo e Aguiar, e Manuel Coelho. Feita e fechada em Pate, em casa do Principe Banamacua Sultam, aos 24 de Agosto de 1728 annos. Ficando deste theor outro treslado na mão do dito Rey de Pate, para que a todo o tempo conste, etc.

D. Alvaro Marques de Cien Fuegos.
Manuel Felix Valente de Azevedo Cotrim.
Francisco Rodrigues.
Joseph de Araujo Aguiar.
Manuel Coelho.

Banatamo Babucar Bin Mahameth.
Banamacua Sultam Babucar.
Banamade Malemo.
Malemo Suliman Estasi de Zeina.

Relação da embaixada que ElRey Dom João V mandou, no anno de 1725, ao Imperador da Tartaria e China, que era Yum chim, escripta em Lisboa occidental, em 10 de Março de 1729, pelo Padre Francisco Xavier da Rua, Secretario dos negocios da dita embaixada.

(Collecção da Livraria Real — Original.)

1729 Março 10 Havia ElRey Nosso Senhor em hum dos annos antecedentes ao de 1725 recebido parte (porque o mais se queimou, com a nau em que vinha, no porto do Rio de Janeiro) de hum grandioso mimo que o Imperador da Tartaria e China, cujo reinado era Kam Ky lhe mandou pelo Muito Reverendo Antonio de Magalhães da Companhia de Jesus, e Missionario na sua côrte de Pekim; e a esta lembrança determinou Sua Magestade corresponder com outra igualmente affectuosa; mas tendo a noticia que este Imperador era morto, se resolveu a encaminhar a mesma lembrança e agradecimento a seu filho quarto, que lhe ficou succedendo no Imperio, sendo hum dos fins desta diligencia, alem de outros mais superiores, o mandar-lhe com a remessa de hum inestimavel mimo, dar o pezame pela morte do defuncto seu pae, e os parabens da sua exaltação ao throno, e para esta empreza foi Sua Magestade servido nomear ao Desembargador Alexandre Metello de Sousa e Menezes a quem tambem honrou com o caracter de seu Embaixador. 1720 Março 10

Embarcou-se o dito Embaixador no dia 12 de Abril do dito anno na fragata *Nossa Senhora da Oliveira,* que se achava preparada no porto de Lisboa occidental para o conduzir a Macau, e tambem embarcou com elle o Padre Francisco Xavier da Rua, Protonotario de Sua Santidade, e Advogado do Numero da Casa da Supplicação, a quem Sua Magestade fez tambem a honra de mandar á China com a incumbencia de Secretario dos negocios da sua embaixada.

Logo que o Embaixador se recolheu á dita fragata o salvou a mesma, e depois o buscaram e visitaram todos os officiaes na sua camara, e despedidos, lhe mandou o Capitão de Mar e Guerra, Duarte Pereira, pôr á porta da mesma camara hum soldado de guarda, que continuou até sahirmos da barra para fóra, que foi no dia 17 do mez de Abril, em que houve vento, ainda que não muito favoravel.

Continuou-se a viagem com algum vento, que nos favoreceu até o dia 21 de manhã, em que por causa de outro contrario nos pozemos á capa esperando a monção, que nos continuou no dia 25 com bom vento, e neste mesmo dia se ajustou a nossa fragata com a nau, em que hia o Vice Rey da India, em que cada huma fosse continuando a sua derrota, sem esperarem as mais naus da frota de Pernambuco, e do Maranhão, com quem tinham sahido do mesmo porto. Durou o

1729 Março 10 mesmo vento até o dia 26, no qual pelas dez horas da manhã, se descobriu huma nau, que não conhecemos se era inimiga, e por este respeito se safou a nossa fragata, e se fizeram outras mais diligencias necessarias em ordem a peleja, no caso que a houvesse; mas a pouco tempo perdemos a mesma nau de vista, e assim fomos continuando, ainda que com vento já menos favoravel, a que se seguiu logo outro de todo contrario, que durou até o dia 30 de abril pela manhã, em que ainda a nau da India se avistou; e então se entendeu ser ella a mesma nau, que nos dias antecedentes tinhamos visto, e não conhecemos.

No mesmo dia 30 de Abril nos faltou todo o vento de repente por causa da terra da ilha da Madeira, aonde chegamos pelas cinco horas da tarde, havendo-a visto pelas dez horas da manhã, quando já tinhamos tambem visto as ilhas do Porto Santo, e a Deserta; e daqui para diante se não tornou jámais a ver a nau da India. No dia 2 de Maio nos favoreceu o vento de manhã, e continuou no dia seguinte, e no dia 4 pela tarde se descobriram algumas embarcações, que por se não conhecerem nos obrigaram a safar a nossa fragata com toda a diligencia, mas a poucas horas obedeceu huma a hum signal de peça que se lhe fez e nos passou pela pôpa, e então soubemos serem estas embarcações as mesmas que hiam para o Maranhão.

Assim fomos continuando, e com vento favoravel até o dia 14 de Maio, em que nos principiaram as calmarias, que ordinariamente se experimentam ao passar da linha; e ainda que não tivemos as trovoadas, que outros ali encontram, e com que mais facilmente a linhá se passa; tivemos comtudo algumas virações, com que pouco a pouco nos fomos adiantando, e a passámos. No dia 18 de Maio pela tarde avistámos huma nau, que com effeito não conhecemos; se bem de que nos deixou a presumpção de que era a nau da India, de que nos tinhamos apartado, e nesta supposição não houve movimento algum na nossa fragata, e nem no dia seguinte, em que ainda se avistou, mas perdeu-se logo de vista por nos adiantarmos com hum bom vento, e rijo, que nos favoreceu.

No dia 21 de Maio pela manhã, e tambem pela tarde, avistamos tres embarcações, que se entendeu serem portuguezas, e por isso se não fez movimento algum na nossa fragata, mas fomos continuando até o dia 23, em que de todo nos faltou o vento depois de huma grande trovoada (que sempre estas pela maior parte costumam deixar as naus em calmaria). E no dia 6 de Junho salvou a nossa fragata o dia do nascimento do Senhor D. José, Principe dos Brazis. 1729 Março 10

No dia 13 de Junho descobrimos uma nau que não conhecemos, e nos deixou em suspeita de que era inimiga; e esta mesma suspeita obrigou a fazer-se na nossa fragata algum preparo, com que veiu a ficar mais desimpedida para a solemnidade da festa do glorioso Santo Antonio, cuja novena se tinha feito com muita devoção de todos, e em particular dos Padres Missionarios da Companhia, os quaes em todos os dias nas tardes della, cada hum por seu turno, fizeram humas muito elegantes, e devotas praticas.

No dia 18 do mesmo mez de Junho, quando já estavamos da altura de 23 graus do sul, que he a mesma do Rio de Janeiro, consultaram entre si os officiaes, se seria mais conveniente arribarmos ao mesmo Rio, ou a Batavia, para esperarmos monção, sem a qual tinham os mesmos por muito difficultoso o podermos caminhar em direitura a Macau; e assentando entre si, que era mais conveniente arribarmos ao Rio de Janeiro, deram disto parte ao Embaixador, que lhe respondeu, que não votava na materia, porque o governo, e direcção da nau se lhe não tinha recommendado; mas que sempre lhe parecia mais conveniente o arribarmos a Batavia, aonde poderia achar algumas noticias do estado das cousas da China, para onde caminhava.

Esta mesma resposta deu tambem o Muito Reverendo Padre Antonio de Magalhães ao Capitão de Mar e Guerra, que tambem o buscou na sua Camara, dando-lhe parte do que tinham ajustado; e o mesmo Padre depois de dizer-lhe, que era inconveniente o arribarmos ao Rio, porque não devia demorar-se sem muita necessidade a jornada, acrescentou, que para chegarmos a Macau não era necessario esperar outra

1729 Março 10 monção; porque tinha ouvido (e eu o ouvi tambem a pessoas de credito em Macau) que chegando à Batavia se podia tomar a altura das Philipinas, e de Manila (he esta huma cidade e fortaleza dos Hespanhoes) de donde por todo o mez de Outubro se podia entrar na China; mas o Capitão de Mar e Guerra com os mais officiaes, seguiram o seu assento, e com effeito se fizeram no rumo do Rio de Janeiro, aonde invernamos.

No dia 23 de Junho se formou ao pôr do sol no mar hum movimento a que vulgarmente chamam redemoinho, e com razão, pois se fórma a semelhança dos que vemos levantar na terra; e com tal excesso se formou, e tão perto da nossa fragata, que nos metteu terror, e tambem aos officiaes, a quem obrigou a ferrar as velas a toda a pressa, para acautelarem o perigo que muitas vezes succede com semelhantes movimentos, pois se tem visto levarem comsigo as velas pelos ares, arruinando os mastros e deixando as naus cheias de muita agua que levantam, mas foi Deus servido, que nos não offendesse, e se fosse como foi, desfazendo pouco a pouco á nossa vista.

Neste mesmo dia pela noite se lançaram varios foguetes por ordem do Capitão de Mar e Guerra, em attenção ao dia seguinte de S. João Baptista, em que tambem o Embaixador festejou o nome de Sua Magestade vestindo-se de gala com os que o acompanhavam, demais dos officiaes da fragata, que tambem corresponderam. No dia 25 de Junho junto da noite demos fundo defronte das duas fortalezas do Rio de Janeiro, Santa Cruz, e S. João; e no dia seguinte pelas tres horas da tarde nos fizemos á vela, e demos fundo no porto do mesmo Rio, havendo primeiro salvado ás mesmas fortalezas as quaes tambem salvaram.

Logo que demos fundo chegou o Reitor do collegio da Companhia a visitar o Embaixador na fragata, e chegou tambem ao mesmo fim Luiz Vahia Monteiro, a cujo cargo estava justamente entregue o governo; e ás suas instancias foi o mesmo Embaixador com elle para sua casa, aonde o hospedou tres dias com muita grandeza, assistindo-lhe nos banquetes todos os principaes Cabos militares, e tambem o Secretario da embaixada, que igualmente deveu ao mesmo Governador a attenção de o convidar; e ao desembarque do Embaixador para o escaler do Governador, em que sahimos, o salvou a nossa fragata, salvando-o ao mesmo tempo tambem a fortaleza de S. Sebastião; e quando desembarcou na praia se achavam nella formados os dois regimentos militares, cujos officiaes lhe fizeram todos os cortejos devidos ao seu caracter. 1729 Março 10

Passados os tres dias de hospede se passou o Embaixador para humas casas, que se achavam promptas, e muito bem ornadas por contemplação do Governador, que tambem o acompanhou com mais alguns officiaes de guerra; e por ordem do mesmo Governador, e para a sua guarda, foi logo huma companhia de soldados, que não acceitou, dizendo, que a não necessitava naquella cidade de que S. S.ª tinha o governo, mas ainda assim o Embaixador mandou repartir dinheiro pelos soldados, e officiaes, excepto os capitães, e alferes.

Deste tempo por diante foram visitando ao Embaixador os Ministros de Justiça, Senado, e a mais nobreza da cidade, não faltando ao mesmo obsequio os Prelados das Religiões, a quem e aos mais que o visitaram, foi o Embaixador tambem visitar a seus tempos; e isto mesmo fez por vezes o Illustrissimo Bispo daquella cidade, que depois de nós chegou em 2 de Agosto, e o visitou tambem; e nesta forma se foi tambem o tempo passando até o dia 13 de Novembro, em que tornamos a embarcar para continuarmos a viagem.

Quando o Embaixador no dia 13 de Novembro sahiu de sua casa para se embarcar, se achavam defronte della formados os mesmos dois regimentos, com que foi recebido quando entramos no Rio de Janeiro, e os officiaes o obsequiaram nesta occasião com os mesmos cortejos, que lhe haviam feito quando desembarcou. Quem acompanhou o Embaixador até a fragata, foi o Doutor Juiz de Fóra Manuel de Passos Soutinho com os do Senado, e o Desembargador Raphael Pires Pardinho, que nesse tempo se achava naquella

1729 Março 10 cidade; e no dia seguinte o foi visitar, e despedir-se delle á mesma fragata o Governador com o filho mais velho do Visconde de Asseca, não faltando tambem alguns Padres da Companhia, e de Santo Antonio, que tambem o acompanharam até se embarcar.

No dia 15 de Novembro nos fizemos á vela, e sahimos da barra para fóra, tendo salvado as duas fortalezas de S. João, e Santa Cruz, que tambem nesta occasião corresponderam, e salvamos tambem a hum moço pardo do Rio de Janeiro, que andava já com pouco ou nenhum remedio fluctuando nas ondas, que então eram grandes, sobre huma canoa, ou pequeno barco de pescar, que se lhe tinha virado com perda de tres pessoas, que com elle andavam; mas se escapou deste perigo, não escapou de huma doença, que teve no porto de Batavia, aonde morreu com todos os Sacramentos. Assim fomos continuando a nossa derrota buscando a altura de 34 graus do sul, e nella ou em pouco mais o Cabo de Boa Esperança, que com effeito não avistamos, e só o suppozemos montado nos fins de Dezembro pela cor das aguas, que viamos mudadas; e nesta supposição fomos buscando a altura de 38 graus em que estão as ilhas de S. Paulo, e de Amsterdam, para que continuando pelo mesmo parallelo as podessemos avistar, e então fazerem os pilotos seus pontos fixos; mas não as avistando se governaram pela estimativa, e fomos continuando diminuindo a 7 graus do mesmo sul, de onde se navegava para o leste até se avistar a terra.

No dia 20 de Fevereiro de 1726 nos achamos em 7 graus do sul, e dahi fomos a buscar a terra, a qual avistamos no dia 14 de Março na ilha do Principe, e estreito de Sunda; e até este tempo tinhamos capeado em vinte e nove noites com perda de bom vento, que nos faltava de dia, sendo disto causa o receio de que dessemos em terra antes de o esperarmos. No dia 5 de Março pelas onze horas da noite, se avistou pela prôa da nossa fragata, huma embarcação, que não conhecemos, porque se foi retirando, e isto quando nós bem desejavamos fallar-lhe para nos informarmos do sitio, e distancia, em que nos achavamos da terra, e já com bem pouca agua; mas ao depois soubemos em Batavia ser a mesma embarcação franceza, e huma que por lhe não darem os Hollandezes de Batavia soccorro, o tomou por força de huma sua nau que encontrou no Estreito. 1729 Março 10

No mesmo dia 14 de Março em que avistamos o estreito de Sunda, o entramos tambem, e aos 16 pela tarde demos fundo a fim de se procurar algum pratico nas varias embarcações dos Malaios, que por ali andavam pescando, que nos guiasse até Batavia; mas não o achando fomos continuando até defronte da cidade de Bantão, aonde tambem demos fundo. (He esta cidade a côrte do Rey de Java, e em que assistem tambem os Hollandezes para o seu commercio, e guarda do mesmo Rey.) Logo que demos fundo sahiu o Capitão Tenente, Henrique Nicolau, á mesma cidade, aonde entendemos que haveria o pratico, mas não o achou porque era hollandez o Governador a quem o pediu, e nem tão pouco se lhe quiz acceitar huma carta, que o Capitão de Mar e Guerra levava do Enviado de Hollanda assistente nesta côrte para qualquer dos portos hollandezes aonde chegassemos.

Na falta do dito pratico de que muito necessitavamos até entrar em Batavia, fizeram os officiaes entre si consulta sobre se tomariam por força algum dos Malaios, que andavam no mar, mas assentou-se que não era conveniente, porque se não escandalisassem os Hollandezes seus protectores, de quem esperavamos soccorro para continuarmos a viagem, e tambem por se não exporem a tomar por força algum Malaio, que ou não fosse pratico, ou sendo-o, maliciosamente nos mettesse em algum perigo, e nesta fórma fomos buscando a Batavia, a cuja vista nos pozemos no dia 23, sem mais perigo, ou susto, que hum, que nos causou huma repentina voz de que a nóssa fragata tinha dado em hum baixo, em que com effeito não tocou, mas sempre passou por muito perto delle.

Livre a nossa fragata deste baixo, nos pozemos á capa esperando hum pratico, que o Capitão Tenente foi buscar ás nossas naus de Macau, que então se achavam no porto de Batavia, e com o que trouxe nos fizemos á vela no dia 25 de

1729 Março 10 Março, no qual pela tarde demos tambem fundo no mesmo porto; e antes de darmos fundo tinha o mesmo Capitão Tenente hido pactuar com o General de Mar e Guerra Hollandez a forma da salva que foi de sete peças de huma, e outra parte, seguindo-se tambem a que deram as nossas naus de Macau, a quem a nossa fragata tambem correspondeu. Logo que demos fundo foi o mesmo Capitão Tenente tambem a terra saber do Governador se nos consentia naquelle porto, e havia algum impedimento para nos refazermos, e demorarmos emquanto não chegasse a monção, e como o não houve, nos demoramos naquelle porto até os 25 de Abril, em que com effeito novamente nos fizemos de véla para a cidade de Macau.

He Batavia huma cidade de bastante grandeza, que os Hollandezes edificaram na ilha de Java em altura de 6 graus do sul: elles a governam despoticamente, e tem nella huma companhia opulentissima que faz negocio em toda a Asia, sahindo da mesma companhia todos os gastos, que se fazem com o Governador, Ministros de justiça, e mais Cabos de guerra, e gente militar, que a defendem.

Da altura em que esta cidade se acha, se póde colligir o temperamento do clima, que he certamente calidissimo, e nocivo como nós experimentamos; he porém abundantissima dos fructos que produz a Asia, e lhe não falta o bom que se cria na Europa, porque tudo os Hollandezes de cá levam para o seu regalo.

Tem esta mesma cidade admiraveis, e vistosos edificios, e tambem são vistosas, e agradaveis as mesmas ruas, porque pelas mais dellas correm canaes de agua, em que os Hollandezes andam embarcados, e se recreiam. O tratamento da gente he como na Europa, e são sem numero as carruagens, e cavallos, que por ellas tiram, ainda para quem as quer alugar. Servem-se os Hollandezes de Malaios da Java, de que os mais são seus captivos, e como a taes tratam os Hollandezes a todos os Malaios que ali vivem, pois os castigam asperrissimamente como elles merecem, porque são finos ladrões, e atraiçoados.

Tambem nesta cidade vivem muitos Chinas, huns de ca- 1729
bello, que não estão ainda pela sugeição ao Tartaro, e que o Março 10
não reconhecem por senhor, e outros sem cabello, que reconhecem ao mesmo Tartaro por senhor da China, e lhe obedecem; uns e outros Chinas pagam tributo aos Hollandezes, que os consentem em Batavia, huns porque trazem cabello, e outros porque o não trazem, vindo nesta fórma todos os Chinas a ser seus tributarios, demais de serem os mesmos, que fazem a cidade abundante com a sua industria, e negocio de que sómente cuidam.

Tem finalmente Batavia, não só o vistoso da cidade, mas tambem o agradavel de varios jardins, que a cercam, e em que os Hollandezes se recreiam, e por tudo parece Batavia hum paraizo na Asia.

Passados quinze dias depois que entramos em Batavia, chegou á nossa fragata hum aviso do Governador hollandez, para que, ou nos retirassemos para mais longe da cidade, ou se não continuasse na fragata hum tiro de leva, que costumava dar-se tanto ao amanhecer, como á noite; porque fazia o mesmo tiro estrondo nos ouvidos do Governador. A resposta que se lhe deu foi a nossa retirada para hum pouco mais longe, e não a que neste caso mereciam; mas estavamos ainda sem monção para fazer viagem, e ainda desprovidos do necessario para a conservação da vida; nesta distancia, porém, se continuou sempre o tiro, por se não perder o costume.

Sahimos com effeito de Batavia em 25 de Abril de 1726, e quando ainda a monção não era chegada, porque commummente principia pelos 15 de Maio; e por este respeito experimentamos varias molestias, e tambem por se acharem ainda doentes os mais dos marinheiros, e soldados, e nesta fórma a nossa fragata sem a gente, que era precisa para o trabalho. Nesta fórma fomos andando pouco a pouco, servindo-nos algumas trovoadas, que chamam *camâtras,* por causa das ilhas assim chamadas, junto das quaes passamos.

No dia 1 de maio entramos no estreito da Bança, e no dia

1729 Março 10 seguinte pelas onze horas tivemos hum grande susto, porque deu a nossa fragata em secco, e ficou por algum tempo parada; mas como era sobre lodo e areia, a pouco espaço, ainda que com muito trabalho, nos livramos; e assim fomos continuando sem mais susto, que outro que tivemos hindo já defronte das ilhas da China, aonde por muito pouco não tocamos em hum baixo que ali se achava; e por serem muitas e equivocas as mesmas ilhas, ainda para os pilotos mais destros na carreira, os quaes por esta causa erram muitas vezes o caminho, nos provemos de hum China, que ali andava pescando, e nos guiou até avistar Macau, que foi em 10 de Junho pelo meio dia.

No mesmo dia, em que avistamos Macau demos tambem fundo defronte da cidade, e então sahiu o Secretario da Embaixada à terra, com duas cartas de Sua Magestade, huma para o Governador, e outra para o Senado, que as receberam com toda a veneração, e reverencia devida a Sua Magestade, em cuja attenção mandou logo o Governador, e depois o Senado, disparar todas as artilharias, repicando-se ao mesmo tempo, e ao mesmo fim, todos os sinos da cidade; e para o Embaixador poder descançar em terra, emquanto se lhe preparavam casas, e o mais necessario para a sua entrada, lhe mandou o Governador offerecer as suas, que sem duvida são as melhores casas que tem Macau, mandando ao mesmo tempo visitar a bordo por seu filho Agostinho Carneiro de Alcaçova, que era o Ajudante Real, com quem foi tambem o Padre João Laureate, da Companhia de Jesus, Procurador, que era da V. Provincia da China, e ao presente se acha fallecido.

No dia seguinte, 11 de Junho, visitou tambem ao Embaixador, a bordo, o Conego João do Casal, em nome do Illustrissimo Bispo, seu Prelado, a quem os annos, e os achaques desculpavam o não sahir fóra; e o mesmo fizeram o Governador e Procurador do Senado, a quem serviu de desculpa a não hir todo a lida em que andavam sobre fazer os preparos para o desembarque, e habitação do mesmo Embaixador, que foi em humas casas sitas na Praia Grande, que o mesmo

Senado fez ornar com boas armações, e hum docel de setim branco bordado de ouro. 1729 Março 10

Desembarcou com effeito o Embaixador no dia 13 de Junho, para as suas casas, na maneira seguinte:

Hia em primeiro logar o Embaixador em hum escaler bem preparado, que o Governador lhe poz prompto, acompanhando-o no mesmo escaler os seus Gentishomens, e na prôa do mesmo escaler hia hum Timbaleiro tocando timbales, e alguns pretos tocando tambem em clarins de prata com as armas reaes pendentes; e ao mesmo tempo que se tocavam os clarins, e timbales, se ouvia o estrondo das artilharias, tanto da nossa fragata, como das mais naus, que se achavam naquelle porto, e das fortalezas, que todas estiveram disparando artilharia até que o Embaixador desembarcou. Logo se seguia outro escaler, em que hiam os Reverendos Antonio de Magalhães e Vice Reitor do Collegio da Companhia, o Ajudante Real, o Capitão mandante das companhias, e tambem o Secretario da Embaixada: em outro escaler hiam varios Padres da Companhia; e em outro todos os officiaes da nossa fragata.

E nesta fórma desembarcou o Embaixador na Praia Grande, defronte das suas casas, aonde para o desembarque se tinha preparado huma ponte de madeira, que lhe não serviu por se arruinar huma escada, e ao mesmo tempo, que o Embaixador queria subir por ella; e foi nestes termos necessario desembarcar em terra, e na mesma praia, onde se achavam formados todos os militares daquelle presidio, cujos officiaes o obsequiaram com as ceremonias politicas, e militares; e se achavam tambem o Governador, o Senado, nobreza da cidade, e os Prelados das Religiões com muitos Religiosos mais, que o acompanharam até se recolher, sendo innumeravel a multidão de Chinas, que concorreram a ver este acto.

Logo que o Embaixador se recolheu para as suas casas se lhe poz huma companhia de granadeiros de guarda, a qual sempre continuou emquanto estivemos em Macau; e o foram tambem visitanto o Governador, o Senado, os Prelados das Religiões, e nobreza da cidade; e até o Bispo o visitou em

1729 Março 10 pessoa sem embargo dos seus muitos annos, e achaques com que se achava. O Embaixador lhe não pagou logo em pessoa as visitas que se lhe fizeram por rasões, e politicas da China, que se ponderaram; mas sempre os mandou visitar por hum dos seus Gentishomens emquanto elle mesmo os não buscou.

Seguiu-se logo ao desembarque do Embaixador tambem o desembarque do mimo que ElRey Nosso Senhor mandou ao Imperador da China, que se recolheu em huma casa de Francisco Xavier Doutel aonde esteve alguns dias com guarda de soldados, até que o Embaixador o mandou conduzir para as suas casas e ao depois para a casa do Governador, aonde sempre esteve; e se examinou o estado em que hiam as cousas para se comporem quando o necessitassem, e se conduziu o mesmo mimo para a casa do Governador pela maneira seguinte.

Achavam-se defronte das casas do Embaixador em duas fileiras, a companhia de soldados da sua guarda, e a da nossa fragata. Logo foram sahindo os caixões, e se foram pondo por sua ordem no meio das fileiras, para dahi se conduzirem. Feito isto se principiou a marchar, hindo na dianteira de tudo os trombeteiros tocando, atraz se seguia o Ajudante Real, o Capitão Tenente, e Alferes da companhia da guarda do Embaixador, e a mesma companhia formada; depois se seguia o Ouvidor Geral, e atraz delle todos os caixões a quem carregavam cafres em huma só fileira. Logo se seguiam os dois Juizes Ordinarios, Vereadores do Senado, e em ultimo logar a companhia da nossa fragata. A ver este acto concorreu tambem muito povo, em que entravam innumeraveis Chinas; e emquanto durou estiveram as fortalezas todas salvando por sua ordem. Logo que o Governador recebeu o mimo fez fazer disso termo, e entrou com cuidado a examinar as cousas, as quaes todas se acharam sem corrupção, menos os dois pannos de raz, que ao depois na côrte se acharam comidos da traça.

Nos primeiros tres dias seguintes ao desembarque do Embaixador, lhe deu o Senado banquete, e a toda a comitiva, com grandeza, e ao depois por todo o tempo, que assistimos em Macau, lhe assistiu o mesmo Senado com todo o necessario, não faltando com cousa alguma para os gastos de sua casa, aonde para o mesmo effeito tinha pessoas, que tinham cuidado dos gastos, e de comprarem tudo quanto se lhe pedia; e até deputou o mesmo Senado dois homens do governo, com quem podesse tratar-se tudo o que fosse necessario, e conduzisse para os gastos, e tratamento do Embaixador, a quem tambem deu o mesmo Senado com alguns particulares 1:700 tayes (que na nossa moeda fazem 17 contos) *(sic)* para os mais gastos que se haviam de fazer na viagem á côrte de Pekim; e para o mesmo deu tambem 1:000 tayes (que são 2:500 cruzados) a Provincia da Companhia de Jesus de Japão; 500 tayes mais (que fazem 500$000 réis) a Vice Provincia da China; e tudo isto se lhe entregou e elle recebeu, como donativo que se fez a Sua Magestade. 1729 Março 10

Apenas entramos em Macau, logo o Senado fez aviso por meio dos tribunaes, e Ministros inferiores, como he costume na China, ao Tu yuen de Cantão, a quem nós os europeus chamamos Vice Rey, de como áquella cidade tinha chegado o Muito Reverendo Antonio de Magalhães a quem o Imperador Kam Ky tinha mandado com hum mimo para ElRey de Portugal de quem tinha sido recebido; e tinha chegado tambem hum Embaixador de Portugal para felicitar a exaltação do presente Imperador ao throno; e outro semelhante aviso fez tambem o Reverendo Padre Antonio de Magalhães em carta, que escreveu ao Reverendo Padre José Pereira, da Companhia de Jesus, que residia em Cantão para o participar ao mesmo Vice Rey.

Logo que o Reverendo Padre José Pereira em Cantão recebeu o aviso do Reverendo Padre Antonio de Magalhães, lhe respondeu, dizendo, que o não participava ao Vice Rey emquanto não sabia se lhe tinha chegado o aviso do Senado; porque não sabia se eram ambos os avisos conformes, mas ainda assim avisou, que tinha buscado ao Vice Rey como quem o visitava, e sem declarar o fim da sua visita, que era ver se elle lhe fallava na materia da embaixada, de que já o suppunha sabedor por via dos Mandarins de Macau (são es-

1729 Março 10 tes huns alfandegueiros, que ali assistem para cobrarem os direitos pertencentes ao seu Imperador) que se não costumam descuidar, e que o mesmo Vice Rey lhe havia dito as palavras seguintes: «Cá tenho noticia que he chegado hum homem grande do vosso reino que vem pagar parias ao nosso Imperador». Sim senhor, avisou tambem o Padre que lhe respondera, tambem eu tenho noticia que he chegado a Macau esse homem grande, e que vem por Embaixador do nosso Rey de Portugal ao vosso Imperador, e não a pagar-lhe parias que costumam pagar-lhe os reinos visinhos, e dependentes, em cujo numero não entra o nosso reino de Portugal e melhor (avisou tambem o Padre que lhe dissera) vos está a vós, que hum Rey tão grande, e independente, como o nosso, mande de tão longe gratuita e affectuosamente, hum Embaixador só para felicitar a exaltação do vosso Imperador ao throno, do que vos está que hum Rey pequeno e dependente lhe mande pagar estas taes parias; e que a isto respondeu o Vice Rey: «assim he, tendes rasão, vede o que quereis que eu obre, que em tudo me tendes prompto».

Sem embargo deste aviso que fez o Reverendo Padre José Pereira, entrou o Embaixador a duvidar se seriam bastantes os avisos do Senado de Macau, para que elle não concorria para se conseguir o passaporte de que necessitava para entrar na China, e passar á côrte de Pekim, e se resolveu nesta duvida a fazer huma conferencia sobre o modo mais conveniente de procurar o dito passaporte, convocando para ella o Governador da cidade, e os Muito Reverendos Padres da Companhia de Jesus, Antonio de Magalhães, João Laureote, e o Vice Reitor do Collegio de Macau, com outros mais Padres da Companhia, que ali se achavam, e tinham vindo de Cantão, e por voto de todos se concluiu, que o meio melhor, e mais conveniente era valer-se o Embaixador do Vice Rey de Cantão, escrevendo-lhe com aviso da sua chegada a Macau, e pedindo-lhe lhe houvesse o passaporte do seu Imperador, a quem o mesmo Embaixador devia tambem escrever, e pedil-o por via do mesmo Vice Rey.

Na conformidade do que se ajustou na dita conferencia, escreveu o Embaixador duas cartas, huma para o Imperador, e outra para o Vice Rey de Cantão, e ambas estava determinado a fazer-lhe remetter logo, mas suspendeu-se por alguns dias a remessa com a vinda do Reverendo Padre José Pereira a Macau, porque visitando ao Embaixador, reprovava o meio que se tinha elegido de escrever ao Vice Rey, e dava por rasão, que a versão da carta do Embaixador se havia formar com letras ou carateres grandes, para denotar a preeminencia de quem a mandava, segundo os costumes sinicos, e que então poderia o Vice Rey, que era temerario e soberbo, responder-lhe com outras letras maiores, e tratal-o nesta fórma como seu inferior que não era, e não ha duvida que estas razões do Reverendo Padre deixaram ao Embaixador suspenso e cuidadoso no que se havia resolver, mas sempre concluiu com que fossem as cartas, e que o mesmo Padre as poderia levar, e fazer entregar ao Vice Rey com quem tinha entrada, cujo favor havia segurado de antes, pois a sua carta para o Vice Rey hia escripta com letras europeas, com que se costumam escrever todas as cartas entre os Europeus, sem nenhuma distincção, e a versão della se devia entender feita por mandado do mesmo Vice Rey, que podia mandal-a fazer com as letras, ou caracteres que muito quizesse. Nesta determinação veiu por ultimo a consentir o dito Padre levando comsigo as cartas para as entregar ao Vice Rey de Cantão, achando modo conveniente, e logo o Embaixador lhe advertiu que em Cantão não desse resposta a perguntas, que lhe fizessem, excepto, se lhe perguntassem pelo numero das pessoas da sua comitiva, que eram 64, entrando neste numero 30 soldados, que determinava levar para a sua guarda. 1729 Março 10

Partiu o dito Padre para Cantão aos 30 de Junho, e no mesmo dia chegou a Macau hum Mandarim da casa do Vice Rey, segundo elle mesmo disse ao Governador de Macau, com quem unicamente fallou, com mais dois Mandarins inferiores do Hupú ou alfandega, que os Chinas tem na mesma cidade. Logo que este Mandarim se avistou com o Governador, entrou a lisongeal-o dizendo-lhe era o melhor Governador, e o mais benigno homem, que tinha governado Macau.

1729 Março 10 Que os Chinas visinhos reconhecendo-o assim, e que elle os favorecia, lhe viviam muito obrigados; e depois passou logo a perguntar-lhe que era feito das cousas que vinham para o seu Imperador, e se acaso elle Governador as tinha em casa? O Governador lhe respondeu que era escusada a sua pergunta, quando em todo Macau era publica a veneração, e respeito com que as mesmas cousas tinham sido conduzidas das casas do Embaixador para as suas; mais lhe perguntou o Mandarim, que cousas eram as que ElRey de Portugal mandava ao seu Imperador? O Governador lhe respondeu que não sabia, mas que lhe constava serem curiosidades de Portugal. Perguntou-lhe mais, quando havia o Embaixador de hir para Cantão? e o Governador lhe respondeu que o não sabia, sem primeiro o Vice Rey de Cantão, a quem o Senado já tinha avisado da sua chegada, o mandar buscar e conduzir pelos seus Mandarins, e com estas respostas sem mais perguntar se despediu o Mandarim, e partiu segundo se entendeu para Cantão.

No dia 2 de Julho se passou o Embaixador para a ilha Verde, que he pouco distante, e dos Padres da Companhia, e o sitio mais divertido que por ali ha: ali esteve o Embaixador até os 15 do mesmo mez, em que se recolheu ás suas casas, e em todo este tempo foi assistido dos mesmos Padres da Companhia, e tratado com toda a grandeza. Tambem neste meio tempo chegou um aviso do Mandarim da villa de Hiam xan Hyen, a que os nossos chamam a villa de Ansão, para o Governador de Macau, em que o advertia da noticia que tinha de que se andavam huns ladrões preparando para assaltarem a dita ilha, como já de outras vezes o haviam feito, com perda e cuidado dos Padres; e foi bastante o dito aviso para que logo o Governador de Macau pozesse guardas ao Embaixador, e mandasse todas as noites vigiar os mares, no que elle mesmo se occupou tambem a primeira noite depois do aviso.

No dia 6 de julho chegou ao Senado de Macau a resposta do aviso, que tinha feito a Cantão da chegada do Embaixador, e do Muito Reverendo Antonio de Magalhães. Era a dita resposta do Puchim-çu de Cantão, que he o Thesoureiro da fazenda imperial, e vinha por meio do Chy hyen ou Governador da villa de Ansão: nella ao depois de se repetir a substancia do aviso do Senado, como he costume na China, passava o mesmo Puchim çu a inquirir o tempo em que o Embaixador quereria hir para Cantão, e juntamente o Reverendo Antonio de Magalhães: perguntava mais pelos nomes dos sete Padres, que o mesmo havia levado de Portugal, e pretendiam passar para Pekim; concluindo em perguntar mais se a nossa fragata tinha hido tão sómente a levar o Embaixador, ou levava mais algum genero de negocio? E esta ultima pergunta se encaminhava, como depois soubemos, a que a mesma fragata tambem pagasse direitos, a que lá chamam medição, como pagam todas as naus, que sahem de Macau a fazer negocio quando se recolhem. 1729 Março 10

O Senado lhe respondeu a todas estas perguntas pela maneira seguinte: O Embaixador de Portugal sómente espera, que os Ministros do Imperador lhe alcancem licença da côrte para logo partir para ella, e se não quer demorar em Cantão, nem em outra parte do caminho. O Reverendo Antonio de Magalhães foi mandado a Portugal pelo Imperador aos 60 annos do seu reinado com hum *caguate* (he o mesmo que nós chamamos mimo) a Sua Magestade Portugueza, de que se agradou muito; traz sete sujeitos, dos quaes pretende levar comsigo dois, que são mathematicos, para o serviço do Imperador. Elle se acha de presente mal tratado, quando se achar convalecido fará aviso ao Mandarim para partir para Cantão. O barco he de Sua Magestade Portugueza, que o mandou para esta embaixada.

No dia 9 do mesmo mez de Julho chegou ao Senado de Macau outra chapa ou aviso do Vice Rey de Cantão por meio do Puchim-çu ou Thesoureiro da fazenda, e do Governador da villa de Ansão, em que depois de se repetir a resposta supra do Senado, se lhe procurava outra vez o tempo em que o Embaixador e o Reverendo Antonio de Magalhães quereriam passar para Cantão, e assim mais se o Embaixador levava carta de Sua Magestade Portugueza, e algumas cou-

1729 Março 10 sas mais para o seu Imperador, concluindo com tornar a pedir os nomes dos sete Padres, e a perguntar se os dois mathematicos tinham de mais alguma habilidade, e que de tudo lhe mandasse o Senado a resposta com clareza.

O Senado lhe respondeu: O Embaixador sómente espera que os Ministros do Imperador lhe alcancem licença da côrte para logo partir para ella, e não se quer demorar em Cantão, nem em outra parte do caminho, traz carta e algum mimo de Sua Magestade Portugueza para Sua Magestade Sinica: (aqui houve huma equivocação, em que por então se não advertiu; e foi que perguntando-se ao Senado se o Embaixador levava *Piau uen,* lhe respondeu com approvação do mesmo Embaixador, que sim; sem advertir, e reparar, que o *Piau uen,* quer dizer, carta de inferior para superior, e que este nome não devia dar-se á carta de Sua Magestade de Portugal, mas sim outro conveniente, que não denotasse inferioridade alguma, como he o nome *Kue xu,* que quer dizer, carta de Rey para Rey, mas tudo com advertencia superveniente, ao depois se emendou, porque nunca mais se respondeu, que o Embaixador levava carta, quando se perguntava se levava *Piau uen*) o Reverendo Antonio de Magalhães no fim deste mez hirá para Cantão com os dois mathematicos para hir para Pekim.

No dia 10 do mesmo Julho chegou a Macau carta do Reverendo Padre José Pereira, com a noticia de que tinha chegado a Cantão, e fallàndo ao Vice Rey, mas que lhe tinha parecido conveniente o não lhe entregar as cartas que o Embaixador escreveu por elle, por se estar o mesmo Vice Rey offerecendo para por si, e em seu nome haver do Imperador o passaporte que se pertendia, e que o mesmo Vice Rey, ficava de o mandar avisar a Macau pelo Chifú, que he o Governador da Cidade de Cantão, por quem mandaria tambem perguntar-lhe com individuação pelas cousas do mimo de Sua Magestade para o seu Imperador, e com este aviso se esperava em Macau a vinda do Chifú na forma da promessa do Vice Rey ao dito Padre.

Não veiu porém a Macau o dito Chifú e Governador de

Cantão, e só mandou em seu nome huma chapa ao Senado 1729 Março 10
em que lhe mandava dizer o seguinte: que elle tinha aviso do Mandarim da villa de Ansão, de que tinha chegado a Macau huma nau de Portugal em que hia o Padre Antonio de Magalhães, e hum Embaixador de Sua Magestade a dar os parabens ao seu Imperador da sua ascensão ao throno, e que o mesmo Embaixador estava doente. Que mandava saber quando queria hir para cima, e se levava alguma carta ou mimo para o Imperador? Que para esta diligencia mandava quatro Jorabaças ou interpretes Chinas, e hum Meirinho a sabel-o dos Senhores da cidade; que levando carta ou mimo lhe remettessem a lista para elle fazer aviso aos mais tribunaes.

A esta chapa do Chifú de Cantão com o parecer do Embaixador, como nas mais occasiões, respondeu o Senado na maneira seguinte: O Embaixador não está doente, quer hir para Pekim logo que o Imperador lhe der licença, vem a dar os parabens ao mesmo Imperador da sua exaltação ao throno da parte de Sua Magestade Portugueza, diz que traz carta, e hum mimo, que consta de trinta caixões, que não teve ordem de ElRey seu amo para dar a lista do mimo, e que por essa rasão o não fazia, porém, se for vontade do Imperador que elle faça lista, não tem duvida alguma a fazel-a: diz o Padre Antonio de Magalhães, que elle está já melhorado, e que quer hir no fim deste mez para cima com os dois mathematicos para tratar de hir para Pekim, e como em Macau não tem embarcação, o Mandarim lhe mande huma, e hum Mandarim para o acompanhar, e fica esperando.

Aos 18 do dito mez chegou acaso a Macau o Governador das armas da villa de Ansão, que andava vigiando os mares com duas fragatas de guerra, e logo na tarde do mesmo dia visitou ao Embaixador, que o recebeu com muito agrado e cortezia, sem faltar ao costume sinico de que a este tempo, e para o mesmo acto, o tinham informado os Reverendos Antonio de Magalhães, e Caetano Lopes, Vice Reitor do Collégio da Companhia, que nesta occasião lhe serviu de interprete. Lembrando-se huns e outros de certo desgosto, que

1729 Março 10 hia tendo o Patriarcha Mezzabarba, Legado Pontificio no anno de 1720: porque em Macau, debaixo do docel de que o China não usa, recebeu huns Mandarins, que o buscaram, dandolhes assentos muito inferiores, sem attender ao costume da China, que pedia lhe desse outro ou melhor tratamento, e mais vindo como vinham a visital-o, e a fazer-lhe algumas perguntas da parte dos Ministros superiores de Cantão.

Para o recebimento deste Governador das armas da Villa do Ansão, tinha o Embaixador mandado pôr na sua segunda sala quatro cadeiras em duas fileiras, duas defronte das outras, segundo o costume daquelle paiz, e nas mesmas depois de o vir esperar fóra da primeira sala aonde estava o docel, se assentaram todos, tendo o Mandarim o primeiro e principal logar, que conforme ao seu costume era o que ficava ao lado direito quando se entrava, e o ultimo, e segundo o costume lhe assistiam ao Mandarim, e tambem ao Embaixador os seus criados que lhe costumavam assistir. Estando nesta fórma se saudaram e fallaram em algumas cousas que lhe pareceu, havendo em primeiro logar o Embaixador perguntado ao Mandarim pela saude do seu Imperador, e o mesmo Mandarim tambem pela saude de Sua Magestade de Portugal, e a tudo se ajuntou a ceremonia do chá que he indispensavel nas visitas na China, e se despediu o Mandarim tornando-o o Embaixador a acompanhar até o fim da sala livre, e os dois Padres tambem até á porta da rua aonde esperaram que elle se mettesse na cadeira, ou andor em que tinha vindo, e se despedisse.

Constava o acompanhamento e estado deste Mandarim de varios Chinas, e insignias que se ordenavam na maneira seguinte: Hiam em primeiro logar dois Chinas gritando em altas vozes, como quem advirtia que hia o Mandarim, e lhe fizessem caminho; depois se seguiam dois Chinas cada hum com huma *batica*, ou bacia de cobre tocando de tempos em tempos; logo se seguiam outros dois Chinas cada hum com seu azorrague na mão; seguiam-se logo outros dois, cada hum com huma cadeia de ferro; atraz hiam outros dois Chinas, cada hum com hum comprido pau de bambú (até aqui tudo são instrumentos de castigo); seguiam-se mais quatro Chinas com quatro bandeiras grandes, a quem seguia outro China de cavallo; depois destes hiam mais dois Chinas com duas bandeiras pequenas, e depois hia outro China com hum grande sombreiro de setim amarello, a quem seguia outro com hum grande leque, que servia de encobrir nos encontros com os mais Mandarins (costume dos Mandarins da China, que quando se encontram, como em reverencia e mutua attenção encobrem o rosto emquanto se não fallam); logo se seguia o mesmo Mandarim em huma cadeira ou andor, que carregavam quatro Chinas, acompanhando-o dez Chinas mais de pé, e quatro de cavallo, a quem por ultimo seguiam dois Chinas mais com duas bandeiras pequenas; e estes são ordinariamente os estados e acompanhamentos dos Mandarins da China, sem differença que serem huns mais numerosos que outros na gente, instrumentos e insignias varias de que uzam, como distinctivo dos Mandarinados. 1729 Março 10

Quando este Mandarim ao sahir passou pela sala do docel, e vio nelle os retratos de Suas Magestades Portuguezas, fez alguma demora, e perguntou que retratos eram aquelles que ali via? e dizendo-se-lhe que eram das Magestades de Portugal, disse elle então: eu devia bater-lhe a cabeça, mas não trago os meus vestidos de ceremonia com que o devia fazer; e dito isto se foi andando, deixando-me a mim motivos nesta acção para entender que os Mandarins da China, não crêem que nas tabellas que uzam por morte dos seus defuntos venham assentar-se as almas dos mesmos quando lhe fazemos seus ritos, e lhe batem cabeça; pois tambem aqui a queria este Mandarim bater aos retratos de Suas Magestades Portuguezas, que ali não estavam mais que na representação; e já no anno de 1668 em Cantão, se vio que os Mandarins uzaram da mesma ceremonia, e bateram cabeça diante de huma carta, que levava Manuel de Saldanha, Embaixador de Portugal, estando posta sobre uma meza bem ornada, para depois se verter e mandar a versão ao Imperador, que a esperava para se resolver se havia ou não de subir á sua côrte, aonde depois subiu o mesmo Embaixador.

1729 Março 10 Os mesmos Mandarins da China, em certos tempos, tem por costume indispensavel, de baterem cabeça perante outras similhantes tabellas, que estão em aulas pelas villas e cidades de cada provincia, como substitutos, ou imagens do mesmo Imperador, que actualmente reina, e na auzencia dos Mandarins que governam bem os povos, costumam estes de ordinario firmar tabellas similhantes, em que lhe escrevem os nomes, ficando-lhe servindo as mesmas tabellas de retratos para avivarem a lembrança dos mesmos que os governaram, em cuja attenção batem tambem a seus tempos cabeça, e fazem outros ritos perante as mesmas tabellas, assim e da mesma sorte que o fariam se os tivessem presentes, e he certo que nenhum China crê que nestas taes tabellas, quando batem cabeça, venham estar, nem o Imperador, que lá está na côrte vivendo, e reinando, nem os Mandarins que os governam, que lá estão nas suas casas, ou em outra provincia com alguma incumbencia.

No dia 24 do mesmo mez chegou a Macau carta do Reverendo José Pereira da Companhia de Jesus, com o aviso de que fallando com o Vice Rey de Cantão, lhe dissera o mesmo, que não tinha nada com os costumes da Europa, e que os da China eram, que quem levava cousas para o seu Imperador, devia declaral-as aos Mandarins, para poderem avisar com clareza, que o mesmo Vice Rey estava alterado com o aviso que lhe chegou, de que era de ElRey de Portugal a fragata, e que tinha hido somente a conduzir o Embaixador, quando elle sabia que de Macau para Cantão tinham hido 30 vanes de prata, que são 30:000$000 réis portuguezes para se empregarem em fazendas.

A este aviso respondeu o Embaixador ao dito Padre, dizendo-lhe, que fallando com o Vice Rey, lhe dissesse, que estimaria se lhe mostrasse o costume da China, sobre a obrigação de dar a lista das cousas que levava para o seu Imperador, porque então a daria logo, e lhe ficaria o mesmo costume servindo de desculpa para quando a devesse dar em algum tempo na Europa.

Antes de chegar a Cantão ao dito Padre a resposta e advertencia, que o Embaixador lhe fez sobre o dito costume, chegou o dito Padre a Macau no dia 30 do mesmo mez de Julho, e lhe deu parte de que os Mandarins de Cantão estavam empenhados na sua hida, e promptos para o conduzirem e ao Muito Reverendo Antonio de Magalhães á côrte de Pekim, para cujo effeito tinham poder, sem esperarem licença do seu Imperador, e que vinha de proposito saber se acceitava ou não esta offerta. 1729 Março 10

O Embaixador lhe respondeu, que estimava a offerta, e animo dos Mandarins, pelo quererem conduzir á côrte, aonde desejava passar, mas que não podia ainda resolver-se, sem saber primeiro se podia levar comsigo toda a sua comitiva, e soldados de guarda, e dentro de quantos dias o haviam de despachar em Cantão, e tambem se podia ficar na barca quando lá chegasse, ou lhe haviam de dar aposentadoria em terra, e em que fórma havia de ser, porque havendo alguma difficuldade na sua entrada a queria saber emquanto estava em Macau, e que elle desejaria fazer todas as despezas por sua conta, não o encontrando o gosto do Imperador, ou dos seus Ministros. Sobretudo escreveu o dito Padre aos Mandarins avisando-os do animo do Embaixador, do quanto lhe agradecia o seu, e do que desejava saber para se determinar, e especialmente lhe perguntava se o Embaixador poderia levar na sua comitiva 64 pessoas, em que entravam 30 soldados para sua guarda; e o Chifú ou Governador de Cantão, a quem a carta do Padre foi, lhe respondeu que o Embaixador poderia levar 4 soldados, e nada respondeu ao mais.

Com esta tão summaria resposta do Chifú, ou Governador de Cantão, acabou o Embaixador de conhecer, que nada se havia de concluir em fórma, e segurança emquanto por si mesmo não tratasse, e cuidasse do negocio, em que até ali só tinham mediado as diligencias do Senado, e do Reverendo Padre José Pereira, a quem se deveu nesta materia hum summo cuidado e diligencia, supposto que sem fruto, por lhe faltar o Vice Rey ás seguranças que lhe promettia, e se resolveu nestes termos o mesmo Embaixador a commetter

1729 Março 10 o mesmo negocio ao Secretario da Embaixada, que para conseguil-o foi de Macau a Cantão a tratar com os Mandarins, o modo e fórma do ceremonial, com que o haviam de receber e conduzir á côrte, para cujo effeito se expediu pelos Mandarins de Macau huma chapa ou aviso, e com elle juntamente dois soldados Chinas, que o acompanharam e foram dar parte ao Vice Rey de quem hia, e a que negocios, que tudo isto he necessario se declare para se entrar na China, aonde nenhum estrangeiro entra sem permição dos Mandarins.

Logo que o Secretario chegou a Cantão, que foi no dia 19 de Agosto, o buscaram dois Chinas, que pelo modo, gravidade, e acompanhamento, mostravam serem pessoas de satisfação, e apenas o avistaram lhe perguntaram pela saude, e disseram que da parte do Vice Rey vinham ver humas cousas da Europa, que o mesmo Secretario levava para offerecer, e se haviam declarado já naquella chapa dos Mandarins de Macau ao Vice Rey. Vistas as ditas cousas que o Secretario sem alguma repugnancia lhe mostrou, se despediram os ditos Chinas, e passado pouco tempo tornaram, dizendo já então, que hiam em primeiro logar da parte do Vice Rey, perguntar pela saude do Secretario, e depois a fazer-lhe as perguntas seguintes:

A primeira foi, a que negocio tinha hido o Secretario a Cantão? A segunda, de que constava o mimo que o Embaixador de Portugal levava para o seu Imperador? Terceira, quando havia de hir o mesmo mimo para Cantão? Quarta e ultima, quando o mesmo Secretario queria fallar ao Vice Rey? A todas estas perguntas respondeu o mesmo Secretario pela maneira seguinte: Emquanto á primeira, respondeu que tinha hido a Cantão, em primeiro logar, perguntar ao Fagin ou Ministro de Commissão do Imperador, pela saude deste, e em segundo logar, hia visitar ao Vice Rey, com informação e faculdade para lhe responder ás perguntas que lhe fizesse, e para juntamente tratar do ceremonial com que o Embaixador havia de ser recebido naquelle Imperio, e conduzido á côrte de Pekim. Emquanto á seguinte pergunta, respondeu, que quando se avistasse com o Vice Rey, lhe poderia dar huma lista das cousas de que o mimo constava. Emquanto á terceira, respondeu, que o mimo hiria para Cantão, quando fosse o Embaixador, que era o ponto principal, que primeiro se devia tratar, e compor. E emquanto á quarta e ultima, respondeu-se, que passado o dia seguinte, em que esperava fallar ao Fagin, e perguntar-lhe pela saude do seu Imperador, estava prompto para qualquer dia, e hora que o Vice Rey lhe determinasse, e que esta determinação ficava esperando do mesmo Vice Rey. 1729 Março 10

Apenas os dois Chinas se despediram com as respostas do Secretario, chegou tambem o Reverendo Padre José Pereira, que lhas approvou, menos a que respeitava a perguntar pela saude do Imperador ao Fagin; porque era esta acção tão propria do Embaixador, que a não podia commetter ao mesmo Secretario, segundo os estylos da China; mas tambem lhe disse, que a sua resposta nesta parte, e a commissão que levava do Embaixador, se desculpava com a falta de noticia dos costumes sinicos, e que isto mesmo diria elle ao Vice Rey a quem ficou de buscar no dia seguinte.

Isto mesmo e nesta parte approvou tambem o Illmo Bispo de Nankim, a quem o mesmo Secretario tambem communicou as respostas que tinha dado, e o mais que hia tratar em Cantão, estando o dito Padre José Pereira presente, e então se assentou tambem, que se não devia entregar ao Vice Rey huma carta que o Embaixador lhe escreveu visto se estar o mesmo Vice Rey offerecendo para fallar ao Secretario, e não dizer a carta senão que elle hia tratar do seu passaporte, e que levava inteira noticia, e poder de manifestar-lhe tudo o que julgasse conveniente para o intento, e haver-lhe o mesmo Secretario já dito isto mesmo nas suas respostas. Mais se assentou, que deviam verter-se na lingua sinica todas as perguntas que o Secretario pertendia fazer para concluir o negocio a que hia, e para se verterem as deu o mesmo logo por escripto ao dito Padre, por cuja conta ficou correndo a versão.

Com a versão das perguntas do Secretario, antes de bus-

1729 Março 10 car ao Vice Rey, buscou o Padre ao Chifú com quem tinha amizade, e esperava delle, que encaminhasse bem o negocio, e o mesmo Chifú se ficou com as mesmas perguntas, para conferil-as com o Vice Rey antes que o Secretario lhe fallasse. Aqui ficou o Secretario na esperança de concluir o negocio com o Vice Rey, pois que o Chifú, ou Governador da cidade o patrocinava, e dava esperanças ao Padre de que tudo se havia de compor bem, mas o Vice Rey o demittiu de si, e o commetteu ao mesmo Chifú, a quem o Secretario buscou no dia e hora determinada no seu Kum-kuen e casa onde o recebeu com toda a cortezia, dando-lhe em tudo o primeiro logar, que são os Chinas não só afaveis e benignos para com os estrangeiros, mas tambem summamente politicos.

Logo que o Secretario se assentou, se saudou com o Chifú, perguntando-se mutuamente hum pela saude do outro, e depois se seguiu a sua ceremonia do chá, que nas vizitas tem por indispensavel: logo entrou o mesmo Secretario a dizer-lhe que hia tratar do passaporte do Embaixador de Portugal, na consideração de que podia dar-se-lhe naquella Metropoli sem recurso á côrte de Pekim como até ali se segurava, que para a boa e acertada expedição do passaporte, hia saber dos Mandarins de Cantão as cousas seguintes: Primeira, se os Mandarins de Cantão haviam de mandar barcas a Macau para a condução do Embaixador? Que Mandarim havia de hir para o conduzir? Segunda, se o Embaixador chegando a Cantão podia ficar na barca até partir para a côrte, e havendo de sahir a terra se lhe haviam de dar aposentadoria, ou havia elle tomar casas por sua conta? Terceira, em que fórma devia o Embaixador em Cantão visitar, e ser visitado pelos Ministros do Imperador, e quaes Ministros devia visitar? Quarta, dentro em quantos dias o haviam de despachar para sahir de Cantão? Quinta, se o haviam de conduzir á côrte, e quem havia neste caso de conduzil-o? Sexta e ultima, que pessoas poderia levar na sua companhia, tanto de comitiva como de soldados.

A estas perguntas respondeu o Chifú por sua ordem, e

por escripto o Secretario como lhe pediu, e depois remetteu a Macau na fórma seguinte: Emquanto á primeira, que hiriam conduzir ao Embaixador de Macau para Cantão, barcas, soldados e Mandarim, tudo da villa de Ansão; emquanto á segunda, que o Embaixador teria aposentadoria em Cantão, para o que já tinham casas certas; emquanto á terceira, que o Embaixador visitaria em primeiro logar ao Fu yuen, que era o Vice Rey; e em segundo logar ao Ciam kium, que he o Generalissimo das armas tartaras, e depois aos mais Mandarins cada hum por sua ordem; emquanto á quarta, que o Embaixador partiria de Cantão para a côrte o mais tardar em dez dias, e logo advirtiu, que neste tempo faria o Embaixador os gastos por sua conta, porque não sabiam o de que gostaria; emquanto á quinta, respondeu, que seria conduzido para a côrte com barcas, soldados e Mandarim, que não individuou; e emquanto á sexta e ultima, respondeu, que o Embaixador poderia levar quarenta pessoas na sua comitiva, não sendo soldados, porque o não consentia o Vice Rey. E replicando o Secretario que os soldados eram de Macau, conhecidamente pacificos, e o Embaixador os queria levar para guarda do mimo que levava, e tambem da sua pessoa, respondeu que era escusado fallar mais nesta materia, que já estava decidida pelo Vice Rey, e que na China havia soldados que haviam mandar para o acompanharem, e nesta occasião não fallou o Secretario no ponto principal e letras do Cim kum, que denotam tributo, porque o Reverendo Padre José Pereira tinha segurado que o Vice Rey o não havia de tratar de portador de tributo, que he o que as ditas palavras significam, ao Embaixador, mas sim de verdadeiro Embaixador que hia ao Kim ho, isto he a dar os parabens ao Imperador da parte de ElRey de Portugal em quem o mesmo Vice Rey reconhecia a differença que vae de Portugal aos reinos de Sião, Tunkin, e outros tributarios da China. 1729 Março 10

Por conclusão desta conferencia perguntou o mesmo Chifú ao Secretario quando o Embaixador havia de hir para Cantão, para se lhe mandarem as barcas a Macau a quem o con-

1729 Março 10 duzisse; e o Secretario lhe respondeu que não levava poder para determinar o dia certo; que elle daria logo conta ao Embaixador do que elle tinha respondido; e chegada que fosse a resposta de Macau, lhe participaria o que o Embaixador determinava; e nisto se concordou entre o Chifú e o Secretario. Avisou o Secretario ao Embaixador com a noticia do que tinha obrado, pedindo-lhe a sua determinação, para communical-a ao Chifú, como lhe tinha promettido, e se ficou no entanto esperando em Cantão, sem entender que houvesse novidade, ou alteração dos Mandarins, emquanto a resposta do Embaixador lhe não chegava; mas observou o contrario, porque logo no dia seguinte ao da conferencia lhe mandou o Chifú perguntar outra vez, quando o Embaixador havia de hir para Cantão, e esta mesma pergunta repetiu por mais duas vezes, e com instancia, em nome do Vice Rey; e o Secretario dando sempre a resposta que já tinha dado ao Chifú na conferencia, de que não tinha poder para determinar o dia que se lhe procurava da vinda do Embaixador, a quem tinha com effeito avisado do que se lhe respondeu, para elle se poder determinar, e que a resposta de Macau ainda não tinha nem podia ter chegado.

A esta inconstancia do Chifú e Vice Rey de Cantão acresceu mais outra disparidade, e foi, que estando o Reverendo Antonio de Magalhães ainda em Macau, mas para partir para Cantão, lhe chegou com as barcas huma chapa em que se lhe pedia, levasse para Cantão comsigo a carta e o mimo, sem se lhe declarar que mimo e carta se lhe pedia levasse; e ao depois quando já hia no caminho para Cantão lhe chegou outra, que declarava que a carta e mimo que se lhe pedia, era a que o Embaixador levava para o seu Imperador, como já em Macau se quiz entender á vista da primeira chapa, como que o Embaixador houvesse de largar da sua mão huma carta e hum mimo, que ElRey Nosso Senhor lhe mandou entregar para elle pessoalmente a levar, e entregar ao Imperador da China.

Á vista de todas estas cousas, não pôde o Secretario, que ainda se achava em Cantão, deixar de presumir, que o Embaixador não estava ainda livre das letras do Cim kum, e titulo de portador de tributo, de que o Reverendo José Pereira o fazia estar livre fiado na promessa do Vice Rey como já fica dito; e como este ponto era o mais principal, por conduzir, e dizer respeito á honra e bom tratamento que todos desejavamos ao Embaixador naquelle Imperio, entrou o mesmo Secretario por vezes a lembral-o ao mesmo Padre, pedindo-lhe com instancia, que ponderasse as cousas, e visse se o Vice Rey o enganaria, ou não; e supposto que o mesmo Padre sempre respondeu, que neste particular não podia haver receio, com tudo não deixava de pôr todos os meios para averiguar o que neste ponto havia, e talvez que com algum despendio que seria necessario para conquistar os officiaes do Tribunal, por cuja via só se podia saber como se soube decerto, que o Vice Rey o tinha enganado; pois se soube que o mesmo Vice Rey como Cum to, seu superior (he o que governa as duas provincias de Cantão, e Kuam si) no memorial que metteram ao Imperador, tratavam ao Embaixador de portador de tributo, da mesma sorte que no anno antecedente tinham tratado a dois Religiosos Carmelitas que o Papa tinha mandado com carta e mimo para o mesmo Imperador da China; e era o memorial o que se segue 1729 Março 10

MEMORIAL

Yang Vice Rey de Cantão offereceu libello, ou memorial Puen ácerca dos Estrangeiros que vierão a pagar tributo e dar graças, etc. Sendo isto assim, eu subdito advirto que o Rey do Reino occidental apartado de nós algumas 10:000 leguas, nunca até o presente se poz na ordem e catalogo dos que ordinariamente pagam tributo; agora, porém, manda hum Embaixador Me te ló com carta e cousas da sua terra, a perguntar reverentemente da saude de Sua Magestade Imperial; tambem manda Chang ngan to (o Reverendo Padre Antonio de Magalhães) para que batendo cabeça, dê as graças pelo grande mimo, que no anno de 60 de Kam ky o Imperador Pae de Sua Magestade Imperial graciosamente mandou. Se alguem olhando para o Ceo considerar que a clemencia

1729 Março 10 da dynastia celeste, e Magestade se estende ainda aos lugares mais remotos, verá que por isso todos os povos distantes de todo o coração vem a converter-se, isto he a sujeitar-se-nos. Eu subdito tanto que ouvi que o Embaixador Me te ló portador de tributo tinha chegado a Macau, logo mandei ao Thesoureiro da alfandega desta provincia, que em meu nome mandasse perguntar ácerca deste negocio, e trazer aquellas cousas e carta, fazendo tambem que o Reverendo Padre Magalhães, e o Embaixador de Portugal se pozessem quanto mais cedo a caminho para a côrte. Por repetidas vezes lhe repeti este mesmo aviso, e averiguado o negocio pelo Thesoureiro da alfandega, me referiu que o Reverendo Antonio de Magalhães estava doente, e o Embaixador com uma molestia nos pés, e que por estas razões não podia logo vir para esta Metropole, e daqui para a côrte. Agora, porém, que o Reverendo Padre Magalhães se acha convalescido, me parece acertado que vá deante com os dois Padres Mathematicos, Domingos Pinheiro, e Paulo de Mesquita, pelo que poderá pôr-se a caminho para a côrte neste anno no dia 13 da lua 8.ª No que respeita ao Embaixador, como já se acha hum pouco melhorado dos pés, parece que poderá partir para a côrte, e levar as cousas e carta que traz neste mesmo anno até os primeiros dez dias da 9.ª lua. Ávista disto que se me referiu, julguei que se devia este negocio tratar como se tratou no anno passado de 1725 o dos dois Padres Carmelitas mandados do Papa a pagar tributo, portanto neste memorial faço delles primeiro menção. Quando partir o Embaixador Me te ló mandado a pagar tributo levará comsigo carta, e as cousas que traz, e então se lhe dará Kam ho (he huma patente ou passaporte) para por todo o caminho ter o que lhe for necessario; e tambem o acompanhará hum Mandarim e o guiará até á côrte, para que assim possa pagar o tributo e dar as graças. Desta maneira se satisfaz aos desejos dos Estrangeiros, que desejam vir, e chegar á summa perfeição da conversão, e se declara juntamente que a Santa Dynastia assim abraça a todo o mundo que nenhuma parte delle reputa por estranha. O Padre Antonio de Magalhães com os dois

Mathematicos partirá no dia 13 da lua 8.ª, nós lhe demos 1729
400 Srz de viatico, e hum Mandarim que o acompanhe. Assim o deliberei com o Cum tó, e ambos offerecemos o presente memorial pedindo humildemente que Vossa Magestade mande ao Supremo Tribunal conhecer destas cousas. Nós nos não atrevemos a determinar cousa alguma nesta materia. Este nosso libello fizemos com todo o cuidado, e diligencia, e agora ficamos esperando o que Vossa Magestade determina.

Março 10

Visto por nós este memorial se resolveu o Reverendo Antonio de Magalhães, que já a este tempo estava em Cantão, a hir fallar com o Chifú e Governador da cidade, e dizer-lhe que em Cantão corria hum rumor que o Vice Rey no Puen ou memorial para o Imperador tratava ao Embaixador de portador de tributo, e que nestes termos se não poderia determinar a entrar na China, sem que se lhe segurasse o tratamento de Embaixador, e que o não haviam reputar de portador de tributo, e supposto que o mesmo Chifú olhando para o Ceo, como quem jurava por elle, lhe respondeu que tal cousa não havia, e que só pessoas baixas poderiam tal dizer, porque o Vice Rey não era capaz de obrar tal cousa nem elle Chifú teria cara para apparecer, se em algum tempo se obrasse o contrario, comtudo nós nos não podemos persuadir a dar-lhe credito, e isto por duas razões.

A primeira, porque não havia o Chifu manifestar o engano do Vice Rey que se achava occulto: a segunda, porque contra o mesmo Vice Rey tinhamos varias presumpções de que nos tinha enganado: huma por haver occultamente remettido á côrte o memorial, havendo promettido ao Reverendo Padre José Pereira, que lho havia mostrar antes de o remetter: e a outra porque o mesmo Padre tinha promettido prata ao official que lhe communicou a copia, se o mesmo emendasse humas letras mal soantes de que o tinha já avisado; e chegar nestes termos o mesmo official a mostrar a copia sem a emenda, e sem a esperança da prata, porque já neste tempo o original tinha partido para a côrte, mostrava bem que era mais que verdadeira a copia do memorial que communicou ao Padre.

1729 Março 10 Com esta novidade, e certeza do engano do Vice Rey de Cantão, se despediu o Secretario no dia 8 de Setembro para Macau, aonde chegamos aos 11; e logo que informou ao Embaixador do referido, soube tambem que no meio tempo tinha chegado á Camara de Macau huma chapa do Mandarim da Villa de Ansão, pedindo-lhe o dia certo da partida do Embaixador, para lhe mandar as barcas, na fórma que o Vice Rey tinha ordenado; e que a mesma Camara com o parecer do Embaixador lhe havia respondido, que elle estava esperando que o Secretario chegasse de Cantão, e que em chegando se resolveria a determinar o dia da sua partida, sendo-lhe conveniente.

Supposta esta resposta da Camara, e a chegada do Secretario a Macau, restava que o Embaixador se determinasse, e da sua determinação se desse parte pela Camara ao Mandarim da villa de Ansão, e pelo Secretario ao Chifú de Cantão, como lhe havia promettido quando se despediu delle para partir para Macau, e bem se desejava o negocio em termos de podermos entrar já na China, mas como tudo se alterou com o incidente não esperado daquelle memorial do Vice Rey e Cum tó foi precizo demorar-se a resolução, e no entanto considerar o Embaixador no meio mais conveniente para se livrar das letras do Cim kum, e titulo de portador de tributo de que até ali se considera livre: e bem o poderia estar, se logo no principio se praticasse o meio de se recorrer, como ao depois se recorreu, immediatamente a côrte; porque nesta fórma hia o negocio livre dos tribunaes por onde passam os Embaixadores dos Reinos circumvisinhos que vão a pagar tributo.

Antes de resolver o Embaixador o que neste caso e nas referidas circumstancias deveria obrar, se duvidou se seria conveniente manifestar a noticia daquelle memorial do Vice Rey, e procurar-lhe o remedio, ou entrar de novo a tratar com o mesmo Vice Rey o ponto do Cim kum como ommisso e esquecido, quando o Secretario conferiu os mais com o Chifú ou Governador de Cantão; e escolhendo-se por algumas razões esta segunda parte resolveu o Embaixador que por via do Senado de Macau se mandasse ao Vice Rey uma chapa em que se lhe procurasse se elle poderia entrar com comitiva igual á que tinha trazido o Embaixador de Moscovia, e juntamente com que titulo havia de ser recebido e tratado na China, se como de hum Embaixador que era de hum Rey independente, ou como portador de tributo, que ElRey de Portugal a ninguem pagava, antes o recebia de muitos Reinos. Advertindo-se-lhe que elle se não resolveria a entrar na China, sem se lhe segurar o tratamento do Embaixador, e que o mimo que levava seria reputado não como tributo, mas sim como mimo, e offerta graciosa, da mesma sorte que ElRey de Portugal reputou as cousas que o Kamky lhe mandou pelo Reverendo Padre Antonio de Magalhães, que se o Senado de Macau até ali respondia que o Embaixador trazia algumas cousas de Portugal para o Imperador, era porque se lhe procurava por ellas com o nome do mimo sem se fallar em tributo. Que o Moscovita não era mais amigo do Imperador que ElRey de Portugal. Que o Embaixador de Portugal por todos os meios solicitava a honra do Imperador, e que mais honroso lhe era que elle o fosse felicitar como Embaixador de hum Rey soberano e independente com huma grande comitiva, do que ser tratado como hum dos Embaixadores que de ordinario hiam a pagar tributo. 1729 Março 10

Logo que o Senado mandou a chapa com o referido aviso ao Vice Rey de Cantão, e antes de ter della resposta chegaram a Macau duas chapas, huma do Mandarim da villa de Ansão em que lhe dizia que o Chifú de Cantão o tinha avisado que da parte do Embaixador tributario se lhe havia dito que poderia partir na 9.ª lua, e lhe ordenava soubesse o dia, e lhe ordenava soubesse o dia, e lhe mandasse as barcas, e que nestes termos pedia ao Procurador do Senado lhe dissesse quando o Embaixador havia de partir. A outra chapa era do mesmo Chifú para o Senado, e lhe procurava quando o Embaixador havia de partir para Cantão, segurando-lhe que havia de ser bem tratado, com a advertencia de que era preciza toda a brevidade porque não houvesse na demora algum perigo.

1729 Março 10 A estas duas chapas ainda antes da resposta da que o Senado escreveu ao Vice Rey de Cantão, respondeu o mesmo Senado, com o parecer do Embaixador, dizendo que o Embaixador até então não repugnava a entrar na China, antes andava sempre na diligencia de se poder resolver a determinar dia; mas que agora se via precizado, antes de resolver-se, de recorrer immediatamente ao Imperador, para que lhe declarasse com que titulo havia de entrar, e ser recebido no seu imperio, aonde o mesmo Imperador não havia permittir que elle tivesse o titulo de portador de tributo que se lhe estava dando naquella chapa do Mandarim da villa de Ansão; e que nem ElRey de Portugal havia de permittir o contrario, sendo certo que não hia levar tributo algum, mas sim algumas cousas graciosamente em razão da reciproca amizade que Sua Magestade Imperial não repugnaria se continuasse entre as duas Monarchias.

Dada nesta fórma a resposta pelo Senado, e remettida ao Mandarim a quem tocava, chegou a Macau hum interprete, que tinha levado a carta do Senado para o Vice Rey, dizendo que a tinha entregado ao mesmo Vice Rey, e que este a havia remettido ao Chifú. Que indo fallar ao Chifú lhe mostrara o mesmo a chapa que tinha levado ao Vice Rey, e lhe dissera, que o Senado havia feito mal em mandal-a, e se falla nella nos Moscovitas ao Vice Rey, que disso se tinha escandalizado. Que o Embaixador não havia de ser tratado como portador de tributo, mas sim como Embaixador, e que até então o não tinham tratado senão como tal. Que pedindo-lhe a resposta do Senado lhe respondera o Chifú que não era necessaria. Logo no mesmo tempo chegou tambem a Macau carta do Reverendo Padre José Pereira em que avisava, que por não poder buscar ao Chifú, de quem para o fazer havia tido recado, o buscou o mesmo Chifú a elle, e lhe disse que o Senado de Macau havia feito mal em mandar aquella chapa ao Vice Rey, e lhe segurou o bom tratamento do Embaixador.

Bem mostrava o Chifú no que disse ao interprete do Senado de Macau, e depois ao Padre José Pereira a quem buscou, que receiava houvesse demora na hida do Embaixador para Cantão, pois tratava só de desvanecer o receio que tinha de ser tratado como portador de tributo, que era todo o impedimento que devia impedir-lhe a resolução de entrar na China, de que já o Vice Rey tinha avisado a côrte, e do tempo certo naquelle seu memorial, e por isso mesmo por ordem do mesmo Chifú se repetiu nova chapa do Mandarim da villa de Ansão ao Senado de Macau, em que lhe dizia que o mesmo Chifú novamente lhe ordenava mandasse barcas e Mandarim para conduzir o Embaixador, e que todos os Mandarins de armas até Macau o acompanhassem; e assim mais lhe advirtia que o Embaixador não hia senão a felicitar o seu Imperador, e que hindo de tão longe, era de razão se lhe fizessem todos os obsequios; que elle Mandarim de Ansão o tivesse assim entendido, concluindo com pedir ao mesmo Senado o dia em que o Embaixador havia partir para o participar ao Chifú que lho ordenava para poder avisar a côrte. 1729 Março 10

Á vista do que nesta chapa se dizia ao Senado por ordem do Chifú, ou Governador de Cantão, esteve o Embaixador quasi resoluto a entrar na China, porque via desvanecido o titulo de portador de tributo que até ali o demorava, mas não quiz resolver-se de todo sem ponderar mais este negocio, e ouvir os pareceres do Governador de Macau, Bispo de Pekim, e de outros Padres mais, que para isso fez convocar nas suas casas no dia 28 do mez de Setembro. Dizia o Governador com o Padre José Simões da Companhia de Jesus, que o Embaixador se devia dar por satisfeito, e sem mais replicas entrar na China. O Padre Laureate da mesma Companhia, que o Embaixador tinha dois meios naquelle caso, hum seguro, que era recorrer ao Imperador, e outro sufficiente, que era recorrer de novo ao Vice Rey, para que declarasse e determinasse o ponto. O Bispo da Pekim era tambem de parecer que se recorresse ao Imperador, e com elle concordaram o Vice Reitor do collegio de Macau, e os Padres Antonio de Vasconcellos, Antonio Soares, e o Padre Simoneli, todos da Companhia; e neste caso de se recorrer ao Impera-

1724 Março 10 dor, houve tambem quem disse (sem ser chamado) que devia o Embaixador primeiro participal-o ao Vice Rey de Cantão, por duas razões. Primeira, porque do contrario se poderia o Vice Rey sentir, e poderia talvez tornar-se-lhe a commetter o negocio para elle o compor. Segunda, porque não se lhe dando parte do recurso á côrte, era mostrar que o Vice Rey não tinha poder para emendar o erro e engano das letras do Cim kum e que tinha sido erro o tratar-se com elle até então o negocio e não se recorrer logo de principio ao Imperador.

No dia 30 de Setembro teve o Embaixador huma chapa, ou carta do Mandarim da villa de Ansão, em que o tratava com muitas cortezias, e da parte do Vice Rey lhe segurava o seu bom tratamento; e aos 5 de Outubro chegou outra chapa do mesmo Mandarim que mostrava ser feita depois de receber a ultima que o Senado lhe mandou na qual o mesmo Senado lhe fallava no titulo de portador de tributo que tinha dado ao Embaixador, e depois de dizer o mesmo Mandarim que aos 9 da 9.ª lua, mandava as barcas, passava a dar huma satisfação sobre o titulo, dizendo que fôra erro do Escrivão que escreveu a chapa.

Todas estas diligencias mostravam a ancia dos Mandarins, porque o Embaixador se determinasse, talvez porque receiavam se desgostasse o Imperador de elle não partir no tempo que o Vice Rey naquelle memorial o avisou, e acrescentavam tambem mais razões para que o Embaixador se resolvesse sem intentar outro recurso; mas o mesmo Embaixador ainda não satisfeito se resolveu por ultimo a escrever duas cartas, que mandou por hum seu criado a Cantão, huma para o Vice Rey em que lhe dizia que como ali o tratavam como portador de tributo, se resolvia a recorrer ao Imperador por meio de huma carta cuja remessa pedia ao mesmo Vice Rey, e juntamente que quizesse concorrer para se alcançar o seu passaporte; e na outra que hia para o Imperador lhe pedia o quizesse mandar receber como Embaixador de Portugal, e como quem só hia da parte do seu Rey a felicitar a sua exaltação ao throno, e não a pagar tributo, e para este re-

curso tomou o Embaixador por pretexto, que os Mandarins 1720
de Cantão o não podiam segurar fóra do seu territorio. Março 10

No dia 6 do mesmo mez chegaram a Macau dois Mandarins inferiores, hum da casa do Vice Rey, e outro da villa de Ansão, e ambos para conduzirem ao Embaixador, com 120 homens que comsigo traziam. Logo que estes Mandarins chegaram á porta do Cerco (he a divisão de Macau com as mais terras da China) abateram as bandeiras, e outras insignias do Estado, que traziam, e fizeram tambem calar as baticas, tudo em obsequio, e attenção ao Embaixador. Estes mesmos Mandarins lhe traziam hum mimo do Governador de Ansão, que de mais lhe mandou dizer que não vinha em pessoa, porque estava molestado.

No dia 8 visitaram os Mandarins ao Embaixador, que os recebeu com agrado e cortezia, não consentindo que lhe batessem cabeça como queriam, e no mesmo acto lhe deram o recado do Governador de Ansão, e lhe offereceram com papel de visita, a memoria das cousas como he costume seu, e o mimo, o qual o Embaixador recebeu, e correspondeu com outro, e aos mesmos Mandarins mandou tambem algumas cousas que receberam, e pertenderam agradecer por meio de hum *Tiezu* ou papel de visita, que se lhe não acceitou por ser em papel azul, signal de huma grande humildade de quem offerecia; não fez assim o Patriarcha Mezzabarba, que até dos maiores Mandarins da villa de Ansão pertendeu *Tiezu*, ou papeis de visita de similhante papel, não advertindo no que ao depois lhe hia succedendo em Cantão em menos attenção do seu caracter, como já acima notamos.

No dia 9 mandaram os mesmos Mandarins dizer ao Embaixador, que o Vice Rey de Cantão os avisava, e ordenava lhe dissessem, que visto querer recorrer á côrte se podia, no entanto que esperava a resposta, passar a Cantão, onde tinha boas casas, e frescas. E no dia 10 de Outubro se foram de Macau desgostosos de não acharem ao Embaixador resoluto a passar á China, sem primeiro recorrer ao Imperador, quando o Vice Rey, e mais Mandarins de Cantão, entendiam se tinha reduzido, e da sua resolução se tinha já

1729 Março 10 feito aviso ao seu Imperador, que poderia naquelles termos estranhar-lho.

Aos 11 chegou de Cantão carta ao Embaixador do mesmo seu creado, que tinha levado as duas para o Vice Rey, e Imperador, com aviso de que se lhe difficultava entregal-as, e fallar ao Vice Rey, e o Embaixador lhe mandou que seguisse as ordens que tinha levado, que entregasse as cartas ao Vice Rey, e lhe pedisse a resposta. Aos 16 chegou o creado a Macau com a noticia de que só tinha sido admittido por via do Chifú ou Governador da cidade a fallar com o Puchimçu e Thesoureiro da Fazenda, e com o Nganchaçu ou Ministro do Crime, e que todos lhe fallaram com agrado, mas não tinham querido acceitar-lhe as cartas dizendo que se não atreviam. Que perguntando-lhe os mesmos quando o Embaixador havia de vir, respondera que só tinha hido a Cantão entregar aquellas cartas, e não levava ordem para obrar mais nem dizer; e o China que em Cantão foi seu interpretre, e veiu com elle a Macau, disse que perguntando-se-lhe a elle a rasão por que não hia o Embaixador, respondera, que por amor das letras do Cimkum, e que então lhe disseram os Mandarins, que daquellas palavras só podia usar gente baixa, que não conhecia a differença entre ElRey de Portugal, e o de Siam, e outros que vão a pagar tributo, e que já o Tito ou Mandarim da porta do Cerco estava advertido que não usasse de semelhantes palavras, que de tudo isto desse parte ao Embaixador, a quem, se o tratassem de portador de tributo, não teriam feito as cortezias, que tinham experimentado, e que nunca fizeram a Embaixadores tributarios.

No mesmo dia 16 chegou ao Senado de Macau huma chapa do Governador da villa de Ansão, em que lhe dizia que o Chifú de Cantão novamente lhe ordenava soubesse do dia em que o Embaixador havia de hir, porque queria dizel-o ao Vice Rey, que o queria saber. Que esta diligencia tinha já feito por repetidas vezes por ordens do mesmo Chifú, que traziam penas queimadas (nisto se denota a ligeireza e brevidade com que as ordens dos Mandarins na China devem executar-se) que elle Mandarim por não poder hir a Macau, de lá batia cabeça ao Embaixador, e que visto se acharem os do Senado mais perto, lhes pedia soubessem a determinação do dia em que havia de hir, que importava fosse brevemente por se ter avisado a côrte, que poderia partir até os 9 da 9.ª lua, e já nesta chapa se achavam as cousas do mimo tratadas como taes, e não como tributo. 1720 Março 10

No dia 17 chegaram outra vez a Macau aquelles dois Mandarins de que fallamos no n.º ..., e logo pertenderam fallar ao Embaixador, mas como estava impedido com alguma molestia, buscaram ao Secretario, que não tinha impedimento para podel-os ouvir. Logo que se avistaram lhe perguntou o Secretario pelo negocio a que vinham, e dizendo-lhe que vinham a conduzir o Embaixador, lhe respondeu que elle se não determinava sem primeiro o Vice Rey acceitar, e responder-lhe á carta, que lhe tinha mandado a Cantão; que se elles quizessem levar-lha se lhe entregaria com outras mais para o seu Imperador, e respondendo-lhe o Vice Rey poderia tomar alguma resolução; a isto disseram os Mandarins, que o Vice Rey já sabia o que a carta continha por huma razão, que se lhe tinha dado della (esta versão se fez por huma copia da mesma carta, que o Embaixador remetteu ao Padre José Pereira, para a ter feita antecipadamente, no caso que se lhe commettesse a fazel-a) e se não atrevia a recebel-a por hir em letra europea, e nem a do Imperador, porque já o tinha avisado da sua hida para a côrte quando partiu o Muito Reverendo Padre Antonio de Magalhães.

Á vista desta resposta dos dois Mandarins, os devia logo o Secretario dar por ouvidos, visto que não traziam cousa de novo que concluisse o negocio; mas tendo ouvido que elles traziam certas chapas ou cartazes para pôrem nos logares publicos de Macau, antes de despedil-os lhes perguntou que chapas eram humas que elles traziam para se publicarem? A isto lhe responderam que já as tinham posto em alguns logares publicos, que o que continham era huma declaração ao povo, de como o Embaixador só hia dar os parabens ao seu Imperador, e não a pagar tributo. Aqui lhe disse o Secretario, que como assim era se examinariam as mesmas

1729 Março 10 chapas, e do que á vista dellas o Embaixador resolvesse, se lhe daria resposta, e com isto se despediram os mesmos Mandarins, e o Secretario entrou na diligencia de fazer verter as chapas, que continham o seguinte:

Eu, Quarta Cadeira (he o mesmo que quarto accessor) da villa de Ansão, venho por ordem dos Mandarins superiores a conduzir o Embaixador da Europa. O Embaixador da Europa não he tributal, sim vem a dar os parabens ao nosso Imperador: ordeno aos Cabeças das ruas (cada huma rua da China tem hum Cabeça que dá conta ao Mandarim do que nella succede) que achando que alguem falla que o Embaixador he tributal, o prendam, e amarrem para se remetter ao Chifú a Cantão, e ser castigado, isto faço para que se não queixem de mim.

Á vista destas chapas que se pozeram nos logares publicos de Macau se não deu o Embaixador ainda por satisfeito por serem passadas em nome de hum Mandarim inferior, qual era a Quarta Cadeira da villa de Ansão, e assim assentou comsigo não se resolver a entrar na China sem ter ordem do Imperador, que lhe conviesse, ou o mesmo Vice Rey em chapa sua lhe declarar qne não hia a pagar tributo, segurando-lhe que em todo o Imperio não havia de ser tratado como portador delle; mas ao depois a beneplacito do mesmo Embaixador, se avistou o Secretario com os ditos Mandarins, e pactuou, que elle se resolveria, se elles trouxessem chapa do mesmo Vice Rey, em que declarasse que não hia a pagar tributo; e se juntamente lhe assegurasse, que em todo o Imperio havia de ser tratado como Embaixador, sem se fallar por modo algum em tributo, se he que o Vice Rey, o podia segurar, porque não podendo então deveria remetter-se a carta ao Imperador, e no entanto que chegava a resposta se demoraria em Macau.

Os Mandarins entendendo que o Vice Rey comporia o negocio na fórma que o Secretario lho propunha, acceitaram a proposta, a qual o mesmo Secretario lhe fez escrever, ficando-se com a copia por evitar alguma duvida, e se partiram para Cantão. Aos 22 de Outubro festejou o Embaixador os

annos de Sua Magestade, e houve banquete, a que assistiram 1729 Março 10
os dois Bispos, de Macau e de Pekim, o Governador, e Ouvidor, Prelados das Religiões, com alguns Religiosos mais; e aos 25 chegou carta de Pekim aos Padres com a noticia de que o Imperador mostra bom agrado e contentamento com a que se lhe deu, de que o Embaixador de Portugal estava em Macau para passar á côrte. Aos 26 se pozeram nos logares publicos de Macau novas chapas, em que o Governador da villa de Ansão por ordem que dizia ter dos Mandarins superiores de Cantão, fazia aos Chinas de Macau as mesmas declarações, e admoestações que já lhe tinha feito o Quarta Cadeira da mesma villa, e em Cantão fez o Vice Rey declarar isto mesmo aos interpretes dos estrangeiros Europeus que ali se achavam para que o dissessem aos mesmos estrangeiros.

A 27 chegaram a Macau os sobreditos dois Mandarins com a chapa que tinham hido buscar do Vice Rey, nella dizia o Chifú, por ordem do Puchimçu e Vice Rey, que o negocio do Embaixador se encaminhava a dar ao Imperador os parabens da sua exaltação ao throno, e a perguntar-lhe pela saude, que a presente Embaixada era mui differente das de Siam, Camboja, e outros reinos tributarios, e promettia que seria tratado com muita honra o mesmo Embaixador; com esta chapa se faziam os dois Mandarins certos de que tinham concluido o negocio, mas ainda assim o Embaixador se não acabou de resolver por se lhe não segurar na dita chapa, que não seria tratado de portador de tributo em todo o Imperio, na fórma que o Secretario ultimamente pactuou com os mesmos Mandarins.

Com esta resolução do Embaixador a tomaram tambem os Mandarins de voltar a Cantão, e levar as cartas do mesmo Embaixador para o Imperador e Vice Rey, entendo que do mesmo Vice Rey conseguiram a resposta na fórma que se lhe procurava, para o Embaixador se resolver, porque estava o mesmo Vice Rey empenhado na brevidade da sua partida, de que já tinham avisado a côrte, e com effeito no dia 8 de Novembro tornaram os mesmos Mandarins a Macau, com

1729 Março 10 outro Mandarim maior, que o Vice Rey mandou, e juntamente com a resposta á carta do Embaixador para o Vice Rey.

Vinha a dita resposta feita não pelo Vice Rey que então se achava recolhido no logar dos exames dos Licenciados, mas sim pelo Puchinçu e Ngamchaçu, isto he, pelo Thesoureiro da Fazenda, e Ministro do Crime. O principal que ao Embaixador se dizia, era que todos tinham recebido grande contentamento com a sua chegada a Macau, que o Vice Rey lhe ordenava que o avisassem de que á China tinham hido muitos Embaixadores, e que a todos tinham tratado com muita cortezia, mas que nunca tinham recebido as molestias, que então experimentavam com as suas escusas, que a duvida estava nos titulos de portador de tributo, ou de hir a dar parabens; que se tinha havido algum erro, tinha sido causado da diversidade das linguas, sinica, e europea, e que isso já se havia emendado; que para o acompanhar havia de ter Mandarim, e passaporte em que se havia de declarar, que hia a dar parabens ao seu Imperador. Que sobre metterem memorial ao mesmo Imperador tinham estatuto, que deviam guardar; que se elle tinha outra escusa para se não resolver a dissesse, porque se a não tinha, e se não resolvia poderia não conseguir-se o fim, que se esperava da Embaixada, concluindo com que não era conveniente remetter-se a carta que hia para o Imperador, e que o ficavam esperando affectuosos, esta carta para o Imperador tinha já a este tempo sido remettida aos Padres de Pekim por hum proprio, e não havia, nem podia haver ainda della resposta.

Acceitou-lhe o Embaixador a resposta para se examinar, e se resolver no que fosse conveniente, para cujo effeito se verteu na nossa lingua pelo Muito Reverendo Caetano Lopes, Vice Reitor do Collegio de Macau, que ao depois foi por seu interprete á côrte, e este mesmo Padre com a versão que lhe remetteu o avisou tambem de que á vista della já não tinha boa escusa para não entrar na China. O Embaixador lhe respondeu e avisou que propozesse o negocio a todos os Padres do Collegio, e do que julgassem lhe dessem a resposta: logo no dia seguinte avisou o mesmo Padre de que tinha proposto aos mais do Collegio o negocio, e que os mais delles resolviam que devia entrar na China, e não esperar mais satisfações suppostas as circumstancias presentes, e consequencias más, que podiam seguir-se do contrario. 1729 Março 10

Com este parecer dos Padres o tomou o Embaixador de entrar na China, sem esperar resposta da carta que tinha escripto ao Imperador, e se ajustou a sua partida para o dia 18 de Novembro, de que se fez aviso a Cantão para aquelle Mandarim, que de lá tinha vindo, e se achava em Macau. No dia 14 do mesmo mez chegaram a Macau cartas dos Padres de Pekim com a noticia de que as palavras Cun kum se não entendiam lá na côrte como cá as queriam entender, e que o Embaixador neste ponto não tinha que receiar; chegou tambem huma copia da resposta que deu o Imperador ao memorial, que lhe mandou o Vice Rey de Cantão, na qual o mesmo Imperador não fallava em cousa de tributo fallando no Embaixador, e juntamente recommendava muito ao Vice Rey que o conduzisse de sorte que o não molestassem no caminho, e nem tão pouco o apressassem contra sua vontade; e no dia 16 chegaram a Macau as barcas para a conducção do Embaixador, para quem especialmente veiu huma embarcação de guerra. Nesta fórma he que se compozeram todas as duvidas que nos tinham demorado em Macau.

No dia 18 de Novembro em que o Embaixador sahiu de Macau, se achava defronte das suas casas, huma ponte ou passadisso de madeira, e já melhor que o outro que se lhe fez na occasião do seu desembarque, e se achavam tambem formadas as companhias de soldados que havia na cidade; achavam-se tambem o Governador, Ouvidor, Senado, e os Prelados das Religiões, com toda a nobreza de Macau, e todos se despediram delle, e o acompanharam até se embarcar, seguindo-o ainda depois por algum tempo muitos delles em varias e vistosas escuchas. Ao mesmo tempo que se hia navegando, hiam tocando os clarins, e timbales do Embaixador, e tambem os instrumentos sinicos do Mandarim que o

1729 Março 10 acompanhava, e por sua ordem o hiam salvando todas as fortalezas, e barcos que se achavam no porto de Macau, com tanto estrondo que mal se percebiam os varios instrumentos, e musicas, que tambem acompanhavam.

No dia 20 de manhã em que chegamos á villa de Ansão, visitaram os Mandarins do politico e armas ao Embaixador, e lhe mandaram tambem algumas cousas comestiveis, que o Embaixador recebeu e agradeceu no *Tiezu*, ou papel de visita que lhe mandou. Feito isto se passou o Embaixador para huma barca de Mandarim de melhores commodos que a em que sahiu de Macau, e fomos continuando a viagem até Cantão, aonde chegamos no dia 23 pela tarde, tendo encontrado varios Padres de propaganda Francezes, Hespanhoes e Portuguezes, que o vieram esperar no caminho.

Logo que o Embaixador chegou ao porto de Cantão, o visitou em pessoa o Governador do povo, e os mais Mandarins o visitaram com *Tiezu*, ou papeis de visita; o Vice Rey que tambem o mandou visitar deste modo, lhe mandou juntamente perguntar se necessitava de alguma cousa para o desembarque, para se lhe pôr prompta. No dia 24 de manhã, em que sahimos para terra se desembarcou tambem o mimo de Sua Magestade para o Imperador, e se conduziu para humas casas que se achavam promptas pela maneira seguinte.

Primeiramente hiam alguns soldados Chinas abrindo o caminho, que se achava tomado com a multidão do povo, que tinha concorrido a ver. Depois se seguia hum terno de instrumentos sinicos, que são como charamelas; atraz se seguiam os caixões do mimo ás costas dos Chinas, acompanhando-o outros soldados mais, que hiam aos lados, a que se seguiam os clarins, e timbales do Embaixador; e depois o seu Estribeiro a cavallo atraz delle, hiam dez lacaios que acompanhavam o Embaixador, e atraz delles hia o mesmo Embaixador em huma cadeira, em que entrou ao depois na côrte carregada por oito Timores, seus escravos. Em ultimo logar se seguia o Secretario da Embaixada a cavallo com hum estandarte, em que hiam gravadas as armas de ElRey nosso Senhor; e atraz delle hiam todos os Gentishomens do Embaixador, tambem a cavallo. 1729 Março 10

Logo que o Embaixador entrou nas casas, que lhe deram de aposentadoria, o visitou em pessoa o Chifú, e depois delle chegou tambem o Mandarim, que o tinha hido conduzir de Macau para Cantão; por ensinuação do mesmo Mandarim sahiu logo o Embaixador a visitar em primeiro logar ao Puchimçu ou Thesoureiro da Fazenda, e ao Ngamchaçu ou Ministro do Crime, que o esperavam na casa do primeiro, e aqui achou o Embaixador hum summo agrado e bom tratamento que sempre teve com todos os Mandarins a quem visitou. Daqui passou a visitar o Vice Rey, que tambem o recebeu com summo agrado e excessivas demonstrações de honra, pois o recebeu como receberia ao maior Mandarim do Imperio, tendo pelos dilatados pateos por boa ordem innumeraveis soldados, e todas as insignias do seu Estado com os officiaes de sua casa, e dignidade, todos vestidos de ceremonia, e ao entrar e sahir o Embaixador o mandou salvar com tres tiros, que he costume na China. Depois visitou tambem ao Generalissimo das armas Tartaras, e a outros mais Mandarins cada hum por sua ordem.

Todos os Mandarins a quem o Embaixador visitou, o visitaram tambem depois (que he costume na China serem os que vão de fóra, os que primeiro visitam) e huns e outros mandaram ao Embaixador mimos de cousas comestiveis, que he o de que ordinariamente os mimos na China constam. O Embaixador lhe correspondeu com algumas cousas curiosas que levava de Portugal. Ao mesmo Embaixador, logo que entramos em Cantão, pozeram os Mandarins soldados de guarda á sua porta, e tambem pozeram hum estado de Mandarim, que o acompanhava quando sahia fóra, e em todo o tempo que o Embaixador esteve em Cantão, o visitaram por vezes assim os Mandarins, como todos os Missionarios Portuguezes e Estrangeiros, que ali se achavam; e para que todos os Europeos seculares, que tambem ali se achavam o podessem visitar, se lhe franquearam as portas da cidade Tartara em que assistiamos, e aonde ninguem dan-

1729 Março 10 tes podia entrar sem especial licença do Generalissimo das armas.

Passados alguns dias depois da nossa chegada a Cantão, mandou o Chifú ao Embaixador hum banquete de mesas á moda Tartara, e sinica, as quaes elle não acceitou, e não huma comedia, que tambem lhe offerecia, para se representar nas horas do banquete (que de ordinario na China não ha banquete em que não haja comedia). Tambem o Vice Rey lhe mandou outras semelhantes mesas com huma comedia, que se lhe acceitou, e não assim outras mesas e comedia, que o mesmo Vice Rey lhe mandou offerecer em outros dias. Nas vesperas da partida de Cantão visitou o Embaixador aos Bispos de Nankin, e de Pekim, que tambem o tinham visitado, e juntamente aos mais Missionarios Portuguezes, e Estrangeiros, que o buscaram; e no dia 9 de Dezembro em que nos embarcamos buscou aos Mandarins para se despedir delles, e lhe deixou *Tiezu*, ou papeis de visita, por não os achar em casa, excepto o Ciamkum ou Generalissimo das armas.

No dia 10 logo de manhã buscaram alguns Mandarins ao Embaixador na barca para o visitarem e se despedirem delle, mas escusou-se-lhe a visita, e só se lhe acceitaram os *Tiezu*, ou papeis de visita, que comsigo costumam sempre levar, e entregar, ainda quando não fallam com a pessoa que buscam, ao qual correspondeu o mesmo Embaixador com outros: e os mais Mandarins, que o não foram buscar em pessoa o visitaram com os mesmos *Tiezu*, a que se lhes correspondeu com outros, e não he novo, antes sim muito pratico, o visitarem-se os Mandarins na China com papeis de visita, e nem tão pouco se estranha o não se receberem os que visitam em pessoa. Logo no mesmo dia, depois de jantar, principiamos a nossa viagem pelo rio acima, e constava o acompanhamento do Embaixador das embarcações e pessoas seguintes.

Em primeiro logar hia huma barca em que hiam alguns Chinas com charamellas, e tamboril, com que ordinariamente tocavam, principalmente quando passavamos junto de alguma cidade, villa, ou vigia. (São estas vigias como atalaias, em que assistem soldados para os avisos, e para guarda dos que navegam, e se acham de legua em legua por todo o caminho até a côrte de Pekim.) Seguia-se logo huma barca de Mandarim em que hia o Embaixador, e nesta mesma barca hiam tambem as cousas seguintes: Huma bandeira grande verde com as armas reaes sustentadas por dois anjos na pôpa; mais outra bandeira, tambem verde, e mais pequena, no mastro grande, com as letras *Ki si kue kien chin kim ho,* que na nossa lingua vem a dizer: O reino do remoto occidente manda hum Grande a dar parabens: e aos lados da prôa hiam duas tábuas vermelhas, e em cada huma dellas escriptas com caracteres as palavras *Ki si Tagin,* que querem dizer: grande homem do remoto occidente; e na mesma prôa hiam mais algumas bandeiras pequenas da mesma côr das outras. 1729 Março 10

Depois se seguia outra embarcação em que hia o Vice Reitor do Collegio de Macau, que tambem hia por interprete, e outro Padre mais que ouvia ao Embaixador de confissão, e lhe dizia missa quando a queria ouvir. Seguiam-se mais outras barcas, huma tambem de Mandarim, em que hia o Secretario, e outras em que hiam os Gentishomens, e mais comitiva, que eram sessenta e quatro pessoas, entrando dezeseis Chinas, a quem o Embaixador pagava para o serviço, e melhor expedição da viagem, que se entendeu seria por terra; alem das ditas barcas hia huma com seis soldados para guarda do Embaixador, e outra em que hia hum *Paçum,* que he como Capitão de infanteria, que acompanhou até á côrte, e faziam todas as barcas o numero de quatorze, fóra outras em que hiam alguns Padres Portuguezes, e estrangeiros, os quaes por alguns dias tambem nos acompanharam.

No *Kam Ho,* ou passaporte, que levava o Mandarim conductor, se declarava, que o Embaixador hia a *Kim Ho,* id est a dar parabens; e ás cousas do mimo de Sua Magestade se dava o nome de *Sum,* que quer dizer mimo, e offerta graciosa. Tambem se declarava nelle o numero das pessoas,

1729 Março 10 que acompanhavam, a vinte e seis das quaes tão sómente se mandava assistir com o sustento imperial, que era hum tostão por dia, para cada huma de dez pessoas, em que entrava o Embaixador, os dois Padres da Companhia, o Secretario da Embaixada, e seis Gentishomens; e para cada huma das mais que hiam para vinte e seis a que tão sómente se mandava assistir, se mandava dar 50 réis por dia, ou para melhor dizer de posta em posta ou de villa em villa, em que muitas vezes se gastavam dois outros dias, segundo corriam os ventos. Para a conducção do mimo, que tambem hia em barca separada, e com huma bandeira no mastro com as letras ou palavras *Xam yum*, que quer dizer cousas do uso imperial; á comitiva do Embaixador no caso que fossemos por terra se mandavam dar trinta cavallos, e duzentos e quatorze Chinas, ficando por conta do Embaixador o fazer os mais gastos, para os quaes lhe deram os Mandarins de Cantão (á custa da fazenda real) hum conto de réis como viatico, que tambem teve o Patriarcha Mezzabarba, e o Muito Reverendo Padre Antonio de Magalhães, quando partiu para a côrte.

Quando o Embaixador passava junto de alguma cidade ou villa, o vinha antes de chegar, a receber hum Mandarim, e depois quando chegavamos, o visitavam na barca, e mandavam seus mimos de cousas de comer, que o Embaixador recebia, e a quem os trazia dava sempre premio de prata, que ás vezes era mais do que valiam os mimos; tambem ao despedirmo-nos sahiam os Mandarins das villas, e cidades, a offerecer-se-lhe para o acompanharem. Da mesma sorte quando passavamos por alguma vigia, sahiam os soldados a receber o Embaixador com salvas de mosquetes, e baticas, que são como bacias de cobre em que tocam, e para tudo se punham formados, e hum delles com huma bandeira na mão. Tambem quando hiamos chegando a alguma villa ou cidade das muitas que encontravamos no caminho, se largavam as bandeiras, e tocavam juntamente os clarins, e timbales, que o Embaixador levava na sua barca, e tambem os instrumentos sinicos, que tambem o acompanhavam. Demais de tudo isto, quando paravamos para descançarmos a noute se tomava o quarto a som de batica, e charamellas, e com os tres tiros do costume, e se punha sentinella á barca do Embaixador, aonde estava continuamente até que partiamos, e neste tempo se repetiam os mesmos tiros, e tocavam os clarins, timbales e instrumentos sinicos. 1729 Março 10

Com esta ordem caminhamos sempre até chegarmos á côrte, e, antes logo depois que sahimos de Cantão, nos chegou a noticia de que o Embaixador de Moscovia tinha entrado em Pekim no primeiro de Novembro, e que a sua entrada tinha sido na maneira seguinte: Hiam em primeiro logar dois soldados Tartaros de cavallo com azurragues na mão abrindo caminho, que o povo tomava; logo se seguiam vinte e cinco soldados Moscovitas tambem de cavallo, e bem armados; depois hia o Embaixador em huma calece a dois cavallos, dourada por fóra, e por dentro forrada de damasco carmezim; e aos lados da mesma calece hiam todos os seus criados de pé; atraz hiam quatro coches do seu estado bem preparado a quatro cavallos cada hum; e finalmente se seguiam varias carroças, que lhe conduziam a bagagem; que toda a comitiva constava de cento e vinte pessoas, e a sua aposentadoria era a mesma, que teve o outro Embaixador Moscovita seu antecessor, mas com muitos mais quartos, que se fabricaram de novo para a sua accommodação; que a guarda que se lhe poz era de quarenta e seis soldados Chinas, e que o Imperador por repetidas vezes lhe mandava iguarias da sua meza, e Mandarins a perguntar-lhe pela saude, mas que ainda o não tinha admittido á sua presença.

Deste mesmo Embaixador tinham avisado os Padres da Côrte, que logo que chegou aos confins das terras do Imperador, se lhe queixou do mau tratamento que os seus Mandarins lhe davam em carta, na qual ao mesmo tempo engenhosamente lhe ensinava o tratamento, que naquelle imperio deviam ter os Embaixadores Europeus, mas quando estivemos na Côrte soubemos, que na porta da sua aposentadoria teve este Embaixador as letras de *Cun kum* sem repugnancia, e mais não tinha hido a pagar tributo algum, e que no tempo em que esteve na mesma Côrte, teve mui pouca liber-

1729 Março 10 dade, porque até havia prohibição para se communicar com os Europeus, inferindo-se daqui que os soldados da sua guarda, e os que o acompanhavam, e aos da sua comitiva quando sahiam fóra se lhe não davam tanto por estado, e tratamento, como para lhe restringirem a sua liberdade. Então soubemos tambem, que este Embaixador não tinha concluido o seu principal negocio a que foi mandado, que era a demarcação dos confins entre Moscovia, e as terras do Imperador, mas que com elle tinham hido Mandarins para a mesma demarcação se fazer.

No dia 20 de Dezembro passamos junto de hum *Miau,* ou templo de pagodes, de que se não devisava mais que huma pequena porta, cuja entrada confinava com o rio; porque o mais era hum grande rochedo em cujo vão estava mettido o mesmo templo, e neste mesmo templo estavam vivendo alguns Bonzos, que se sustentavam com esmolas que andavam pedindo pelo rio aos passageiros. (Desta maneira he que em muitas partes da China vivem, e fazem as suas penitencias muitos Bonzos ou Ministros do Demonio.) No dia 22 vimos andar no rio certos Chinas, os quaes ao depois encontramos em outras partes, pescando com huns passaros semelhantes a corvos; era o ensino que lhes tinham dado tal, que andavam soltos sobre as barcas sem fugirem, mas tanto que os donos lhe tocavam com huma vara, se lançavam ao rio, e apenas sentiam o peixe se mergulhavam; e muito poucas vezes vimos, que mergulhassem sem trazerem peixe, não lhe servindo de impedimento nem a corrente das aguas, que em partes tambem corriam turvas, e nem a velocidade do mesmo peixe. Assim que estes passaros tomavam, e subiam acima das aguas, buscavam logo cada hum a barca do seu dono, aonde sem equivocação subiam e largavam o peixe, tudo com ajuda do mesmo dono, que para subirem lhe estendia huma vara com huma pequena rede, em que se punham, e para largarem o peixe lhe batiam na cabeça. Nesta fórma andavam estes Chinas fazendo a sua pescaria de maneira que a elles lhes servia de lucro, e a nós os que os viamos de summo divertimento, pela novidade que viamos; e tinhamos huns de antes lido, e outros ouvido e talvez que muitos a não acreditassem emquanto a não viram. 1729 Março 10

No dia 23 passamos junto de Xaucheu, que he huma das cidades da segunda ordem; visitaram ao Embaixador, e lhe mandaram mimos os Mandarins do politico, e armas; e o Embaixador lhe correspondeu com *Tiezu*, ou papeis de visita, e algumas cousas da Europa. Quando o Embaixador chegou a esta cidade, se achavam para o seu recebimento formadas duas companhias na praia, e tanto na chegada como na sahida, em que os Mandarins se offereceram para o acompanharem, houve as salvas costumadas, e se tocaram os clarins, e timbales, e os instrumentos sinicos.

No dia 25, logo de manhã, fomos todos dar ao Embaixador na sua barraca as boas festas do Natal, e isto mesmo fizeram os Chinas Christãos, que o acompanhavam, e até os barqueiros sendo Gentios foram neste dia bater-lhe cabeça, tanto por saberem que era dia festivo para Christãos, como porque neste dia lhe mandou o Embaixador repartir cousas de comer e beber por todas as barcas (que he costume dos Chinas darem sempre as graças, e bater cabeça por qualquer favor que se lhe faz). No dia 26 fomos dormir junto da villa Xi hin hien, aonde nos dilatamos nos dois dias seguintes; e neste tempo, que era já bem rigoroso pelo muito frio, mandou o Mandarim mimo, e *Tiezu* de visita ao Embaixador, a quem não buscou em pessoa pelo rigor do frio, aguas, e distancia lho não permittirem; da mesma sorte mandou pôr-nos promptas varias barcas pequenas para ajuda das em que hiamos, que eram grandes, e com carga podiam mal navegar.

No dia 30 fomos continuando, e com bom trabalho dos barqueiros, até a cidade Nan huim fu, aonde chegamos no dia seguinte, que foi o ultimo de Dezembro. Logo que chegamos a esta cidade, que he a ultima da provincia de Cantão, visitaram ao Embaixador na barca os Mandarins das armas, e da politica, os quaes lhe mandaram tambem seus mimos, que o Embaixador acceitou; e o Çum pim, que he como Mestre de Campo, quando o visitou lhe levou juntamente chá á

1729 Março 10 moda tartara, que he o que entre elles mais se estima, se bem que só consta de leite, e caldo de galinha em logar de agua ordinaria, em que os Chinas o cozem.

No dia seguinte, que foi o primeiro do anno de 1727, logo de manhã sahiu o Embaixador na sua cadeira a visitar os mesmos Mandarins, que o visitaram primeiro, acompanhando-o os seus creados de pé, e os trombeteiros, e timbaleiros, que hiam tocando diante, alem de hum estado de Mandarim, que se lhe mandou com soldados para o acompanharem, e neste mesmo dia tivemos já noticia por via de hum China de casa do Vice Rey de Cantão, que vinha da côrte, de que o Imperador mandava dois Tagin, ou Conductores, para conduzirem o Embaixador, dos quaes hum era o Muito Reverendo Antonio de Magalhães, e o outro Tartaro, de alcunha Cham, e certamente nos causou contentamento esta noticia, porque suppunha estar o mesmo Imperador gostoso, e haver-lhe chegado a carta, que o Embaixador lhe escreveu, e se lhe remetteu por hum proprio de Cantão, como já fica dito.

No dia 2 de Janeiro passamos o monte, que divide a provincia de Cantão da de Kiam si, em que então entramos, e neste mesmo dia, que foi hum de dois unicos que andamos por terra até entrar na côrte, hia o Embaixador em huma cadeira á moda sinica, que mandou fazer em Cantão, carregada por oito Chinas, acompanhando-o seis criados que hiam atraz de cavallo, com espingardas, bayonetas, e patronas, e os mais hiamos em cadeiras ordinarias, menos os dois Padres da Companhia, que as acharam de Mandarins, e as carregaram tambem oito Chinas cada huma: o mimo para o Imperador, e o mais fato do Embaixador, e comitiva, hia ás costas de Chinas, que entre todos eram setecentos e sessenta e hum, e nesta fórma caminhamos neste dia até chegar á cidade Nan Ngam fu, que he a primeira da provincia de Kiam si, na qual o Embaixador, e nós todos, nos recolhemos a huma estalagem por não haver outra aposentadoria, se bem era a mesma estalagem como qualquer casa de Mandarim, e bastante para accommodação de toda a comitiva.

Nesta cidade nos demoramos o dia 3 e 4 de Janeiro em

que o Reverendo Padre Caetano Lopes, da Companhia de Jesus, disse missa, e administrou os sacramentos da confissão e communhão a varios Chinas na casa de hum christão particular, aonde se ajuntaram, e então se administrou tambem a cinco meninos, filhos de christão, o sacramento do baptismo. 1729 Março 10

O Embaixador, que tambem assistiu a este acto, na despedida deixou duas grandes tochas de cera, que comsigo levava, para se alumiar huma admiravel imagem de Nossa Senhora, que o mesmo China tinha na sua casa, e venerava, e se suppoz ser esta imagem da igreja, que ali tinham os Missionarios Hespanhoes, e já não existia. Neste mesmo dia, pela tarde, nos passamos para novas barcas, que os Mandarins fizeram pôr promptas, ainda que no principio mostraram repugnancia, e menos attenção, porque nem visitaram, nem mandaram visitar ao Embaixador, excepto o Chifú, ou Governador da cidade, que lhe mandou hum *Tiezu*, em resposta de outro, e bem poderia ser que os Mandarins desta villa esperassem, que o Embaixador os visitasse primeiro, como he costume na China, o qual se não praticaram os Mandarins da cidade Nam hium fu, seria porque o Embaixador estava embarcado, e não acceitou hum *Kum Kuon*, que lhe tinham para a sua aposentadoria.

No dia 5 em que já hiamos navegando chegou hum proprio com huma carta do Chifú de Cantão, em resposta de outra que se lhe tinha escripto em nome do Embaixador, a favor de alguns moradores de Macau, que ali se acham retidos pelo Vice Rey, a quem o mesmo Embaixador já em Cantão tinha pedido por elles, e na mesma carta o avisava o Chifú de que logo que o Vice Rey se recolheu a Cantão lhe fallou no negocio dos de Macau, e que tudo se tinha feito como o mesmo Embaixador queria, porque os homens de Macau se tinham recolhido sem impedimento algum, e nem o Vice Rey por modo algum os queria molestar, e só sim procurava evitar que se tirassem por alto as fazendas, querendo por este modo segurar os direitos do seu Imperador. O Embaixador lhe respondeu, e deu as graças pela lembrança, e favor que

1729 Março 10 havia feito aos de Macau, por quem então, e sempre que teve occasião, pediu aos Mandarins.

No dia 9 passamos junto da cidade de Kam cheu fu, aonde os Mandarins visitaram ao Embaixador, que os recebeu na barca, e aos mimos, que tambem lhe mandaram, e nos passamos alguns para outras barcas de melhores commodos, que aqui se nos deram. Neste mesmo tempo chegou o proprio, que tinha hido de Cantão com carta do Embaixador para o Imperador, e Padres, e na resposta que dava o Padre André Pereira, da Companhia de Jesus, o avisava de que a sua carta para o Imperador se tinha vertido, e sobre os particulares della tinham os Padres Domingos Barreni, Missionario Francez, e Antonio de Magalhães, hido fallar com o Regulo 13.º, primeiro Ministro do Imperio, que ficando-se este com a versão os mandava hir á sua presença no dia seguinte, porque queria primeiro fallar ao Imperador, e que o que tinha resultado era mandar o mesmo Imperador dois Tagin a Macau para o conduzirem com toda a honra até entrar na Côrte. Mais o avisava de que fallando-se ao Regulo 13.º sobre as letras de Cimkum, respondera que elle não hia a Cimkum, e que havia ser tratado melhor que o Moscovita.

Por este mesmo proprio chegou tambem huma relação do successo, que teve o Muito Reverendo Antonio de Magalhães, quando chegou á Côrte de Pekim, e da mesma relação soubemos que o Imperador logo que chegou o admittiu á sua presença, e tratou com muita honra, recebendo-lhe algumas cousas da Europa, que lhe offereceu, e que chegou a dizer-lhe que era homem de merecimentos, porque tinha feito bem o negocio da legacia a que o Imperador defunto o mandou, e alem disto depois de lhe perguntar pela saude de ElRey nosso Senhor, lhe perguntou tambem pela sua, e em premio mandou vir hum seu *Mauzu* ou barrete de Zebelina, que na sua presença o mesmo Padre Magalhães logo poz na cabeça; e nem se entenda ser pequeno este favor que o Imperador lhe fez, pois o he, e muito grande na estimação dos Chinas qualquer dadiva do seu Imperador, sendo bastante para premiar os maiores serviços. Aqui e muito melhor na

Côrte, acabaram muitos, e eu principalmente de entender 1729
que o Muito Reverendo Antonio de Magalhães tinha sido verdadeiro Embaixador a Portugal mandado pelo Imperador da China, porque soubemos de certo que tinha vindo a perguntar pela saude, e a trazer hum mimo, mandado expressamente pelo mesmo Imperador, que he todo o constitutivo de hum verdadeiro Legado segundo o costume da China, aonde se não pratica a formalidade da carta credencial com expressão do caracter, como se viu com a experiencia nos dois Padres Carmelitas mandados pelo Papa no anno de 1725, os quaes hindo para ficarem para Missionarios na China, foram tratados nos tribunaes da côrte, e pelo mesmo Regulo 13.° e Imperador por Legados do Pontifice só porque tinham hido a perguntar da saude do mesmo Imperador, e levar-lhe hum mimo, mandados pelo Pontifice sem carta credencial, nem expressão alguma do caracter, e a mesma palavra *Legatus,* que quer dizer *missus,* e nada mais.

Março 10

No dia 10 principiamos a passar hum sitio chamado Xi patan, que quer dizer os dezoito baixos, e todos perigosos, que ali ha no rio, e os acabamos de passar com bom successo no dia seguinte, no qual se escusaram, e despediram tambem os praticos que nos guiavam. No dia 12 passamos junto da villa Van Ngan hien, aonde o Mandarim estava esperando com todo o seu estado ao Embaixador na praia, e ao mesmo visitou tambem na barca, e mandou o seu mimo, offerecendo-se para o acompanhar como os mais faziam. Nesta villa achamos a noticia de que o mesmo Mandarim tinha já ordem para aposentadoria dos dois Tagin mandados para a conducção do Embaixador.

No dia 14, quando hiamos defronte da villa Ki xui Hien, nos chegou a noticia de que os mesmos dois Tagin já vinham perto, e quando já era noite nos encontraram, e buscaram logo ao Embaixador na sua barca, aonde os recebeu com aquella honra, e veneração, que naquelle Imperio se tem aos que são mandados a negocios da Côrte. Neste tempo lhe perguntou o Embaixador pela saude de Sua Magestade Imperial, estando elles de pé junto dos primeiros assentos, e o

1729 Março 10 Embaixador alguma cousa retirado delles em parte em que principiou a ceremonia de tres cortezias que lhe fez tirando o chapeu á moda da Europa em que os Tagin consentiram, e depois de concluida a mesma ceremonia, se assentaram todos, e em logar de chá se lhe offereceu vinho da Europa, de que nem os Chinas nem os Tartaros gostam, porque não tem uso. Esta visita pagou tambem o Embaixador com outra, que logo na mesma noite fez aos dois Tagin, a cada hum na sua barca.

No dia 15 logo de manhã se despediu o Tagin Tartaro, e se adiantou a fazer ter prompta a aposentadoria na cidade Nam cham fu, que ainda distava 50 leguas, e he a Metropole da provincia de Kiam si, ficando o Muito Reverendo Padre Antonio de Magalhães para hir conduzindo ao Embaixador. No dia 21 passamos junto da villa Tum chim hien, aonde os Mandarins das armas e do politico buscaram ao Embaixador, que lhe não fallou por estar molestado, mas recebeu o mimo que o Chi chien ou Governador da villa lhe offereceu, e *Tiezu*, ou papeis de visita, a que tambem correspondeu; e no dia seguinte festejaram os Chinas gentios o primeiro dia que então era do seu anno novo com fogo, e banquetes, segundo as possibilidades de cada hum, por cuja causa não fizemos jornada neste tal dia, e porque era de guarda, e o maior entre os Chinas.

No dia 23 chegaram para o Embaixador, e Tagin, que o acompanhavam, papeis de visita dos Mandarins principaes de Metropoli, e o mesmo Tagin com aviso que teve do Tartaro seu companheiro se adiantou, e recolheu á mesma Metropole, para no dia seguinte sahirem ambos a receber o Embaixador. No dia 24 pela manhã chegamos a dar fundo junto da mesma Metropoli, e logo sahiu o Embaixador para hum *Kum kuon* ou casa aonde os conductores, e Governador da cidade o esperavam. Os mesmos conductores assim que receberam o Embaixador, partiram logo para humas casas da sua aposentadoria, para quando elle fosse o receberem, ficando neste mesmo tempo acompanhando-o o Governador da cidade, que tambem lhe offereceu chá, e andou mostrando algumas salas que ali havia com janellas para o rio. 1729 Março 10

Deste *Kum kuon* em que o Embaixador foi recebido ouvi dizer que era da familia de hum grande letrado, que vivendo em distancia de 180 leguas, veiu a ser oppositor, em composições publicas de huma donzella que seu pae prometteu ser esposa de quem com ella fizesse a sua composição, porque era a mesma donzella insigne nas letras sinicas; e porque o tal letrado foi o victorioso no certamen, por isso levou a donzella, que era o premio, e com ella levou tambem porque era unica, todas as riquezas de seu pae, de quem o *Kum kuon* era. A esta historia acrescentam os que a contam, que o letrado andou as 180 leguas *Y fum*, id est com hum só vento, sem interpolação.

Passado algum tempo em que o Embaixador descançou neste logar, se passou para a aposentadoria que lhe estava preparada em huma cadeira sinica de Mandarim que carregavam oito Chinas, acompanhando-o o Governador da cidade com o seu estado e alguns da comitiva, aquelles para quem houve cadeira, e hiam juntamente alguns soldados que abriam o caminho, que estava tomado com a multidão da gente que concorreu curiosa de ver os Europeus, como nunca viram, e ouvir os clarins de que não usam os Chinas, mas usam em seu logar de charamellas. Logo que o Embaixador se apeou o receberam os seus dois conductores, e levaram para huma sala aonde os Governadores das duas villas (porque tantas inclue cada Metropole na China) lhe offereceram chá á moda sinica, e Tartara, e no mesmo tempo se lhe poz guarda de soldados á porta, hum terno de instrumentos, e tambem alguns cavallos promptos para quem quizesse sahir fóra de casa.

No tempo que nos dilatamos nesta Metropole visitou o Embaixador aos Mandarins, que tambem depois o visitaram, e os mesmos lhe deram banquete, e comedias nos primeiros tres dias, a que assistiram os dois Tagin, ou conductores, que o vieram conduzir até á Côrte. Os mesmos conductores avisaram desta Metropole a Côrte de que tinham encontrado

1729 Março 10 o Embaixador, e o determinavam conduzir por agua como o Imperador lhe havia ordenado no seu decreto, cujo theor he o seguinte:

DECRETO

Com todo o respeito offerecemos este memorial a Vossa Magestade pelo negocio que se nos tem encommendado de saber da vontade de Vossa Magestade sobre mandar ao Mandarim de Palacio Cham-pau-chu, que vá receber ao Embaixador de Portugal, e o traga á presença de Vossa Magestade. Foi Vossa Magestade servido mandar que o Cham-pau-chu, com o Europeu Cham Ngam To, fossem com pressa a recebel-o, ordenando que assim se executasse diligentemente. Constanos que o reino de Portugal nunca comprimentou nem deu os parabens ao Imperador da China: agora o Rey de Portugal, movido do prudente governo de Vossa Magestade, de proposito mandou o seu Embaixador em modo muito differente dos outros Embaixadores, que ordinariamente vem comprimentar a Vossa Magestade. Nós subditos conformando-nos com a real vontade de Vossa Magestade de que sejam benevolamente tratados os homens de longe, mandamos que o Vice Rey Cum to, e mais Mandarins das terras por onde passar o Embaixador Mé té ló, lhe deem todo o necessario com abundancia, e demais o tratem com toda a honra, conforme o que diz Cham Ngam To, despachando o Rey de Portugal o seu Embaixador Mé té ló, para dar os parabens a Vossa Magestade, e perguntar-lhe pela saude, lhe entregou para este fim hum presente que vem recolhido em trinta caixões; a comitiva do Embaixador consta de sessenta homens; o fato delle e da comitiva carregarão oitenta camellos; se vier pelo caminho de terra serão necessarios muitos cavallos, e se não escusarão grandes molestias. Portanto pedimos que Vossa Magestade ordene, que seja o Embaixador com a sua comitiva conduzido pelo caminho de agua. No anno 8.º de Kam ky, mandou hum reino da Europa (era Portugal) o seu Embaixador; avisando-se disto ao Imperador, ordenou que o Embaixador, o Secretario, com vinte e dois homens mais de comitiva, viessem á Côrte: e aos mais que deixasse, mandou que os Mandarins dessem todo o sustento necessario, e com todo o cuidado o guardassem. Na presente occasião o Rey de Portugal pela estimação que faz de Vossa Magestade, pela benevolencia com que trata aos homens de longe, e pelo seu prudente governo, manda o seu Embaixador dar os parabens a Vossa Magestade e perguntar-lhe pela saude, e por este titulo não he comparavel este Embaixador com os mais que da Europa tem vindo; se elle quizer trazer comsigo toda a gente da sua comitiva, ordene Vossa Magestade que toda traga; e se deixar alguma em Cantão ordene aos Mandarins da terra lhe deem casas, e sustento com abundancia. Mande tambem que Cham-pau-chu, e Cham Ngam To, partam aos 16 desta lua a receber o Embaixador, e que o conduzam pelo caminho de agua. Isto representamos a Vossa Magestade, e esperamos o seu Real Decreto. 1729 Março 10

Faça-se como está determinado.

Em execução do mesmo Decreto taxaram os mesmos conductores, o que todos os Mandarins das villas e cidades haviam de offerecer para o sustento do Embaixador, e comitiva, e era o seguinte: Dois porcos; dois carneiros; oito gallinhas; quatro patos; oito ades; oito peixes; duzentos ovos; dois picos, cada hum de 120 arrateis de arroz; dois boiões de vinho; 40 cates de vélas, cada cate de 20 onças; quatro picos de lenha, e outros quatro de carvão; e com esta disposição dos conductores nos passamos para novas barcas, e já muito maiores, que nos conduziram até junto da Côrte.

No dia 1.º de Fevereiro em que sahimos desta Metropole, e nos seguintes houve muito vento, e contrario, que nos impediu o andarmos, e daqui em diante fomos experimentando os grandes frios que ha naquelle Imperio, que chegam a gelar-se com elles os mesmos rios por onde se navega. No dia 9 chegamos a Hu chen, que he huma povoação de contrato com tanta ou mais gente que Tuxan, que he outra povoação junto a Cantão, de quem ouvi que tinha mais de 100:000 moradores, e nem he de admiração tanta gente nestas povoações de contrato, quando na China em qualquer parte aonde o não ha, são infinitas as almas. Nesta povoação nos dilatamos al-

1729 Março 10 guns dias, e em hum delles deu o conductor Tartaro banquete, e comedia ao Embaixador, que em outro dia lhe correspondeu, suprindo a falta da comedia, os clarins, timbales, e instrumentos sinicos que alternadamente tocavam.

No dia 14, em que sahimos desta povoação, foram despedidos depois de castigados dois Chinas de que o Embaixador se servia para compradores, por se saber que tinham tirado com engano hum pouco de dinheiro a outro China do povo; o castigo que se lhe deu foi por ordem do conductor Tartaro, e á moda da China, porque o instrumento era hum pau quadrado, e comprido, e os executores eram dois Chinas, que davam alternadamente; o modo com que os castigaram foi, que estando os réus de bruços estendidos na terra, meios nus, lhe dava hum dos executores das nadegas até ás curvas das pernas, cinco pancadas; e ao depois lhe dava o outro executor outras cinco, até que se encheu o numero de vinte pancadas em cada hum dos réus. Similhante castigo mandou por vezes dar o mesmo Tartaro aos marinheiros das nossas barcas, mais ou menos segundo a culpa de hum, e he o castigo que ordinariamente se dá na China, e em que muitos morrem acaso, porque não têem os Mandarins poder para condemnarem á morte, como muitas vezes desejam, assim por vingança, porque tambem assim o pedem os crimes, e costumam os Mandarins em tal caso desculpar-se com que os réus morreram no castigo.

Neste mesmo dia 14 e no seguinte passamos huma grande lagoa, que tem 33 leguas de comprimento, e tanto fundo que se não póde ancorar nella, e em muitas partes se lhe não acha: he abundantissima de peixe, entre o qual se pesca hum chamado esturião, que he de summo gosto, e grandeza, como nós experimentamos; e deste mesmo peixe, que encontramos em outras partes, ouvi dizer que se conservava fresco sem sal por tempo de seis mezes, e com o mesmo gosto.

No dia 26 de Fevereiro entramos na provincia de Namkim, e no dia 28 passamos junto da cidade Ngamkim, que he huma das grandes desta provincia, e tem Vice Rey, e os Ministros que tem as Metropoles, os quaes todos mandaram papeis de visita ao Embaixador, que lhes correspondeu, e tambem aos Governadores do povo, que o visitaram em pessoa, e lhe offereceram mimo segundo o conductor Tartaro tinha taxado; e desta cidade até á côrte de Nankim fomos navegando por hum rio chamado Tákiam, que toma o nome da sua mesma grandeza, e neste mesmo rio entre abundancia de peixe que produz, ha tambem aquelle celebrado esturião, de que acima fallamos, e de que já se fallou em outra occasião na relação da jornada que fez o Embaixador Manuel de Saldanha, da cidade de Goa á côrte de Pekim. 1729 Março 10

No dia 15 de Março chegamos a dar fundo junto da cidade e côrte de Nankim, que he a Metropole desta provincia e aonde antigamente os Imperadores residiam. Tem esta mesma cidade, na computação dos Chinas, 180 *Ly*, que na nossa portugueza são 18 leguas de circuito, segundo os mesmos Chinas affirmam; porque a nós nos pareceu muito mais pequena do que elles a pintam; he abundantissima toda esta provincia, e ha nella as melhores sedas que ha em toda a China. Nesta cidade de Nankim assiste o Çumtó, que governa toda a provincia, e juntamente a provincia de Kiansi; e tendo cada huma das mais provincias hum só Vice Rey, esta de Nankim tem dois, hum na cidade Ngankim, e outro na cidade de Sucheu.

No dia seguinte logo de manhã, e no outro que se seguia, teve o Embaixador visitas de todos os Mandarins, a quem tambem por duas vezes foi visitar a terra, acompanhando-o demais do seu estado, soldados Chinas, que para isso lhe deram; e lhe deram tambem cavallos para hirem os da sua familia. No dia 18 logo de manhã se nos deu noticia de que em outro tal dia tinha fallecido huma Imperatriz da China, e por esta razão em memoria da sua morte, e sentimento que aos Chinas deixou a sua falta, se não tocaram neste dia as baticas das barcas, e até o Embaixador por não faltar ao costume não consentiu que neste dia se tocassem os clarins, e timbales na sua barca.

No dia seguinte assistiu o Embaixador, e os conductores,

1729 Março 10 a hum banquete, e comedia que lhé offereceu o Generalissimo das armas Tartaras, mas não acceitou outro banquete que no dia 20, com comedia, deram os Mandarins de letras, com o pretexto de que estava molestado, sendo que o motivo foi receiar que os mesmos Mandarins que o conduziram, não assistissem ao banquete como não assistiu o Generalissimo das armas Tartaras no que lhe offereceu de antes, se bem se mandou desculpar de que não fôra em pessoa por estar impedido. E nem naquelle caso, segundo o que ouvi sobre os costumes da China, tinham os Mandarins obrigação de assistir pessoalmente aos banquetes, porque os deram em huma sala que tinham para a aposentadoria do Embaixador se sahisse para terra, e se não deixasse como deixou ficar na barca; e por se reputar o logar dos banquetes, o da assistencia do Embaixador era bastante a politica de lhe mandarem os Mandarins que offereceram os banquetes como mandaram outros Mandarins, que assistiram, e tinham cuidado na administração e preparo dos mesmos banquetes.

No dia 21 appareceram junto das nossas barracas varios Chinas vestidos de amarello, e reparando eu na qualidade da côr, porque só o Imperador a usa, perguntei que homens eram aquelles que assim vestiam? E se me respondeu que aquelles homens, porque passavam já de oitenta annos, em attenção á sua velhice, estavam isentos pelo Imperador dos encargos do mais povo, e para signal lhe havia o mesmo Imperador dado aquelles vestidos, alem de outros privilegios (que tanto como isto se respeita na China a velhice, e ancianidade dos homens, de tal sorte, que até os homens benemeritos, e de doutores para cima, se dá o nome de *Lanye*, que quer dizer o Senhor velho).

No dia seguinte, e outros mais que aqui nos dilatamos, era innumeravel a gente que acodia a ver-nos, e até muitas mulheres levadas da curiosidade concorreram tambem a ver, se bem que fechadas em cadeiras por não faltarem ao recato e honestidade exterior que tem este sexo naquelle imperio.

No dia 30 de Março nos apartamos de Nankim para outro sitio pouco mais distante, aonde se achavam promptas novas barcas em que depois fomos até junto da côrte, e porque na barca do Embaixador se achava escripta a palavra *Kum*, que quer dizer tributo, se mandou tirar logo, e no seu logar se não substituiu outra, ficando assim cessando todo o escrupulo que poderia haver se se não tirasse; se bem que nenhum podia haver neste caso, nem presumir-se alguma malicia no Mandarim que destinou as barcas, porque era a que coube ao Embaixador huma das que costumavam levar para a côrte os tributos do Imperador, e para o denotar he que tinha escripta esta palavra *Kum*, a que se seguia a palavra *Famzu*, e ambas juntas querem dizer, tributo para a casa imperial, demais que esta palavra só se achava na barca do Embaixador, e não assim na barca para onde se passou o mimo, que seria o caso em que poderia entender-se alguma malicia. 1729 Março 10

No dia 4 de Abril chegamos a hum palacio chamado San cha ho, junto do qual se achava huma formosa torre, e hum templo de Idolos, e foi este palacio feito pelos contratadores do sal para o Imperador, quando por ali passasse. Neste mesmo palacio estava o Imperador Kam Hy, quando vinte e quatro Padres Jesuitas tiveram *Piau*, ou patente para estarem na China sem embargo de hum decreto do Cardeal Tournon do qual antes de tudo appellaram, porque queria este que não seguissem os Padres as praxes do Padre Matheus Ricio, da Companhia de Jesus, e o Imperador só queria no seu imperio quem as houvesse de seguir (que tanta era a opinião que o Imperador da China, e todos, faziam do mesmo Matheus Ricio) e a cada hum dos vinte e quatro Padres deu o Imperador nesta occasião duas peças de seda, pelas quaes todos de joelhos lhe bateram nove vezes cabeça quando já hia navegando pelo rio.

Deste sitio para diante eram já mais estreitos os rios e canaes por onde navegamos, e porque eram infinitos os barcos, huns de passageiros, e outros os mais que levavam tributos das provincias, hia sempre comnosco hum Mandarim com ordem de que ninguem nos impedisse, e nesta forma

1729 Março 10 he que nos hiamos adiantando, e passando em primeiro logar os diques ou presas em que as aguas se juntam para depois se largarem, e com ellas andarem as barcas, que doutra fórma não podem navegar.

No dia 5 chegamos á cidade Yancheu, e logo o Governador della mandou visitar o Embaixador, e convidal-o para hum banquete em terra, e porque não acceitou, o tornou pessoalmente a convidar ainda que debalde. A este banquete assistiram os dois conductores do Embaixador, a quem porque não assistiu mandou o Governador offerecer varias mesas de comer á moda sinica, e Tartara, com a condição de que seriam para os barqueiros, a quem com effeito o Embaixador as mandou repartir. Este mesmo Governador quando convidou e visitou o Embaixador na sua barca, lhe disse que, como hia a Cimkum, o deviam tratar todos bem, e com honra; e queixando-se o Embaixador de que este Governador o tratava de portador de tributo aos conductores, o reprehenderam estes quando assistiram ao banquete, que o mesmo Governador lhe deu, e desde então ficou o Governador entendendo, e todos os mais, que o Embaixador não hia a levar tributo, mas sim a dar parabens como diziam as letras, que levava em huma bandeira no mastro grande da sua barca.

No dia 8.º chegamos á cidade Kau yeu chen, aonde os Mandarins visitaram ao Embaixador, e offereceram mimo, que lhes não acceitou, acceitando-o os conductores, a quem igualmente os Mandarins assistiam com todo o necessario á custa do Imperador. Nesta cidade se achava o Cum hó, que he hum grande Mandarim, que governa os rios, e os andava naquelle tempo visitando, porque como os mais são feitos por industria, são continuas as obras que nelles se fazem nos reparados muros em que o Mandarim tambem cuida. Este mesmo Mandarim logo que chegamos visitou em primeiro logar os conductores, a quem posto de joelhos estando os mesmos em pé, perguntou pela saude do seu Imperador, e depois passou a visitar o Embaixador na sua barca, e lhe mandou mimo, que se recebeu.

No dia 11 chegamos á cidade de Hu ay han, aonde se achava o Çum çau, que he hum Mandarim grande, que cuida dos barcos que levam o tributo do arroz para a côrte. Este mesmo Mandarim visitou, e offereceu mimos ao Embaixador, e conductores, os quaes todos acceitaram, e o mesmo fez o Governador da cidade, e o do povo que he seu inferior; como entre nós o he hum Juiz de Fóra de cabeça de comarca ao Corregedor della. Nesta mesma cidade se conservava ainda huma Igreja dos Padres da Companhia e as chaves na mão de hum China christão, que cuidava della, e nesta mesma Igreja na occasião que vinhamos da côrte, administrou o Reverendo Caetano Lopes, da Companhia de Jesus, os Sacramentos da Confissão e Baptismo a varios Chinas, porque ha aqui muita christandade, e toda mui bem doutrinada. 1729 Março 10

No dia 12 chegamos a huma alfandega aonde nos detivemos emquanto se abriu o caminho que estava tomado com quatro barcas que ao mesmo tempo serviam de ponte para se atravessar o rio, e juntamente impedia que passassem barcos sem se despacharem. O Mandarim que governava esta alfandega era China de nação, mas *Kihiate,* que quer dizer, alistado debaixo das bandeiras Tartaras; era de alcunha *Nien,* tinha sido Vice Rey de Cantão, e era Mordomo da casa Imperial. Quando o Muito Reverendo Antonio de Magalhães veiu a Portugal, lhe deu este Mandarim varios brincos, e 600 Srz *(sic)* em prata, só por amizade que tinham, e agora visitou aos conductores, e ao Embaixador, aos quaes offereceu mimo, e o mesmo Embaixador sahiu a pagar-lhe a visita na sua propria cadeira, e com o seu proprio estado, que o mesmo Mandarim lhe mandou. Este mesmo Mandarim quando vinhamos da côrte, estava privado do seu mandarinado, por occasião da morte de seu pae, e luto que havia de ter por tres annos, se o Imperador o não dispensasse como se esperava, porque era este Mandarim benemerito, e o Imperador muito seu afeiçoado.

Ao passar esta alfandega se seguia junto do rio por onde caminhavamos huma lagoa que tinha 30 leguas do Sul para o Norte, e 12 de Leste para o Oeste; principia da banda do Sul

1729 Março 10 na cidade Keu bieu cheu, aonde lhe dão o nome Keu yeu hú, e passa junto da cidade Hu ay han fú, aonde desta mesma cidade toma já outro nome Huay han hú, em toda esta distancia de 12 leguas está esta lagoa valada de hum forte muro de pedra que impede a sahida das aguas emquanto não são necessarias para se prover o rio como muitas vezes succede para se poder navegar.

No dia 14 passamos a Huan ho, ou rio amarello. He este rio de summa grandeza, e as aguas de côr amarella, e turvas, se bem que gostosas depois de purificadas para se beberem. Deste mesmo rio se contava que havia pouco tempo tinha estado clara por espaço de tres horas, e que similhantes successos deste rio se achavam escriptos nos livros da China, mas de seculos em seculos. O mysterio sempre ficou occulto, mas ainda assim os Chinas attribuiam a claridade das aguas a huma grande felicidade, e por este respeito tiveram os Mandarins augmento, ficando da primeira ordem os que eram da segunda, e da segunda os que eram da terceira, etc. Ao passar deste rio fez o conductor Tartaro seus sacrificios aos seus Pagodes, e espirito que governa os rios offerecendo-lhe porcos e carneiros, e batendo-lhe cabeça.

No dia 20 de Abril entramos na provincia de Xantum, que he diocese do Bispado de Pekim, e he mais montuosa que as outras por onde passamos. No dia 21 passamos junto de outra lagoa que tambem repartia das suas aguas ajudando a fazer mais navegavel o canal por onde caminhavamos, e neste mesmo dia dormimos junto de huma povoação chamada Sixan, aonde veiu esperar ao Embaixador o Governador da villa Tem hien, que ainda se seguia, e neste mesmo sitio tivemos noticia que os Mandarins desta provincia, alem do aviso geral que todos tiveram, tinham tido huma especial recommendação sobre o tratamento do mesmo Embaixador, que assim o experimentou no agrado com que todos sahiam a recebel-o. Tambem neste dia castigou o conductor Tartaro a hum barqueiro, porque não quiz promptamente desviar-se para que nós passassemos; e chegou tambem da parte do Vice Rey hum seu Mandarim, chamado Xeu Pen, que governava mil soldados, com alguns delles para o hir acompanhando. 1729 Março 10

No dia 24 tivemos huma noticia de que os nossos Padres de Pekim tinham já licença para continuarem com huma Igreja, que já tinham principiado de S. José, Padroeiro da China, e nos alegrou muito huma noticia como esta, porque suppunham que estava o Imperador contente, pois sem o seu agrado, e beneplacito, se não havia de continuar. No dia 25 encontramos vinte e tantas barcas de Mandarim, que vinham da côrte para a provincia de Nankim acompanhando o cadaver da mulher do Hupú, que he o Thesoureiro geral das rendas do Imperador, e para o conduzir vinha tambem hum Him chay, ou Tagin, que vale o mesmo, e quer dizer homem mandado pelo Imperador. Neste mesmo tempo ficava o Hupú, marido da defunta, na côrte, continuando o seu mandarinado, porque a morte da mulher o não impede, assim como os costuma impedir a morte do pae ou da mãe, por quem teem tres annos de luto todos os Mandarins de letras, e nem na China sentem os Mandarins, antes estimam, a morte das mulheres, porque concorrem os Mandarins com muita prata para ajuda dos enterros, e os vivos se ficam com a maior parte della.

Neste mesmo dia 25 passamos junto de outra lagoa, de cujas aguas se proviam tanto o canal que ficava para o Sul, por onde até então hiamos, como o que corria para o Norte, pelo qual hiamos navegando, e por esta rasão chamam a este sitio os Chinas *Fuen xucy tili fam*, que quer dizer, logar da repartição das aguas. Nesta fórma fomos continuando, e passando por varias villas e cidades, aonde os Mandarins, alem de visitarem o Embaixador, e lhe offerecerem seus mimos, o hiam acompanhando cada hum até o fim de seu districto.

No dia 19 chegaram respostas das cartas que o Embaixador, e o Muito Reverendo Padre Antonio de Magalhães, escreveram aos Padres da côrte, quando estivemos em Nam cham fu, Metropole da provincia de Kiam si, e na que vinha do Padre Antonio Parreni, Missionario Jesuita Francez, que depois foi interprete na côrte, para o Reverendo

1729 Março 10 Padre Antonio de Magalhães se dizia que lidas *coram patribus* as cartas do Embaixador, assentaram que se fizessem dois memoriaes, hum para o Imperador, outro para o Regulo 13.º, que era irmão do Imperador, e primeiro Ministro do Imperio, e que feitos os levaram no dia seguinte a palacio o mesmo Parreni com os Padres Ignacio Kecler, que hoje he Presidente da Mathematica, e André Pereira; que o do Imperador o não deram por lhe dizer o Colau Po yam bau (são estes Colaus como Conselheiros de Estado do Imperador) que não era necessario por ter o mesmo Imperador já tido aviso de que os dois Tagin, ou conductores, se tinham encontrado com o Embaixador, e o hiam conduzindo por agua, e neste tempo deram os Padres ao Colau as graças pela aposentadoria que se havia determinado para a assistencia do Embaixador na côrte.

Tambem avisava o mesmo Parreni, que o Imperador tinha admittido á sua presença todos os Europeus da côrte no dia 5 da primeira lua, e lhe havia dito: O vosso Embaixador partiu de Cantão, os nossos o encontraram no caminho; os Mandarins de Cantão fizeram muito mal este negocio. No mesmo dia em que admittiu o Imperador os Padres na sua presença, lhe deu tambem banquete a que esteve presente, e ao despedir-se mandou dar a cada hum duas pelles de zebelina, e duas bolsas para o cinto, e demais disto lhe mandou tambem dar algumas bucetas de laranjas e melões de Hami, que são os melhores entre elles, e lhe vem da Tartaria; e sobretudo lhe mandou para casa tres mesas de comeres diversos de quarenta e cinco pratos cada huma, que os Padres entre si repartiram.

Mais se avisou que o Imperador tratava os Padres com demonstrações de affecto, e que no fim da ultima lua lhes tinha mandado para repartirem entre si vinte veados e cincoenta peixes, cem gallinhas do mato, alguns frascos de amendoas, e pastilhas de Portugal, e tambem letria, e varias frutas, e que por vezes lhe tinha mandado pratos da sua propria meza. Tambem avisaram os Padres que o Imperador nesta occasião do banquete perguntara por que os christãos não honravam a seus paes? e que respondendo-se-lhe que tinham preceito para os honrarem, ficára muito satisfeito dando a entender que até então vivia enganado. 1729 Março 10

No dia 4 de Maio, em que já estavamos na Provincia de Pecheli, que he a mesma de Pekim, sahiu a receber ao Embaixador hum Mandarim que governava as postas, e outro Mandarim da cidade antecedente, que até então os acompanhou; ao despedir-se perguntou ao Reverendo Antonio de Magalhães: Este que vem a *Cim kum* he do vosso Reino? e o Padre lhe respondeu, não vem a *Cim kum, id est* a pagar tributo, mas sim a *Huey ly,* isto he a corresponder, porque o vosso Imperador primeiro me mandou a mim com hum mimo para o meu Rey; e o meu Rey agora lhe manda corresponder com outro mimo por este Embaixador. Com isto ficou o Mandarim muito satisfeito, e eu sempre entendendo que os Mandarins da China nenhum empenho tem em que os Embaixadores da Europa sejam tratados como portadores de tributo; e se usam das palavras *Cim kum,* ou he por não faltarem aos seus formularios e costumes, ou he porque estas palavras não tem a intelligencia que os Europeus lhe tem dado, como o mesmo Regulo 13.º em huma occasião disse aos Padres da côrte.

No dia 5 passamos junto da villa V-Kiam Hyen aonde os Mandarins sahiram a esperar, e offerecer mimo, e mezas de cousas de comer que todos acceitaram, e aqui soubemos tambem que tinham os Mandarins desta Provincia como os da antecedente, ordem especial para o bom tratamento do Embaixador, e para o acompanharem cada hum no seu districto. Neste mesmo sitio se trocaram os Chinas que puchavam á cirga pelas barcas, como já de antes se fazia por serem as aguas poucas, e não haver ventos, e fomos continuando até huma povoação aonde dormimos, que he do districto da villa Nan py hyen, e porque não veio o Mandarim da villa como vieram os mais a vizitar o Embaixador na barca, deu o conductor Tartaro cincoenta pancadas com hum pau em hum seu criado, que ali se achou, mas chegou ao depois hum criado com hum mimo, e mezas de comeres, que o

1739 Março 10 mesmo Mandarim mandou a todos, signal de que os estava esperando preparado, e que não veio ás barcas porque estava impedido.

No dia 6 passamos junto de outra povoação, aonde reparei e vi hum Templo de Pagodes arruinado, e a muitos dos Idolos postos por terra, sem mais ornato que humas pobres esteiras de palha, com que alguns se cobriam, que os mais estavam todos ao sereno, e disto mesmo que já tinha visto em outras povoações, fiquei conhecendo a pouca reverencia que os Chinas dão aos seus Idolos, e que se os adoram de algum modo, he por seguirem as pisadas dos seus progenitores, e não porque creiam, nem tenham fé nos mesmos Idolos, e desta sorte se acham os Chinas entre varias seitas, mas sem lei alguma que reconheçam por verdadeira; por cuja razão se não acha nos Chinas horror e opposição á nossa lei, a qual se não seguem e abraçam todos os Chinas, he por não largarem varios costumes, como he o de cazarem com quantas mulheres querem, o que a nossa religião lhes não admitte.

No dia 11 pelo meio dia chegou carta dos Padres da côrte com avizo para o Embaixador de que as cousas lá estavam preparadas, e pela tarde chegaram outras cartas com avizo do que tinham feito ao Regulo 13.º e de que este lhe dissera, que em o Embaixador chegando á cidade Tien Sin cheu o avizasse para se determinar o que se havia de fazer. No dia 13 mandou o Padre Magalhães dar hum pouco de arroz a huns soldados que nos acompanhavam, e porque era já cozido, o não acceitaram dizendo que eram mouros, e não comiam cousa já cozida por outrem, e nem uzavam de louça de que outrem uzasse. Tocamos isto para que se saiba que tambem naquelle Imperio ha mouros que têem suas Mesquitas aonde sacrificam ao verdadeiro Deos do Ceo, a quem dão o nome de *Xam Ti*, como os primeiros Chinas christãos lhe chamavam antes dos decretos pontificios, que novamente houve sobre esta materia nos quaes se não permitte os nomes *Xam Ti*, e *Tyen* mas sim o nome *Tienchu*, que quer dizer o Senhor do Ceo, e não faltam tambem neste Imperio algumas familias de Judeus segundo me contou o Padre Paulo Guzani, da Companhia de Jesus, o qual tambem me disse que tinha entrado em alguns de seus Templos calçado por muito favor, e visto nelles huma Biblia com o Testamento velho. 1729 Março 10

No dia 14 pela noute chegou da côrte hum filho do Conductor Tartaro, com a noticia de que seu pae estava feito hum dos cinco Mandarins, que governam o povo de Pekim e correspondem aos antigos Censores de Roma, porque sindicam dos defeitos dos mais Mandarins para os participarem ao Imperador a quem estes mesmos Mandarins, ou Censores da China tambem em outro tempo advertiam das ommissões, com que se havia no governo do Imperio, e se entendeu ser este acrescentamento, e despacho do Conductor Tartaro, em remuneração do serviço, que fez na conducção do Embaixador para a côrte. Tambem trouxe o mesmo a noticia, de que o Imperador ordenava que o Embaixador entrasse na sua côrte aos 17 deste mesmo mez, em que o mesmo Imperador se havia de recolher ao seu palacio da sua quinta chamada *Yuen Mim Yuen*, que quer dizer jardim da perpetua claridade, aonde o mais do tempo assiste, e que no dia 3 da 4.ª lua, que eram 23 do mez o havia de admittir á sua prezença.

No dia 15 pela tarde chegamos a huma aldeia chamada Cham Kia uan, que dista da côrte 4 leguas; e por serem daqui para diante muito poucas as aguas, se resolveu o Embaixador a hir daqui por terra. Nesta aldeia estavam esperando ao Embaixador os Padres Domingos Parreni, Francez, e André Pereira, a quem o Imperador mandou e entregou humas cousas de comer para o Embaixador. Logo que o Embaixador se avistou com elles, lhe perguntou pela saude do Imperador; e feito isto se entrou a dispor a jornada por terra, a qual fizemos no dia 17, até chegarmos a huma sepultura, aonde dormimos, para no dia seguinte se fazer a entrada; e na mesma sepultura, em que havia humas boas cazas, se achavam dois Mandarins do Tribunal dos ritos com a incumbencia de fazerem os preparos para acomodação do mesmo Embaixador.

No dia 18, logo de manhã, se principiaram a dispor as cou-

1720 Março 10 sas, e a fórma com que a entrada do Embaixador se havia de fazer na côrte; e se principiou depois do meio dia na maneira seguinte:

Em primeiro logar havia 200 soldados Tartaros de cavallo, dos quaes huns hiam diante desempedindo o caminho, que a multidão do povo tomava, e os mais hiam ao lado do Embaixador, e mais comitiva conservando o mesmo caminho desempedido; depois se seguiam 2 soldados, como os primeiros em duas fileiras, e atraz hia hum terno de charamelas sinicas; seguiam-se logo mais 6 soldados similhantes tambem em duas fileiras, e atraz delles outro terno de instrumentos similhantes.

Seguia-se agora o mimo de Sua Magestade em trinta caixões carregados por Chinas sobre outros tantos andores pintados de amarello, e cobertos cada hum com hum pano da mesma cor, que he a da caza Imperial; seguiam-se ao mimo os quatro trombeteiros do Embaixador com clarins de prata, e as armas reaes pendentes em cada hum; os vestidos eram mais de prata, que de pano, e outro similhante levava tambem o timbaleiro, que hia tocando os timbales; e huns e outros hiam a cavallo; seguiam-se logo, e tambem a cavallo em duas fileiras, dez criados de acompanhar, e tão ricamente vestidos, que se não deixava devizar a côr do pano com a mesma prata que levavam; e atraz de cada huma destas fileiras hia hum negro igualmente vestido com huma partazana.

Depois seguia-se o Estribeiro do Embaixador montado em hum bom cavallo e com hum vestido rico; e atraz delle hiam tambem em duas fileiras, os seis Gentishomens do Embaixador a cavallo, igualmente vestidos.

Logo se seguiam o Secretario tambem a cavallo, e depois o Embaixador em huma cadeira de veludo azul frangeada, e com pasemanes de oiro, a quem carregavam oito chinas vestidos de seda azul com cintos encarnados, e na cabeça mauzus ou barretes, tambem encarnados, com plumages da mesma cor. Aos lados da cadeira hiam mais oito negros em duas fileiras, huns com armas de fogo, e outros com partazanas, e todos elles vestidos de azul, menos as vestes, e bocas mangas, que eram encarnadas, mas tudo agaloado de prata; seguiam-se logo os dois Ajudantes de Camara tambem a cavallo, vestidos de veludo azul, e as vestes do mesmo encarnado tudo agaloado de prata, hum levava o *Tienzu* ou assento Tartaro de que o Embaixador uzava na côrte, e outro levava hum chapeu de sol, que já tinha levado quando estivemos no Brazil; atraz destes hiam dois Chinas com dois cavallos brancos á destra, que eram do estado do Embaixador, e atraz delles hia huma cadeira que o Embaixador mandou fazer em Cantão, á moda da China, quando entendiamos que seria a nossa jornada por terra; atraz de tudo hia o fato do Embaixador, sobre doze andores pintados de verde, com reposteiros de veludo azul cobertos, os quaes para isso tinha mandado fazer; e em ultimo logar se seguiam quinze carretas tiradas por cavalos, em que hia o fato da comitiva. 1720 Março 10

Nesta fórma he que se foi marchando até entrarmos na côrte, e no Kum Kuon, que se achava preparado por ordem do Tribunal dos ritos para a apozentadoria do Embaixador.

No mesmo Kum Kuon o estavam esperando todos os Missionarios Europeus, que ali assistiam, e tambem dois Mandarins do mesmo Tribunal dos ritos, a quem se recomendou o preparo.

Estes mesmos Mandarins logo que o Embaixador se recolheu, entraram a pedir-lhe a carta de Sua Magestade para o Imperador; e respondendo-lhe que Sua Magestade não escrevia ao Tribunal dos ritos, mas sim ao Imperador, entraram a pedir-lhe a copia da mesma carta, que igualmente se lhe negou; e por aqui principiou o Embaixador a desviar-se quanto era possivel do mesmo Tribunal dos ritos, aonde só vão remettidos os Embaixadores que vão a pagar tributo.

No dia 19 se recolheu o Imperador á côrte, da sua quinta, aonde tinha estado nos tres dias antecedentes com todas as Rainhas jejuando, para ao depois hirem ao Templo ou Aula dos seus progenitores fazerem-lhe os seus costumados ritos.

Toda a essencia deste jejum ouvi dizer que consistia na abstinencia das mulheres, e carnes, excepto algumas salga-

1729 Março 10 das que tão sómente comiam; e se dizia era o mesmo jejum dirigido a purificar as potencias em ordem á melhor perfeição, a que elles chamam felicidade dos mesmos ritos.

No dia 21, admittiu o Regulo 13.º na sua prezença ao Conductor Tartaro, e ao Padre Domingos Parreni, a quem depois o Imperador nomeou para interprete da Embaixada, e a ambos disse que era necessario que o Embaixador fosse ao Tribunal dos ritos, antes de tudo aprender as ceremonias, mas ao mesmo tempo o escuzou de as hir lá aprender, por lhe dizer o mesmo Conductor Tartaro, que elle as sabia já. Neste mesmo dia se fallou no modo da entrega da carta de Sua Magestade para o Imperador; dizia o Mandarim do Tribunal dos ritos, com quem se tratou esta materia, que o Embaixador no dia da audiencia, devia pôr a mesma carta sobre huma meza, e que dahi a havia de tomar hum Mandarim de Palacio e dal-a ao seu Imperador; o Embaixador respondeu que a queria dar ao Imperador em mão propria, na fórma que se tinha praticado com o Embaixador de Moscovia, e nisto se veio por ultimo a consentir, sem embargo, que dizia o Mandarim que isto era contra a sua grande ceremonia, de que os mesmos Regulos uzavam nas funções publicas em que davam memorias ao Imperador, e que só em mão propria se lhe entregavam os memoriaes de menos conta, e de pessoas ordinarias, com quem se não praticava a solemnidade, e apparato da sua *Taly*, ou grande ceremonia.

No dia 23, em que ainda não estava rezoluto o ponto, e modo da entrega da carta mandou o mesmo Regulo 13.º hir á sua prezença aos Padres Antonio de Magalhães, André Pereira e Domingos Parreni; e quando os mesmos Padres se recolheram, vieram dizendo, que o mesmo Regulo se havia irado contra elles sobre a entrega da mesma carta, imputando-lhe que elles tinham mettido ao Embaixador estas couzas na cabeça; e respondendo-lhe que o mesmo Embaixador tinha visto nas gazetas o que succedeu ao Embaixador de Moscovia, sobre a entrega de outra similhante carta, replicou o Regulo, dizendo: Pois se elle vem examinar as gazetas, dizei-lhe, que as examine, e se vá embora; se o Moscovita dissesse nas gazetas, que nós os Regulos lhe batemos cabeça, havia o vosso Embaixador querer tambem que nós lha batessemos? Nós o queriamos tratar com honra, mas já que assim quer seguir o exemplo do Moscovita, será tratado como elle, e se uzará a respeito da carta que traz, o mesmo que se uzou com o Embaixador de Moscovia; o vosso Embaixador, hir-se-ha, e vós querereis hir com elle; e dizendo-lhe os Padres, que não queriam hir com o Embaixador, tornou o mesmo Regulo a continuar, dizendo: Olhae vós; o Embaixador, e nós somos agora como dois barcos, que se juntam, e vós, ora pondes os pés em hum, ora em outro, mas se os barcos se desviam podereis cahir, e ficar debaixo. 1729 Março 10

Mais nos contaram os mesmos Padres, que lhe dissera o Regulo, fallando sobre a entrega da carta, como por ironia: Sim, o nosso grande Tribunal dos ritos, errou quando ensinou a grande ceremonia; o Moscovita, atraz de huma impertinencia, vinha com outra, e assim será agora o vosso Embaixador; o vosso Embaixador não será como o Moscovita, mas não seja elle como os do Papa; sem duvida porque receiava, que o nosso Embaixador tambem fallasse no ponto da Religião, em que, ainda que sem fructo, fallaram os dois Padres Carmelitas, que o Papa, no anno de 1725, tambem mandou com carta e mimo para o Imperador, e a quem, porque assim fallaram na presença do Imperador, deu ao depois o mesmo Regulo huma grande reprehenção.

O mesmo Regulo, na primeira occazião que chamou á sua presença os Padres Antonio de Magalhães e Domingos Parreni, lhe perguntou, se a carta de Sua Magestade, continha algumas couzas do desagrado do seu Imperador; e mostrando-lhe a copia da mesma carta, que já levavam vertida, lendo-a o mesmo Regulo, dizem, que reparou logo no tratamento de amigo, que Sua Magestade dava ao mesmo Imperador, mas que não fez mais que dar a conhecer o seu reparo com o movimento do semblante; e que lendo a clauzula «Vossa Magestade lhe póde dar inteiro credito a tudo, o que em meu nome lhe reprezentar» reparára e dissera: *Heu muen;* que foi o mesmo que dizer: temos porta travessa;

1729 Março 10 ficando por este modo o mesmo Regulo entendendo, que o Embaixador levava negocio de mais do que a carta continha; e que o mesmo Regulo continuou mais nesta occazião dizendo: Conheço que este homem não he como o Moscovita, que tinha negocios de contrato, mas não seja caso, que tenha negocios como os do Papa! e que então respondera o Padre Parreni, que aquillo não era mais que huma formula com que se escreviam as cartas que os Embaixadores da Europa costumavam a levar para lhe darem credito.

No dia 25, chegou o Mandarim do Tribunal dos ritos com a resolução, de que o Embaixador poderia entregar ao seu Imperador em mão propria, a carta que lhe levava; e no dia 26, sem embargo de o haver dispensado o Regulo 13.º, ainda instavam em que o Embaixador fosse ao Tribunal a aprender as ceremonias, porque se as não soubesse, seria huma grande culpa, que se imputaria ao Tribunal, aonde dizia o mesmo Mandarim, que hiam ensaiar-se todos os Embaixadores, e até os mesmos Regulos, para poderem entrar na presença de Sua Magestade Imperial.

No dia 27, quando já estava destinado o dia seguinte para a primeira audiencia do Embaixador, se lhe pediu huma lista dos que haviam de hir com elle a Palacio; e talvez para saberem as mezas e comeres que haviam de ter preparadas; porque costuma o Imperador antes de dar audiencia aos Embaixadores, mandar-lhe de comer, e a toda a comitiva, como nós mesmos experimentámos.

No mesmo dia visitou tambem o Conductor Tartaro ao Embaixador, e lhe disse, que o Regulo 13.º o tinha culpado, de haver consentido, que o mesmo Embaixador entrasse com oito chinas, que lhe carregavam a cadeira, quando os Regulos só usavam de cadeiras a quatro; e receioso o mesmo Conductor Tartaro, do que lhe poderia succeder, entrou a dizer ao Embaixador, que o *Timien* ou honra, não estava em serem quatro, ou oito chinas, os da sua cadeira; persuadindo-o, a que no dia seguinte, quando fosse a Palacio, só usasse dos quatro; porque de outra sorte, se ficava elle Tartaro expondo, a que o privassem do seu Mandarinado; e á vista de tudo resolveu o mesmo Embaixador, não hir no dia seguinte em cadeira como tinha entrado, mas sim, a cavallo com toda a sua comitiva, e nos mesmos cavallos, que antecipadamente se tinham comprado por sua ordem na côrte. 1729 Março 10

No dia 28, sahiu o Embaixador para Palacio, onde teve a primeira audiencia pelas oito horas, na maneira seguinte:

Em primeiro logar, hia o seu Estribeiro montado a cavallo, com hum Timor diante; depois se seguiam os seis Gentis-homens em duas fileiras, e diante de cada hum, hia tambem outro similhante Timor; logo se seguia o Secretario da Embaixada, e depois delle hia o Embaixador, e todos de cavallo; aos lados do mesmo Embaixador, hiam os seus criados de pé, e atraz delles, hiam os quatro Trombeteiros, mas não hiam nesta occasião nem os timbales, nem os clarins, por não fazerem estrondo nos ouvidos da Magestade Imperial; atraz de tudo, hia hum Ajudante da Camara, tambem montado a cavallo, com hum *Tiézu* ou assento Tartaro, que servia para se assentar o Embaixador.

Todos nesta occasião hiam com os mesmos vestidos com que se fez a entrada na côrte, e os cavallos tambem com os mesmos arreios, que constavam de hum freio, e sella á moda da China, hum xairel, e hum mantó, tudo com passemanes de prata, á moda da Europa, excepto o cavallo em que o Embaixador hia, que levava outra qualidade de arreios em tudo mais preciosos, porque eram em tudo ricamente bordados de finissimo oiro; e nesta fórma se continuou até á porta do primeiro pateo do Palacio Imperial.

Logo que chegamos á porta do primeiro pateo do Palacio, nos apeamos todos, e fomos continuando pelos pateos dentro, e na mesma ordem que até ali se tinha vindo, menos o Secretario da embaixada, que aqui hia diante de todos, em primeiro logar, por ser o mesmo que levava a carta de Sua Magestade para o Imperador; e a levava pendente sobre os hombros, na fórma do costume, e ritos sinicos, com quem nesta parte, e outras cousas mais, foi preciso, que nos conformassemos; e nesta fórma fomos passando alguns pateos até chegarmos ao quarto onde descançamos por algum tem-

1729 Março 10 po, e juntamente comemos de algumas cousas, que o Imperador nos mandou offerecer, assistindo ao Embaixador hum Generalissimo das armas Tartaras, e dois Mandarins mais da primeira ordem.

O mesmo Generalissimo neste logar, e por ordem do Imperador, fez ao Embaixador algumas perguntas, sendo a principal, a que negocio havia hido áquella côrte? o Embaixador lhe respondeu, que ElRey Nosso Senhor, obrigado ao Imperador defunto, pela lembrança do mimo que lhe mandou pelo Padre Magalhães, o havia mandado a elle tambem com outro mimo, e dar a Sua Magestade Imperial, com o pezame da morte do mesmo defunto, os parabens da sua exaltação ao throno, e agradecer-lhe juntamente o bem que sempre tratou os seus vassallos assistentes naquelle Imperio, e em Macau. Feito isto, entrou o mesmo Generalissimo a dar parte ao Imperador, e logo depois tornou a perguntar, se tinha o Embaixador mais alguma couza que dizer? Duvidava o mesmo Embaixador satisfazer a esta pergunta, porque só na prezença do Imperador queria dizer o mais a que tinha hido; mas inteirado, que por ordem do mesmo Imperador, se lhe faziam todas aquellas perguntas, respondeu então, dizendo, que tinha mais que pedir da parte de ElRey seu amo ao Imperador, que quizesse se conservasse entre ambos os Reinos aquella reciproca amizade, e correspondencia que houve no reinado do Imperador defunto.

Logo que se concluiram as ditas perguntas, e respostas, deu o Embaixador as graças aos Mandarins, que lhe assistiam, e dadas, fomos continuando, passando outros pateos, até chegarmos a huma sala, aonde esperamos algum tempo pela hora, que estava determinada para a audiencia. Nesta mesma sala ficaram todos os que até ali acompanhavam ao Embaixador, menos o Secretario da Embaixada, e hum dos seus Gentishomens mais, que o acompanharam tambem até a audiencia se acabar.

O mesmo Secretario, que até aqui levava a carta de Sua Magestade pendente sobre os hombros em hum embrulhado de tafetá amarello, a levou desta sala para diante nas mãos levantadas bem defronte do rosto, como quem a offerecia; e passado hum pateo, em que assim a levou, a entregou ao Embaixador, que a levou tambem na mesma fórma por todo o outro pateo até chegar ao throno, aonde posto de joelhos a entregou ao Imperador, o qual logo no mesmo tempo a entregou a hum Mandarim, que tinha ao lado esquerdo, o qual Mandarim a teve tambem nas mãos, como nós a levamos, emquanto a audiencia durou. 1729 Março 10

Logo que o Embaixador entregou a carta de Sua Magestade, tornou a sahir para hum pateo que confinava com a sala do throno, aonde se achavam varios Mandarins de armas, postos em fileiras; e no mesmo pateo, bem defronte da porta do meio, e do mesmo throno, bateu nove vezes cabeça, imitando-o ao mesmo tempo e no mesmo logar o Secretario, e o Gentilhomem, que tambem o acompanharam, nesta e nas mais acções, que se lhe seguiram; porque com elle entraram tambem na sala do throno, tiveram assentos, e tomaram o chá Tartaro, que o Imperador a todos deu.

Feita esta ceremonia, tornou o Embaixador a entrar para a sala do mesmo throno, acompanhando-o o Padre Domingos Parreni, Missionario Francez, que foi o seu Interprete, e tambem dois Referendarios, e hum Prezidente do Tribunal dos ritos, que tambem o tinham acompanhado quando entrou a entregar a carta; mas por conta do mesmo Interprete, como já pratico em similhantes funções, correu sempre o encaminhal-o, e dirigil-o. Assim entrou o Embaixador na sala do throno, aonde o Imperador estava; e logo que entrou se assentou tambem ao seu lado direito, mas em distancia, sobre o seu assento Tartaro, na mesma fórma que estavam assentados varios Regulos, os quaes todos se levantaram quando o Embaixador entrou.

Logo que o Embaixador se assentou, o que fez por mandado do Imperador, lhe rendeu por isso as graças batendo-lhe cabeça; e nós tambem ao mesmo tempo; e pondo-se logo de joelhos principiou a fallar na maneira seguinte:

Sou mandado por ElRey de Portugal D. João V, para dar a Vossa Magestade os parabens da sua ascensão ao throno.

1729 Março 10 ElRey meu amo fez tão grande estimação da amizade de Vossa Magestade, que se não satisfaz com menos que mandar hum Embaixador, que dos ultimos confins do Occidente viesse reverenciar a Vossa Magestade e congratulal-o por se achar digno successor do Imperio de seu pae, e significar-lhe com mais vivas expressões, o muito que deseja se conserve interrupta huma boa correspondencia entre ambas as corôas; e porque a grande propenção que o Imperador Pae de Vossa Magestade mostrou para favorecer os vassallos de ElRey meu amo, assim moradores em Macau, como assistentes neste Imperio, e o acto de attenção que o Imperador fez em mandar ao meu Monarcha hum grandiozo mimo, poz a ElRey meu amo em hum grande reconhecimento. Foi Sua Magestade servido ordenar-me que da sua parte viesse segurar a Vossa Magestade o muito que sentio a morte do Imperador, e que só podia suavisar o seu sentimento, a noticia que juntamente teve, de que Vossa Magestade lhe succedia no throno; e como a tal manda agradecer a Vossa Magestade com o maior encarecimento estes favores, que os de Macau, e mais Portuguezes, tem recebido neste Imperio. Eu que, indigno de tão alta commissão, ignoro os termos mais gratos a Vossa Magestade, com que devo exaltal-o, peço a Vossa Magestade tenha por certo, que se houver alguma falta nesta acção, será nascida da minha ignorancia, e pouca pratica do Paiz, e não da vontade do meu Monarcha, que esta he mui grande de que eu faça a Vossa Magestade todos os obsequios possiveis; mas bem comprehende o grande talento de Vossa Magestade, que nunca os vassallos podem acertar em tudo na execução dos altos desejos de seus Soberanos; os de meu amo se manifestam a Vossa Magestade por essa carta.

A tudo isto, que o mesmo Embaixador tinha já dado por escripto ao Interprete para o verter, e depois repetir na presença do Imperador, respondeu o mesmo Imperador na maneira que se segue:

Meu Pae me ensinou quarenta annos, e depois cheguei a este throno; a minha primeira tenção, foi imitar a meu Pae no seu modo de governo, em tudo e principalmente na affeição que teve aos estrangeiros (disse o Imperador para o Interprete) e tu bem o sabes. De mais, que todos bem sabem, que eu no bom trato, não faço distinção de estrangeiros a domesticos. O Rey de Portugal mandou aqui de tão longe; pergunta-lhe (fallando com o Interprete) se está bom o seu Rey? e respondendo-lhe o Embaixador, que sim, continuou o Imperador, dizendo, que elle Embaixador tivera hum grande trabalho de fazer huma tão grande viagem pelo mar; pergunta-lhe (tornou a dizer) tambem se está elle bom? aqui bateu o Embaixador, e nós tambem com elle, cabeça, pela mercê de lhe perguntar o Imperador pela saude, e lhe respondeu, que sim estava bom. 1729 Março 10

A tudo isto se seguiu a ceremonia do chá Tartaro, que o Imperador nos deu, e nós tomamos na fórma seguinte: Postos de joelhos se nos offereceu o chá, e o tomamos com ambas as mãos, cada hum a sua porcelana, que eram de prata. Logo sustentando em huma mão o chá, e com a outra tocando a terra, batemos huma vez cabeça, e depois nos assentamos, e assim assentados bebemos o chá; e depois, postos outra vez de joelhos, restituimos as porcelanas, e batemos segunda vez cabeça, tudo em acção de graças, pela mercê que nos fez o Imperador; e feito tudo isto, nos levantamos todos, e fomos sahindo pela mesma porta por onde tinhamos entrado, concluindo-se todo este acto com a mesma ceremonia, de batermos cabeça nove vezes, mas já em outro pateo mais distante, de donde se não via nem podia ver o throno; e neste mesmo tempo, em que o Imperador ainda ficava no throno, ouvi que ficara dizendo para os Magnates que lhe assistiam na sua lingua Tartara: *Eré ni almá hum egi yxangá torungó quadé tui bolé chi ó juraçu*, que na lingua sinica quer dizer *Çugin Eoxum Limao;* e na nossa portugueza: Homem agradavel, que não he como a mais gente (fallava dos Moscovitas).

No dia 29 de Maio, teve o Embaixador noticia por via do Mandarim, que assistia no Kum Kuon, que o mimo de Sua Magestade para o Imperador, se queria introduzir por meio do Tribunal dos Ritos, e como por este Tribunal só se intro-

1729 Março 10 duzem as cousas, que outros Embaixadores tributarios levam ao mesmo Imperador, cuidou em que se fallasse por via dos Padres Parreni, e Antonio de Magalhães, neste ponto, ao Regulo 13.º, primeiro Ministro do Imperio, com quem se communicavam todos os incidentes desta embaixada; e fazendo-se com effeito sobre esta materia *Kyceu* ou memoriaes ao Imperador, hum em nome do mesmo Regulo, e outro em nome do Mandarim, que assistia no Kum Kuon; resolveu o mesmo a elle, Imperador, que o mimo se offerecesse immediatamente sem hir pelo Tribunal, como o Embaixador queria.

No dia 1 de Junho, propoz o Tribunal da Mathematica ao Imperador dois dias, e ambos convenientes, para a entrega do mimo, para que escolhesse hum delles, na fórma do seu costume; e se determinou o dia 7 deste mez, para lho levarmos á sua quinta, aonde então assistia, em distancia de 3 leguas da côrte. No dia 6, em que se cuidava na disposição do mimo, para se conduzir no dia seguinte, mandou o Mandarim, que assistia no Kum Kuon, mostrar ao Embaixador duas listas do mesmo mimo, e dois memoriaes para o Imperador, hum em nome do seu Tribunal dos Ritos, e outro em nome do Regulo 13.º, para que escolhesse o que lhe parecesse mais conveniente. Apenas o Embaixador, com alguns Padres que se achavam presentes, viram os dois memoriaes, e listas do mimo, repararam logo, que em ambas, no sobrescripto, se achava a palavr a *Cim Kum,* que significa tributo, e dando-se deste reparo avizo ao Mandarim, respondeu, que já adiante tinham hido outros memoriaes, e outras listas, em que não hiam as palavras *Cim Kum*, mas sim outras, que não denotavam tributo; e com esta desculpa, ou engano manifesto, foi precizo que o Embaixador se acommodasse; porque não he possivel fugir em tudo dos costumes e formularios daquelle Imperio; o que nos ditos memoriaes se dizia ao Imperador, era o seguinte: O Embaixador de Portugal, chegou a Cantão, de lá veio para a côrte com bom tratamento, tem tido a fortuna de ver a côr do Ceo *(id est,* o Imperador) agora offerece com reverencia as cousas, que traz do seu Rey, para Vossa Magestade Imperial.

No dia 7 de Junho, se conduziu o mimo de Sua Magestade, para a quinta do Imperador, quasi na mesma ordem, com que se tinha conduzido, quando entramos na côrte. Logo que chegamos á quinta, ou jardim da perpetua claridade *Yuen Mim Yuen,* como o Imperador lhe chama, se recolheu o mesmo mimo para Palacio, aonde logo se principiou a ver, e tambem algumas cousas, que o Embaixador tambem em seu nome offereceu; e nós neste tempo nos recolhemos tambem a descançar, e a comer em huma sala, aonde em todas as occasiões nos recolhiamos, e comiamos juntamente do que o Imperador mandava, que sempre era em abundancia, mas tudo á sua moda, que he algum tanto desagradavel, para quem não tem o seu costume; e em humas, e outras occasiões, assistiam sempre ao Embaixador alguns Mandarins, que o Imperador determinava, em signal da estimação, que do mesmo Embaixador fazia, e fez sempre emquanto estivemos na côrte, e no seu Imperio. 1729 Março 10

Passado algum tempo, chegou hum Mandarim da parte do Imperador, dizendo, que na China, não era descortezia receber humas couzas, e outras não, que dissesse o Embaixador o que se costumava no seu Reyno; porque mandando ElRey de Portugal cousas de tão longe, e sendo a sua lembrança nascida do coração, lhe não queria elle Imperador, fazer descortezia alguma.

O Embaixador, lhe respondeu, que o contrario costume, havia no nosso Reino, nesta materia, e que Sua Magestade sentiria muito, que o Imperador não acceitasse todas as couzas, que Sua Magestade lhe mandava; e dizendo então o Mandarim, que em taes termos recebia o Imperador tudo, sem embargo que eram muitas as cousas, que Sua Magestade mandava; replicou o Embaixador, dizendo, que eram muito poucas as cousas, á vista do grande animo de ElRey de Portugal, e desejo que tinha de significar o seu affecto ao Imperador; e dito isto, batemos todos trez vezes cabeça, em acção de graças, e depois a bateu o Embaixador sómente, em agradecimento tambem de se lhe acceitarem as cousas, que em seu nome offereceu ao Imperador, de cuja saude

1729 Março 10 tambem perguntou, estando de joelhos, como he costume; e com isto nos despedimos, sem que nesta occasião, e nem em outras, em que tambem batemos cabeça, avistassemos o Imperador.

No dia 9, mandou o Imperador ao Embaixador 1:000$000 réis, que elle recebeu, e rendeu logo as graças, batendo cabeça na presença de huns Mandarins de Palacio, que foram os portadores. E no dia 11, alcançou o Embaixador licença, para pessoalmente no dia 13, hir á sua quinta, render-lhe novamente as graças, e bater-lhe novamente cabeça, pelo mimo da prata, e outros, que o Imperador lhe fez, por lhe mandar por vezes pratos com iguarias da sua meza. No dia 13, em que com effeito fomos á quinta do Imperador, apenas chegamos nos recolhemos, e comemos tambem do que o Imperador nos mandou; e passado algum tempo, foi o Embaixador conduzido a ver a quinta Imperial, acompanhando-o hum dos seus Gentishomens, e tambem o Secretario da Embaixada, porque não houve licença para mais.

Logo que entramos no segundo pateo do Palacio, nos ajoelhamos todos, e sem vermos o Imperador, lhe batemos nove vezes cabeça, e depois estando de joelhos, principiou o Embaixador na prezença dos Mandarins, que o conduziam, a dizer em alta voz, que o Imperador lhe tinha feito tantos beneficios, que os não podia numerar, porque o tinha mandado tratar com muita honra pelo caminho em todo o seu Imperio; e na mesma côrte lhe estava assistindo com muita grandeza, mandando-lhe não só pratos da sua meza Imperial, mas tambem da sua prata, tendo conseguido de mais de tudo a fortuna de o ver e de lhe fallar, que não podia bem explicar-lhe o agradecimento por tantas honras, mas que hiria publical-o por todo o mundo.

Dito isto, que o Interprete do Embaixador logo verteu aos Mandarins, ou para melhor dizer na sua prezença ao Imperador, com quem o Embaixador fallava, ainda que ausente, nos levantamos, e fomos continuando em ver a celebrada quinta, que não consta mais que de burlescos montes, e arvores, e muitas cazas, alem das de Palacio, e tambem aguas,

por onde andam embarcações, em que o mesmo Imperador 1729
com os seus passeia e se diverte; e vista nesta fórma a Março
quinta do Imperador, e por favor, que elle mesmo reputou 10
por muito especial, e que a poucos fazia, nos despedimos, e batemos nove vezes cabeça no mesmo logar, onde já tinhamos batido; e então a batemos em agradecimento de se nos mostrar a quinta, que muitos outros já tinham visto em outras occasiões, como ao depois soubemos; concluindo a jornada deste dia com hirmos de caminho ver o logar das sepulturas dos nossos Padres, e juntamente aquelle celebrado sino, de que tanto se falla na Europa; e não ha duvida ser o mesmo sino obra magnifica, e de summa grandeza, porque tem 15 palmos de diametro na bocca, e 22, ou mais de alto, e por dentro e por fóra está todo cheio de caracteres sinicos, de que tão sómente se compoz hum livro. Acha-se o mesmo sino em hum Templo de Pagodes levantado 4 ou 5 palmos da terra, e se não toca, nem póde tocar, salvo com algum martello, com que os mais sinos dos mais templos tambem se tocam.

No dia 21 de Junho, mandou o Embaixador pedir os votos e pareceres de todos os Padres da côrte sobre se deveria fallar ao Imperador no particular da missão? se se fallasse, que poderia seguir-se? e tambem que se poderia seguir se se não fallasse? e por votos que os mais dos Padres deram, se assentou por muito conveniente o não se fallar na materia, tanto porque não havia esperança de se conseguir cousa alguma, como porque da mesma escusa que o Imperador lhe havia dar, ficariam entendendo os Mandarins, que o mesmo Imperador não ficava gostoso, e elles por esse respeito o não ficariam com os Missionarios; e tambem porque tendo-se publicado que esta Embaixada se encaminhava sómente a dar parabens, ficaria o Imperador perdendo o bom conceito que tinha feito della, e reputando-a como Embaixada de negocio, como reputava a do Moscovita, a quem por isso mesmo tratou sempre com menos honras, e talvez que se o Embaixador fallasse no ponto da Religião, ouviria as mesmas blasfemeas, que da bocca do Imperador ouviram contra ella, os

1729 Março 10 dois Padres mandados pelo Papa, no anno de 1725, a quem tambem por isso, reprehendeu o Regulo 13.º; que como o mesmo Imperador, he acerrimo contra a mesma Religião; e com este parecer se conformou o mesmo Embaixador, não fallando huma só palavra da missão, quando fallou com o Imperador, cujo animo sempre se nos veio a manifestar, tanto pelo que de sua parte responderam os Mandarins, com quem o mesmo Embaixador nesta materia particularmente fallou, como pelo que o mesmo Imperador expressamente disse a todos os Padres na occasião, em que depois da nossa despedida da côrte, lhe foram bater cabeça, e dar as graças pelos favores, que a nós, e a elles tinha o mesmo Imperador feito; o que melhor se vê de huma relação, que o Padre Parreni fez de tudo o que nesta occasião o Imperador lhe disse, a qual vertida de Francez na nossa lingua diz o seguinte:

Relação do que disse o Imperador a dez Europeus, que admittio na sua presença aos 21 de Julho de 1727.

Logo que o Imperador nos admittiu, perguntou de que lhe hiamos dar graças? como se elle não houvesse visto o nosso memorial; eu respondi, que pelas grandes honras que tinha feito ao Embaixador de Portugal.

Esse ponto vos não pertence a vós (respondeu o Imperador alterando a voz) eu fiz tudo pela minha honra, e não pela vossa. Nós comtudo havemos tido huma grande parte (respondeu o Parreni) nessa mesma honra, e já vimos de bater nove vezes cabeça diante da grande porta. A isto se metteu o Imperador a rir, e continuou dizendo:

Até onde acompanhastes vós ao Embaixador?

Até *cham kia uan*, respondeu o Parreni.

Imp. Os Tagin que tambem foram, me hão dito na volta, que vos não viram.

Parr. Comtudo eu lhe fallei a ambos de dois na barca onde se deu o banquete.

Imp. O Embaixador está contente?

Parr. Não póde considerar-se maior contentamento do

que elle mostra levar, e toda a sua comitiva, e Vossa Magestade com effeito os ha tratado de hum modo extraordinario. 1729 Março 10

Imp. O Embaixador me fez fallar nas casas, e Igrejas que tinheis pelas Provincias, póde ser que vós lhe não explicasseis bem as minhas ordens, como eu vos tinha dito, que as advertisseis a todo o mundo. Estas casas começaram a multiplicar-se no tempo do governo de meu pae, e depois de haverdes recebido delle tantos beneficios, querieis tambem que cahisse sobre elle a má reputação de huma tal acção? Nós somos *Muon cheu,* id est, Tartaros, e *Hoangti,* id est, Imperadores da China; quereis vós que depois de termos conquistado os Chinas, vos ajudasse tambem a fazer-lhe largar a sua Religião, não valendo a vossa? Os *Iou,* id est, os Letrados honram o *Tien,* id est, ao Ceo (ou o auctor do Ceo, como os mais querem) e depois que vós aqui estaes lhe haveis acrescentado o *chu* como se na letra do *Tien ochu* não estivesse tambem, e não fosse tudo huma mesma couza? As outras seitas dos *Lamás, Hoxan, Tauzú,* e a dos Mouros todas não honram ao *Tien?* id est, ao Ceo? Qual he a lei que não tem os mesmos preceitos? (E aqui se metteu o Imperador a recital-os, etc.) Elles tem tudo, e comtudo vós não cessaes de lhe dizer injurias, e de lhe reprovar, que elles adorem humas estatuas de pau, e terra. Isto não he porém o que elles adoram, mas sim o que as estatuas representam, da mesma sorte que as vossas Imagens do *Tienchu?*

Parr. Tudo isso assim he, pois que Deos nem materialmente se póde figurar.

Imp. Nem o *Fó* se póde reprezentar tambem, e vem a ser tudo a mesma couza. Mais conheceis vós a natureza do *Tienchu,* id est, de Deos? Que provas tendes vós do que nos dizeis da vossa Religião?

Parr. Nós temos as escripturas sagradas, que são a palavra de Deos.

Imp. Bom, e quem não tem as mesmas escripturas? o ponto está em as entender; não se acham dois Europeus que saibam bem a sua religião, todos os mais são muito ordinarios; o mesmo succede aos *Iu Kiau,* id est, aos da lei da razão,

1729 Março 10 que são os Letrados, aos *Lamaz,* id est, Bonzos Tartaros, que adoram o Idolo *Fó* aos *Hoxam,* e *Tauzu,* id est, Bonzos da China; todos elles sabem que houve hum *Fó,* hum Confuzio, hum *Lau Kum,* e hum *yu hoang,* e apenas se acharam dois, que saibam o fundo da sua Religião, todos os mais enganam ao povo com embustes. Conheceis vós a natureza de Deos e de todas as couzas? Conheceis vós a vossa propria natureza? não he o mesmo ler os *King* (id est os livros classicos da China) que aprender o que elles contém, he necessario discorrer e penetrar. Hide, pois, discorrei, e tornai a discorrer, e depois vinde disputar comigo, ou para melhor dizer vinde todos os dias á minha escola, que eu vos ensinarei (e aqui se metteu tambem a rir o mesmo Imperador). Agora tocando o Imperador no Embaixador continuou dizendo assim: *Mété ló* falla como que se tivesse publicado que os Europeus tinham commettido culpa, e que por isso os havia castigado, porque diz que se devem distinguir os bons dos maus: *Moyeu ximó pu hau;* porque se o fossem, eu os teria já expulsado daqui, e de Cantão; será isto porque eu tema ao Rey da Europa? assim que não ha que fazer entre elles distincção alguma; se eu achar que os Europeus offendem as leis do meu Reino, eu os castigarei sem prejudicar aos que estiverem innocentes.

Parr. Como o Imperador tocasse no Embaixador, eu lhe disse, que nós lhe não tinhamos pedido que rogasse por nós.

Eu o creio, respondeu o Imperador; pois que nem a elle, nem a outros tocava o pedir-mo, a vós outros he que toca o rogar-me; se vós entendeis, que as minhas ordens são injustas, e que eu vos opprimo, a vós he que pertence disputar; e a vós se eu podesse, he que concederia o que se me pede. Que faria o Papa, e os outros Reys da Europa, se eu lhe mandasse Bonzos, e *Lamás* rogando-os lhe dessem ajuda para introduzirem a sua Religião? *Han mingti* introduzindo aos primeiros na China, e *Faug Tai Sung* os segundos, se ha acabado a sua memoria, e se injuriam todas as horas estas duas seitas. Vós vos meteis no mesmo ponto, sem considerar, que não sendo mais, que dez, ou vinte pessoas, sereis perseguidos da multidão dos Chinas; os Chinas quereriam poder comer-vos a carne. Aqui vos deixo em Pekim, e em Cantão para o commercio, e correspondencia com os Reys da Europa. Que necessidade ha de que vós andeis pelas Provincias pregando a vossa lei? 1729 Março 10

Se vós dissesseis alguma cousa boa, que nós não tivessemos, então poderiamos escutar-vos, mas vós não tendes nada de novo, que nos dizer. Aqui respondeu o Padre José Soares:

Nós temos o misterio da Encarnação.

Imp. Tambem os *Lamás* o tem porque o *Fó* ha encarnado muitas vezes, e tudo vem a ser a mesma cousa. Que os *Lamás* tinham a transmigração que os Europeus rejeitam, e tinham tambem Inferno, e o Paraizo eterno; mas quem ha visto este Paraizo, e este Inferno, disse o mesmo Imperador; ora finalmente (continuou o mesmo Imperador) diz o Confuzio, que he fallar ás cegas, o fallar do que se não vê; tudo consiste em ser fiel ao Rey, obediente aos paes, e guardar a justiça, e a equidade; isto he o que todas as leis ensinam; fazei vós isto e não tereis que temer do *Tienchú* e não o façais se quereis, que elle vos não salve; vós não fizesteis que *Mételó* entendesse bem estas minhas razões, pois quando elle as ouviu não teve nada que dizer, antes achou que tinha razão; se vierem Legados do Papa, ou de outros Reys, fazei que entendam bem estas cousas, porque não he necessario, que venham huns atraz dos outros fazer a mesma petição, e instrui tambem de todas estas cousas aos mais Europeus, que assistem em Cantão. Disse mais o Imperador que via muitas gentes rebeldes sem obediencia, e sem justiça, e comtudo não via que o *Tienchu* os castigasse; e querendo-se-lhe responder a isto acodiu logo o mesmo Imperador dizendo, que já via que o queriam metter nas cousas do outro mundo controversas, e que se não viam; e concluiu com dizer, que não havia lei por mais pequena que fosse, que se não prezasse de ter tudo o que as mais tem de bom.

No dia 24 do mez de Junho, festejou o Embaixador o nome de Sua Magestade, com comedia e banquete, a que assisti-

1729 Março 10 ram o Conductor Tartaro, e o Mandarim que assistia no *Kumkuon,* e tambem alguns Missionarios nossos, e estrangeiros, e no dia 26 soube o Embaixador, que o Regulo 13.º se escusava de o admittir na sua presença e tambem de receber algumas cousas de Europa, que queria offerecer-lhe, e poderia ser tudo porque recearia que o Embaixador lhe tocasse no ponto da Religião, de quem o mesmo Regulo he inimigo declarado, pela qual razão tambem solicitava tomar todos os caminhos que se podiam imaginar aptos para se fallar nesta materia, dando em tudo o mesmo Regulo a entender, que o fallar-se ao Imperador neste ponto seria desgostal-o.

No dia 6 de Julho, avisou o Conductor Tartaro ao Embaixador, de que estava determinado o dia 8, para hir á quinta do Imperador, a receber o mimo que veio para Sua Magestade, e que aos 29 da lua, havia o Embaixador partir para Macau. Mais lhe disse o mesmo Tartaro, que o Regulo 13.º, não socegava emquanto elle não sahia da côrte; talvez, porque estaria com cuidado, de que se fallasse na missão, em que elle por nenhum modo queria se fallasse.

No mesmo dia 8, em que com effeito fomos receber o mimo, teve o Embaixador tambem audiencia de Sua Magestade Imperial, de quem tambem então se despediu. A fórma da mesma audiencia foi tambem na maneira seguinte:

Apenas chegamos á quinta do Imperador, logo o Embaixador foi conduzido ao logar das outras vezes, que nesta occasião estava mais ornado, e preparado para no fim se representar, como representou, pelos Eunucos do Imperador huma comedia, emquanto nós comemos. Passado algum tempo foi o mesmo Embaixador chamado e conduzido á presença do Imperador, a quem havia de fallar, acompanhando-o alguns dos Mandarins, Conductores, e Mestres das ceremonias, hum dos seus Gentishomens, e juntamente o Secretario da Embaixada, com os Padres Domingos Parreni, André Pereira, e tambem hum seu criado china, que levou tambem de Macau, e tambem serviu de Interprete nesta occazião. Logo que passamos os primeiros dois pateos e entramos no terceiro, que confina com a sala do throno, nos pozemos em fileira ao lado esquerdo da mesma sala, onde esperamos que o Imperador chegasse, e se subisse ao throno, e antes de chegar o mesmo Imperador, e subir ao throno, se ouviram algumas pancadas, ou toques de caixa, em signal de que o mesmo Imperador vinha. Estando já o Imperador no throno, fomos nós entrando na sala onde nos pozemos de joelhos defronte das mezas, que nos estavam preparadas, até que o Imperador mandou que nos assentassemos, por cuja mercê ao mesmo tempo lhe batemos tambem cabeça. Passado algum tempo, em que tudo esteve calado, veio chá tartaro para o Imperador, e juntamente para nós que o recebemos, e por elle, antes, e ao depois de o tomar, postos de joelhos lhe batemos cabeça. Á bebida do chá se seguiu tambem a do vinho para o mesmo Imperador, e o mesmo Imperador assim que recebeu o vaso do vinho, chamou logo para junto de si ao Embaixador, a quem deu o mesmo vaso, pedindo-lhe quizesse beber o vinho todo, ou aquelle que podesse; e feito isto, havendo o Embaixador primeiro batido cabeça, pelo especial favor, se levantou para o logar do seu assento levando hum prato, que o mesmo Imperador, da sua propria meza, que tinha diante do throno repartiu com elle. A este tempo veio tambem vinho para nós, que o bebemos, e demos pelo favor as graças, batendo cabeça, antes e depois de o bebermos. Seguiu-se o descobrirem-se as mezas, tanto a do Imperador, que estava defronte do seu throno, como as nossas que cada hum tinha diante de si, e todos nós com muita pausa principiamos a comer, e igualmente a receber o favor dos pratos, que o mesmo Imperador tambem repartiu comnosco. 1729 Março 10

Neste meio tempo, perguntou o Imperador ao Embaixador, se a nossa terra era tambem quente, e fria como a da China, e o Embaixador lhe respondeu, que quasi era o mesmo, porque estava tambem quasi na mesma altura. Disse mais o Imperador: Agora que o Embaixador volta para o seu Reino, guarde-se do calor, que lhe não faça mal, para que chegue com saude á sua terra.

1729 Março 10 O Rey de Portugal, que cá o mandou em distancia de 9:000 leguas, soube escolher gente a proposito, e conhecendo o seu talento o enviou com este encargo. O Embaixador tem feito bellamente de modo que eu me acho satisfeito; quando chegar a Portugal, pergunte da minha parte pela saude do seu Rey. A isto respondeu o mesmo Embaixador, que os beneficios que tinha recebido depois que entrou no seu Imperio eram innumeraveis, e lhe faltavam palavras para os explicar, mas que de tudo daria conta a ElRey seu amo, que o estimaria muito, e que a melhor nova que lhe poderia trazer depois da saude de Sua Magestade Imperial, era de que Sua Magestade lhe havia dito tratava aos Europeus do mesmo modo que o Imperador defuncto. Demais que o mesmo Imperador tivera sempre na sua protecção aos Moradores de Macau, e assim esperava fizesse Sua Magestade o mesmo, despachando ordens para os Mandarins de Cantão, conducentes para o mesmo fim. A isto respondeu o Imperador acenando com a cabeça que sim. A tudo isto se seguiu pedir-lhe o Embaixador a determinação do dia em que haviamos de sahir da côrte, e respondeu-lhe o mesmo Imperador que elle o determinaria; que elle o tinha chamado á sua prezença para o divertir, mas porque estava o tempo muito quente, seria mais commodo sahir com os grandes para outro logar mais fresco onde poderia descançar, e comer a seu gosto, e ver juntamente a Comedia, e com isto se concluiu esta que foi a ultima audiencia que o Embaixador teve na côrte do Imperador, a quem ao mesmo tempo que estava no throno assistiam varios archeiros, e Magnatas que tambem lhe assistiram na occasião da primeira audiencia.

Logo que sahimos os pateos de Palacio para fóra, se foi mostrando ao Embaixador o mimo que depois conduzimos para a côrte, e ultimamente para este Reyno; e visto o mimo que se achava em trinta e tres caixões, alem dos sete que tambem teve o Embaixador de mimo, entrámos para o logar da Comedia; a qual vimos representar ao mesmo tempo que comiamos, e não faltaram nesta occazião bateres de cabeça, porque a batiamos a cada favor dos muitos que o Embaixador recebeu nesta occasião, e em todas as mais; e por ultimo nos despedimos acompanhando o mimo de Sua Magestade até o *Kumkuon* aonde entramos na tarde do mesmo dia, e muito bem molhados, porque foi neste dia a agua que choveu excessiva. 1729 Março 10

Logo que o Embaixador tomou conta deste mimo que foi como extraordinario, e fóra do costume do Imperio, entrou a cuidar no modo com que se havia de haver no recebimento de outras muitas couzas que se lhe haviam de entregar por via dos Tribunaes tanto para Sua Magestade como para o mesmo Embaixador, e os mais da comitiva, porque a todos tem por costume o dar-se na despedida alguma cousa, a que elles chamam premio; e porque nas mesmas cousas que os Tribunaes em casos similhantes costumam dar aos Embaixadores, costuma entrar tambem o valor de 300$000 réis em prata, que os mesmos Tribunaes mandam aos amos dos ditos Embaixadores, se ponderou se seria conveniente acceitar o Embaixador a mesma prata, que com o mais se lhe havia de entregar para Sua Magestade, mas como se assentasse que este costume só devia ter logar com os Embaixadores dos Reinos que mandam pagar tributo, procurou o mesmo Embaixador livrar-se de a receber, e para este effeito foi preciso recorrer ao mesmo Imperador, que foi servido responder, que o Embaixador não tinha hido a pagar tributo, nem a fazer commercio, ou outro algum negocio mais, que o de perguntar-lhe pela saude da parte do seu Rey, e que assim andava bem em não querer receber os 300$000 réis que o Tribunal queria dar-lhe conforme o costume. Que elle Imperador tinha dado 1:000$000 réis ao Embaixador pela estimação que delle fazia, e assim lhe não podia occorrer mandar ao seu Rey 300$000 réis, e que folgaria, que isto chegasse á noticia de ElRey de Portugal, e de todos os Reinos de Europa.

Com esta resolução sobre os 300$000 réis do costume, se resolveu o Embaixador no dia 14 de Julho a hir a Palacio receber o mais que o Tribunal costumava dar, tanto para ElRey Nosso Senhor como para o mesmo Embaixador, e

1729 Março 10 toda a mais comitiva, porque todos nesta occasião se acharam presentes.

Logo que entramos no primeiro pateo de Palacio aonde recebemos os premios, nos pozemos todos de joelhos, e batemos todos nove vezes cabeça, achando-se presentes varios Ministros dos Tribunaes a quem tocava o cuidado, e expedição deste ultimo acto; porque se achava em primeiro logar hum Prezidente do *Lypu* ou Tribunal das ceremonias para auctorisar as que neste acto se fizessem. Em segundo logar se achava tambem hum Mestre de Ceremonias do *Kum Lóçu* ou Tribunal sujeito ao *Lypu* para nos ensinar como as haviamos de fazer. Em terceiro logar se achavam varios Mandarins do *Hupú* ou Tribunal da fazenda por conta de quem corria a prata que recebemos; e em quarto logar se achavam tambem alguns Ministros, e o mesmo Presidente do *Kum pu* ou Tribunal das obras, e fabricas, a cujo cargo estava a repartição da seda, que tambem nos deram; e em quinto e ultimo logar se achava o Presidente com alguns Mandarins do *Tuchá yuen pu* ou Tribunal dos censores, para vigiarem se as mesmas ceremonias se faziam bem e com quietação na fórma dos seus ritos.

Logo se seguiu a entrega de varias peças de seda que o Embaixador recebeu com todo o aceio para trazer a Sua Magestade e ao depois se seguiu o receber o mesmo Embaixador, de joelhos, tambem as peças de seda, que lhe deram, como tambem o valor de 100$000 réis em prata que tambem teve; e depois se seguiu a repartição dos mais, ainda que limitados premios, que todos por sua ordem postos tambem de joelhos fomos recebendo, e depois de tudo isto se concluiu este acto, e ultima despedida com tornarmos todos, e ao mesmo tempo abater nove vezes cabeça, servindo-nos para esta ceremonia de compasso, huma voz que de quando em quando ouviamos do Mestre das Ceremonias, e he a fórma com que se bate nove vezes cabeça o seguinte: Primeiramente postos todos de pé com os chapeus na cabeça (porque he contra a politica da China o estar descoberto) com as mãos estendidas ao natural se ouvia huma voz *Kuey* com quę ajoe-

lhavamos; logo passado algum tempo se ouvia outra voz 1729 Março 10
Koteu com que tocavamos a terra com ambas as mãos, e juntamente com a cabeça, e postos outra vez de joelhos ao som da mesma voz, que se repetia, tocavamos da mesma maneira mais duas vezes a terra; logo que se ouvia outra voz *Kilay* com que nos levantavamos, e punhamos de pé como no principio; e toda esta ceremonia se repetia por tres vezes ao compasso das mesmas vozes, que tambem se repetiam até se encher o *San Kuey Sanpay* isto he o numero de ajoelhar tres vezes, e de cada huma bater tres vezes cabeça.

No dia 16 do mesmo mez de Julho, em que com effeito sahimos de Pekim, chegamos com o mimo de Sua Magestade a Cham Kiavam, que he huma aldeia aonde tinhamos desembarcado quando caminhavamos para a mesma côrte, e no mesmo tempo que chegamos, chegaram tambem varios Padres Portuguezes e estrangeiros, e tambem o Mandarim Poyâbá ou Mordomo do Palacio, que em signal, e demonstração da amisade que contrahiu com o Embaixador, a quem de ordinario assistia quando hiamos a Palacio, o veio esperar na mesma aldeia, e offerecer-lhe banquete, que o Embaixador acceitou, e por tudo lhe deu as graças, repetindo as muitas que devia dar pelas mercês que o seu Imperador lhe fez; e passados alguns dias viemos continuando a jornada para Macau, e na fórma que a tinhamos feito para a côrte, porque foi o mesmo Tartaro Conductor, e por todo o caminho teve o Embaixador a assistencia necessaria á custa da fazenda Imperial, e nos Mandarins achou sempre o mesmo, ou maior agrado, segundo o que os mesmos Mandarins perceberam que o seu Imperador mostrava na presente funcção; que são os Mandarins da China observantissimos das inclinações, e designios do seu Imperador, e he para elles santa, e inviolavel a vontade do Imperador.

Assim que chegamos a Cantão, o que foi no dia 25 de Novembro, sahiram todos os Mandarins a perguntar ao Conductor Tartaro da saude do seu Imperador, para o que o conduziram, e tambem ao Embaixador, a huma sala que só serve para similhantes ceremonias, e logo conduziram tambem ao

1729 Março 10 mesmo Embaixador para hum *Kumkuon* ou caza de aposentadoria que lhe tinham preparada. Neste *Kumkuon* nos demoramos varios dias, e em todos elles, alem da assistencia Imperial, teve o Embaixador varias visitas e banquetes, que os principaes Mandarins lhe deram, e passado este tempo passamos para Macau aonde chegamos no dia 8 de Dezembro de 1727, no qual tempo se achavam para a entrada e recebimento do Embaixador preparados varios arcos pelas ruas, e huma ponte mui vistoza, e tudo isto se deveu ao cuidado de Francisco Xavier Doutel, homem principal da cidade de Bragança, que ali assistia, e concorreu tambem ao mesmo tempo para varios entremezes e comedia que fez reprezentar em applauso do Embaixador, que tambem assistiu a ella; tambem assistiu ao solemne triduo com que á custa do Dr. Ouvidor que então estava, e ainda ficou preso, se deram as graças a Deos no Convento dos Agostinhos, pelo bom successo da Embaixada, que ElRey Nosso Senhor nesta occasião mandou aquelle Imperio.

No dia 13 de Dezembro, em que ainda se achava em Macau o Conductor Tartaro, e o Chifú ou Governador de Cantão, que tambem o acompanhou, se festejaram os annos do Imperador com hum banquete, que correu por conta do Senado, como tudo o mais, e porque era o dia, em que os entremezes, e alguns bailes se representaram, se lhe applicou tudo como se estivesse tudo determinado para esse effeito, e applauso dos annos do Imperador, em cuja attenção no mesmo dia foram todos bater nove vezes cabeça em huma sala, que ha nesta Cidade dos Chinas para similhantes funções, e daqui se passaram todos tambem para a Igreja dos Padres da Companhia, aonde se cantou o *Te Deum Laudamus*; e os Mandarins, Conductor, e Chifú de Cantão com os mais, ainda que gentios, bateram tambem cabeça perante o Santissimo, sem nenhuma repugnancia, mas sim muito por seu gosto, porque o fazem do culto que os catholicos damos ao Senhor do Ceo, a quem elles tambem dizem que veneram, mas debaixo do nome *Xamti* de quem dizem alguns, que não he mais que huma virtude radical, intrinseca dos astros que dominam, e he o que está assentado hoje entre os Missionarios em execução dos Decretos Pontificios, que reprovam o chamar-se a Deos pelo nome *Xamti* ou *Tien* e sim pelo nome *Tienchu* que no nosso idioma quer dizer o Senhor do Ceo. Ao mesmo Conductor Tartaro quando se despediu de Macau deu o Senado tambem hum mimo que se avaliou em mais de 1:000$000 réis, não entrando varias cousas que muitos em particular lhe deram, e tudo em ordem a que fosse, como foi contente, e dissesse na presença do Imperador os louvores que prometteu dizer da Cidade de Macau, e seus habitadores; e se acompanhou pelo mesmo Senado, e mais nobreza, e tambem pelo Embaixador até sahir da mesma Cidade. 1729 Março 10

No dia 17 de Janeiro de 1728, em que sahimos de Macau para este Reino, acompanharam ao Embaixador o Illmo Bispo, o Governador, Senado e mais nobreza da Cidade, até que se embarcou em hum escaler, e na mesma ponte aonde tinha desembarcado; e daqui se passou o mesmo Embaixador para bordo da nau *Madre de Deos*, da Bahia, em que se continuou até o Rio de Janeiro, e com bom successo, porque não tivemos mais susto, que hum, e grande, que tivemos na fortaleza de Santa Cruz do mesmo Rio, aonde esteve a mesma nau hora e meia batendo, e se o mesmo leme com que batia a livrou de se romper, se não sahisse como sahiu, poderiamos não escapar tanto a salvo como escapamos deste perigo, em que já nos hiamos vendo com bem poucas esperanças de vida, mas a sahida do mesmo leme, mediante o favor de Deos, que nos livrou, fez que a nau com hum repentino vento que se levantou, se prolongasse com a mesma penha, em que estava batendo, e assim mais desempedida, se fosse como foi desviando para a parte mais segura, de donde pouco a pouco se foi espiando ainda que com muito trabalho. E porque a mesma nau se havia de demorar no Rio, para a venda das fazendas que trazia da China, se resolveu o Embaixador a que partissemos nos navios da frota para este Reino, aonde com effeito chegamos, e com bom successo, em 21 de Novembro de 1728. E tendo concluido o meu diario, e relação das cousas, e as mais principaes, que experimen-

1729 Março 10 tamos em huma tão prolongada viagem de tres annos, sete mezes e alguns dias; mas porque tudo he muito pouco, á vista do que se póde dizer daquelle Imperio, fazemos tambem aqui huma breve relação com a noticia de algumas cousas, e variedades que ha no mesmo Imperio.

Breve e summaria noticia de algumas cousas pertencentes ao Imperio da China

He o Imperio da China mui dilatado, e segundo se diz he o maior Imperio que ha em toda a Asia.

Principia este Imperio nas ilhas chamadas Haynan, em altura de 19 graus do Norte, e acaba em 43, de que já se vê estar todo este Imperio debaixo da zona temperada, e que hade comprehender diversos mas admiraveis climas. Dizem que tem este Imperio 500 leguas do Sul para o Norte, e quazi outras 500 de Leste para Oeste; e a nós que andamos desde 23 graus, em que está a Cidade de Macau, até 40 graus em que está a côrte de Pekim, nos pareceu ainda mais dilatado, porque só nesta distancia gastamos seis mezes completos. He bem verdade, que fomos sempre embarcados pelos rios, e canaes que ha em todo o caminho até se entrar na côrte, e com ventos contrarios, porque o andamos fóra da monção; e por este respeito, poderia ser que nos parecesse mais dilatado.

Por todos estes rios e canaes por onde navegamos, encontramos tão grande multidão de barcos que se fará incrivel a quem nunca entrou na China; e supposta esta verdade que nós vimos e experimentamos, e assentando tambem por cousa certa, que as mais das Provincias da China estão todas cortadas com rios e canaes, e todos navegaveis, ficará crivel, o que nesta parte se conta deste Imperio, de quem se diz ter elle só mais barcos, que toda a Europa junta, e que nos mesmos barcos vive tanta gente, como vive nas povoações em terra, pois he certo, que nos mais dos mesmos barcos, nascem e vivem muitas familias dos Chinas até que morrem.

Entre estes barcos, que ha naquelle Imperio, ha huns de 1729
huma, e outros de diversa grandeza, huns que servem para Março
carga, e outros para a condução dos passageiros, mas huns 10
e outros são sem quilha, e só o Imperador tem 9:999 barcos de demasiada grandeza, que servem para a condução dos seus tributos das Provincias para a côrte, e para a condução dos Ministros para as mesmas Provincias. Tem o mesmo Imperador mais 500 barcos, a que os nossos Europeus chamam de Mandarim, de bastante grandeza e commodos admiraveis, porque todos são cobertos, xaroados e pintados por dentro, e com janellas para huma e outra parte, e póde cada hum acommodar huma familia de mais dos marinheiros, que são bastantes em cada hum barco, e todos se acommodam, e desta qualidade eram os barcos que a nós se nos davam na hida, e volta de Pekim para a Cidade de Macau.

Tem este Imperio da China quinze Provincias, a saber: Pekim, Xantum, Hónan, Nankim, Kiansi, Fokien, Chikiam, Hukuam, Yunan, Kueycheu, Xansy, Xensy, Sucheu, Kuan Tum, Kuansy; e assim mais tem duas côrtes, huma na Cidade de Nankim, que quer dizer côrte do Sul, em que antigamente viviam os Imperadores da China, e outra na Cidade de Pekim, que quer dizer côrte do Norte, em que hoje vive o Imperador; e desta côrte vão tão sómente 35 leguas até aquelles tão celebrados muros, que ainda existem, como divisão da China, e da Tartaria; e para defensa dos Chinas he que os muros foram fabricados, e á custa dos Letrados de todo o Imperio.

Dizem que tem mais de 500 leguas de comprimento, e que em todas as partes são bastantemente fortes, e largos, e bem poderá ser se fizessem estes muros naquelle tempo em que hum dos Imperadores da China, mandou queimar quantos livros havia no seu Imperio, tudo em odio dos Letrados que perturbavam e embaraçavam a boa administração da justiça, de que tambem os Chinas, ainda que gentios, fazem muito caso.

He o mesmo Imperio tão antigo, na opinião dos Chinas, que dizem era já Imperio antes do diluvio. Nos tempos anti-

1729 Março 10 gos, em que os Chinas viviam sem os Tartaros, tinha cada huma Provincia hum Regulo, como hum pequeno Rey, que nella tinha o mero e o mixto Imperio, e sómente pagava certo tributo ao Imperador, como hoje lhe pagam quarenta e oito Regulos, que ha na Tartaria; hoje, porém, que os Tartaros são senhores da China, se acham todas as Provincias debaixo da immediata protecção, dominio e governo do Imperador, sendo o mesmo quem as provê de Ministros de Letras, e militares que a governam; se bem se conservam ainda os mesmos Regulos com humas grandes honras, mas sem jurisdição alguma; e andam commumente estes titulos na familia e sangue Imperial, occupando huns o titulo de primeira ordem, e outros os titulos da segunda, terceira, quarta e quinta ordem, porque tantas são as ordens dos titulos de Regulo no Imperio da China.

Esteve o mesmo Imperio governado por Imperadores naturaes até o tempo que os Tartaros occidentaes o conquistaram, e dominaram por mais de 300 annos.

Estando assim este Imperio, se levantou nelle certo Capitão China, e com hum grande sequito que adquiriu, se livrou a si, e a todos os mais Chinas da sujeição do Tartaro, ficando o mesmo Capitão, em premio do seu valor, com o mesmo Imperio, e por sua morte todos os seus descendentes, a quem os nossos Europeus chamam Támingas que quer dizer a familia da grande claridade.

Nesta mesma familia dos Támingas se ficou o mesmo Imperio conservando por muitos annos até que ultimamente o conquistaram os Tartaros orientaes, que hoje o dominam, e tem dominado ha cento e tantos annos; e succedeu o caso na maneira seguinte: Andavam os Chinas em guerra com os Tartaros, a quem na mesma guerra tinham já morrido alguns Reys, e hum delles lhe mataram os Chinas, quando na mesma China se levantaram certos ladrões que a inquietavam, e muito mais por ser no tempo em que os Chinas estavam occupados com a guerra. Vendo-se os Chinas neste aperto, pactearam pazes com os Tartaros, que lhas acceitaram; e com o pacto de que os haviam de ajudar a lançar os

ladrões fóra do Reino. Na conformidade deste pacto entra- 172
ram os Tartaros Orientaes na China, e lançaram fóra os la- Março
drões como os Chinas queriam. Nestes termos se esperava 10
entre os Chinas e os Tartaros, huma boa e segura paz para os tempos futuros; mas como nos mesmos Tartaros reinava o odio que tinham aos Chinas, pela morte daquelle seu Rey, que elles lhe mataram, e reinava tambem nelles a ambição e dezejo, que sempre tiveram de dominar a China, se demoravam por algum tempo na côrte de Pekim, fingindo que descançavam do trabalho, e não era senão porque esperaram grande soccorro da Tartaria, com que ao depois se declararam contra os Chinas, e lhe roubaram o Imperio; e estes são os Tartaros que hoje o dominam, e o terceiro Imperador Tartaro he este que hoje o governa.

Logo que o Tartaro Oriental conquistou a China, obrigou aos Chinas todos, a que usassem dos vestidos Tartaros, e não ha duvida foi huma boa cautella esta de que o Tartaro usou para se segurar neste Imperio, porque como nelle vivem misturados os Chinas com os Tartaros, e todos elles commummente fallam a mesma lingua sinica, se não atrevem nesta fórma os Chinas a fallar, porque não sabem se fallam com os Tartaros, e se ficam evitando nesta fórma os motins, e levantamentos de que sempre muito se receiaram os Imperadores da China.

Consta o vestido dos Tartaros, de que hoje tambem usam os Chinas, das cousas seguintes: humas botas razas sem joelheira, humas de setim, e outras de algodão, conforme a qualidade, e cabedaes de cada hum, huns calções largos, e compridos, que apertam por baixo das mesmas botas, hum jubão de algodão branco á maneira de hum certum, que lhe serve de camisa, huma cabaya larga e comprida do feitio de huma nossa alva, a qual apertam com hum vistoso cinto, em que trazem pendentes hum caximbo (menos os Mandarins a quem traz o creado para quando elles o pedem) dois lenços brancos, hum de cada lado, e juntamente hum estojo, que consta de huma faca, e dois palitos com que comem, e outros mais instrumentos varios de que usam, e neste estojo con-

1729 Março 10 sistem todas as armas que se trazem na China, menos a gente humilde, que nem estes estojos traz, e menos tambem os soldados, que nos actos militares cingem hum traçado com os copos para traz; sobre esta cabaya comprida, trazem outra como hum sobretudo mais curta, e abotoada por deante, mangas largas, e mais curtas que as da outra, que as tem compridas até cahirem nas costas das mãos, á maneira de luvas, a que chamamos de alçapão. Finalmente conservam os Chinas e Tartaros, a barba, e sobre a cabeça que costumam rapar, menos huma trança que todos conservam, trazem os mesmos hum barrete de setim redondo forrado de pelles, humas mais preciosas que outras, segundo a qualidade do sujeito.

Isto que dissemos dos Chinas, não he assim a respeito das mulheres; porque assim as Chinas, como as Tartaras, conservam os seus vestidos antigos, em que ha mui pouca differença, supposto que haja muita entre os costumes de que humas e outras usam; porque as Chinas, desde que nascem, trazem os pés muito apertados, para que lhe não cresçam, e assim os tem demasiadamente pequenos, e andam como se fossem aleijadas; e o cabello, de cuja composição cuidam muito, o ajuntam e atam sobre a cabeça, e depois o ornam muito bem de flores; e pelo contrario as Tartaras tem os pés que lhe dá a natureza, e usam de sapatos rasos como os homens usam, quando não trazem botas; o cabello tambem o ajuntam e adornam de flores, mas em duas ametades huma para cada lado da cabeça.

São tambem as Tartaras, mais correntes e communicaveis que as Chinas, porque andam pelas ruas sem embaraço, e usam de caximbos; e pelo contrario as Chinas sahem poucas vezes fóra, e estas fechadas em cadeiras para não serem vistas; podendo-se dizer das Chinas em geral, o que dizemos das mulheres Europeias a que chamamos recolhidas; e daqui vem a grande difficuldade que ha de se converterem as mesmas Chinas, pois a ha para se cathequisarem, e instruirem pelo muito que os paes, e maridos as zelam, não a havendo da sua parte para serem catholicas; porque não tem os impedimentos e os costumes, que tem os homens, os quaes alem de casarem com quantas mulheres querem, tem principalmente os Mandarins obrigação á obrigação de varios ritos, que a nossa Religião lhe não admitte. 1729 Março 10

Cada huma das Provincias deste Imperio, tem huma lingua, a que chamam da terra, e em todas ha huma universal, a que os nossos chamam Mandarina, porque della usam, e muito principalmente todos os Mandarins do Imperio; sendo porém as linguas diversas, são os mesmos os caracteres, com que se escreve em todas as Provincias. As palavras são todas de huma só syllaba, e cada huma tem varios significados, segundo os varios modos, e tons com que se pronuncia; mas quantas são as significações, quantos são os caracteres, os quaes por este respeito não tem numero no Imperio da China.

Escrevem os Chinas do alto para baixo, e acabam os seus livros aonde nós os principiamos; porque escrevem de deante para traz, quando nós escrevemos de traz para deante; e com tal ordem e politica escrevem os Chinas, que se n'huma linha ou regra cahe hum caracter significativo de alguma pessoa grande, a não continuam, mas antes principiam outra regra pelo mesmo caracter, pondo-o nesta fórma no logar mais alto segundo o que a pessoa merece.

São os mesmos Chinas summamente politicos, e ceremoniaticos, e basta que tenham hum Tribunal de ceremonias, que entre os mais Tribunaes he o supremo. A sua usual cortezia, quando se encontram, he juntarem as mãos fechadas levantadas hum pouco quasi até os peitos, e depois baixallas; tambem ás vezes costumam bater cabeça postos de joelhos, mas nunca huns virados para os outros; isto, porém, só procede nos pequenos, que os grandes, e os que se tratam por igual sómente fazem a primeira, e quando muito se inclinam com o corpo quando abaixam as mãos, que primeiro levantaram; porque nenhum consente na ceremonia de bater cabeça, a que de ordinario mutuamente se offerecem.

Outra ceremonia tem tambem os Chinas e os Tartaros com que gastam infinito papel, e he que para se visitarem,

1729 Março 10 ou mandarem huns perguntar pela saude dos outros, usam de hum *Tiezu,* ou papel de visita, que não consta mais que de huma tira de papel comprida e algum tanto larga, em que escrevem alguns caracteres com que se saudam e reverenceiam, mas com differença no papel, porque os humildes usam de papel asul escuro, que significa humildade, para visitarem os maiores; e os grandes, e que se tratam por igual, usam de papel vermelho, e até nestes caracteres em similhante materia ha differença, porque os humildes usam de caracteres pequenos, os que se tratam por igual, de caracteres medianos, e as pessoas grandes, usam de caracteres maiores para com os seus inferiores.

Outras cousas mais usam tambem os Chinas, que os Europeus não usam; porque sendo na Europa melhor o logar da mão direita, na China para as partes do Norte, he mais honrado o logar da mão esquerda; mais, os Europeus tem as suas cadeiras nas suas salas, como nós todos sabemos, e os Chinas as tem em duas fileiras iguaes no meio das salas; de maneira que quem entra para se assentar, entra pelo meio das mesmas fileiras, e a cadeira ultima da fileira, que fica á mão direita, he tambem o melhor, e o principal assento dos Chinas; e finalmente se o estar coberto deante dos maiores he descortezia entre os Europeus, na China he descortezia o estar descoberto diante dos maiores.

Entre os Chinas, e os Tartaros tambem, ha alguma differença, supposto que convenham entre si tambem em muitas cousas; porque os Chinas usam de cadeiras, e mesas altas como nós usamos; e pelo contrario os Tartaros se assentam em estrados, e usam de humas mesas muito baixas, como entre nós as mulheres; e comendo ordinariamente os Tartaros tudo assado, os Chinas tudo regularmente comem cosido; mas, porém, huns e outros comem os mesmos mantimentos, e bebem as mesmas bebidas, como he o chá e o vinho que fazem do arroz que entre os mesmos Chinas, e Tartaros he o seu pão de que usam, supposto que lhe não faltam trigos em muitas Provincias, e em abundancia, mas usam tão sómente da farinha para fazerem certos *pó pó,* ou bolos cosidos ao bafo da agua, e outros a que chamam *xeupim*, id est, bolos assados, de que mais se usa em humas de que em outras Provincias, alem de muitos coscorrões e varios bolos doces, que se fazem da mesma farinha. Tambem convêm com os Tartaros os Chinas, em que não usam nas mesas de toalhas, guardanapos, facas, e nem de garfos, mas sim sómente de huns *Kuaizu*, ou palitos redondos, com que facilmente tudo comem, porque tudo lhe vai á meza feito em bocadinhos. 1729 Março 10

Supposta a diversidade dos climas de cada Provincia, tambem a ha nos mantimentos que cada huma produz, mas ordinariamente o que em todas comem os Chinas, e os Tartaros he o porco, de que em todo o tempo usam, a galinha, o pato, a ade, porque de tudo isto ha em abundancia em todo o Imperio. Tambem comem vacca ainda que pouca, porque mal ha na China as que são necessarias para a cultura das terras; mas comem bufura e cabra, carneiro, e mais castas de aves; e até os cavallos, os cães, os burros, e os ratos, servem de sustento para os Chinas pobres, de que provêm haver muitos lazaros ou leprosos na China.

Vestem os Chinas Tartaros, homens e mulheres, huns de seda, e outros de algodão, segundo os cabedaes de cada hum, e os que são ricos usam de varias sortes de vestidos segundo a diversidade dos tempos. Não usam os Chinas de carruagens de rodas, mas sim de cavallos, mulas, machos e cadeiras de mãos, tanto para o passeio, como para as jornadas, nas quaes tambem usam de certas liteiras quasi como as nossas. Não tem os Chinas, nem os Tartaros mais moeda que huma de cobre, a que elles chamam *Tumcien* e corresponde a hum nosso real e nem sempre, e em todas as Provincias tem o mesmo valor a moeda dos Chinas. Do oiro usam como de qualquer outra mercancia, porque o vendem por mais e menos preço segundo os tempos, e da prata que he todo o dinheiro dos Chinas, usam os mesmos, cortando, e pesando, para o que todos usam de balança, e thesoura, de maneira que se entre nós se faz a conta do dinheiro por moedas, entre os Chinas se faz a mesma conta por pesos, e

1729 Março 10 vale o mesmo dizerem os Chinas tantos *cien*, ou oitavas de prata, como dizermos nós tantos tostões, pois cada tostão pesa huma oitava, *sic de cæteris*.

Ha na côrte de Pekim, alem de varios tribunaes pequenos, seis, a que chamam os supremos Tribunaes da côrte; hum se chama *Lypú*, que he o Tribunal dos ritos, e entre todos os Tribunaes o maior; outro se chama *Hupú*, que he o Tribunal da fazenda do Imperador; outro se chama *Lypú*, que corresponde ao nosso Desembargo do Paço; porque nelle se despacham os Ministros de Letras que governam o Imperio; outro a que chamam Pimpú, que corresponde ao Conselho de Guerra, porque se tratam nelle todos os negocios militares; outro se chama *Himpú*, que he como hum Tribunal que só serve para decisão das causas crimes; e outro se chama *Kumpú*, que he o Tribunal que cuida das obras publicas, e fabricas do Imperador, e em huns e outros Tribunaes, em que juntamente ha Mandarins Chinas, e Tartaros, ha tambem hum Presidente, e hum como Fiscal do bem e mal, que nelle se obra.

Nas Provincias tambem ha muitos Mandarins; assim como ha tambem muitos Tribunaes, porque tem cada Provincia em primeiro lugar huma Cidade principal que he Metropoli, em que ha os Ministros seguintes: hum *Tu Eyuen*, a que nós vulgarmente chamamos Vice Rey, que governa a mesma Provincia toda no politico, com sujeição porém a outro Mandarim superior a que chamam *Çumtó*, o qual ordinariamente tambem no politico governa duas Provincias. Tem mais a mesma Metropoli hum *Chifú*, que he como Governador da Cidade, e a quem tambem vão por recurso as causas dos Mandarins inferiores; dois *Chihyuen*, que são como os dois Juizes do Civel que ha nesta côrte de Lisboa; hum Ngamchaçu, que he como Ministro do crime; hum *Puchimçu*, que he o Thesoureiro da fazenda real, e bem assim ha outros mais Ministros tanto no politico, como no militar, em que de ordinario são os Tartaros os que occupam os maiores postos.

Tem mais cada Provincia huma Cidade chamada *Fú*, a

qual commummente os Europeus põem no numero das cidades da primeira ordem, e tem esta mesma cidade hum *Chifú* ou Governador, e dois *Chí hyen,* ou Governadores das duas villas, que cada huma destas cidades dentro em si comprehende, e alem destes tem esta mesma cidade da primeira ordem outros Mandarins tanto no politico, como no militar, como todos os mais. Tem mais cada Provincia outra cidade da segunda ordem chamada *Cheu,* com hum Mandarim a que chamam *Chicheu,* ou Governador do cheu, ou cidade da segunda ordem, e assim mais dois *Chi hyen,* ou Governadores das duas villas, que cada huma destas cidades tambem comprehende, alem de outros mais Mandarins politicos, e militares, os quaes são sem numero no Imperio da China. Ultimamente tem cada Provincia varias cidades da terceira ordem a que chamam *Hyen,* e *Chi hien* aos Mandarins que a governam, de mais de infinitas aldeias, que tambem ha em cada Provincia. 1729 Março 10

Em cada huma das ruas das villas, e cidades deste Imperio, ha sempre hum China a que chamam a cabeça da rua, com obrigação de vigiar quem entra e sahe, e o que na mesma rua succede, para o participar aos Mandarins, costuma haver tambem continuas vigias por todas as villas, e cidades do Imperio, que de noute estão sempre álerta, como se os Chinas sempre vivessem em guerra, e com o inimigo á vista.

De mais destas prevenções ha tambem outra em todas as villas e cidades do Imperio, e vem a ser, que em todas as ruas das villas e cidades ha portas que se fecham de noute, e de mais disto ha tambem em todas as ruas guardas de soldados, que impedem o andar-se de noute por ellas; de maneira, porém, que serve esta cautella e prevenção dos Chinas para quietação dos povos, porque os defendem dos ladrões, que são infinitos em todas as terras; mas não impede a communicação dos moradores das mesmas villas, e cidades; porque conduzidos pelas mesmas guardas sahem, e se recolhem para suas casas seguros, depois que fazem o seu negocio.

1729 Março 10 São as mesmas villas e cidades deste Imperio, quasi todas muradas, mas são os muros a maior parte de tijolo e terra, e por isso muito menos fortes que os nossos, mas nem aos Chinas são necessarios mais fortes muros, porque não usam como nós de fortes artilharias, e quasi toda a sua peleja he com arco, e flecha, e alguns arcabuzes de murrão. São as mesmas cidades e villas muito populosas, tem as ruas como as nossas da Europa, mas os edificios muito inferiores, porque todos são sobre si, terreos, e sem janellas para as ruas, as paredes de tijolo e cal, e só quando muito tem hum corredor, e pateo por onde se servem. Desta mesma sorte são tambem as casas dos Mandarins e grandes da China, sem mais differença do que terem mais pateos, e mais sallas, e tudo murado, mas com pouco ornato, porque o não usam demasiado os Chinas, e no asseio só cuidam muito que he admiravel, porque são todas as suas sallas muito bem forradas, xaroadas, e com boas pinturas.

Quasi por esta mesma fórma he tambem o Palacio do Imperador na côrte de Pekim, mas de maior admiração, e que mal se póde comprehender, e lembra-me a mim que estando com varios Padres em hum dos pateos do mesmo Palacio lhe disse que era impossivel manifestar-se por relações na Europa, o que era aquelle Palacio do Imperador da China. He este Palacio, sem nenhuma duvida, tão espaçoso como huma grande cidade, e todo cercado de muros amarellos, e nos varios pateos que comprehendem estes muros, ha tambem variedade de salas, e todas ellas levantadas com admiraveis escadas de pedra marmore, em que se vêem tambem varias figuras. Do adorno das sallas deste Palacio não posso eu testemunhar porque não entramos senão nos primeiros pateos, e salas vagas, que o Imperador não occupa, mas fazendo argumento do costume dos Chinas, que regularmente he o mesmo sempre em todo o Imperio, posso dizer que nunca hade estar tão adornado como os Palacios da Europa o Palacio do Imperador da China; ainda que tudo o que nós não vimos estará certamente com muito asseio como habitação do mesmo Imperador, Imperatriz e mais Rainhas suas mulheres, e muitas concubinas mais, de que igualmente usa o mesmo Imperador. 1729 Março 10

Neste Imperio da China, não são os Ministros triennaes como entre nós o são os que andam pelos logares, mas sim servem os seus Mandarinados emquanto o Imperador os não adianta, ou de todo não priva como muitas vezes succede aos que faltam á administração da justiça.

Nenhum neste Imperio occupa Mandarinado dentro da sua Provincia de donde he natural, e a todos os Mandarins de Letras se tira huma residencia geral de tres em tres annos, da qual o Imperador se capacita para os adiantar, ou atrazar segundo o que lhe consta que merecem. Tambem neste Imperio como entre nós ha casas de audiencia, em que as partes são ouvidas ainda que mais summariamente, mas com recurso para os Ministros superiores até chegar a ultima decizão. Todo o Mandarim de Letras neste Imperio, com a morte de pae, ou mãe, tem tres annos de rigoroso luto, que o priva do exercicio da sua occupação, salvo se o Imperador o despensa como algumas vezes, ainda que poucas succede; não he assim, porém, nos militares quando lhe morre pae ou mãe, por quem só tem cem dias de luto, mas mais leve, e que os não priva das suas occupações.

Não ha neste Imperio estudos alguns geraes como ha na Europa, mas estuda cada hum na sua propria casa com hum Letrado, que toma para mestre. Os seus livros principaes por onde estudam, são huns chamados *Kim* ou livros classicos, que contem varios e admiraveis preceitos, e todos moraes, por onde se governam, e huns e outros se devem ao celebrado Confuzio o mais famoso Philosopho que os Chinas tiveram, e a quem os mesmos Chinas Letrados dão huma summa veneração, e honra como em agradecimento das boas doutrinas que lhe deixou; e nesta fórma he que se fazem os Letrados na China, aonde depois de varios e rigorosos exames são providos nos Mandarinados, e se fazem os mesmos exames da China na maneira seguinte:

Alem do Governador que ha em cada uma das villas, ha tambem hum Mandarim como Conservador dos Estudantes

1729 Março 10 e Bachareis, que ha na mesma villa; este mesmo Mandarim de tres em tres annos, em que vae a cada Provincia hum examinador da côrte, dos mesmos estudantes seus subditos, nomea e apresenta os que lhe parecem capazes ao Mandarim e Governador da cidade, para que delles tambem faça escolha, e apresente ao mesmo Examinador da côrte os que achar capazes de entrarem no exame. Neste mesmo exame, em que o Examinador dá o grau de Bacharel a certo numero de estudantes, dos que reputa capazes, examina tambem os que já são Bachareis de outros exames, e muitas vezes succede tirar-lhe o grau se os não acha adiantados, vindo nesta fórma os Bachareis a serem examinados tantas vezes, quantas são estes exames emquanto não conseguem os graus de Licenciados.

Ha mais em cada Metropoli de cada Provincia, huma casa geral dos exames de Licenciados, chamada *Kum yuen* toda murada, e com infinitos aposentos para os examinados, e varias salas para os examinadores emquanto os mesmos exames duram. Logo que chega o dia destes exames entram os Bachareis oppositores, que tambem são os escolhidos, cada hum para o seu aposento, unicamente com tinta e papel, e com varias vigias para que se não communiquem. A fórma destes exames, que duram por tres dias, he a que se segue: No primeiro dia, se dá a todos por thema, huma sentença dos seus livros classicos, sobre que cada hum discorre, e compõem; no segundo dia, se propõem a todos para responderem, um caso pertencente ao governo politico do Imperio, e no terceiro e ultimo dia, se lhe dá a todos para decidirem, outro caso sobre materia de justiça entre partes; todas estas composições se entregam ao Presidente do exame, que as manda copiar todas por Escrivães, para que se não conheçam os auctores, e assim copiadas são revistas pelos examinadores todos, para darem os seus votos, e com o que os mais delles votam se conclue o exame, e se publicam os que sahem Licenceados, os quaes nunca excedem o numero que he dado a cada Provincia em cada exame.

Por esta mesma ordem se fazem tambem os exames dos

Doutores na côrte, e aos mesmos tempos de tres em tres annos, e depois destes exames tem ainda os Doutores humas opposições publicas, aonde o que mais sabe consegue certos privilegios de mais honra que lhe faz o Imperador, dando-lhe com a sua mesma mão hum vaso de vinho na occasião que todos vão á sua presença, e destes Doutores he que sahem os maiores Mandarins da côrte, e Imperio, e tambem os Chronistas geraes do mesmo Imperio, os quaes vivem em hum collegio, que chamam o collegio dos Doutores em Pekim, não são, porém, os ditos privilegios, nem outras algumas honras da China hereditarios como cá na Europa, porque só as consegue quem por si as merece, sem attenção aos cargos e Dignidades que occuparam seus progenitores, podendo-se dizer delles o que disse o poeta: *Et genus, et proavi, et quae non fecimus ipsi, vix ea nostra facimus;* fallamos, porém, regularmente porque algumas honras e privilegios ha na China, que passam aos descendentes.

1729 Março 10

Neste Imperio da China, se não deixa a Magestade facilmente ver de seus vassallos, e nem facilmente se lhe dão immediatamente as petições, ou memoriaes, mas sim por via dos Tribunaes competentes, que primeiro lhos consultam. Tem esta Magestade junto de si, para os despachos, certos Ministros que chamam *Kolau,* que são como conselheiros do seu estado; e quando esta mesma Magestade sahe para *yuen Mim yuen,* que he a sua quinta, e quer dizer o jardim da perpetua claridade, aonde o mais do tempo assiste; tomam-se as bôcas das ruas por onde passa, para que o não vejam e muito menos á Imperatriz e Rainhas suas mulheres, e infinitas concubinas, de que igualmente se serve. O estado com que esta Magestade sahe para a quinta, (porque pela cidade não consta que passasse nunca) he huma magestosa cadeira carregada por oito Chinas, e grande numero de Magnates e Mandarins de Palacio, que o acompanham, huns de cavallo, e outros em cadeiras, mas estas a quatro.

He finalmente este Imperio da China, summamente dilatado, muito abundante, muito politico, e sobretudo muito bem governado, e tambem muito rico; porque só em prata,

1729 Março 10 reduzido ao valor da nossa moeda, consta ter o Imperador de renda, em cada hum anno dozentos e vinte e seis milhões trezentos e tantos mil cruzados, e isto só em prata na China, porque não fallamos nos muitos e diversos tributos, que os Chinas tambem lhe pagam, e juntamente quarenta e oito Regulos que ha seus tributarios na Tartaria, mas tambem são excessivos os gastos que faz o mesmo Imperador em obras publicas por todo o Imperio, e na sustentação de inumeraveis Ministros de Letras, e militares, e soldados, que ha em todo o Imperio, de mais de outros gastos, de que eu não posso dar noticia; e me contento com as que ficam escriptas, as quaes todas devi ao meu trabalho, e diligencia que sempre fiz por me capacitar das cousas deste Imperio da China, a quem Deus Nosso Senhor abra os olhos, para que reconheçam os erros em que vivem, e abracem a verdadeira Religião, que os nossos Europeus lhe vão pregar á custa de tantos descommodos, e trabalhos, e sem mais interesse, que o da sua propria salvação.

Lisboa occidental, 10 de Março de 1729.—Francisco Xavier da Rua, Prior de Requeixo, a fez.

Carta do Vice Rey da India para El-Rey

(Arch. da India, livro 98, fol. 7.)

1729 Dezembro 19 Senhor.—Toda a ruina deste Estado consiste visivelmente na falta do commercio, e esta falta provém de dois motivos, o primeiro o horror que todos os mercadores, que só são gentios, e mouros, tem ao procedimento do Santo Officio, não só pela diabolica paixão com que sentem serem ultrajados os seus ritos, mas tambem pelo que padecem nos carceres; aonde escolhem morrer, por não alterarem a ceremonia de não comerem e beberem diante de christãos, nem vianda preparada por mãos de pessoas que não sejam de sua casta;

e sendo muitas as que entre si tem, não póde haver carceres separados para tantas castas. O segundo motivo provém da violencia das prezas, de que já dei conta a Vossa Magestade, como consta da copia que remetto. Estes mesmos mercadores padecem entre as mais nações assim Asiaticas como Europeias maiores violencias; entre as Asiaticas compram os Governadores os dominios com a liberdade de lhe tirarem com violencia os seus cabedaes, e com o estrepito de os açoutarem, dependurarem com as cabeças para baixo, mettendo-lhas em saccos de cinza, para que não possam respirar, cortando-lhes os pés e mãos até lhes tirarem o cabedal, que commummente tem escondido; entre os Europeus, em constando que algum tem cabedal, lhe affectam crimes de infedelidade, e os confiscam; e reconhecendo os ditos que nos dominios de Vossa Magestade não padecem violencias, incitados com tudo e possessos do demonio com amor da sua religião e ritos, se sujeitam a estas violencias, e as escolhem desamparando e largando os dominios de Vossa Magestade; e povoando as fabricas e os commercios dos inglezes e francezes; não deixam de suspirar os dominios de Vossa Magestade, reconhecendo a equidade e igualdade da justiça e das leis portuguezas, propondo só a liberdade de não serem punidos pela inquisição em caso de que elles façam as suas ceremonias ás portas fechadas, sem escandalo do publico, nem em concurso de christãos, porque nestes dois casos se sujeitam a serem punidos; pedem tambem que não se admittam no tribunal do Santo Officio testemunhas da sua casta, que os accusem do que fizeram em sua casa, e allegam que não se faz crivel que por zêlo da religião catholica os accusem os professores da sua mesma idolatria, e se segue desta consideração que as paixões, ou os interesses particulares, são os que as movem. 1729 Dezembro 19

Estas são as condições com que todos os mercadores se offerecem a vir com os seus navios e as suas familias frequentar os portos e dominios de Vossa Magestade. Não sei o regimento, que a inquisição tem para conhecer de culpas de homens que nunca foram catholicos, e vejo sim, que pela

1729 Dezembro 19 excessiva quantidade de presos desta qualidade está despovoada toda a provincia do Norte, perdida a admiravel fabrica de Tanná, que hoje se começa a estabelecer em Bombaim, de donde os inglezes levam todos os camelões de seda, e lã, todos os gorgorões, lenços de seda, e picotilhos, que introduzem nessa côrte; vejo mais, que os commissarios do Santo Officio são muitos, e commummente frades; não procedem como devem, ainda que alguns por minha ordem se depõem, e outros são castigados pelos mesmos inquisidores.

O meu parecer, Senhor, é que Vossa Magestade ordene aos inquisidores, não procedam contra os gentios e mouros, que fazem alguma ceremonia em sua casa, sem escandalo do publico, nem concurso de christãos, nem por testemunhas de suas mesmas castas; e que esta ordem de Vossa Magestade se mande publicar em toda a parte, pois estou persuadido bastará para que todos os ditos mercadores, fabriqueiros, e vargeiros se recolham aos dominios de Vossa Magestade.

Tambem me parece deve Vossa Magestade ordenar que os cartazes das prezas, se passem sem mais taxa, que a de irem aos portos inimigos do Estado, por quanto os cavallos que elles transportam, não são os de que necessitam para a guerra, por serem innumeraveis os que tem nos seus dominios, dos quaes põem em campo todos os annos 500:000 a 600:000; e os taes que lhe vem da Persia e Arabia são de côrte e de regalo. Concedido assim como elles pertendem, não haverá barco algum de mercador Asiatico, que não tome cartaz nem venha a fazer negocio a este porto; e no preço dos cartazes, que se lhes póde augmentar, cresçerão as rendas do Estado, e serão maiores os interesses das alfandegas.

Damão se acha já hoje com 28 pallas, fóra outras embarcações ligeiras, sómente porque tem de outra parte do dominio estranho uma povoação debaixo da nossa protecção, de donde sem receio do Santo Officio fomentam o negocio; e a esta proporção se farão opulentas as mais praças; e cabendo nos limites da attenção religiosa de Vossa Magestade destinar-lhe em todas as provincias um logar para as suas ceremonias, como se faz a Roma, Italia, e nas mais côrtes da Europa para os judeus, serão sem duvida emporio da Asia os dominios portuguezes, que tão descahidos se acham por falta de commercio. 1729 Dezembro 19

Deus guarde a muito alta e muito poderosa pessoa de Vossa Magestade felizes annos. Goa 19 de Dezembro de 1729.—Rubrica do Vice Rey, João de Saldanha da Gama.

Artigos e convenção de paz e amisade perpetua entre o Senhor Martinho da Silveira de Menezes, Capitão geral das fortalezas e terras do Norte, e o Senhor Chrisná Ráo Mahadeo, Governador de Galliana e suas fortalezas e terras do Concão, ajustados por mediação do Senhor Roberto Coivan, Presidente e Governador geral da ilha e castello de Bombaim, apparecendo para este effeito por parte do Estado Portuguez o Senhor Francisco de Mello de Castro, Commissario geral da cavallaria do Norte e Capitão geral da ilha de Salcete, e por parte do Estado Marata os Senhores Sivaramo Pandito, e Rayagi Ramogi, com os poderes sufficientes que ambos apresentaram por parte de um e outro Estado.

(Arch. da India, livro 1.º de Pazes, fol. 326.)

1.º Como entre as duas potencias Portugueza e Marata, pela parte da Provincia do Norte, tenham havido differenças e discordias ao presente, e olhando por ambas as partes para o bem commum e socego dos povos, se ajusta huma firme, perpetua, verdadeira, e sincera paz, para ficar livre o commercio e correspondencia das terras de ambos os Estados; e assim: 1731-1732 30 Janeiro / 10 Fevereiro

2.º Se assenta e ajusta, que como na presente guerra houvesse de parte a parte mortes, feridas, e roubos, ficasse de huma e outra parte em perpetuo silencio, sem que haja direito algum para em tempo nenhum se poder pedir, nem lembrar cousa similhante.

1731-1732 30 Janeiro 10 Fevereiro 3.º E porque na presente guerra foram occupadas pela parte dos Maratas as serras de Chandavary, Tacamaca, Camandrug, Caldrug, e Bará, que estavam sem defensa alguma, se assenta, que logo sem a menor dilação, evacuem as ditas serras, tirando as guarnições que nellas se acharem, restituindo-as, e fazendo dellas, e das mais terras pertencentes ao Estado Portuguez, entrega ás pessoas que o dito Sr. Martinho da Silveira de Menezes mandar para este effeito, e o bate e munições que nellas estiverem, se restituirá outra tanta quantia, ou o justo preço dellas ao dito Sr. Crisná Ráo Mahadeo.

4.º A artilharia que da parte do Estado Portuguez tomaram os Maratas nos fortes de Cambá, Fringuipará, e Saibana, restituirá logo o Sr. Crisná Ráo Mahadeo ao dito Sr. Martinho da Silveira de Menezes, na fórma em que se achou, sendo por tudo quatorze peças, entre grandes e pequenas, com seus reparos, as quaes serão entregues á pessoa, ou pessoas que o dito Sr. Martinho da Silveira de Menezes mandar para este effeito.

5.º E como na mesma guerra, foram tomados prisioneiros de huma e outra parte, estes serão restituidos, a cada qual os seus, com todos os seus captivos que foram tomados, como assim os que ao tempo da guerra foram fugidos de hum e outro Estado, cuja troca será feita em Bombaim.

6.º E porque de Galliana foram represadas algumas embarcações saleiras e outras, e do Estado Portuguez duas Manchuas, e outras embarcações dos vassallos, dessas as que se acharem em ser se restituirão de huma e outra parte.

7.º Tambem se assenta que o dito Sr. Martinho da Silveira de Menezes, entregará ao Sr. Crisná Ráo Mahadeo dois cavallos, que foram tomados por conta do Estado, e se acham na cavallariça de Baçaim.

8.º Outrosim se assenta, que o caminho do Cande de Tellery será francamente continuado aos Maratas, e a licença de trafegar e navegar pelo Rio de Nandurquy, e mais rios, pagando os direitos acostumados, e não ficando prejudicada a fazenda real nem os vassallos do Estado.

9.º E a mesma attenção se observará com os vassallos do Estado Portuguez no seu trafego, e commercio nos rios e portos de Galliana e terras de sua jurisdicção, para que as conveniencias de hum e outro Estado sejam igualmente reciprocas. 1731-1732 30 Janeiro / 10 Fevereiro

10.º Se ajusta mais, que a polvora, balla, enxofre, e chumbo que for necessario para o uso e serviço das terras de Galliana, se lhe concederá sendo comprado nas terras do Estado Portuguez, pagando o preço acostumado, e os direitos conforme o estylo sempre praticado; como tambem pessas (?).

11.º Que as embarcações do Estado de Galliana e Beundim, que entrarem e sahirem pelos rios do Estado Portuguez, em caso que se ache nellas até cinco seiras de tabaco, não lhes fará impedimento, nem molestia alguma.

12.º Tambem se assenta, que depois de cumpridos os artigos expressados neste tratado de paz, se concederá aos mercadores de Galliana e Beundim poderem ter hum bazar na cidade de Baçaim, quando estes o requeiram para o seu trafego.

13.º As embarcações de Galliana e Biundim, que entrarem, e sahirem de dia e de noite, se deixarão passar livremente depois de examinadas pelos officiaes competentes, conforme o estylo antigo, sem mais molestia.

14.º Os cavallos que forem conduzidos das terras do Estado Portuguez, ou de quaesquer outras por mar, ou por terra, se deixarão passar sem impedimento algum, pagando os direitos acustumados, sendo para os particulares, mas sendo para o Estado de Galliana, será conforme o costume e estylo antigo, e sempre praticado.

15.º E para firmeza e duração de huma paz, que todos devem desejar, como bem commum em utilidade reciproca de ambos os Estados, e para firmar de mais a mais a fiel amizade estabelecida por este novo tratado, e desvanecer todos os motivos de desconfiança, que poderão nascer em qualquer tempo, se obrigaram os ditos Srs. Martinho da Silveira de Menezes, e Crisná Ráo Mahadeo a entregarem de

1731-1732 30 Janeiro / 10 Fevereiro parte a parte todos os soldados e captivos, que ao diante fugirem de hum Estado para outro, sendo requeridos, e ao mesmo fim o dito Sr. Crisná Ráo Mahadeo se obriga a não consentir que em tempo algum façam os Maratas entrada alguma nas terras do Estado Portuguez, mas antes promette de lhes impedir qualquer hostilidade, como se fosse em defensa de suas proprias terras, é o mesmo se corresponderá da parte do Estado Portuguez.

16.º E para que este tratado tenha exacta e solemne observação, se obrigam as partes contratantes, os ditos Srs. Francisco de Mello de Castro, e Siva Ramo Pandito, e Rayagi Ramagi, que será confirmado por seus constituintes os Srs. Martinho da Silveira de Menezes e Crisná Ráo Mahadeo dentro do termo de dez dias da assignatura delle, e a sua execução com a mais possivel brevidade, e em testemunho da verdade assignaram os ditos Srs. Francisco de Mello de Castro, como Embaixador do Estado Portuguez, e Siva Ramo Pandito, e Rayagi Ramagi, como Embaixadores do Estado Marata, pelos poderes que lhes foram reciprocamente concedidos, e as cartas de crença que apresentaram ao receber das embaixadas, tudo feito e concluido na presença, e por mediação do dito Sr. Roberto Coivan, Presidente e Governador geral, que tambem se assignou nelle. Castello de Bombaim 30 de janeiro de 1731 / 10 de fevereiro de 1732.—Roberto Coivan—Francisco de Mello de Castro—Martinho da Silveira de Menezes.

Capitulações feitas na feitoria Portugueza por ordem de Antonio de Brito Freire, Capitão de Mar e Guerra da fragata Nossa Senhora da Estrella, que se acha no porto de Calicut, com El-Rey Samori, por seus Regedores, que as ajustaram com Francisco Xavier Sottomayor, Capitão Tenente da dita fragata, estando presentes Martinville, segundo de Mahim, e primeiro de Calicut pela Real Companhia de França, e o Reverendo Padre Agostinho Machado, Administrador da feitoria, e o Reverendo Padre Cypriano de Amorim, Vigario desta cidade de Calicut.

(Arch. da India, livro 1.º de Pazes, fol. 328.)

Como o Reverendo Padre Vigario da Igreja de Calicut prendesse hum christão de sua jurisdicção, e este tivesse outros christãos que o favorecessem, os ditos convocaram alguns Naires, para que lhes guardassem as costas, e entraram com elles de noite no districto da Igreja, que pelas capitulações da paz lhes he vedado, e subrepticiamente deram fuga ao dito preso; o que visto pelo Reverendo Vigario, communicando o caso com o Reverendo Feitor, se resolveram em fecharem a Igreja e Feitoria, e retirar-se a Tanor até que o Rey Samori desse ao Estado a satisfação que se devia por este caso, a qual se offereceram a dar os Regedores por ordem do seu Rey, com a chegada da fragata; e posto o negocio em pratica se ajustou o seguinte: 1735 Fevereiro 23

1.º Que o Regedor maior de Calicut, Nilenda Nàobi, com os mais Regedores, e com o Thesoureiro do Rey Chamgarambi fossem á praia a receber os ditos Padres, e os acompanhassem até á Igreja e Feitoria.

2.º E que visto não apparecer o preso, sem embargo das diligencias que por parte delles Regedores se tinham feito, elles ditos, se obrigavam a restituil-o ao Reverendo Padre Vigario a qualquer tempo que apparecesse, e que tendo o dito Padre noticia delle, lhe dariam toda a ajuda e favor que fosse necessario até com effeito ser preso, e que quando ao

1735 Fevereiro 23 Padre lhe parecesse que estava castigado, ficaria a seu arbitrio o deixal-o viver na terra, ou desterral-o das terras de ElRey Samory, o que elles sem falta fariam executar.

3.º Que como estava averiguado terem sido os christãos os principaes motores deste alvoroço, convinha para respeito do mesmo Padre, e para que ao diante não succedessem similhantes, que fossem castigados os que se achassem culpados, para o que elles Regedores promettiam prenderem logo tres Naires, que se sabia terem-se achado no caso, e depois de bem castigados ao seu uso, os fariam confessar quem foram os outros assim christãos como Naires, o que sabido, castigariam os seus, e dariam toda a ajuda ao Padre Vigario para que castigasse os christãos na fórma que lhe parecesse.

4.º Que elles ditos Regedores se obrigavam a tirar logo os Jangadas aos christãos da jurisdição do Padre, que assim lho requereu, por quanto com os Jangadas se faziam absolutos e desobedientes aos castigos que por seus delictos mereciam, e se obrigaram para o diante a não consentirem que nenhum christão os podesse tomar sem lhe apresentar a elles Regedores licença do dito Padre ou do Feitor nos que fossem da sua jurisdição.

5.º Que seriam obrigados dentro de hum anno a acabar a Feitoria sem falta nenhuma, e acrescentar, e reedificar a casa do Padre Vigario dentro no mesmo tempo, e assim mais se obrigaram de novo a fazer huma cozinha para a Feitoria, e duas gallerias sobre as duas portas principaes, e que escreveriam ao seu Rey, para que desse licença, para que da Feitoria até á praia se abrisse huma estrada larga e desembaraçada, de sorte que a Feitoria participasse da vista do mar, o que logo não promettiam fazer por não terem communicado este ponto com o seu Rey, nem caber no tempo o fazel-o pela pouca demora da fragata.

6.º Que elles Regedores se obrigavam a satisfazerem no seguinte dia ao destas capitulações os quarteis de hum anno que deviam á Feitoria, e ao Reverendo Vigario, e darem algum dinheiro adiantado por conta do quartel que se hia vencendo.

7.º Que se obrigavam a entregar ao Padre Feitor a Olla de cobre, que o seu Rey se obrigou a dar para firmeza da paz que ajustou com o Estado em 1724. 1735 Fevereiro 23

8.º Que em tudo o mais elles Regedores se obrigavam por parte do seu Rey (de quem tinham Olla para este ajuste) a estar pelas capitulações feitas no ajuste da paz que se celebrou entre o Estado e o dito Rey, sendo Vice Rey o Exmo Sr. D. Pedro de Noronha, Conde de Villa Verde, e pelos acrescentamentos que se fizeram na paz, que ajustou o Capitão de mar e guerra Pedro Guedes de Magalhães em 1724, e que assim o promettiam guardar ao Exmo Sr. Pedro Mascarenhas, Conde de Sandomil, Vice Rey e Capitão geral do Estado da India, e que mandariam logo estas capitulações traduzidas no seu idioma ao seu Rey, o qual conforme ao seu costume mandaria huma Olla assignada por elle, em que desse por firme e bem feito tudo o que por elles Regedores se tinha capitulado, a qual se entregaria ao Capitão de mar e guerra Antonio de Brito Freire, para a entregar em Goa ao Exmo Sr. Conde Vice Rey; e porque a demora da fragata havia de ser pouca, e se requeriam mais dias para vir a dita Olla, elles se obrigavam a tel-a prompta para a entregarem na volta que a fragata fizesse de Tanor, e de tudo derão por fiador a Mr. Martinville, primeiro de Calicut pela Real Companhia de França. Feitoria Portugueza de Calicut 23 de Fevereiro de 1735.—De Martinville—Francisco Xavier Sottomayor — Agostinho Machado — Cypriano de Amorim.

Carta de ElRey Samorim

(Arch. da India, livro 1.º de Pazes, fol. 330.)

Assistente em Calicut Padre Portuguez e Feitor para ver o negocio. Recebi a carta, e vi o que nella me diz do christão Ventura, que estava preso na Igreja, e sobre a fugida do 1735 Março 5

1735 Março 5 dito. Se acaso vier na minha terra, me obrigo a mandar a minha gente, e remetter á Igreja; ou não deixar ficar no meu Reino.

Da fugida que tem feito da Igreja, e aos que tem ajudado ao dito Ventura, mandarei vir, e darei o castigo. Sobre alguns christãos que ouvi que tem dado ajuda deve fazer diligencia, e castigar lá mesmo aos ditos.

Os christãos se quizerem Jangadas, sem o Padre ou Feitor me dizer não heide dar Jangadas. Os christãos que andam com Jangadas deve fazer mudar.

Para dar fim da obra da Feitoria tenho ordenado, e tambem para mandar fazer caminho da Feitoria á praia, e a Igreja; tomando informação com minha gente, que lá fica conforme aquillo podemos fazer.

Os quarteis quando ajustar o anno logo farei dar. Conforme a necessidade, se quizer, entre meio do anno posso ordenar para dar; a mesma noticia com o capitão que veio na fragata deve de fazer inteirar de tudo.

A paz e concordia que ha com ElRey de Portugal emquanto em mim não haverá nenhuma differença.—Rubrica delRey.

A copia da carta acima, foi traduzida por mim Antonio de Sequeira Lopes, interprete desta Feitoria Portugueza, e fielmente sem acrescentar nem diminuir cousa que duvida faça; em fé que me assignei hoje. Feitoria, 5 de Março de 1735.— Cypriano de Amorim — Agostinho Machado — Antonio Sequeira Lopes.

Tratado e condições com que o Excellentissimo Senhor Conde de Sandomil, Vice Rey e Capitão geral da India, acceitou a satisfação que El-Rey de Sunda, Saccay Bassavá Linga, lhe mandou dar por Guinian Lingaya Nauru, Sobedar de Pondá, e Anagi Pandito, seus Embaixadores, para se restabelecer a antiga paz entre este Estado, e os seus dominios, alterada por alguns de seus Capitães nas provincias de Caruar e Sivançar.

(Arch. da India, livro 1.º de Pazes, fol. 350.)

Logar do sêllo das Armas reaes de Portugal.

1.º Os Padres Missionarios serão logo restituidos á administração das Igrejas, e a todo o exercicio de seu ministerio, e se lhe não impedirá fabricarem casas de telhas para a sua habitação, em qualquer parte que lhe parecer conveniente a bem da christandade, em todas as terras de ElRey de Sunda, com a mesma liberdade, com que até agora a tinham nas aldeias de Sivançar e Ancolá, pelas quaes terras todas poderão livremente andar pregando a fé sem opposição alguma, e só não poderão fabricar as ditas casas junto de fortalezas, que por causa dellas possam ter algum prejuizo em occasião de guerra, nem se poderão fazer tão fortes que algum inimigo se possa aproveitar dellas para fortificar-se, e com estas limitações lhe será sempre permittida a dita fabrica, com condição, porém, que para ella não se valerão os Padres de pedra, madeira, e quaesquer outros materiaes sem expresso consentimento dos donos delles; poderão, porém, tirar á sua custa as madeiras dos matos, e as pedras das pedreiras sem impedimento algum. 1735 Dezembro 20

2.º Todo o gentio que voluntariamente quizer ser christão, não será impedido a que o seja, e livremente poderá baptisar-se, e cumprir com as obrigações de christão sem opposição alguma.

3.º Não serão obrigados os Padres a pagar juncões pessoaes por si, nem por seus famulos, nem do fato de seu uso, assim os que assistirem, e andarem nas mesmas terras de

1735 Dezembro 20 ElRey de Sunda, como os que passarem por ellas para as do Canará, ou para outras quaesquer partes.

4.º Nenhuma mulher christã, que fique sem filhos por morte de seu marido, nem as solteiras ou viuvas, que ficarem prenhes, poderão tomar-se por captivas, e a todas as que actualmente se acharem por estes motivos em estado de captiveiro, se dará logo liberdade, e tambem a seus filhos e netos, que sé acharem no mesmo estado, e para que por falta de noticia não deixem de conseguir todos liberdade, a qual concederão logo ElRey de Sunda e seus ministros aos que conhecerem, os Padres informando-se e fazendo lista dos mais as apresentarão nos logares em que se acharem aos mesmos ministros, e por ellas conhecidos os captivos serão logo livres.

5.º Tambem não poderão ser captivos por dividas os christãos, assim homens como mulheres, e quando algum for devedor dos gentios, e não tenha com que lhe pagar, os Padres averiguando as dividas, os obrigarão a servir a seus credores, ou a quem lhe der com que paguem, não como captivos, mas sim como jornaleiros, arbitrando-lhe o tempo de serviço que baste para satisfação das dividas.

6.º De todos os christãos nas mesmas terras de ElRey de Sunda, serão os Padres Missionarios juizes privativos, assim como são em todo o reino do Canará, exceptos só os casos de lesa magestade, e homicidios, e para que nestes possam os Ministros de ElRey de Sunda proceder contra elles, serão os Padres primeiro informados das circumstancias dos delictos, e certificados de ser a qualidade delles isenta da sua jurisdição.

7.º Contra os christãos renegados, que se tiverem feito gentios, ou mouros, ou adorarem pagodes, poderão os Padres exercitar jurisdição obrigando-os a tornar á obediencia da Igreja, e da mesma sorte as mulheres christãs grandes e pequenas que estiverem feitas balhadeiras.

8.º Mandará o Rey de Sunda registar estes artigos, em todos os governos das suas provincias e fortalezas, para que sendo sabedores delles os seus Ministros e Capitães, evitem toda a occasião de differenças como as que por vezes tem havido nestas materias. E porque tendo-se ajustado nas conferencias que precederam a este tratado, que os Subedares e Capitães que deram motivo de queixas aos Padres, viessem a esta côrte de Goa dar satisfação dellas, ultimamente se conveio na satisfação, que em audiência publica deram os Embaixadores da parte do seu Rey, protestando querer conservar a amizade com o Estado, e ter-se desgostado de que houvesse occasião para as passadas differenças, ficam ellas de hoje para sempre em total esquecimento com firme proposito de se guardarem daqui por diante por huma e outra parte inviolavelmente todas as convenções deste tratado. 1733 Dezembro 20

9.º Os donos do Sibar que injustamente foi represado em Caruar, serão restituidos de tudo o que se lhe tomou, e da perda que tiveram na corrupção das fazendas, e nos interesses que não conseguiram na viagem que pela dita causa deixaram de fazer, tendo-se-lhe dado liberdade a tempo que se viram obrigados a ficar de invernada nesta cidade de Goa, e para se averiguar a importancia de todos os referidos damnos, se fará a avaliação delles por dois mercadores, hum nomeado por parte de ElReý de Sunda, e outro pela do Estado, e não se ajustando ambos, nomearam terceiro para o desempate.

10.º De nenhuma maneira poderão as galvetas do Rey de Sunda reconhecer embarcação alguma, e menos obrigal-as a hir aos seus portos, por ser esta introdução hum abuso muito contrario ao dominio que o Estado tem nos mares da India, e qualquer acção destas que se executar, será tida por infracção da paz, com declaração, porém, que antes de se haver por quebrantada, se avisará por parte do Estado ao Subedar, a cuja jurisdição pertencer o porto aonde a dita acção se tiver obrado, para que castigue ao Capitão, ou cabo que nella for culpado, e quando assim o dito Subedar o não execute, então poderá o Estado tomar por si a devida satisfação.

11.º O Padre Manuel do Rego, será restituido de tudo o que na fortaleza de Piro se lhe tomou, assim joias como di-

1735 Dezembro 20 nheiro, quando vindo da missão do Canará com outros christãos seus parentes em Abril ou Maio de 1733 foi represado na dita fortaleza, e se lhe devem tambem pagar as perdas que teve na mesma prisão, que lhe durou cinco mezes.

12.° Todos os soldados e escravos que das terras do Estado, fugirem para as de ElRey de Sunda, serão logo restituidos, sem que por isso se possa pedir dinheiro, ou despeza de seu sustento, e da mesma sorte se restituirão por parte do Estado lascarins, ou escravos fugidos das terras do Sunda.

13.° Tambem serão restituidos, por huma e outra parte, quaesquer vassallos mercadores, Cabos, Capitães, ou Subedareis, e quaesquer outras pessoas, ainda que sejam de muita distincção, que por dividas e crimes se ausentarem de huma parte para a outra, com condição, porém, que não serão castigados com pena de morte, ainda que os crimes sejam de qualidade que a mereçam.

14.° Nos direitos que se pagam, das fazendas que passam pelas terras de ElRey de Sunda, a que chamam juncões, não haverá alteração alguma para com os mercadores e vassallos do Estado, e só serão obrigados a pagar a mesma quantia que sempre foi costume pagar-se, e nos logares sempre costumados para esta cobrança, de sorte que nunca haverá mudança alguma no antigo costume della; e porque os christãos de Angediva, que frequentemente passam pelas terras de ElRey de Sunda para esta cidade, se queixam de que na fortaleza de Piro, se tem alterado de pouco tempo a esta parte o costume dos juncões, tomando-se-lhe direitos até dos pares de meias que trazem[1], de que nunca os pagavam, serão daqui por diante conservados infallivelmente no mesmo costume antigo; e porque o Avaldar da mesma fortaleza do Piro, assim na referida alteração dos juncões, como em outras cousas, tem offendido gravemente o Estado, principalmente em prender hum patamar christão, que vinha de Angediva por ordem do Ex.mo Sr. Vice Rey com cartas para a Secreta-

1 Ainda hoje he industria dos moradores de Angediva fazerem meias e vir vendel-as a Goa.

ria do Estado, tomando-se-lhe, e abrindo-se as mesmas cartas, já depois de estarem nesta côrte os Embaixadores, será o dito Avaldar castigado por ElRey de Sunda, tirando-o da dita fortaleza em satisfação das referidas acções. 1735 Dezembro 20

15.º Os lascarins, e serventes de ElRey de Sunda, que vierem mandados por elle, ou por seus Ministros para esta côrte, serão isentos de pagar lagimas na mesma fórma já ajustada no artigo 23.º (aliás 22) do tratado feito em tempo do Sr. Conde de Villa Verde.

16.º Havendo falta de mantimento nas terras de ElRey de Sunda, e havendo abundancia delle nas do Estado, se concederá licença para a passagem de todo o que for necessario nas ditas terras.

17.º Todas as vezes que ElRey de Sunda tiver necessidade de polvora, e o Estado estiver abundante della, lhe venderá a que lhe for precisa.

18.º Poderá ElRey de Sunda ter nesta cidade de Goa huma casa como feitoria de negocio, em que assistirá hum mercador seu administrando por conta do dito Rey, o commercio de quaesquer fazendas em que quizer contratar, não sendo das prohibidas pelas leis deste Estado, e pagando os direitos devidos e costumados, no que, e em tudo o mais se fará sempre ao dito mercador e casa da sua feitoria todo o favor que for justo.

19.º Não consentirá o Estado, que Fondú Saunto Bounsuló, ou seus successores, façam hostilidade alguma nas terras da jurisdicção de Pondá, de que o mesmo Estado metteu de posse ha quasi trinta annos a ElRey de Sunda, e assim por esta razão, como pela amizade que o mesmo Rey protesta querer sempre merecer ao Estado, não só se não consentirá emquanto ella durar, e estas capitulações pontualmente se observarem, que os ditos Bounsolós hostilisem as ditas terras, mas as terá o Estado na sua protecção para as livrar das referidas hostilidades.

20.º Em todas as terras vizinhas, e confinantes ao Estado, não fará ElRey de Sunda fortificações novas, e nas margens dos rios não porá corpos de gente, nem sentinellas mais que

1735 Dezembro 20 aquellas mesmas que sempre costumou haver, de sorte que nestas materias nunca haverá alteração alguma do estado em que as ditas terras de Pondá se achavam, quando foram entregues a ElRey de Sunda.

21.ª Tambem não haverá alteração nos costumes antigos das lagimas das barcas e almadias que passam junto á ponta de Durbata, onde sempre se costumou cobrar 1 tanga de cada barca carregada, e 25 bazarucos de cada almadia tambem carregada, e isto mesmo se ha de observar sempre sem alteração alguma.

22.º Da mesma sorte não haverá alteração nos direitos de 2 xerafins e meio, que sempre se costumaram pagar aos rendeiros dos matos de Sanguem e Pondá, por cada barca de lenha conduzida dos mesmos matos, o qual costume será sempre observado inviolavelmente, e se observará tambem o antigo que sempre houve no pagamento dos direitos do mantimento, legumes, e quaesquer fazendas trazidas de Pondá, o que fica comprehendido tambem no artigo 14.º acima, que he geral para todos os juncões e direitos.

23.º Pela mesma razão de se não deverem alterar os costumes antigos, não se hão de consentir daqui por diante as novas boticas, que na aldeia de Talavardá de pouco tempo a esta parte se tem levantado, visinhas ao portal de Verodá, em logar que era deserto, e alguns butiqueiros fugidos das terras do Estado por culpados, e devedores começaram a formar as ditas boticas com prejuizo grande das antigas de Verodá e Cucolim, o que daqui por diante se não permittirá, e em termo de dois mezes mandará ElRey de Sunda desfazer as ditas novas boticas, conservando sempre nesta materia, como em todas as mais, os antigos costumes.

24.º Nagogi Naique, filho do Sardessae Hirbá Naique, será restituido de tudo o que lhe pertence do seu dessaeado, assim como o possuia, quando seu pae se ausentou das terras do Estado para as de Fondú Saunto Bounsoló, do qual crime foi depois perdoado, e admittido aos privilegios dos vassallos do Estado, assim como antes era, pela qual razão se lhe devem contribuir todas as suas rendas, com declaração, porém, que ficará perdendo para ElRey de Sunda todos os frutos e rendimentos do mesmo dessaeado, desde que o dito Rey o sequestrou até agora, sem que o dito Sardessae possa mais em tempo algum pedir-lhe os ditos rendimentos, os quaes ficam em satisfação da culpa de se haver passado o dito Hirbá Naique para as terras de Bounsoló, inimigo de ElRey de Sunda, e haver dado alguns lascarins seus ao mesmo Bounsoló, para hostilisar as terras de Pondá, o que tudo ficará daqui por diante em esquecimento, assim pela referida razão de lhe ter perdoado o Estado, como por ser já morto o dito Hirbá Naique, e por ter ElRey de Sunda recebido em satisfação as rendas de muitos annos do mesmo dessaeado, do qual será logo mettido de posse o dito Nagogi Naique, em termo de dois mezes contados do dia em que se assignar este tratado, com declaração, porém, que o mesmo Sardessae Nagogi Naique, que já se tem reconciliado com os Embaixadores, mandará em companhia delles huma pessoa sua que assista em Pondá, e em seu nome faça a ElRey de Sunda o devido reconhecimento como Dessae das suas terras, e lhe proteste emendar sempre com a sua fidelidade os erros de seu pae. 1735 Dezembro 20

25.º Tendo-se ajustado em capitulações antigas, que os Dessaes de Caruar serão restituidos da tença annual do seu dessaeado, que em Caruar, Sivançar, Quadra, Ouruem, e Sambrane importava mais de 8:000 pagodes, e sendo os principaes successores do dito dessaeado Sambagi Rão, e Vitogi Rão, como filhos de Nagogi Rão possuidor delle, assistentes actualmente em Angediva, onde estão servindo a Sua Magestade, que Deus guarde, não recebem cousa alguma do dito dessaeado, havendo seu tio Bapogi Rão ajustado individamente com os ministros de ElRey de Sunda a lhe darem em cada anno 300 pagodes nas terras de Pondá em satisfação de todas as rendas do mesmo dessaeado, que principalmente pertencem aos ditos seus sobrinhos, os quaes sendo dignos da protecção do Estado, assim pelos serviços de seu pae, como pelos que actualmente estão fazendo em Angediva, não devem ser privados das suas rendas, nem os

1735 Dezembro 20 300 pagodes ajustados com Bapogi Ráo, podem satisfazer a importante quantia dellas, e se lhe devia restituir inteiramente toda a sua importancia, mas supposto o referido ajuste com Bapogi Ráo, e a grande pobreza em que se acham os ditos dois Dessaes, e estar ElRey de Sunda ha muitos annos de posse do dito dessaeado, ficaria daqui por diante continuando na mesma posse delle sem contradição alguma, com condição, porém, que mandará dar cada anno nos juncões e rendas de Caruar aos ditos Dessaes Sambagi Ráo e Vitugi Ráo, e a seus successores, outros 300 pagodes assim como em Pondá se pagam aos herdeiros de Bapogi Ráo, os quaes 300 pagodes poderão cobrar os ditos Dessaes por si ou por seus procuradores annualmente na dita aldeia Caruar, com o que ficará para sempre ElRey de Sunda possuindo como cousa sua sem contradição alguma todas as pertenças do dito dessaeado, e o dito pagamento annual de 300 pagodes começará a ter effeito logo em termo de dois mezes contados do dia em que se assignar este tratado.

O qual tratado de vinte e cinco artigos, depois de conferido com os sobreditos Embaixadores Guinian Lingaya Nauru, e Anagi Pandito, foi finalmente ajustado, e concluido com Sivaya Nauru, e Calopá Pandito, novos Embaixadores do mesmo Rey de Sunda, que recolhidos os primeiros antes da dita conclusão, os mandou a entregar huma copia do mesmo tratado, por elle firmada com o seu sêllo, e a receber esta, firmada pelo Ex.mo Sr. Conde Vice Rey, e sellada com o sêllo das armas reaes da corôa de Portugal, fazendo-se a troca e entrega de huma e outra em presença de S. Ex.a dando audiencia aos ditos Embaixadores Sivayá e Callopá, na qual lhe apresentaram a copia assignada pelo seu Rey, escripta em lingua canará, havendo-se antes conferido a dita copia em presença do Secretario do Estado pelo lingua Boganá Camotim, na qual conferencia se achou estarem todos os ditos vinte e cinco artigos verdadeiramente traduzidos na dita lingua, e conformes com estes, e ser verdadeiro o sêllo do Rey com que ella se acha firmada com mais algumas palavras escriptas, em que declara, e promette cumprir inteiramente os ditos artigos, os quaes tambem o Exmo Sr. Conde Vice Rey se obriga a cumprir da sua parte pelo que lhe toca, para o que mandou sellar este tratado com o referido sèllo das armas reaes, e o assignou com a sua firma, e eu o Secretario do Estado Luiz Affonso Dantas o fiz escrever, havendo conferido com os primeiros Embaixadores todos os seus artigos, e presenciado a conferencia que se fez da referida copia escripta em lingua canará de que dou minha fé, e por verdade de tudo sobscrevo e assigno este papel em Goa no Palacio da Casa da polvora a 4 de Dezembro de 1735, que he o mesmo dia da troca, e entrega delles na audiencia referida dada por S. Ex.ª no dito Palacio. — Conde de Sandomil — Luiz Affonso Dantas. 1735 Dezembro 20

Segue-se a copia canará, no alto da qual tem esta declaração:

«Este he o proprio papel, que os Embaixadores do Rey de Sunda entregaram ao Exmo Sr. Conde Vice Rey em 4 de Dezembro de 1735.»

E no fim diz:

«Certifico eu Boganá Camotim, lingua do Estado, ter conferido este papel de capitulações escripto em lingua canará, em que se acham vinte e cinco artigos sellados com dois sêllos do Rey de Sunda, hum grande no principio delles, e outro pequeno no fim, os quaes vinte e cinco artigos estão conformes com os escriptos em lingua portugueza, que foram entregues aos Embaixadores do dito Rey, e só differe este papel canará do portuguez no principio, ou titulo delle, e nas ultimas regras depois dos ditos artigos, do qual principio ou titulo, e das ditas ultimas regras a traducção he a que se segue:

«Traducção do principio ou titulo:»

«Capitulações que o Exmo Sr. Conde de Sandomil, Vice Rey e Capitão geral da India remetteu por via dos Ministros do Paço, que se chamam Subaçad Sivaya Nauru, e Calló Panddito, cuja declaração he a seguinte, etc.»

1735 Dezembro 20 Traducção das ultimas regras depois dos ditos vinte e cinco artigos:

«Os vinte e cinco artigos acima referidos, no anno chamado Racçes, 1.º dia da lua nascente do mez Assivino, em portuguez 17 de Setembro de 1735, concluiu ElRey de Sunda, aos quaes em diante por huma e outra parte se deve dar cumprimento inteiramente.»

E por tudo o referido ser verdade fiz, e assignei esta certidão em 20 de Dezembro de 1735 — Bogoná Camoty.

Capitulações com o Bounsoló

(Arcb. da India, livro 1.º de Pazes, fol. 369.)

1736 Julho 14 Por quanto Fondú Saunto Bousuló, Sardessay das terras de Cuddale (por ter faltado em alguma parte ao tratado na paz, que ultimamente se ajustou em 24 de Agosto de 1726, firmada com os seus sellos, sendo Vice Rey o Sr. João de Saldanha da Gama) tomando alguns parangues e galvetas dos vassallos do Estado, arrependido daquelle procedimento, representou ao Exmo Sr. Conde de Sandomil, Vice Rey e Capitão geral do Estado, pelo honrado Vissa Rama Sinay, queria satisfazer o procedido das ditas embarcações, e sua fazenda, e observar inteiramente o dito tratado da paz, pedindo ao dito Senhor quitasse o feudo annual de dois cavallos arabios, ou 500 xerafins de cada hum, do tempo de onze annos que não tinha pago depois do ultimo pagamento de 13:000 xerafins no dito anno de 1726, por os Estados do dito Sar Dessay Bousuló estarem arruinados, e tendo considerado o dito Exmo Sr. Conde Vice Rey a dita representação, foi servido por graça particular quitar ao dito Sar Dessay pela dita representação do dito Vissa Rama Sinay.o dito feudo atrazado de dez annos, visto prometter pagar 1:000 xerafins do ultimo anno, e continuar ao futuro annualmente, e de sa-

tisfazer o preço das embarcações e suas fazendas, na fórma 1736
que tem assentado com o General dos Rios, Antonio Cardim Junho
Fróes, por todo o mez de Março do anno de 1737, e cumprir 14
inviolavelmente o dito tratado da paz de 24 de Agosto em todas as suas clausulas, e circumstancias, especialmente a respeito dos Dessaes vassallos do Estado, que como taes devem ser protegidos com a mesma especialidade, e particularmente se obrigou o dito honrado Vissa Rama Sinay a satisfazer pela sua pessoa e bens no caso que não satisfaça o dito Sar Dessay Fondú Saunto Bousuló a importancia do que se tem tomado aos vassallos do Estado, como consta das obrigações que o mesmo Vissa Rama fez a cada hum dos interessados, as quaes ficam na mão do dito General Antonio Cardim Fróes, e a mesma obrigação promette o dito Vissa Rama ao Estado, para que no caso de haver falta nos pagamentos, se haja de requerer por esta via a dita satisfação, e de novo se obriga a que Nagobá Saunto, filho do dito Sar Dessay, não moleste, nem retenha vassallo algum do Estado, que na confiança da paz passam ás terras do dito Sar Dessay, e que no caso que façam alguma cousa que não seja licita, se deva queixar ao Estado para que lhe faça justiça, e quando o dito Nagobá Saunto faça algum roubo aos ditos vassallos, será obrigado o dito Fondú Saunto Bousuló a satisfazel-o, e faz esta obrigação ácerca de Nagobá Saunto sómente, com a condição de haver confirmação do dito Sar Dessay, a qual procurará, e a enviará ao Estado com toda a brevidade; e de como assim o assentou, e prometteu o dito Vissa Rama Sinay em virtude dos poderes que para isso trouxe, que ficam nesta secretaria do Estado, faz esta ratificação, e assignou na mesma secretaria perante o Secretario do dito Estado, e a rubricou o dito Exmo Sr. Conde Vice Rey. Goa 14 de Julho de 1736. — Luiz Affonso Dantas — Assignatura maratha de Vissa Rama Sinay. — A rubrica do Vice Rey está no principio do papel.

Lista do que o General dos Rios, Antonio Cardim Fróes, conferio com Vissa Rama Sinay, para V. Ex.ª, sendo servido, approvar

1736 Junho 14 Para V. Ex.ª ver.

Custam Sinay, mercador de mantimentos, morador em Panely, requerendo a restituição de huma embarcação, com sua carga de nachiny, batte, e outras fazendas, contheudas na lista que anda junta aos papeis do seu requerimento, tudo da importancia de 1:045 xerafins, 4 tangas, e 15 réis, ajustou com o dito Vissa Rama em a quantia de.............. 0650-0-00

Hornó Naique, morador em Sivolym, requerendo 350 xerafins de hum parangue, e o sal que Fondú Saunto lhe tomou, ajustou-se em.. 0250-0-00

Ajustou-se com o dito Vissa Rama para restituir a Pedro de Aguiar 2:000 xerafins do arroz, que se lhe tomou em o porto de Barçalor, sendo a importancia de 3:100 xerafins, segundo a sua lista....................... 2000-0-00

Ajustou-se com Lourenço Fernandes em 450 xerafins, importancia da carga do saudó que lhe tomou o anno passado Fondú Saunto, e a restituição do mesmo saudó.............. 450-0-00

Ajustou-se a satisfazer aos patamares que o inverno passado foram roubados, vindo do Norte, a quantia de 300 xerafins, sendo o que estes requeriam 480 xerafins............. 480-0-00

Ajustou-se pagar a Narana Parabu de 6 sibares de sal, que ha tres annos se lhe tomaram da importancia de 6:000 e tantos xerafins, fazendas, e cascos, restituirem-se dois que estão em ser, e 3:750 xerafins, a saber, 2:000 logo, 1:750 em Março, e caso que haja falta na entrega dos ditos cascos, 1:000 xerafins por elles........................ 3750-0-00

Ajustou-se pagar a Vengaty Camotym 2:000 xerafins, importancia de hum sibar, que este anno se lhe tomou, que diz importava em 2:500 xerafins em copra e areca, e se obrigou Vissa Rama a restituir o dito sibar, ou 1000 xerafins, alem dos 2:000 .... 2000–0–00 1736 Junho 14

Ajustou-se mais pagar a Antonio Nunes de hum sibar, que se lhe tomou o anno de 723 com a importancia de 2:000 xerafins da fazenda, dar-se-lhe hum casco de hum sibar vazio, e tres annos huma vargia arrendada por metade do seu justo preço, por esta parcella ser excluida na paz, que fez o Sr. João de Saldanha com Fondú Saunto Bounsuló; e da mesma sorte com outro sibar de Vassudeo, gentio, morador em Betim com fazendas da mesma quantia do tempo do Sr. Francisco José de Sampayo, outro casco de hum sibar vazio, e outra vargia por tempo de tres annos, por metade do seu justo preço, por esta divida ser em tudo similhante á de Antonio Nunes acima mencionado.

Ajustou-se, finalmente, Vissa Rama logo que chegasse a Varym, enviar 1:000 xerafins á conta do tributo que Fondú Saunto paga ao Estado, sem o que não terá effeito a graça que V. Ex.ª lhe concede de lhe perdoar os annos atrazados, e que continuaria a pagar o dito tributo por diante sem falta.............. 1000–0–00

10580–0–00

Carta de Fonddú Saunto Bounsuló escripta ao Ex.mo Sr. Conde Vice Rey

1736 Julho 11

Ex.mo e felicissimo, poderoso, possuidor de grande Estado, Sr. Pedro Mascarenhas, Conde de Sandomil, Vice Rey da India, sempre esteja no felicissimo dilatado Estado.

1736 Julho 11 Eu Fondú Saunto Bounsuló, Sar Dessay da Praganã Cuddalle, e mais provincias, depois de repetidos sallamos, etc.

Muita amizade e paz se conservará com o Estado; ha pouco tempo parece houve alguma differença pouca; por esta causa mandei dizer ao grandioso Vissa Ramo Ananta, qual expressará tudo, ao que dará V. Ex.ª attenção, considerando bem conforme de modo que o negocio do Estado seja feito por mim, e o meu negocio seja conseguido por via do Estado; a paz e amizade, que de minha parte se conservou desde principio, se conservará na mesma fórma.

Nas pazes atrazadas para se assignar de minha parte mandei faculdade ao dito Vissa Ramo, o qual se assignará, e esta não serve de expressar mais que pedir lhe permitta boa amizade.

Traduzida por mim Bogoná Camoty, Lingua do Estado, a 11 de Julho de 1736.

Segue-se o original maratha desta carta do Bounsuló.

Capitulações de pazes com o Bounsuló

(Arch. da India, livro 1.º de Pazes, fol. 377.)

1740 Fevereiro 27 No anno chamado Sidarty, primeiro do mez Phalguna, por outro nome, ou era dos Mouros chamado Surcan Arboin Meyam Alaph, em Portuguez 27 de Fevereiro de 1740, entre os grandiosos Zairamo Saunto Bounsuló e Rama Chandra Saunto Bounsuló, Sar Dessaes de Praganã Cuddalle e mais provincias, e o Estado Portuguez, por haver differença na amizade, a qual para se estabelecer, e se conseguirem os negocios em utilidade de huma e outra parte, se ajustou, e se concluiu a paz por meio dos honrados Vitogi Sinay Dumó e Boganá Camotim, lingua do Estado, pela maneira seguinte:

1.º As pazes, que de presente estão ajustadas, serão

observadas, e cumpridas por ambas as partes, e as pazes que se tinham feito nos tempos atrazados não terão vigor. 1740 Fevereiro 27

2.º Para se haver de ajustar a paz entre o grandioso Bagi Ráo Pandito Pradane, e o Estado, se tem tratado a sua materia antes mesmo por via do Inglez, porém, se não deve ajustar a materia da dita paz, sem intervenção dos grandiosos Sar Dessaes de Praganã Cuddalle.

3.º A armada do Estado não entenderá com os barcos dos grandiosos Sar Dessaes de Praganã Cuddalle e mais provincias, que vão para Mascate todos os annos a conduzirem os cavallos, assim na hida como na volta, conhecendo bandeira e sellos.

4.º O Estado dará aos grandiosos Sar Dessaes de Praganã Cuddalle e mais provincias polvora e balla, se for necessario, e pelo justo preço.

5.º As armadas de huma e outra parte não entenderão com cada huma, antes ajudarão huma a outra em qualquer occasião, e tambem em alguma occasião as ditas armadas poderão hir ficar debaixo do amparo de huma e outra parte.

6.º Os grandiosos Sar Dessaes poderão conduzir qualquer genero para o provimento de suas fortalezas, pelas embarcações pelo rio do Estado do seu Sarcar, para o que o Estado, ou Portuguezes darão licença quando for necessario.

7.º O Estado não dará morada aos inimigos dos grandiosos Sar Dessaes de Praganã Cudale e mais provincias, nem fará amizade com elles.

8.º Aos Dessaes chamados Vatandares, que actualmente estão nas terras do Estado, daquelles que antigamente moravam nas terras de dominio dos grandiosos Sar Dessaes da Praganã Cuddalle e mais provincias, conservarão os ditos grandiosos Sar Dessaes na mesma fórma que se conservava antigamente.

9.º A provincia de Bardez pertencente ao Estado Portuguez, que ficava nas mãos dos grandiosos Sar Dessaes da Praganã Cuddalle e mais provincias, tem já restituido de baixo de amizade ao dito Estado, o qual poderá reedificar os seus muros, e cultivar as terras.

1740 Fevereiro 27 10.º Declaração de duas ilhas de Corjuem e Panelem do districto da provincia de Bicholim.

A ilha de Corjuem da provincia de Bicholim está nas mãos dos grandiosos Sar Dessaes de Praganã Cuddalle e mais provincias; com esta não entenderá o Estado.

11.º A ilha de Panelem os grandiosos Sar Dessaes de Praganã Cuddalle e mais provincias tem dado ao Estado debaixo da amizade com suas pensões, e obrigações, aonde se não reedificará fortaleza, só deixará metta.

12.º A aldeia de Pirna da provincia de Bardez o Estado tem dado aos grandiosos Sar Dessaes de Praganã Cuddalle e mais provincias por troco da ilha de Panelem da provincia de Bicholim com as pensões, e obrigações que a possuirá.

13.º Todas as cousas succedidas nas occasiões atrazadas se não lembrarão em huma e outra parte, as quaes corresponderão fielmente verdadeira e firme amizade, ajudando em qualquer occasião huma a outra na fórma que for possivel.

14.º Nesta fórma acima declarada, se concluiram as capitulações das pazes, as quaes se cumprirão inviolavelmente por huma e outra parte.

Nesta fórma estão concluidos quatorze artigos de pazes, hoje dia, mez, e anno atraz dito.

Sêllo grande e pequeno dos Sar Dessaes de Cuddalle.

Traduzida por mim Bogoná Camotim, lingua do Estado, a 28 de Fevereiro de 1740.

Acceito estas capitulações. Goa 2 de Março de 1740. — Conde de Sandomil.

Outro papel como este assignado pelo Sr. Conde Vice Rey foi remettido aos Sar Dessaes Bounsulós.

Está junto o original maratha.

Papel da memoria dada por Givagi Sinay Sabanis, vinda na carta de Nagogi Naique, Sar Dessay de Phonddá, em que diz assim

(Arch. da India, livro 1.º de Pazes, fol. 384.)

Lembrança da declaração abaixo.

Deve-se remetter hum papel, ou portaria, do Vice Rey em nome dos Sar Dessaes, fazendo nella menção de que demolida a fortaleza de Corjuem, dar-se para esse effeito a aldeia de Nadorá aos ditos Sar Dessaes. 1740 Março 28

Darão os Portuguezes aos Sar Dessaes, sem mais nem menos resolução 25:000 rupias.

Por ora os Portuguezes deixão hir ao grandioso Nagú Saunto, a quem os Sar Dessaes deixarão hir livremente por caminho.

As pessoas, ou portadores da carta, vão expedidos com as capitulações concluidas, as quaes depois de chegarem, devem vir os papeis, ou capitulações feitas da parte do Estado na fórma acima, para ao depois hir a Goa pessoa distincta da parte dos Sar Dessaes, e ao depois darão licença ao Nagú Saunto para poder hir, e os Dessaes deixarão o caminho livre para poder hir; depois disso os Portuguezes remetterão sua pessoa distincta á presença dos Sar Dessaes, a qual depois de vir, os Sar Dessaes largarão a provincia de Bardez, e suas fortificações, e ilha de Panelem aos Portuguezes, os quaes depois de estarem entregues, remetterão os ditos Portuguezes as ditas rupias, e a dita pessoa distincta dos ditos Sar Dessaes a Bicholim, aonde depois de ter chegado expedirão os Sar Dessaes a dita pessoa dos Portuguezes.

Traduzida por mim Bogoná Camotim, lingua do Estado, a 28 de Fevereiro de 1740.

Segue-se o mesmo papel no original maratha.

Carta dos Sar Dessaes de Cuddalle escripta ao Senhor Secretario do Estado

(Arch. da India, livro 1.º de Pazes, fol. 387.)

1740 Maio 14 Amparo dos amigos, e conservador da amizade, grandioso Luiz Affonso Dantas, Secretario do Estado, cuja amizade seja perpetua.

Nós Zaeramo Saunto Bounsuló e Ramachandra Saunto Bounsuló, Sar Dessaes de Praganã Cuddalle, e mais provincias, depois de repetidos sallamos, etc.

Ao honrado Givagi Vissa Ramo, tinhamos mandado ficar em Bicholim para se haver de executar a negociação pertencente a ambas as partes; e por V. M.cê ter executado tudo na fórma ajustada, e expedido a elle, veio á nossa presença; o qual por significar-nos as acções de amizade de V. M.cê estimamos muito, porque entrando V. M.cê nesta negociação, lhe fez o melhor, pelo que os povos de huma e outra parte gosando sua liberdade lograrão o socego; e pela expressão que o honrado Givagy Vissa Ramo fez na sua carta, tudo será presente a V. M.cê e se sirva V. M.cê de permittir cada dia o augmento da amizade, continuando sempre suas cartas. Escripta aos 18 do mez Safar, em portuguez 14 de Maio.

Traduzida por mim Bogoná Camotim, lingua do Estado, a 21 de Maio de 1740.

Segue-se o original maratha desta carta.

Carta dos Sar Dessaes de Cuddalle escripta a Vittogy Sinay Dumó

(Arch. da India, livro 1.º de Pazes, fol. 389.)

1740 Maio 14 Ao honrado e grandioso Vittogy Sinay Dumó.

Nós sustentadores da amizade Zaeramo Saunto Bounsuló, e Ramachandra Saunto Bounsuló, Sar Dessaes de Praganã Cuddalle, e mais provincias, depois de cortezia Ramo ramo, etc. Como V. M.cê haver entrado nesta negociação, fez executar-se por huma e outra parte igualmente, por ser assim prudente, tem aquella zelosa acção com que entrando nesta negociação haver V. M.cê alcançado a victoria, que não he pequena; e como V. M.cê com tanta inclinação e amor haver conseguido este negocio, temos por diante efficaz esperança de V. M.cê mesmo. O honrado Givagy Vissaramo, que veio á nossa presença, nos expressou toda a sua sincera vontade, que muito agradamos, por razão de lhe remetter o Portuguez com aprestos para se tirar o barco, que hia a pique; e se tem continuado a diligencia para se tirar o dito barco; e estão já pagos, ou recebemos inteiramente 25:000 rupias, que se receitaram por via do honrado Givagy Vissaramo; e não fica cousa alguma nas mãos dos Portuguezes da conta de ajuste. Quanto á materia da embarcação sobre que se mandou dizer, sobre isso escreve o honrado Givagy Vissaramo, pelo que será presente para se restituir a embarcação se não havia de offerecer difficuldade, quanto mais sendo a de V. M.cê que mandando-se-buscar, se não descubriu a qual haviamos de mandar dar. Mabullá Poy cá veio para hir a Punnem; o honrado Naró Givagy ámanhã será expedido, em cuja companhia elle hirá. Por ora o grandioso Chimanagy Panta está no Cullabo com o exercito. O honrado Nagogy Naique Pratap Rau, Sar Dessay de Phonddá, que veio á nossa presença, ora vae com a licença para sua casa, a quem temos explicado tudo desta parte, por cuja expressão será presente. Escripta aos 18 do mez Safar, em portuguez 14 de Maio de 1740. 1740 Maio 14

Traduzida por mim Bogoná Camotim, Lingua do Estado, a 26 de Maio de 1740.

Segue-se o original maratha desta carta.

Tratados com o Maratha

Capitulações [1] remettidas de Punem por D. Francisco Baron Galenfels, em 18 de Setembro de 1740, as quaes capitulações vieram tambem por copia na mesma fórma em que aqui estão trasladadas.

(Arch. da India, livro 1.º de Pazes, fol. 398.)

1.º Capitulo

1740-1741 A gente do grandioso Balagi Bagi Rão Pardane [2], que fica em Salcete e Bardez, se retirará, e entregarão a nós o forte de Coculim, na fórma que estava quando se senhorearam delle, e as obras novas que elles tem feito, as poderão demolir, e as peças, munições, e mantimento que se achar no dito forte levarão sem impedimento algum.

2.º Capitulo

A praça de Damão, e o forte de S. Hieronimo, chamado em lingua *Lory Davana*, serão conservadas por nós na fórma que nós os possuimos, e para subsidio das ditas praças nos darão a Praganã Naer, como tem promettido, e se na dita Praganã houver alguma fortificação delles, lhes deixaremos as aldeias propinquas á dita fortificação, e em retorno dellas nos dará a povoação de Damão pequeno com outras aldeias mais chegadas á dita *Lory Davana;* das aldeias que ha de dar das que deixar annexas á sua fortificação, serão avaliadas por dois escrivães de parte a parte.

3.º Capitulo

Pela jurisdicção de Baçaim, Damão, Salcete, Belaflor, Caranjá, Chaul, e Morro não causaremos molestia; da mesma

[1] Preliminares.
[2] O Peishuá.

sorte será observado por parte delles nas terras de Salcete, Bardez, e na Praganã que tem dado para a praça de Damão, e que a provincia de Bardez e Salcete, e a dita Praganã serão possuidas por nós na mesma fórma como as temos possuido *ab initio*. 1740-1741

4.º Capitulo

Promettemos de não entendermos nas jurisdicções Fondem[1], Zambaulim, Panchamal, Saundem, e Bidnur com as terras já dominadas por elles, como tambem com aquellas que estão para dominar.

5.º Capitulo

Quando elles contenderem com Angriá, nós ajudaremos a elles em tudo com a nossa armada.

6.º Capitulo

Não entenderemos com as embarcações delles, nem de seus mercadores, que navegarem no mar, como tambem com as que forem para Mascate, e outros quaesquer portos a conduzir tamara, congos[2], e cavallos, e fretando no dito porto de Mascate huma ou duas embarcações para o seu commercio, não entenderemos tambem com ellas, e da mesma sorte com as embarcações delles não entenderão com as nossas, tanto da armada, como dos mercadores.

7.º Capitulo

Na praia de Assolnã e Fondem estão algumas galvetas pertencentes a elles, humas concertadas, e outras por concertar, as quaes sendo possivel, hirão parar ás partes do norte, ou se lhes determinará logar nas terras de Saundem,

[1] Pondá.

[2] *Congos* he uma especie de tamara, que vem secca: e se chama na lingua de Goa *carqui*, no plural *carquieu*.

Talvez os portuguezes lhe chamaram *Congo*, por vir deste porto da Persia.

1740-1744 a qual se fará com toda a brevidade; para a guarda das ditas embarcações ficam 100 homens delles, com os quaes não entenderemos, e da mesma fórma não causarão elles molestia alguma na provincia de Salcete e Bardez, emquanto as ditas embarcações se não retirarem, não perturbarão aos mercadores na barra no seu commercio, e quando sahirem para as partes do norte, ou para as terras de Saundem, não se lhes porá impedimento da nossa parte.

8.º Capitulo

Os prisioneiros de parte a parte serão absolutos, e todos os captivos e captivas que se ausentarem de huma e outra parte serão entregues.

9.º Capitulo

Os curumbins e pateis, tanto os que se tem ausentado como os que daqui por diante se ausentarem, serão entregues, e não serão molestados de parte a parte.

10.º Capitulo

Todos os pensionarios chamados em lingua *Vatandares*, que se ausentaram das suas terras para as nossas, ou das nossas para as suas antes destas capitulações, querendo se poderão recolher ao seu primeiro domicilio, e os que daqui por diante se ausentarem de huma e outra parte, não serão acceitados, nem se lhes dará logar, e se os ditos Vatandares, que se tem ausentado antes destas capitulações para as nossas, ou para as suas terras, causarem em humas e outras alguma perturbação, serão castigados.

11.º Capitulo

Entregaremos a elles a cidade e Morro de Chaul, conforme temos promettido, com toda a artilharia, e munições, e se guarnecerão as portas da dita cidade com tropas inglezas emquanto não vierem avisos de Goa, que a gente delles se tem retirado da provincia de Salcete e Bardez; entretanto póde ficar a gente delles no campo de S. João, e chegando o aviso da sua retirada delles da provincia de Salcete e Bardez, os inglezes lhes entregarão a cidade e Morro de Chaul; se farão tambem listas da entrega de peças, polvora, e bala com assistencia de hum escrivão delles. 1740-1741

12.º Capitulo

Sahiremos das ditas fortalezas com todo o nosso fato, e mantimento sem impedimento algum, e os moradores, e mercadores que não quizerem ficar por sua vontade na dita cidade, poderão sahir com todo o seu fato e fazenda sem entenderem com elles, e os que não quizerem sahir por sua vontade, poderão ficar na dita cidade.

13.º Capitulo

A paz, que o Bounsuló ajustou com o Estado, será observada, e no caso que o Bounsuló venha a quebral-a, elles nos darão ajuda contra o dito Bounsuló, e quando da nossa parte haja rompimento, ajudarão ao dito Bounsuló contra nós.

14.º Capitulo

Para o transporte do mantimento, polvora, e bala, e mais fato, que tiverem no forte de Coculim, tomarão os begarins das cinco aldeias perto de Coculim para levarem o sobredito mantimento e fato até Sanguem, onde largarão os begarins sem impedimento algum, nem molestarão as outras aldeias de Salcete.

Por estas quatorze capitulações se revogam outras quaesquer, que antes dellas se celebrassem, e que estas só serão observadas inviolavelmente, e nenhumas antecedentes terão vigor.

Traducção da copia inclusa de capitulações, a qual copia veio de Bombaim remettida pelo General inglez daquella ilha, Estephen Lan, em Abril de 1741

(Arch. da India, livro 1.º de Pazes, fol. 402.)

1740–1741 Tratado de paz, que havendo rompimento de guerra entre o grandioso Ballagy Panddito Pradhan, e os Portuguezes ajustaram D. Francisco Baron de Galenfles, vindo de Goa por parte do grandioso Pedro Mascarenhas, Conde de Sandomil, Vice Rey de Goa, e o Capitão Inchebord, que veio de Bombaim por parte do grandioso Estephen Lan, General daquelle porto, entre o mesmo Ballagy Panddito Pradhan e os portuguezes no anno 1141 da era dos mouros, em portuguez 1740, na fórma seguinte:

1.º Retirar-se-ha de Salcete e Bardez toda a gente, governo, ou administração que ahi houver da parte do dito Pradhan, com declaração que do forte de Coculim se conservarão em pé sómente as obras de fortificação antigas, e se demolirão todas as que nós tivermos feito novas; os Portuguezes não impedirão a retirada de toda a artilharia, polvora, bala, mantimento, e movel que houver nos ditos logares.

2.º Ficarão aos Portuguezes as duas praças de Damão e S. Jeronimo, por outro nome *Ladde Davann*, na mesma fórma que as possuem, as quaes não experimentarão da nossa parte inquietação, ou hostilidade alguma, e para a subsistencia, e sustentação dellas daremos a Praganã Nehor (em portuguez Naer) na fórma que temos ajustado, com declaração que, se na dita Praganã houver alguma fortificação nossa, ficarão para a mesma fortificação as aldeias a ella propinquas, dando nós aos Portuguezes em troco dellas o campo e aldeias chegadas a Loddi Davann, e de ambas as partes hirão dois carcunos, ou emissarios, para que feita a avaliação das aldeias que hão de ficar para a fortificação da

Praganã Nehor ou Naer, se dèem em seu retorno outras de igual valor, e estimação em Ladde Davann. 1740-1741

3.º Os Portuguezes não commetterão hostilidade alguma em todas as jurisdições de Baçaim, Salcete, e Damão, Belapur, Urná (Caranjá), Rovoddanda (Chaul), e Corlá (Morro de Chaul), e o mesmo praticaremos nas terras de Salcete e Bardez, como tambem na Praganã Nehor, que se der a Damão, a qual deixaremos possuir aos Portuguezes na mesma fórma que antes a possuiam sem molestia, inquietação, ou hostilidade alguma da nossa parte.

4.º Não commetterão tambem os Portuguezes hostilidade alguma nas nossas conquistas feitas em Phondda, Zambaulim, Panchemal, Saundem, e Bidnur, nem nas que ao diante fizermos.

5.º Quando nós contendermos com o Angriá, os Portuguezes nos soccorrerão em tudo com a sua armada.

6.º Não haverá por parte dos Portuguezes impedimento algum para a navegação das nossas embarcações que andarem no mar, nem das que forem para Mascate, e outros portos, assim nossas proprias, como de contratadores, a conduzir tamara, congo, e cavallos, nem impedirão tambem que os mercadores possam trazer fretadas de Mascate huma ou duas embarcações com carga dos referidos generos e cavallos; do mesmo modo a nossa armada, e embarcações, não entenderão com as que navegarem da parte dos Portuguezes, assim de ElRey, como dos mercadores, e homens de negocio.

7.º Em Assolnã ficam algumas embarcações nossas concertadas, e por concertar, e em Phonddá tambem ficam a galia e galvetas, as quaes todas levaremos para o norte, se nos for possivel, ou buscaremos logo algum logar nas terras do Sunda para ali as deixarmos; e emquanto se não levarem, ficarão 100 homens para guarda e vigia dellas, e os Portuguezes não entenderão com elles, nem a dita nossa gente fará inquietação alguma nas terras de Salcete e Bardez, e emquanto estiver na dita guarda das embarcações sobre a barra de Assolnã, e em Phonddá, não insultará, nem

1740-1741 roubará as embarcações que navegarem dos mercadores; os Portuguezes deixar-nos-hão levar as ditas nossas embarcações sem impedimento, ou embaraço algum.

8.º Serão soltos, e restituidos de ambas as partes todos os prisioneiros que houver, e se entregarão tambem as escravas e escravos que se ausentarem.

9.º Serão entregues, tambem mutuamente, todos os Patteis e Curumbins, assim os que se tem ausentado, como os que ao diante se ausentarem, e serão tratados como antes o eram sem molestia alguma de parte a parte, com declaração que a entrega se praticará reciprocamente, só no caso em que a referida gente queira recolher-se por vontade.

10.º Deixar-se-hão recolher livremente todos os pensionarios, ou Vatandares, que se tiverem ausentado de ambas as partes, se quizerem, mas todos os que se ausentarem daqui por diante não serão admittidos, nem acolhidos em huma e outra parte, e se dos ditos Vatandares já ausentes aquelles que não se recolherem causarem algum dano nestas, ou naquellas terras, serão castigados mutuamente.

11.º Entregarão a fortaleza de Revoddanda e Corlá (Chaul e Morro) na fórma que se tem ajustado com toda a sua artilharia, e munições, para o que se guarnecerão as portas com tropas inglezas, e emquanto não venha aviso por papel com a certeza de se haver retirado a gente de Salcete e Bardez, ficarão as nossas tropas no campo, e na igreja de S. João; e assim como vier o referido papel com a certeza de estar evacuada e livre a provincia de Salcete e Bardez, se retirarão as tropas inglezas, entregando-nos ambas as fortalezas, e se farão antecipadamente por hum carcumo nosso os inventarios e listas da artilharia, e munições daquelles dois logares.

12.º Se os mercadores e mais pessoas quizerem sahir das ditas fortalezas por sua livre vontade, os deixaremos hir com todo o seu fato e movel sem impedimento, ou molestia alguma; e os Portuguezes poderão tambem sahir livremente com todo o seu fato e movel.

13.º Observar-se-ha a paz entre os Portuguezes e os Sauntos na fórma que a tem ajustado; e se os Bounsulós a quebrantarem, nós devemos soccorrer, ou ajudar aos Portuguezes, e quando o rompimento se origine por parte destes, nós devemos ajudar, ou soccorrer aos ditos Sauntos. 1740-1741

14.º Para o transporte do mantimento, artilharia, polvora, bala, e mais fato que tivermos no forte de Coculim se tomarão os begarins necessarios das cinco aldeias da jurisdicção de Coculim, sem obrigarmos aos begarins de outras aldeias de Salcete, e deixaremos vir os ditos begarins sem embaraço algum depois de feito o dito transporte.

Nesta fórma se ajustaram os quatorze artigos acima referidos, os quaes se observarão inviolavelmente de ambas as partes; e se revogam todas as capitulações antecedentes a estas, a qual só terá sempre vigor em huma e outra parte. Hoje 27 do mez Zamadicakhar, em Portuguez 18 de Setembro de 1740.—Ajuste firme—Sêllo pequeno.

Traduzida por mim Boganá Camotim, Lingua do Estado, a 4 de Maio de 1741—Boganá Camotim.

Segue-se a copia maratha deste Tratado, a qual tem nas costas esta declaração em portuguez:

«Esta copia das capitulações em letra gentilica veio remettida pelo General de Bombaim com a sua carta de 25 de Abril de 1741, reservando o papel original para o remetter seguro em occasião de embarcações de guerra.»

Em 20 de Janeiro de 1744, entregou nesta secretaria o Capitão de mar e guerra Francisco Xavier Sottomaior, commandante das fragatas que voltaram dos portos do Norte, o proprio papel das Capitulações de Punem, cuja traducção he a que começa na folha seguinte, e o dito papel se segue depois della.

O dito proprio papel gentilico das capitulações de Punem, depois de o trocar o General de Bombaim Estephen Lan pelo escripto em Portuguez remettido de Punem pelo Commissario D. Francisco Baron de Galenfles, approvado, con-

1740-1741 firmado, e assignado pelo Sr. Vice Rey Conde de Sandomil, que o mandou ao dito General em 14 de Outubro de 1740, ficou em poder do mesmo General, esperando occasião de embarcações de guerra em que o mandasse seguro, e não a havendo até o tempo em que elle passou de Bombaim á Europa no anno seguinte, entregou o mesmo papel a João de Sousa Ferraz, nosso residente em Bombaim, em cujo poder ficou esperando occasião segura; e ainda que huma, ou duas vezes a teve, succedeu nað se lembrar de o remetter até que o dito Commandante Francisco Xavier Sottomaior levou especial recommendação para o trazer.

Na mesma occasião trouxe tambem o dito Commandante Francisco Xavier Sottomaior o proprio papel gentiliço do Tratado de limites feito no districto de Damão em execução da referida paz de Punem, o qual papel tambem tinha ficado pelos referidos motivos em poder do dito João de Sousa Ferraz. E ao diante vae a sua traducção, e a fl. 421 o dito papel.—Luiz Affonso Dantas.

(Arch. da India, livro 1.º de Pazes, fol. 407.)

Traducção do tratado de paz em que diz o seguinte

(Arch. da India, livro 1.º de Pazes, fol. 294.)

No sêllo grande que está no remate diz assim:

«Raza Xahu Rey, Thesouro de alegria, Ballagy Bagy Ráo primeiro Pradhan.»

(Segue-se a traducção identica á que já fica feita da copia do mesmo Tratado.)

E no fim diz:

No sêllo pequeno que está no fim diz assim:

«Leqhan Simá» que quer dizer «fim da escriptura».

Traduzida por mim Bogonâ Camotim, Lingua do Estado, a 12 de Agosto de 1744.=Bogomá Camotim. 1740-1741

Segue-se o original maratha do Tratado, fl. 412.

Segue-se o papel do Tratado de limites remettido em Fevereiro de 1741 pelo Capitão da praça de Damão Filippe de Valladares Sottomaior; e a elle se segue a traducção feita pelo Lingua do Estado do papel gentilico do mesmo Tratado de limites, que chegou a Goa em Janeiro de 1744, como já fica declarado a fl. 407 v.

Ultimamente se segue adiante a fl. 423 o mappa das Praganãs de Damão para se perceber o dito Tratado de limites[1].

(Arch. da India, livro 1.º de Pazes, fol. 294.)

Copia do papel remettido de Damão pelo Capitão d'aquella praça, Filippe de Valladares Sottomayor, com a sua carta de 15 de Fevereiro de 1741, por elle assignado, e fica o original junto à dita carta no masso dellas[2]

(Arch. da India, livro 1.º de Pazes, fol. 414.)

Assento sobre a divisão das aldeias da Praganã Naer, e as da Praganã Callana, dadas para seu equivalente, com outras declarações necessarias para o socego publico em execução da paz feita em Punem, ajustadas na Serra de Palle (por outro nome Indargadá) entre o Capitão mór do campo Francisco Paim de Mello, por parte do Capitão e Governador da dita praça de Damão o Sr. Filippe de Valladares Sottomaior, e o Sr. Soncragy Panta, com assistencia de Sengi Parabu por parte do Sr. General de Bombaim Stephen Lan, como medianeiro da referida paz, tudo pela maneira seguinte:

[1] Este mappa falta no livro, nem apparece em outra parte.

[2] Parece ser preliminar do Tratado de limites, que vae adiante.

1740-1741 1.º Que não sendo nomeadas no capitulo 2.º da dita paz feita em Punem o numero das aldeias que haviam ficar ao governo Maratha para o serviço da sua Serra de Palle, sita na Praganã Naer, e insistindo o dito governo em deixar ficar sómente da referida Praganã para a praça de Damão os seus Cassabés, e as aldeias Damão de cima, Bamoty, Mangarvará com suas pertenças do Rio de Calaim para o sul, Jampor, Donler com sua pacaria, Danoly, Priali, e Parary, conveio o governo de Damão em as acceitar com condição de receber na Praganã Calana por ora as onze aldeias seguintes; Varacunda, Calacachigão, Ringanavará, Dundarttá com sua pacaria, Bensorol, Deuca com sua pacaria, Vanear pequeno, Catriá, Delvará com sua pacaria, Marvor, Bimpor, Cariá, Dabel, e Carivary.

2.º Que fóra das aldeias referidas da Praganã Naer ficam nella para o serviço da dita Serra Indargadd as aldeias seguintes: Calagão, Panassa com sua pacaria, Cariagão, Callana, Cangla com sua pacaria, Carbolim, Mona, Palle, Jambury, Punatá, Anagão, Ecclara, Nauly, Carmala, Borlay, Valvará, Adssary, Borigão, e Cachigão.

3.º Que toda a qualidade de terras de batte das ditas aldeias de Praganã Naer, que ficam no governo Maratha, quer fossem, ou não semeadas proximamente, como tambem as das aldeias da Praganã Calana, que ficam ao governo de Damão, serão medidas viga por viga com assistencia de pessoas de huma e outra parte, e da mesma maneira se fará conta a todo o rendimento de dinheiro que tiveram as aldeias referidas antes da guerra, e feita huma e outra somma, quem dever pagará, ou em terras mais vizinhas ás do acredor, ou em dinheiro, reduzindo-se este a batte a razão de 26 xerafins a murá de 64 parás, cada pará de 8 payas e meia, e cada paya de 4 ceiras.

4.º Que a dita medição das terras se fará na fórma do costume que houver em cada huma das aldeias, e os cajuris se darão contados de parte a parte, ficando livres os das aldeias dos Doblás, que nunca entrarão em conta para pagamento.

5.º Que feita a ultima medição, e conta de tudo, se assignalarão os limites das aldeias do governo de Damão. 1740-1741

6.º Que a aldeia Damão pequeno he livre para o governo de Damão, por estar situado nella o forte de S. Hieronymo, e não entrar em compensação de outra alguma aldeia.

7.º Que o povo das aldeias das Praganãs Calana e Naer, sujeitas ao governo de Damão, poderão hir ás aldeias do governo Maratha ou Choutiá buscar e trazer sem impedimento algum em carretas, ou de outro qualquer modo provimento de palha, espinho, lenha, bambús, e madeira para seus aramos e casas, nos matos donde de antes o costumavam fazer, sem pagar cousa alguma de direitos ao governo Maratha, assim como não pagavam ao de Damão, e só os mercadores da dita cidade e suas aldeias, que mandarem buscar madeira grossa, e solás para venderem, pagarão na fórma que sempre foi costume.

8.º Que a gente das aldeias pertencentes ao governo de Damão deixará o governo Maratha vir livremente para ellas, e se estiverem a dever hirão pagando pouco a pouco, como tambem se a dita gente quizer lavrar algumas terras nas aldeias do governo Maratha pagando o massul, não serão impedidos, e o mesmo se praticará com a gente do Maratha nas terras das aldeias de Damão.

9.º Que os abunhados serão restituidos assim da parte do governo de Damão como do Maratha, e da mesma maneira os prisioneiros e captivos.

10.º Que o gado assim das aldeias sujeitas ao governo de Damão, como das aldeias do governo de Maratha, poderão pastar livremente em huma e outra parte na fórma que sempre foi costume sem impedimento algum.

11.º Que os direitos que se tomarem das fazendas que vão da praça de Damão e suas aldeias para a terra firme, ou vem della[1], serão pela metade, em ordem a facilitar os mer-

[1] *Terra firme* he todo aquelle territorio. Foi talvez este logar mal interpretado pelo lingua, que disse *terra firme*, em vez de *interior*.

1740-1741 cadores para fazerem seus contratos, mas isto não se entende com os direitos da entrada e sahida deste porto de Damão.

12.° Que os Doblás não deve consentir o governo que fiquem em Damão no caso que elles sejam abunhados.

13.° Que os sipaes do governo de Damão, nem os sipaes do governo Maratha poderão passar de huma jurisdicção para outra sem licença, e havendo entre elles alguma carea, se dará parte aos seus cabos maiores para ser acabada.

Fóra dos treze Capitulos, que contém este assento, se faz a declaração seguinte por parte do governo de Damão: que as aldeias Dely, Billar com sua pacaria, Billar pequeno, Nagová, Talvará, pacarias da aldeia Davaparary, e Danoly, pacaria da aldeia Douler, ainda que consta por documentos authenticos pertencerem á Praganã Naer, foram duvidadas pelo governo Maratha, e não entram por ora em conta até a decisão, como tambem que os Camaliás e Doriás de Varacunda, por serem abunhados da mesma aldeia, e esta ficar pertencendo ao governo de Damão, lhe devem ser restituidos, e querendo-os o governo Maratha para o seu serviço, pagará as terras que elles costumavam lavrar, e suas pensões. —Filippe de Valladares Sottomaior.

Tratado de limites em que diz o seguinte

(Arch. da India, livro 1.° de Pazes, fol. 316.)

No sêllo que está no remate diz o seguinte:

Raza Xahu Rey, Thesouro de alegria, Bagy Rão Ballal Pradhan.

Tratado da paz de Sarcar, do grandioso Ballagy Panddito Pradhan no anno da era dos Mouros de 1141, em Portuguez de 1741, ajustada em Punem, vindo de Goa D. Francisco Baron Galenfles da parte do grandioso Pedro Mascarenhas, Conde de Sandomil, Vice Rey, e da parte do grandioso Stephen Lan, General do Porto de Bombaim, o Capitão Ichebord, com declaração de se tornarem as aldeias da jurisdicção de Indragoddu para Sarcar, e as aldeias da jurisdicção de Loddi Davann darem-se para as de Damão, cuja repartição, e avaliação se fez por via do honrado Sancaragy Quessou, assistindo no Indragoddu, que he a serra de Palle, e Francisco Paym de Mello, Capitão mór do campo de Damão, por parte de Filippe de Valladares Sottomaior, Capitão da Praça de Damão, e Sivagy Ranna Soddu, pessoa do inglez Ichebord, pelos quaes foi ajustado pela maneira seguinte: 1740-1741

1.° Aldeias para o Sarcar da jurisdicção de Praganã Near pela troca são as seguintes:

1 Aldeia Calgão;
1 Aldeia Fannassen, entrando Pacaria Carjagão;
1 Aldeia Callay;
1 Aldeia Cangalle, entrando Pacaria Carbely;
1 Aldeia Mohon;
1 Aldeia Palle;
1 Aldeia Zambory;
1 Aldeia Punatta;
1 Aldeia Annagão;
1 Aldeia Eclora;
1 Aldeia Nahuly;
1 Aldeia Carbelle, ou Carmalá;
1 Aldeia Belellay, por outro nome Borlay;
1 Aldeia Belecad;
1 Aldeia Antassery ou Adssery;
1 Aldeia Borigão;
1 Aldeia Cachigão.

17

Por todas são dezasete aldeias acima declaradas, as quaes ficando deixadas para o Sarcar, ficam dadas outras de Praganã Qhalod da jurisdicção de Damão, pela sua troca do rendimento que chegue á sua igualdade, e se possa cobrar jus-

1740-1741 tamente pelas condições, ou estyllos, assim em mantimento' como em dinheiro, cuja quantia se deve completar igualmente repartindo a ambas as partes.

E as Aldeias Portuguezas da troca, são as seguintes:

1 Aldeia Varacunda;
1 Aldeia Qhalilachigão;
1 Aldeia Ringanna Vadda;
1 Aldeia Dudletem, entrando Pacaria Mastel, ou Bemorel;
1 Aldeia Deucu, entrando Pacaria Vacad Dacttem;
1 Aldeia Catriá;
1 Aldeia Dalvaddem, entrando Pacaria Marvaddá;
1 Aldeia Bhimapur;
1 Aldeia Dabel;
1 Aldeia Qharevary;
1 Aldeia Cuddiem, ou Cariá.

11

Por todas são onze aldeias, que por banda de Damão se tem dado nomeadas, cujo rendimento se não for igual, será dado de outras aldeias, e se o rendimento for mais, neste caso farão menos, mandando avaliadores de ambas as partes, os quaes farão avaliação por medição chamada Bighe pabanny, e o batte que importar da medição chamada Big, he da vargea; o que for avaliado da aldeia será arrecadado por estyllo antiquissimo que ha na aldeia, pelo qual estyllo serão contados 64 farés de batte a cada murá, e a cada faré se tem feito 1 paily de 4 ceras, e por esta conta feita somma de murás pelas mesmas contas de murás, e as murás que forem mais, e ficarem em poder da pessoa, e o dinheiro e batte das aldeias de ambas as partes, disto se fará ajustamento igualmente de cada huma parte, carregando-se o preço do batte por 13 rupias e meia a cada murá, cuja somma será abatida na somma do dinheiro que for mais; nesta fórma se fará ajustamento que seja de igual rendimento a ambas as partes. Artigo 1.º

2.° Aldeias da jurisdicção de Damão de Praganã Nahar da troca, são as seguintes: 1740-1741

1 Cassabė Nauapur;
1 Aldeia Battiem;
1 Aldeia Bhamatty;
1 Aldeia Mangarvadda, entrando Pacaria;
1 Aldeia Jepur;
1 Aldeia Ddhohor;
1 Aldeia Paryally;
1 Aldeia Zhanvary;
1 Aldeia Parddy.

9

Por todas são nove aldeias por banda de Damão se tem dado pela troca. Artigo 1.°

3.° As nove aldeias acima declaradas de Praganã Nehar, e onze aldeias de Praganã Qhaladd, por todas são vinte aldeias, que com determinação ficam dadas aos Portuguezes, excepto os seus moradores, exceptuando tambem os moradores de Cobolé, e aldeia Varacunda, e só serão entregues a elles seus moradores, que são possuidores dos bens chamados Vatanym, e assim os Portuguezes entregarão os moradores possuidores dos bens chamados Vatanym, que são da jurisdicção do Sarcar. Artigo 1.°

4.° Os prisioneiros da jurisdicção do Sarcar que estiverem presos em Damão, soltarão elles, como tambem os prisioneiros pertencentes a elles, se estiverem presos por ordem do Sarcar, serão soltos e restituidos; como tambem serão restituidos os que estiverem em Goa. Artigo 1.°

5.° O Sipay que quizer hir na jurisdicção de Damão, hirá com licença dos Portuguezes, e se o Sipay dos Portuguezes quizer hir na jurisdicção do Sarcar, virá com licença do dito Sarcar, e assim não poderão hir e vir sem licença de huma e outra parte. (Artigo 1.°)

6.° De todo o genero que vier nas embarcações nos portos de Damão grande, e Damão pequeno, cobrarão os Por-

1740-1741 tuguezes nos ditos portos os direitos da entrada na fórma observada, e dos ditos portos qualquer genero que os mercadores conduzirem, como tambem o que do porto de Cachy conduzirem por terra, e assim tambem de Damão grande que o conduzirem por terra, delle serão cobrados os direitos da sahida por mar na fórma observada, cuja ametade tomará o Sarcar, e outra ametade cobrarão os Portuguezes nos referidos portos; e tambem de mais qualquer genero que por terra passar para os ditos portos, cobrarão os administradores de Sarcar ametade dos direitos, e outra ametade cobrarão os Portuguezes nos ditos portos. (Artigo 1.º)

7.º Aos Damanacares, que quer dizer, os moradores de Damão, se tem dado oiteiro chamado Crusacho Dongor, que fica por banda de norte de Vaddcon, para lenha, paus, e os moradores das aldeias, que de presente se tem dado de Sarcar em Damão, hirão trazer lenha, paus das aldeias, que ficam nos matos nos confins de Ramanagar, e da dita lenha paus que for conduzido pelas carretas Chamadas Gaddés, se cobrarão os direitos, se os dever, pelo estyllo praticado, e se não constar ter-se cobrado, os não cobrarão. (Artigo 1.º)

8.º Toda a madeira de mato da serventia das casas, que os sobreditos levarem para ellas, pagarão agora os direitos della, se pelo estyllo praticado os dever, e se não constar ter-se cobrado, se não deve cobrar. (Artigo 1.º)

9.º Os moradores das aldeias da jurisdicção dos Portuguezes, que quizerem fazer grangeio, e cultura nas aldeias da jurisdicção do Sarcar, o deixarão fazer livremente sem impedimento, cobrando o Sarcar os fóros na fórma do ajuste, e os moradores das aldeias do Sarcar, que por sua livre e boa vontade quizerem fazer grangeio, e cultura nas aldeias dos Portuguezes, o farão pagando os fóros na fórma do ajuste. (Artigo 1.º)

10.º Os limites de antiquissimo tempo, assim das aldeias da jurisdicção dos Portuguezes, como das aldeias da jurisdicção do Sarcar, serão examinados, e conforme o que constar pelo exame se fará assento declarando por escripto chamado Hadnamé. (Artigo 1.º)

11.° Por estar já ajustado o entregar-se aos Portuguezes os moradores das aldeias, que com determinação se tem dado a elles, hirão nas suas aldeias os ditos moradores, os quaes o resto que ficarem devendo do anno chamado da era dos Mouros de 1140 e 1141, em Portuguez de 1739 e 1740, pagarão os Portuguezes ao Sarcar. (Artigo 1.°) 1740-1741

12.° Os Sindys se entende palmeiras de lavradura, de que se tira vinho, que estão nas aldeias do Sarcar, serão contados, como tambem os Sindys das aldeias que por banda de Damão se tem dado pela troca das que ficam deixadas para o Sarcar, serão contados, e do seu producto se fará somma de huma e outra parte, e se fará ajustamento de modo que o rendimento seja igual a cada huma parte. (Artigo 1.°)

Os Sindys acima ditos em parte estão nas aldeias dos Varlis, que he gente do mato; estes Sindys estão devolutos, os quaes não serão mettidos na somma, visto estar assim ajustado.

N. B. Á margem diz o traductor.—Este artigo mostra ser acrescentado depois de encerrado.

13.° Madeira chamada Sottes, que a nação Portugueza, e os moradores das aldeias da jurisdicção de Damão conduzirem das terras de Ramanagar para suas casas, e para outras obras, deixarão passar sem cobrar seus direitos. (Artigo 1.°)

14.° Na aldeia que sempre em antiguidade foi de pasto, e á dita aldeia, ainda que seja do Sarcar, virá para pastar o gado de Damanacares, ou moradores de Damão, e na sua aldeia hirá pastar o gado da aldeia do Sarcar, a hum e outro gado por ambas as partes deixarão hir e vir. (Artigo 1.°)

15.° Entre a gente servidora do Sarcar, e gente servidora dos Portuguezes havendo desconfiança de palavras, se não deve deixar crescer contenda; e os Damanacares darão parte por carta a Baçaim, de donde avisaremos por carta a Damão, e com isso se acabará a contenda. (Artigo 1.°)

16.° Para gente da nação chamada Varly, não darão os Portuguezes logar para morar nas suas terras. (Artigo 1.°)

17.° Sindys se entende palmeiras de lavradura, de que se tira vinho das aldeias de gente da nação Varly, não serão

1740-1741 mettidos na somma do rendimento pertencente ao Sarcar. (Artigo 1.º)

Nesta fórma estão concluidos dezasete artigos conforme ao ajuste da paz de Punem; vai feita repartição das aldeias, e na fórma nella declarada se observará por ambas as partes. Hoje 22 do mez Gilcad, em Portuguez 9 de Fevereiro de 1741.

No sêllo pequeno que está no fim diz assim:

«*Leqhan Simá*» que quer dizer «fim da escriptura».

Traduzidas por mim Bogoná Camotim, Lingua do Estado, a 28 de Agosto de 1744.—Boganá Camotim.

Segue-se o original maratha desta convenção.

Copia do tratado, que se propoz no Conselho de Estado, feito em 11 de Setembro de 1741

(Arch. da India, livro 1.º de Pazes, fol. 424.)

Tratado de paz e amisade que o Ill.mo e Ex.mo Sr. D. Luiz de Menezes, Conde da Ericeira, Marquez do Louriçal, do Conselho de Estado de Sua Magestade, segunda vez Vice Rey e Capitão geral da India, concede e se obriga a manter aos grandiosos Zairam, o Saunto Bounsuló, e Ramachandra Saunto Bounsuló, Sar Dessaes da Praganã Cuddalle e demais provincias.

1741 Setembro 11 Havendo o Ill.mo e Ex.mo Sr. D. Luiz de Menezes, Conde da Ericeira, Marquez de Louriçal, Vice Rey e Capitão geral da India, attendido ás repetidas instancias, e promessas de verdadeiro arrependimento, que lhe mandaram fazer Zai Ramo Saunto Bounsuló, e Ramachandra Saunto Bounsuló, Sar Dessaes da Praganã Cuddalle e suas dependencias, foi servido de esquecer-se das repetidas infracções que fizeram a outros tratados, admittindo agora aos ditos grandiosos [1] a

[1] Falta nesta nossa copia a palavra — *Sarde says.*

amizade do Estado, e a conceder-lhe a protecção, e abrigo, que nelle acharam sempre seus antepassados, e porque reconhecem agora que estes são o seu verdadeiro interesse, lhe concede a paz debaixo das condições seguintes, que promettem debaixo de juramento guardar e inviolavelmente executar, e como a base e fundamento do presente tratado he o que a 7 de Abril de 1712 celebrou o Sr. Vice Rey D. Rodrigo da Costa, o qual tratado se treslada aqui fielmente com os demais artigos que se lhe seguem. 1741 Setembro 11

Copia do tratado de 7 de Abril de 1712 celebrado entre o Senhor Vice Rey D. Rodrigo da Costa, e o grandioso Fondú Saunto Bounsuló, Sar Dessae de Cuddalle.

O Exmo Sr. Vice Rey promette admittir a amizade do Estado a Babu Dessay das terras de Cuddalle, permittindo-lhe a paz que pede, arrependido do erro, que commetteu em tomar armas contra o Estado, a cujo abrigo viveram sempre todos os seus antepassados como creaturas suas, e se obriga a cumprir todas as condições abaixo declaradas, para o que obriga todas as suas vargias que estão debaixo da nossa artilharia das fortalezas de Corjuvem, Panelem, e Naroá.

1.° Primeiramente, que não bulirá com as terras de Pondá.

2.° Que os Dessaes vassallos do Estado deixará possuir o que lhes pertencer, e possuiam, pór ser justo que o Estado os patrocine, e defenda, não consentindo que lhes usurpem o que lhes toca, e possuiam em tempo do Mogol e Sivagi, etc.

3.° Que aos mercadores das terras do Estado, que passarem pelas terras que obedecem a Babu Dessay, se lhes não fará hostilidade alguma, nem se lhes levará mais direitos, ou juncão, que aquelle que sempre foi estyllo pagar-se, e da mesma sorte se usará com as embarcações mercantes, que forem a seus portos, e nelles se lhe fará toda a boa passagem.

4.° Que com os Arabios, por serem inimigos do Estado,

1741 Setembro 11 não terá Babu Dessay genero algum de commercio em seus portos, e no caso que consinta nelles alguma embarcação dos Arabios, ou alguma em que elles venham, poderão as embarcações Portuguezas licitamente tiral-as, ou queimal-as, sem por isso quebrantar a paz que promette.

5.° Que os Portuguezes que passarem para as suas terras sem licença do Exmo Sr. Vice Rey, os mandará logo impedir não passem por ellas, para que mandando-lhe seguro do Exmo Sr. Vice Rey, os mande logo entregar ao dito General.

6.° Que a gente de Babu Dessay não tornará a fazer furto, ou roubo algum aos vassallos do Estado, e fazendo-o pelo contrario, satisfará pelo maior preço tudo quanto os prejudicados declararem por seus juramentos, e havendo mortes, ou feridas nas taes occasiões, entregará os executores dos taes maleficios, para nas terras do Estado se lhes dar o castigo merecido.

7.° Que mandará logo restituir todos os cafres e cafras, e mais captivos das nossas terras que estiverem nas que domina Babu Dessay, e não consentirá passem por ellas, mandando-os logo prender, e entregar ao General das terras de Bardez, para se entregarem a seus donos.

8.° Que não pretenderá ter direito algum nas ilhas de Panelem e Corjuvem, e seus annexos, de que o Estado está de posse, não só com o justo titulo de as haver tornado quando se fez preciso ao Estado castigando ao Quema Saunto, mas por serem em parte pertenças das terras de Bardez deste Estado, a quem o Rey Mogol tinha feito doação dellas [1]. Bem assim na provincia de Satari, cujo tributo, que elle cobrava em 3:000 rupias por anno, pertencerá ao Magestoso Estado.

9.° Que mandará 10:000 xerafins para se reedificar a Igreja de Revorá, e casas do Parocho para a satisfação do custo que se fez em reedificar a dita Igreja.

10.° Que mandará dois cavallos arabios de feudo ao Es-

[1] O que se segue neste artigo e na mesma copia, he acrescentado por letra mais moderna, e em entrelinha.

tado em cada anno, e não os tendo, pagará de cada hum 500 xerafins em reconhecimento da mercê que o Ex.mo Sr. Vice Rey lhe fez de o admittir á protecção do Estado, debaixo da qual viveram todos os seus antepassados, e proximamente Quema Saunto. 1741 Setembro 11

Acceito os onze Capitulos[1] das condições acima, e me obrigo aguardal-os, fiando da protecção do Estado me valerá nas occasiões, que eu necessitar com a mesma correspondencia que eu merecer. Ao primeiro do mez chamado Ravilavalá da era chamada Sursana Isané Assar Miya Alafa, que vem a ser, 7 de Abril de 1712.

Dois séllos de Fondú Saunto Bounsuló, ou Babú Dessay, Sar Dessay de Cuddalle.

Novas condições impostas pelo Ill.mo e Ex.mo Sr. Marquez Vice Rey, acceitas pelos Sar Dessaes Zai Ramo Saunto Bounsuló e Ramachandra Saunto Bounsuló, em 19 do mez Zamadicalar do anno Sursan Jane Arbuin Meamo Alafo, que vem a ser 31 de Agoste de 1741.

Artigo I

Obrigam-se os grandiosos Sar Dessaes Zairamo e Rachamandra Saunto Bounsuló a observarem fielmente huma perfeita união e fidelidade ao Magestoso Estado da India, e a manter a presente paz, que se lhes concede, igualmente por mar e por terra, e da mesma sorte a que as embarcações delles Sar Dessaes não façam por si sós, nem em companhia de outras de qualquer nação que seja corso algum, e com muita especialidade em nenhumas embarcações que entrarem, ou sahirem dos portos deste Estado, ainda que não pertençam a vassallos do mesmo Estado.

Artigo II

Que se obrigam a conservar nos seus Dessayados aos Dessaes, que estão morando nas terras do Magestoso Estado, na fórma que sempre se observou.

[1] Já está advertido que contaram o preambulo por um Capitulo.

1741 Setembro 11

Artigo III

Que os homens de negocio, e mercadores das terras do Magestoso Estado, que commerciarem nas dos grandiosos Sar Dessaes, levando e trazendo as suas fazendas, assim em parangues, parós, almadias, e quaesquer outras embarcações, como por terra, não experimentarão jamais a menor vexação nas terras e portos pertencentes aos ditos Sar Dessaes, e se cobrarão os juncões, e outros direitos como antigamente, sem lhe acrescentarem cousa alguma, e da mesma sorte as embarcações que se encontrarem nó mar com bandeira Portugueza, e o mesmo se observará por parte do Estado com as que pertencerem aos Sar Dessaes, e aos mercadores do seu dominio [1].

Artigo IV

Que aos Arabios, por serem inimigos do Estado, não admittirão nunca os Sar Dessaes nas suas terras e portos, reconhecendo-os por inimigos pelo serem do Estado, e o mesmo Estado observará o mesmo nesta parte [2].

Artigo V

Os grandiosos Sar Dessaes tambem se obrigam a entregarem todos os soldados Portuguezes, e naturaes da India, que houverem desertado para as suas terras no tempo da guerra, e os que daqui em diante fogirem, aos quaes dá e promette seguro o Illmo e Exmo Sr. Marquez de Louriçal, Vice Rey, e Capitão geral da India, ainda que mereçam pena de morte, que por este Tratado lhe fica perdoada em attenção ás pessoas dos Sar Dessaes, a quem tambem promette mandar restituir os escravos, lascarins, e outros vassallos dos ditos Sar Dessaes, e só ficam exceptuados aquelles que sem constrangimento algum, e muito de sua livre vontade quizerem ser christãos, e tambem se exceptuam os cabos de guerra [3].

1 A margem diz por letra mais moderna. «Esta condição não he nova». Vide o 3.º artigo do Tratado de 1712.

2 A margem diz: «Vide a condição 4.ª antecedente».

3 A margem diz: Vide a 5.ª antecedente».

Artigo VI

Se nas terras dos grandiosos Sar Dessaes se fizer algum roubo aos vassallos, obrigam-se elles a fazer recta justiça, para que se restitua o furto á pessoa roubada, e da mesma sorte se obrigam a castigar os que commetterem o delicto de morte, ou ferimento, depois de bem examinados os que commetteram os taes delictos, e o mesmo se praticará da parte do Magestoso Estado. 1741 Setembro 11

Artigo VII

Os cafres, cafras, e outros escravos e escravas, fogidas das terras do Estado para as da jurisdicção dos Sar Dessaes, mandarão entregar, como tambem os que agora estiverem nas mesmas terras, e constando que se occultam alguns, os Sar Dessaes mandarão buscalos, e remettelos a seus senhores, os quaes darão pelo trabalho da conducção 4 rupias por cada cabeça a quem os trouxer, e o mesmo se observará da parte do Estado com os escravos e escravas que fogirem para os seus dominios na fórma que fica dito no artigo V.

Artigo VIII

Obrigam-se os grandiosos Sar Dessaes a restituirem ao Magestoso Estado os 50:000 xerafins em boa moeda de oiro e prata, que pagarão os moradores da provincia de Bardez para o ajuste da paz, que se seguiu á segunda invasão que fizeram nella, e esta quantia se hade entregar ao assignar o presente Tratado[1].

Artigo IX

Da mesma sorte promettem, e se obrigam os ditos Sar Dessaes a pagar mais 15:000 xerafins para reparo das ruinas que fizeram nas Igrejas, e fortes da provincia de Bardez.

Artigo X

Igualmente se obrigam os ditos Sar Dessaes a concorre-

[1] Diz á margem em outra letra: «Não consta desta paga feita pelos moradores de Bardez no tratado competente».

1741 Setembro 11 rem com 25 cavallos, e não os podendo dar em especie, o farão a dinheiro pelo preço que compraram outros ao Estado por via do General Francisco Pereira da Silva em tempo do Sar Dessay Fondú Saunto Bounsuló, e isto por huma vez sómente, ao assignar este Tratado.

Artigo XI

Tambem se obrigam, e promettem restituir todas as peças de artilharia de bronze, e de ferro, nove sinos, seis lagartos, hum petardo, e tudo o mais desta especie, que lhe ficaram das tres invasões feitas na provincia de Bardez, entregando logo setenta peças que ainda conservam, pagando pelo seu justo preço as trinta e cinco que faltam para perfazer o numero de cento e cinco, de que nas tres ultimas invasões de Bardez se senhorearam, e todas com os seus reparos, e o mais que toca ao presente artigo pelas listas que se entregaram aos honrados Rogunata Dalvy, e Pandaranga Vissa Ramo, como tambem os sinos[1], que ainda conservam, os quaes são oito, que com os nove mencionados fazem numero de dezasete, que são os que levaram da dita provincia de Bardez.

Artigo XII

Que se obrigam, e promettem os grandiosos Sar Dessaes, a contribuirem todos os annos com dois cavallos, ou 1:000 xerafins ao Estado, como se contém no 10.º artigo do mencionado Tratado de 7 de Abril de 1712, concluido entre o Sr. Vice Rey D. Rodrigo da Costa, e o Sar Dessay Fondú Saunto Bounsuló, sem duvida alguma, e terá execução este 10.º artigo desde o anno futuro de 1742, e por attenção ao Illmo e Exmo Sr. Vice Rey Conde de Sandomil haver perdoado aos grandiosos Sar Dessaes Zairamo e Ramachandra 11:000 xerafins, que deviam ao grandioso Estado, a confirmą o actual Vice Rey delle o Illmo e Exmo Sr. Marquez do Louriçal, nesta parte sómente, porque deroga todos os tra-

1 As palavras que se seguem ao resto do artigo, são acrescentadas em entrelinha.

tados antigos, e modernos, portarias, e quaesquer outros documentos que encontrarem o tratado de 7 de Abril de 1712, sobrè que o presente se estabelece, e amplia, e nomeadamente ficam derogadas todas as portarias, e Tratados desde 5 de Março de 1739 até o presente. 1741 Setembro 11

Artigo XIII

Tambem se obrigam a entregar e ceder perpetuamente todas as vargeas da jurisdição de Maem, que ficam debaixo da artilharia do forte de Corjuvem, como pertenças da dita fortaleza, e Ilha [1], a qual ficam reconhecendo pertencer ao Estado, e promettem não pretender em tempo algum ter direito a Corjuvem, Penelem, nem ás vargeas de Maem e Arabó cedidas pelo presente Tratado, nem tambem á aldeia Pirna, que o Estado havia cedido na paz de Bicholim.

Artigo XIV

Da mesma sorte se obrigam e cedem para sempre ao Estado as duas vargeas chamadas Macazana e Vazary, que foram de Essobá Ráo, Dessay de Peddunem, e o mesmo Estado pagará á camara de Bardez a quantia que havia emprestado ao mesmo Essobá Ráo.

Artigo XV

Tambem promettem, e se obrigam os grandiosos Sar Dessaes a restituirem todos os sibares, manchuas, parangues, saudós, e outras quaesquer embarcações, que hajam tomado, com a sua carga, ou o valor della ajustando-se com seus donos por intervenção do General de Bardez Manuel Soares Velho, comprehendendo-se todas as que foram tomadas desde 5 de Março de 1739 [2] até o presente, e á vista das listas que entregarem os interessados ao dito General. Tam-

[1] As palavras que se seguem no resto do artigo são acrescentadas em entrelinha.

[2] No texto estava escripto «1.º de Janeiro» e depois foi emendado para «5 de Março». A margem diz: «Emenda posta depois do conselho» 1.º de Janeiro.

1741 Setembro 11 bem se incluem no presente artigo as barcas, almadias, saudós pertencentes aos moradores de Bardez, e foram tomadas nos rios de Coluale e Siolim.

Artigo XVI

E para que de todos os modos fiquem cessadas todas as dissensões, e ajustadas por huma vez todas as contas originadas das tres invasões da provincia de Bardez, se obrigam elles ditos Sar Dessaes a não pedir, nem inquietar morador algum da dita provincia de Bardez ácerca de dividas particulares, coulo[1], emprestimos, ou promessa desde 5 de Março de 1739, em que pela primeira vez occuparam a dita provincia, e o mesmo se entenderá com os demais vassallos do Magestoso Estado, comprehendendo-se nas mesmas dividas as que se houverem contrahido dos arrendamentos das vargeas de Corjuvem, Panelem, e Pirna.

Artigo XVII

As embarcações de guerra do Magestoso Estado, assim como as dos grandiosos Sar Dessaes, se darão mutuamente ajuda e favor, e poderão com qualquer necessidade entrar humas e outras embarcações nos portos do dito Estado, e nos dos Sar Dessaes, para buscarem abrigo em qualquer necessidade, mas nunca em numero que possam causar receio ás nações da Europa estabelecidas na Asia, nem aos Principes e Regulos da costa da India, entendendo que esta fiel união he contra huns e outros.

Artigo XVIII

O Estado concorrerá com polvora, e balla pelo justo preço, sempre que se entender he necessaria aos Sar Dessaes para sua conservação e defensa.

Artigo XIX

Tambem se obrigam, e promettem os grandiosos Sar Des-

1 *Coulo* era uma especie de carta de seguro, pela qual a parte que a alcançava era obrigada a pagar um tanto por anno ao Dominante.

saes a não fazer mettas na borda dos rios, nem a consentir que outrem as faça, porque se reputará por quebra do presente Tratado qualquer innovação que haja neste artigo. 1741 Setembro 11

Artigo XX

Quando for necessario aos grandiosos Sar Dessaes mandarem conduzir pelos rios deste Estado alguns generos para as suas fortalezas, o mandarão primeiro declarar, e sem falta se lhe dará licença para o dito transporte, declarando-se primeiro os generos, e o numero de gente que os conduzirem.

Artigo XXI

Havendo os Sar Dessaes guerra com qualquer potencia sua confinante, ainda que amiga do Estado, poderão recolher-se ás terras do mesmo Estado as principaes mulheres das terras dos ditos Sar Dessaes, donde serão recebidas e tratadas com a maior attenção.

Artigo XXII

As embarcações de guerra do Estado darão ajuda e favor a todas as que pertencerem aos Sar Dessaes, tanto de guerra, como mercantes, porém, isto he no caso que levem cartazes na fórma do estyllo, e para os dois barcos do Sarcar, por serem pertencentes aos grandiosos Sar Dessaes, que tambem se obrigam a tomar ambos cartaz, e por especial graça hum dos ditos dois barcos não pagará direitos dos ditos cartazes, e querendo mandar conduzir cavallos, será com novo consentimento do Estado, declarando-se em concessão particular assignada por quem governar o Magestoso Estado, parecendo-lhe que não ha inconveniente na dita concessão, mas levando bandeira dos Sar Dessaes, e cartaz do Estado, se lhe dará todo o socorro de que necessitarem. E pelo presente artigo promettem tambem os grandiosos Sar Dessaes não darem cartazes ás embarcações mercantes dos vassallos do Magestoso Estado, ainda que os mesmos vassallos occultamente lhos peçam, porque neste caso serão castigados pelo governo do mesmo Estado, sem que esta demonstração possa

1741 Setembro 11 alterar em nada a boa harmonia que por ambas *(sic)* fica contrahida pelo presente Tratado, que he inalteravel.

Na fórma sobredita se ajusta esta paz perpetua, e permanente debaixo das condições aqui declaradas, e faltando-se a qualquer dellas, por huma, ou por outra parte, a parte offendida fará aviso á outra por huma só vez, para que promptamente seja satisfeita em cumprir-se o presente Tratado em qualquer dos seus artigos a que se faltar, porém, se com o dito aviso não houver prompto comprimento, será licito á dita parte offendida tomar as medidas que lhe parecer para ser satisfeita; e ambas as ditas partes ratificam, e dão por ratificado o presente Tratado, e annullam quaesquer outros Tratados antigos e modernos, excepto o de 7 de Abril de 1712 incorporado neste na fórma dos vinte e dois artigos, que aqui ficam acrescentados, e acceitos pelo Magestoso Estado da India, e pelos grandiosos Zairamo Saunto Bounsuló, e Ramachandra Saunto Bounsuló, Sar Dessaes de Cuddale e mais provincias. Feito em Goa aos onze de Setembro do anno de 1741.

Plenipotencia

D. Luiz de Menezes, Conde da Ericeira, Marquez do Louriçal, do Conselho de ElRey meu Senhor, e do de Estado segunda vez Vice Rey, e Capitão geral da India.

Por quanto Zairamo Saunto Bounsuló, e Ramachandra Saunto Bounsuló, Sar Dessaes da Praganã Cuddalle, e outras terras, me representaram que verdadeiramente convencidos, e arrependidos das repetidas infracções aos Tratados concluidos com elles e seus predecessores, me pediam lhes concedesse huma paz permanente, e lhes restituisse em virtude della, e do seu arrependimento a protecção e abrigo, que sempre elles, e seus predecessores acharam neste Magestoso Estado: Hey por bem conceder-lhe, e manter-lhe a dita paz na fórma das condições do presente Tratado, e que Manuel Soares Velho, Capitão general da provincia de Bardez, e Provedor mór da fazenda dos contos, acceitou das mãos dos honrados Ragonatha Dalvy, General em chefe das tropas dos

ditos grandiosos Sar Dessaes, e de Pandaranga Vissa Ramo 1741
Sinay, Sabanis ou Ministro principal dos mesmos Sar Dessaes, e para que as condições do presente Tratado, como nelle se contém, hajam o seu devido effeito, concedo ao dito General Manuel Soares Velho todos os poderes necessarios para assignar o presente Tratado com os ditos General Dalvy, e principal Ministro Vissa Ramo, e para maior vigor do mesmo Tratado não só será assignado pelos ditos Ministros plenipotenciarios de ambas as partes, mas tambem com os sêllos dos ditos grandiosos Sar Dessaes, e juramento na fórma costumada, porque debaixo desta condição he que auctoriso tudo o que obrar o dito General de Bardez, Plenipotenciario deste Magestoso Estado. Dada em Goa aos 11 de Setembro de 1741, sob o sêllo das armas reaes da corôa de Portugal. — Marquez de Louriçal.

Setembro 11

Segue-se o mesmo Tratado em lingua maratha, ao qual precede esta advertencia.

«O papel de letra gentilica aqui incluso, que he traducção do Tratado de paz feito pelo Sr. Vice Rey, Marquez do Louriçal com os Sar Dessays Bounsulós, que aqui está junto á dita traducção, e ella toda escripta pelo Lingua do Estado Bogoná Camotim, me foi entregue pelo dito Sr. Vice Rey, Marquez do Louriçal em dois de Março de 1742, para que o ajuntasse neste livro das pazes, e o proprio Tratado, que tambem mandou juntar a elle escripto em Portuguez; e vendo eu que no fim da dita tradução no logar em que está o sêllo pequeno, com que os Bounsulós ultimamente firmaram o dito papel, se acham tres regras de letra tambem gentilica, mas differente da do Lingua, mandei ao mesmo Lingua que as traduzisse; o que elle fez, e a traducção das ditas tres regras com a sua certidão por elle assignada he a que se vê na outra meia folha desta que serve de capa a todo o dito papel de letra gentilica; e para que a todo o tempo conste o referido, mandei fazer aqui esta declaração por mim assignada em 16 de janeiro de 1743.—Luiz Affonso Dantas.»

1741 Setembro 11 No fim do dito papel está esta declaração, que passa á folha que lhe serve de capa.

«Traducção das tres regras aqui escriptas junto ao sêllo, as quaes são da letra de Douba Sinay, por outro nome Panddaranga Vissarama, Ministro dos Sar Dessaes Bounsulós, que escreveu as ditas regras em presença de mim Bogoná Camotim, Lingua do Estado.

Traducção

Nesta fórma está ajustada a paz acima, entre esta, a materia de alguns artigos se praticará na fórma que os honrados Ragunatha Dalvy Bounsuló, e Panddaranga Vissarama tem fallado, e ajustado com o grandioso Manuel Soares Velho, General da provincia de Bardez. Hoje 9 do mez Xabano, que em Portuguz vem a ser 20 de Outubro.

Certidão

Certifico eu Bogoná Camotim, Lingua do Estado, que sendo mandado pelo Illmo e Exmo Sr. Vice Rey, Marquez do Louriçal a Bicholim com a traducção escripta de minha letra do Tratado de paz feito pelo dito Senhor com os ditos Sar Dessaes, para trazer a dita traducção por elles sellada, depois de muitos dias de demora, ao sellar-se o dito Tratado, escreveu Panddaranga Vissarama junto ao sêllo que poz no fim delle as tres regras que nelle se acham, cuja traducção he a que acima fica escripta; o que tudo expliquei ao dito Sr. Vice Rey quando vindo de Bicholim em 21 do dito mez de Outubro de 1741, lhe entreguei sellado o dito Tratado de paz. E por ser verdade o referido, passei esta certidão debaixo do juramento do meu officio, por mim assignada em 16 de Janeiro de 1743. — Boganá Camotim.»

(Arch. da India, livro 1.º de Pazes, fol. 442.)

Papel que veio de Bicholim remettido por Duba Sinay, por outro nome Pandaranga Vissarama.

Traducção da Memoria dos artigos das capitulações das pazes

(Arch. da India, livro 1.º de Pazes, fol. 442.)

Havendo celebrado a paz das capitulações ajustadas entre os grandiosos Sar Dessays e o Estado, e selladas foram entregues, nas quaes ficaram alguns artigos sem se ajustarem por se não ter feito a declaração nos ditos artigos do que tinham ajustado os grandiosos Rogunatha Dalvy e Pandduranga Vissa Ramo com o grandioso General Manuel Soares Velho, em cuja conformidade para se entregarem os ditos artigos solemnes, e concluidos da parte do Estado houve demora, e dissimulação com promessa de que ao tempo de se entregarem nos daria os ditos artigos decididos com a solemnidade, por esta mesma razão ao tempo que se levaram as ditas capitulações se tem feito huma só declaração junto o sêllo, dizendo que se devem praticar os artigos, em que não havia clareza, na fórma que se tinha ajustado com o grandioso General Bardez; com esta declaração foi entregue o Tratado da dita paz, que ha hoje mais de hum anno, sem que até o presente viessem as capitulações da parte do Estado, tendo-se da parte dos grandiosos Sar Dessaes quasi tudo cumprido, ainda, porém, parece com razão que os ditos artigos venham concertados, por ser necessario que os ditos artigos sejam observados, porque do contrario poderá haver alguma duvida na amizade; e que vindo o dito Tratado da paz concertado com solemnidade devida, que se despeçam as ordens nas partes competentes para a sua observancia, e tambem necessario que se satisfaça o que não está satisfeito, e isto deve ser com toda a brevidade; e os artigos, ou adições são os seguintes: 1741 Setembro 11

Declaração do 4.º artigo

As embarcações de todos os vassallos do Estado, que navegarem nos mares, e andarem por parte das bordas dos mares para seu commercio, com ellas não entenderá a ar-

1741 Setembro 11 mada dos grandiosos Sar Dessaes por modo algum. Isto he o que está ajustado.

E passados alguns dias andava fallando o grandioso General sobre os Colles de Tanná, o que eu, ou nós não consentimos, visto os ditos Colles morarem em Bombaim.

12.º O artigo em que se falla artilharia e sinos foi ajustado nesta fórma.

Que se entregaria a artilharia que estivesse prompta, e no que faltasse que daria quita daquella que se perdeu no mar quando se levava, e a que se despendeu, ou se lhe deu aos Marathas, e fóra desta quita a que ficasse, desta se devia cobrar o preço a nosso contento, e como agora se tem dado apontamento, ou lista declarando ser ultimo preço em quantia, dizendo ser cousas da fazenda real, he necessario que se concerte este artigo. Quanto á quantia de sinos não duvidamos ao que o grandioso General tem assentado, pelo que estamos promptos com consentimento.

13.º O artigo 13.º foi ajustado, por se dizer que firmassem as capitulações na mesma fórma que se tinha remettido a minuta, e que se não pozesse duvida sobre qualquer materia, porque ao Magestoso Estado não seria tão grande cousa os pedaços das vargias, que depois de os entregar não só os tornaria a dar, mas tambem por parte do Estado se podiam achar mais; tudo isto ficou fóra. Depois disso para se tapar a bôcca do mundo foram tomadas as tres vargias chamadas Sanquery, Paira, e Atorla, que são huns pedaços, por limitada quantia, tem o estado tomado para possuir, porém, com declaração de as demittir contribuindo a cada anno 1:000 xerafins ao Estado, isto foi o que se ajustou.

Nesta fórma se deve acabar isto, e demittir os ditos pedaços das vargias determinando a quantia do dinheiro, porque ao Estado não he grande cousa do interesse nos ditos pedaços das vargias, as quaes sendo demittidas, será hum beneficio particular; e quando ao Estado sejam precisamente necessarias, se deve pedir que se disponha na fórma acima referida.

14.º O artigo 14.º dispõe que pela divida de Essobá Ráo,

Dessay de Peddunem, estão tomadas, por se dizer ser elle devedor, as duas vargias chamadas Mahaqbazana, e Vazary, mas quando se fez conferencia se ajustou que as ditas vargias possuiria o Estado a ser satisfeita a quantia do que ficava devendo o dito Dessay á camara geral de Bardez, e que ao depois seriam restituidas; porém, até o presente não tem a dita camara a quantia da dita divida, antes o rendeiro das ditas vargias não só colhe a novidade dellas, mas tambem faz roubo na aldeia de Vazary, e cobra os fóros, levando tambem o batte das vargias da visinhança, e anda avexando aos moradores daquella provincia, dizendo serem cultivadores de taes vargias, e com este pretexto está o dito rendeiro perturbando as terras, o que será motivo de haver algum escrupulo na boa amizade, e como de nenhuma sorte deve ser assim, se devem demittir as ditas vargias, e sendo a dita divida provada certamente, mandaremos satisfazer feito execução, ou embargo no dessaeado do dito Essobá Ráo, e fóra disso ficam obrigados os ditos grandiosos Sar Dessaes para satisfazer a mesma divida, a qual só se deve provar na verdade; menos disso faltando no que se ajustou, não servirá de utilidade ás questões e violencias, com que estão poderadas (*sic*) as ditas vargias; e como isto se reputa cousa alheia injustamente possuida, se deve deferir com brevidade. 1741 Setembro 11

15.° O artigo 15.°, que depois de ajuste feito em Bicholim, ou no campo de Bicholim, todas as embarcações que pela armada dos Sar Dessaes foram tomadas, serão restituidas com suas fazendas, para cuja satisfação se ajustará conta pelo documento dos papeis, e o que constar no Sarcar, por via do grandioso General, e honrados Dalvy e Sabanis, como parecerem.

Estes são os artigos, em cujas margens se deve fazer declaração, e com a dita solemnidade se deve entregar o dito tratado, em cuja conformidade daremos cumprimento ao restante da parte dos grandiosos Sar Dessaes, e serão expedidas as ordens necessarias para a armada, e mais partes competentes.

Tudo isto o que se não comprehende nas capitulações da paz

1741 Setembro 11 A vargia Somannochó Cantor, sita na aldeia de Maem, não foi dada para o Estado poder possuir, nem foi pedida pelo mesmo Estado, senão que com a violencia estão usurpando; a qual vargia pertence á dita aldeia, a quem se deve restituir.

As parcellas de que o magestoso estado deve dar quita aos grandiosos Sar Dessays, sendo a paz ajustada, são as seguintes

Deve-se dar quita do que se tem levado das vargias Vazary e Mahaqhazana estando ajustada a paz entre huma e outra parte.

Deve-se dar quita da novidade que se levou da vargia Somannachó Cantor.

Tambem se deve dar quita da novidade que se levou das vargias Poira, Sanquery, e Atorla, visto se necessitar dar quita aos que cultivaram as ditas vargias.

Demissão da vargia Somannachó Cantor.

Feita somma do que importar das referidas parcellas, se deve dar quita aos grandiosos Sar Dessaes, os quaes fizeram quita aos rendeiros dellas, e de algum resto de que se não tem dado quita, por esta causa he necessario que com averiguação delles completar a quantia, e se lhe dar a dita quita; com isto se acabará a satisfação dos ditos rendeiros.

Tendo-se ajustado a paz entre o Estado e os Sar Dessaes, o Crusná Ráo de Quessobá ficando na provincia de Bardez tem feito roubo na aldeia de Corgaum, cuja memoria se tem remettido pela lista, e se faz preciso que em conformidade della se deve mandar que o que se tem roubado restitua ás partes; com esta permissão se mostrará a paz ajustada muito decente, e os trabalhos do grandioso Manuel Soares Velho, e honrados Dalvy e Sabanis serão louvaveis, e as pazes serão decentes.

Conforme ao estyllo antiquissimo quando se offerecer o cavallo de saguate, he devido tomar outro por saguate, como pelo mesmo estyllo se offereceu proximamente hum cavallo para saguate com ajuste que se tinha feito de se dar outro em seu logar; nessa fórma se deve recompensar o dito saguate por cavallo, como sempre se praticou. 1741 Setembro 11

Vindo para estas terras soldados fugidos dessas terras, logo com aviso que se faz vão restituidos; mas fugindo quaesquer sipaes destas terras com armas sem licença, ficam admittidos para o serviço; por esta causa será necessario que cá tambem se admittam para o serviço todos aquelles que vierem fugidos, para o que se deve fazer algum cobro, etc.

Aos 29 do mez Ramazan, em Portuguez 27 de Novembro.

Traduzido por mim Boganá Camotim, Lingua do Estado, a 4 de Dezembro de 1742.

Resposta do General Manuel Soares Velho

Illmo Sr. Governador. — Respondendo ás duvidas de Deuba Sinay, sobre a paz que o Magestoso Estado lhe concedeu pelo Illmo Sr. Marquez do Louriçal, Vice Rey deste Estado, aos Bounsulós, e discutindo tudo, direi a V. S.ª os dois Capitulos principaes, em que se offerecem algumas duvidas, e são as seguintes:

Sobre o 1.º artigo da paz

Em que promettem que se obrigam os grandiosos Sar Dessaes a observarem fielmente huma perfeita união e fidelidade ao Magestoso Estado, e manter a presente que se concede igualmente por mar e terra, e da mesma sorte que as embarcações delles Sar Dessaes não por si sós, nem em companhia de outras de qualquer nação que sejam, possam fazer corso algum, e com muita especialidade em nenhuma das embarcações que entrarem, ou sahirem dos portos desta cidade, ainda que não pertençam aos vassallos do mesmo Estado; este Capitulo foi grandemente debatido sobre a declaração das embarcações que haviam ser livres, porque de outra sorte era suspender inteiramente a navegação dos vizinhos, nem o fim do Illmo e Exmo Sr. Marquez era defen-

1741 Setembro 11 der toda a costa da India, e nos termos presentes me havia concedido a faculdade para neste Capitulo moderar na maior força, e declarar o como se deve observar para a boa conservação, e harmonia entre o Magestoso Estado e os Sar Dessaes pela maneira seguinte:

Que navegarão livremente todas as embarcações pertencentes ao Estado, como tambem todas as embarcações de Coles, moiros, ou christãos, pertencentes ás terras do Norte por ora perdidas, e refugiadas em os portos de Bombaim, que logram o privilegio de vassallos, por estarem ainda nos termos de o poderem ser, e serão em tudo livres como as mais. Juntamente que como se reconhece que para a subsistencia desta côrte he preciso o commercio com os portos de Bombaim e Canará, de onde inteiramente vem todos os mantimentos e viveres necessarios, não farão corso as embarcações dos grandiosos Sar Dessaes a nenhuma embarcação que dos ditos portos vier a este de Goa com mantimentos, ou outros quaesquer viveres, bastando sómente mostrarem cartaz, ou carregações que constem vem remettidas aos moradores do Estado, ou por sua conta, ou para beneficiarem, e desta sorte tinha eu o poder para moderar o capitulo 1.°, e sendo V. S.ª servido, assim se deve executar, e declarar para evitar a desordem que tem havido neste anno passado.

Sobre o capitulo 13.°

Sobre a entrega das vargias Simerim, Poira, e Atola; neste artigo houve grandissimos debates, e offereceram os grandiosos Sar Dessaes estas vargias ao Illmo Sr. Marquez, e por ultimo convencidos e obrigados por força vieram a dal-as, ainda que pediam se lhe pozesse outro qualquer tributo, menos o de darem as ditas vargias; neste particular o Illmo Sr. Marquez Vice Rey me ordenou que passado algum tempo, e dado o cumprimento pelos grandiosos Sar Dessaes a todos os artigos da paz que tinhamos ajustado, se lhe entregariam as ditas tres vargias, pagando por tributo em cada hum anno aquillo que se lhe alvidrasse, conforme o rendimento dellas; desta sorte satisfeito primeiro todos os capitulos da paz, havendo V. S.ª assim por bem, se lhe poderá conceder o que pedem, na fórma declarada. 1741 Setembro 11

Estes dois capitulos são os que pedem os grandiosos Sar Dessaes, e sobre o que comprehende a declaração posta ao pé dos séllos.

Sobre o artigo 12.º

Sobre a entrega da artilharia, he certo que houve declarar-se terem cahido algumas peças no mar, outras terem-se dado ao Maratha. O Illmo Sr. Marquez me ordenou que lhe desse abatimento de algumas o que já fez na conta dos sinos, e nestes termos não ha mais que duvidar nesta materia.

Sobre o artigo 15.º

Em que se mandam restituir todas as embarcações tomadas de 5 de Março de 1739 em diante, entregando-se as embarcações que estivessem em ser, o que já está satisfeito; e no que toca ás suas cargas seria ajustado por mim, e os grandiosos Rogunata Dalvim e Pandaranga Sinay, isto he o que falta, e se deve ajustar para serem satisfeitas as partes. V. S.ª dispondo o que for muito servido me ordenará o que hei de obrar, e responder ao Sabanys, e despedir o seu Bramane, que se acha nesta côrte. Ribandar 13 de Dezembro de 1742. — Manuel Soares Velho.

Tratado com o Rey de Sunda

(Arch. da India, livro 1.º de Pazes, fol. 460.)

Está em maratha, e he precedido desta advertencia. 1742 Junho

«O papel de letra gentilica aqui incluso, que começa a fl. 465, feito em Junho de 1742, que he o Tratado celebrado entre o Estado e o Rey de Sunda pelo General Manuel Soares Velho, e por Calapaya Nauru, e Custam Ráo, Ministros do dito Rey, não se ajuntou logo a este Livro das pazes, e ficou fóra delle até o presente mez de Julho de 1752, porque as

1742 Junho duvidas que a respeito delle sobrevieram, deram occasião a que em parte se tivesse por imperfeito, e se havia de reformar, ratificando-se o mesmo Tratado pelos referidos Ministros do Sunda nos pontos em que não havia duvida, conforme o que os mesmos ministros do Sunda ajustaram em presença do Sr. Governador D. Luiz Caetano de Almeida em sua casa em Pangim, estando tambem presente o mesmo Manuel Soares Velho, de que tudo deu o mesmo Sr. Governador D. Luiz Caetano de Almeida conta a Sua Magestade em carta escripta ao Secretario de Estado Antonio Guedes Pereira, em 2 de Outubro de 1742 pela Balandra, que no mesmo mez de Outubro expediu de aviso para Lisboa, e os capitulos em que referiu esta materia começam a fl. 16 v. do Livro das Cartas que foram pela mesma Balandra.

Não chegou a effeito a referida reforma, e ratificação, porque foi preciso que os ditos Ministros do Sunda Calapaya e Custam Ráo fossem apressadamente de Goa para Supem, por se ter adiantado intempestivamente a marchar para o ataque daquella praça o Capitão Theodoro José Santini, Commandante dos Sipaes destinados pelo dito Manuel Soares Velho para hirem em companhia dos ditos Calapaya, e Custam Ráo com a sua gente a fazer o dito ataque, e deste inesperado repente procedeu não se chegar a fazer a dita reforma, ficando reservada para quando os mesmos Calapaya, e Custam Ráo, recuperada a dita praça de Supem, voltassem della para Pondá e para Goa.

Depois por fallecer o dito Calapaya Nauru na mesma praça de Supem tendo-se dilatado nella a dispor o seu regimen, e defensa algum tempo depois de recuperada, não chegou a fazer-se a dita reforma, a qual consistia não só no ponto da cessão do outeiro Chandarnato, e tres aldeias a elle confinantes, e todos os mais pontos do referido tratado se haviam de ratificar na fórma delle, como sem duvida se tinha ajustado na referida conferencia em casa do dito Sr. Governador, como se vê da sua conta para o Reino já allegada.

Ao referido accidente da morte de Calapaya, se seguiram em Goa com as mudanças do governo varios outros negocios, que pozeram em descuido a ajustada reforma do referido tratado, e sendo agora preciso usar-se delle nos pontos, em que não houve duvida, e sendo certo achar-se verdadeiramente assignado pelos referidos ministros do Rey de Sunda, como se vê do mesmo tratado a fl. 466, e sendo certo tambem que tendo o Sunda cumprido o artigo 2.º delle na satisfação dos 40:000 xerafins sem ter representado duvida alguma a cumprir os mais, não se póde duvidar de que deve ter o seu devido cumprimento, fiz ajuntar com effeito a este livro o dito tratado, e a sua traducção com as referidas declarações para que a todo o tempo conste tudo o que a este respeito houve. Goa, 5 de julho de 1752. — Luiz Affonso Dantas. 1742 Junho

Condições ajustadas entre o General Manuel Soares Velho e Callapaya, General do Sunda, e seu Embaixador Custam Ráo, aos 24 de junho de 1742

Traducção do tratado

1.º Que primeiramente entrega o dito General Manuel Soares Velho a jurisdição de Sanguem, Zambaulim, e Pondá com suas fortalezas ao dito Callapaya, General do Sunda, a de Sanguem arrazada, e a de Pondá será o dito Callapaya obrigado a mandar arrazar dentro de dois mezes, de sorte que os inimigos se não possam senhoriar, na fórma que tem ajustado, e que se passarão seguros para que as ditas jurisdições se cultivem na fórma das ordens do Illmo e Exmo Sr. Marquez, e o Illmo Sr. Governador. 1742 Julho 24

2.º Que o dito Callapaya será obrigado por seu Rey a dar para as despezas desta guerra que se fez, 40:000 xerafins dentro de seis mezes, e não o fazendo, poderá o Estado cobral-os livremente pelos rendimentos das ditas jurisdicções.

3.º Que o dito General Manuel Soares Velho dará ordem a Anagi Porobu, seguro seu assignado por si, e pelo dito Callapaya em nome de seu Rey para perdoar os Cabos que estão na fortaleza de Supem para esta ser entregue, e que para este effeito dará o dito General Manuel Soares Velho hum corpo de Sipaes bons com o Commandante Theodoro

1742 Junho 24 José Santini, que hade governar a todos, e hade estimar o dito Callapaya levar em sua companhia, e a Francisco Fernandes, e dois homens brancos para andarem com a artilharia, e hade levar huma pecinha de libra para o que for necessario, assistindo o dito Callapaya com todo o necessario para o seu sustento, e fará logo a dita marcha sem perder tempo, porque assim o pede a boa razão.

4.º Que por este beneficio, e ser preciso ao bem commum, será obrigado o Rey de Sunda a ceder ao Estado o outeiro de Chamdernata com tres aldeias contiguas a elle, para poder metter o rio, e fortificar a provincia de Salcete, não fazendo duvida a que fique o Pagode de Chandernate, e todos vivendo na sua lei gentilica sem embaraço algum, e que vindo o inimigo, será o Estado obrigado a receber a gente do Sunda, e seus cabedaes nas partes mais seguras da provincia, e que hirá o dito General Manuel Soares com o dito Callapaya a ver o dito logar.

5.º Que não dará o Rey do Sunda licença a nação alguma de Europa para fazer feitoria em Caruar, ou em parte alguma das suas terras.

6.º Que pagará aos Sipaes de Anagi Porobu pela razão ajustada pelo dito General Manuel Soares Velho emquanto não tomar Supem, ficando este Capitulo em segredo, exceptuando aquelles que servirem bem, e merecerem a sua conservação, visto por ora não usar della pelo prejuizo que poder seguir della.

7.º Que antes que venda a sua pimenta será obrigado o Rey do Sunda a largar ao Estado 150 candins de pimenta, todas as vezes que necessitar o Estado, por menos 3 pagodes do preço por que largar aos mais, e este preço não passará de 30 pagodes, e será livre de direitos por ser de Sarcar a Sarcar, e se entende quando haja, e produza a terra a dita pimenta, que não dando, não haverá a dita obrigação.

8.º Que será o dito Rey obrigado a dar na aldeia de Xelvana, jurisdição de Chandarvari, logar proporcionado para se fazer huma Igreja da administração dos Padres da Companhia de Jesus, para se administrarem sacramentos a passante de 4:000 almas, que se acham nas ditas terras, á sua custa, ajudando a fazer a dita Igreja, e a subsistencia do Padre na fórma das Igrejas de Ancolá e Sivançar. 1742 Junho 24

9.º E por esta fórma se ajustaram estas condições, em que se assignou o dito General Manuel Soares Velho com os ditos Callapaya, General do Sunda, e seu Embaixador Custam Ráo, e as sellou com o seu sêllo, obrigando-se por parte do Rey do Sunda a cumprir e guardar como nellas se contém, e o dito grandioso Manuel Soares Velho se obrigou a cumprir por parte do Estado.

10.º Que querendo o Estado fazer qualquer fortificação de pouca entidade no outeiro de Borim para conservação da praça de Rachol, o poderá fazer, e que o Rey do Sunda fará a despeza da dita fortificação nova, por direcção do dito General Manuel Soares Velho, e que ficará juntamente metta do Sunda, e que havendo noticia do inimigo, se entregará a dita metta á ordem do Estado para se defender. E por esta fórma se findaram estas condições. Hoje 24 de Julho de 1742 — Custam Ráo — Callapaya Nauru, de minha letra — Sêllo — Manuel Soares Velho.

Traduzido por mim Ananta Camotim Vaga, Lingua do Estado, com o meu Ajudante Sadasiva Camotim Vaga aos 5 de Julho de 1752. — Ananta Camotim Vaga — Sadasiva Camotim Vaga.

Está junto o original maratha com o sêllo, e as assignaturas dos negociadores.

(Arch. da India, livro 1.º de Pazes, fol. 465.)

Instrucção de El-Rey D. João V dada ao marquez de Castello Novo (depois Marquez de Alorna) Vice Rey e Capitão General do Estado da India

(Collecção dos meus Mss. — Original.)

1. Honrado Marquez de Castello Novo, Vice Rey e Capitão General do Estado da India, Amigo. Eu ElRey vos envio muito saudar, como aquelle que prezo. O cuidado, que jus- 1744 Março 25

1744 Março 25 tamente deve causar-me a perigosa situação, em que ficou o Estado da India depois de tantas infelicidades, com a que de novo lhe sobreveio, na morte não esperada do Marquez do Louriçal: e a confiança, que com igual justiça devo fazer da vossa capacidade, zêlo, e experiencias, me moveram a nomear-vos Vice Rey e Capitão General do mesmo Estado, esperando que mediante o favor Divino sabereis tomar as medidas mais acertadas e convenientes, assim para livrar aquelles Dominios do aperto, a que os tem reduzido os seus inimigos, e restabelecer o respeito, e reputação, que tão gloriosamente lhe ajudaram a adquirir em outros tempos os vossos ascendentes, como para emendar as desordens e decadencia, que a perturbação da guerra tem occasionado, e reduzir as mais dependencias do mesmo Estado ao systema, que segundo as presentes circumstancias convem para a sua conservação, a qual me deve tão particular attenção pelo interesse que della resulta á christandade de toda a Asia, que Deus confiou ao meu cuidado e protecção.

2. Para fazeres a viagem tenho mandado preparar as naus *Nossa Senhora Madre de Deus*, e *Nossa Senhora da Caridade*, e *S. Francisco de Paula*. E porque no Regimento, que tambem mandei fazer para a mesma viagem, o qual vos será entregue pelo Conselho Ultramarino, vae prevenido tudo o que nella póde occorrer-vos, só vos recommendo muito particularmente que se a nau *Nossa Senhora da Caridade* se separar da vossa conserva por algum accidente, e os officiaes della, não obstante a prohibição do dito Regimento, tomarem o arbitrio de arribar a Moçambique com os affectados pretextos, de que costumam valer-se para dissimularem as negociações e interesses particulares, que vão buscar ao dito porto; logo que chegarem ao de Goa mandeis tirar huma informação particular do seu procedimento, e constando-vos que foi affectada a arribada, os mandareis logo prender até haver occasião de serem remettidos para este Reino com a informação das suas culpas.

3. Com esta Instrucção mando entregar-vos mappas da gente, munições, e materiaes, que levam as ditas naus; e

attendendo a que em algumas das que fizeram viagem nas monções proximas, se vio a desordem de que sahindo deste porto superabundantemente providas de tudo o necessario, dentro de poucos dias lhes faltaram as dietas, e até os medicamentos mais ordinarios, e precisos para os doentes; tenho ordenado que se vos entregue juntamente hum mappa geral de todos os mantimentos, dietas, e boticas, que se embarcaram em cada huma das naus, do qual se darão tambem copias aos commandantes, para que succedendo experimentarem-se na viagem similhantes faltas, se possa pelo dito mappa averiguar facilmente o descaminho, e proceder-se logo contra os officiaes, a quem tocar, para que dêem conta do que receberam; e na que vós me deres da viagem declarareis se houve os ditos descaminhos, para que eu possa mandar castigar aos que os commetterem, como for servido. 1744 Março 25

4. Entre as mais munições mando remetter o numero de barracas, que consta do referido mappa, sem embargo de se não terem mandado em tempo algum, por se me representar de Goa a falta que havia dellas, e o incommodo que por esta causa padeciam os soldados nas marchas e campanha. Da mesma sorte se remettem todos os petrechos que se avisou faltarem para o trem da artilharia da nova invenção; e com esta vos será entregue a instrucção do seu uso, a qual mandareis guardar na Secretaria do Estado com a devida cautella, para vos servires della no caso que se tenha ausentado o Capitão S. Marten, a quem inconsideradamente se fiou o dito segredo. E porque convem que tambem sejais informado das excessivas remessas, que de alguns annos a esta parte se tem feito para o provimento dos armazens daquelle Estado, assim de artilharia, armas, e mais munições, como de materiaes, se vos entregarão com os mais mappas geraes, em que se declararão todos os ditos generos, para que por elles averigueis o consumo que tiveram, e os que estão em ser nos ditos armazens.

5. Em outro mappa, que tambem vos será entregue com esta, achareis declarada a somma do cabedal, que nesta occasião mando remetter em prata e oiro, o qual segundo o

1744 Março 25 lucro, que em Goa costumam dar similhantes remessas, poderá produzir mais de 600:000 xerafins, e delle mandareis fazer receita separada das rendas do Estado para se dispender sómente no pagamento das tropas, e apresto das naus do Reino, na fórma das ordens que achareis na Secretaria de Goa; tendo entendido que não deveis applicar, nem permittir que se applique parte alguma do dito cabedal a outra qualquer despeza, ou divida do Estado, alem das expressadas nas mesmas ordens. E na primeira monção me fareis presente huma conta distincta da receita e despeza, assim do mesmo cabedal, como dos mais que se remetteram nas monções precedentes, com declaração do que restar em ser, e das ordens, pelas quaes se tiver despendido o mais.

6. O systema em que achares as cousas quando chegares a Goa he o que deve determinar-vos para regular, conforme as circumstancias occorrentes, os meios de que deveis servir-vos a fim de segurar o Estado contra as idéas dos seus inimigos, visto que nem a distancia, nem a incerteza do que terá succedido depois que partiram daquelle porto as naus da monção precedente, permittem que vos dê ordens mais positivas em huma materia sujeita a tantas contingencias. Tudo o que póde inferir-se do que referem as ultimas cartas, he que ainda que a restauração da provincia de Bardez, o choque do campo de Sanguem, e a escala successiva daquella Praça, e das de Pondá, e Supem, que depois da morte do Marquez do Louriçal se continuaram com louvavel constancia por ordens do Governo, fizeram abater muito a soberba e orgulho daquelles barbaros, não deixam com tudo de persistir nos mesmos designios de invadir, e hostilisar o Estado sempre que a conjunctura se lhes representar. Porque os Bounsulós, sem embargo do tratado concluido com o dito Marquez, não só duvidaram cumprir alguns dos seus artigos, mas passaram á ousadia de represarem algumas embarcações, ainda que depois foram constrangidos a restituil-as. E os Marathas alem de violarem a paz, invadindo novamente com affectados pretextos a provincia de Salcete, e procurando aleivosamente surprehender Damão, ainda depois de

experimentarem na referida expedição de Pondá o merecido castigo destes insultos, se diz que procuravam ajustar novas allianças para repetirem outros contra as ilhas de Goa, e provincias adjacentes.

1744 Março 25

7. Quando, pois, succeda achares ateado de novo o fogo da guerra, fio da vossa capacidade e experiencias, que a procurareis sustentar vigorosamente quanto vos for possivel, até se conseguir huma paz decorosa. Mas se pelo contrario não tiver occorrido novidade que perturbasse o socego publico do Estado, procurareis conserval-o na mesma fórma, e evitar, quanto permittir o decoro, toda a occasião de rompimento com qualquer dos seus visinhos; observando só com a precisa vigilancia, e cautella os seus movimentos, e designios para os prevenires com tempo; e não vos esquecendo tambem do meio de fomentar as differenças, que costumam ter frequentemente entre si, porque em todo o tempo foi util ao Estado este arbitrio.

8. Pelo que respeita á restauração das Praças e Aldeias do Norte, a opinião constante de todos os que tem conhecimento da India, he que não poderá conseguir-se presentemente pelo meio da força; porque ainda que conforme os mappas que ultimamente se remetteram de Goa, as tropas regulares que achareis no Estado, inclusas as reclutas que levaes, passam de 3:000 infantes divididos em 6 batalhões, alem de duas tropas de cavallos, e dos sipaes, ordenanças, auxiliares, e gente da marinha, e artilharia, o que tudo excede muito a lotação das forças, que até agora costumava sustentar o Estado; comtudo as dos Marathas lhe são incomparavelmente superiores para se poder intentar contra elles huma conquista. Pelo que sem embargo de ser igualmente certo que sem o dominio daquella Provincia não póde subsistir seguramente o Estado, nem os seus vassallos, deveis comtudo conter-vos nesta parte, conforme as medidas que tinha tomado o Marquez do Louriçal, procurando conservar em bom estado de defeza as Praças de Damão e Diu, e esperando quanto ao mais que os accidentes do tempo offereçam alguma conjunctura opportuna, ou seja a da morte do prin-

1744 Março 25 cipal Maratha, que se tem por certo fará mudar muito o systema presente, ou a da rebellião e guerra civil, que se prognostica entre os seus mesmos Generaes, e bastará para atenuar as suas forças, ou finalmente a de alguma negociação, a que com o tempo dêem as mãos os mesmos Marathas, e por meio da qual se possa recuperar pacificamente ou todas, ou ao menos algumas das ditas praças com as suas Praganãs.

9. Tambem poderá conduzir muito para este, e outros fins o procurares restabelecer a antiga amisade, e boa correspondencia, que em outros tempos houve entre o Estado e a Persia, como tinha intentado o Marquez do Louriçal; porque alem de ser notorio o formidavel poder, e respeito que se tem adquirido Thammas Kolican com os seus numerosos exercitos, e a vigorosa diversão, que com as suas tropas póde fazer a favor do Estado, deveis saber que proximamente tem concebido a idéa de estabelecer tambem huma marinha, para o que comprou já em Surrate algumas naus, e mandou fabricar outras de novo; e he sem duvida que se chegar a pôr em pratica este projecto, será muito util ao Estado segurar-se das esquadras Persianas, que dentro de poucos annos se farão respeitar naquelles mares, para que ou auxiliem as do mesmo Estado, ou ao menos lhe não embarassem o seu trafego.

10. As forças do pirata Angriá vos não devem dar menos cuidado do que as dos Bounsulós, e Marathas, porque unido com os Melondins, e tambem com os mesmos Marathas, e Bounsulós, que uns e outros tem já bastante numero de Galvetas, e algumas Pallas, infestam continuamente toda aquella costa divididos em pequenas esquadras, de que a parte mais consideravel he a que pertence ao dito Angriá, o qual tirando desse corso hum excessivo lucro, no mesmo tempo que augmenta com elle cada dia mais o seu poder, cresce tambem á proporção o prejuiso do commercio geral, e em Goa a falta daquelles mantimentos, que lhe costumam hir de fóra, porque o mesmo pirata lhe embaraça a conducção. Pelo que se faz preciso que procureis conservar sempre prompta a mes-

ma esquadra, que os Governadores do Estado advertidamente armaram para franquear o commercio, e a conducção dos ditos mantimentos. 1744 Março 25

11. Para o mesmo fim seria o meio mais efficaz o de se unirem com as forças do Estado as das mais Nações Europeas, que se interessam no dito commercio; pois sendo o prejuiso commum, e maior a parte que delle toca ás ditas Nações, poderiam por huma vez evital-o, se fazendo todas huma alliança entre si, e com o Estado, procurassem atacar ao mesmo tempo aquelles barbaros dentro dos portos, em que se refugiam, é reprezar-lhes, ou queimar-lhes todas as suas embarcações. E porque sobre esta materia já os Francezes fizeram em Goa huma abertura, insinuando que tinham dado conta á sua côrte, e esperavam as ordens para adiantarem a negociação, me pareceu conveniente prevenir-vos esta noticia, para que no caso em que se vos proponha a dita alliança, ou se vos offereça conjunctura opportuna de a promover, não duvideis concluil-a, quando se não pertendam condições taes, que a façam inadmissivel.

12. Com as ditas Nações Europeas deveis cultivar aquella boa armonia, e reciproca correspondencia, que pede a amizade e alliança, que conservo com os seus Soberanos; tendo porém entendido, que assim como he sem duvida, que nenhuma dellas deseja sinceramente as vantagens do Estado, assim tambem não deveis concorrer para as suas em fórma, que engrossando-se consideravelmente o seu poder, venha a redundar em damno do mesmo Estado, como já se experimentou com a Companhia Ingleza, de que achareis bastantes provas na Secretaria de Goa.

13. A respeito da Companhia Franceza he preciso prevenir-vos que alem do exorbitante contrabando, que está fazendo desde as suas ilhas de Bourbon, assim em Moçambique como nos mais portos daquella costa, pertencentes ao meu dominio, sem que para impedil-o tenham sido bastantes as apertadas ordens, que o Marquez do Louriçal deixou quando esteve em Moçambique; ainda são muito mais largas as vistas da mesma Companhia, porque favorecida da côrte de

1744 Março 25 Pariz, pertende ha annos que eu lhe ceda hum daquelles portos, em que possa fazer hum estabelecimento; e na falta delle deseja outra igual cessão do direito que tenho ao dominio de Mombaça e costa de Pate. E porque de tudo o que tem occorrido neste importante negocio mandei instruir largamente ao Conde de Sandomil em carta de 14 de Abril de 1739, e depois ao dito Marquez do Louriçal nos despachos que levou, e nos que se lhe remetteram nas monções seguintes, vos ordeno que examineis todos os ditos despachos (os quaes achareis na Secretaria do Estado) para por elles vos regulardes; vendo tambem as cartas que escreveu de Moçambique o Governador D. Lourenço de Noronha, em que refere as differentes astucias e tentativas, com que os Francezes costumam óccultar, e pretextar o seu illicito commercio, para que pelos meios que julgares mais efficazes o procureis evitar, e juntamente prevenir que o Governador das referidas ilhas de Bourbon, de cuja vivacidade achareis tambem em Goa bastantes noticias, não intente ou na dita costa, ou na de Mombaça e Pate alguns dos projectos, de que he fecundo, em prejuizo do Estado.

14. Com a Companhia Hollandeza he necessario que procedaes com tanta maior circumspecção, quanto he mais notoria a sua insaciavel ambição; pois não satisfeita com os vastos dominios que tem usurpado ao Estado, não perde occasião de adquirir outros aproveitando-se dos descuidos do governo de Goa. Por cartas do Governador das ilhas de Timor, e Bispo de Malaca fui informado com grande desprazer meu de que o dito governo de Goa tem abandonado ha annos aquellas ilhas; pois ha muitos que a ellas se não manda o navio de commercio, que em todos se costumava expedir, de que resulta acharem-se sem o necessario presidio, e provimento de munições, destruidas as casas e fortalezas, e reduzidas a summa pobreza e desordem as suas rendas e governo, porque faltando ao Governador os meios para o respeito, e para a coacção, vivem os povos á discrição, e sem a devida obediencia; no mesmo tempo em que os Hollandezes já estabelecidos ha annos em huma ponta da ilha de Timor, cha-

mada o Cupão, tem fabricado novamente nella huma fortaleza e povoação sufficiente, da qual estão observando o que succede, e procurando attrahir os animos dos naturaes na esperança de se fazerem senhores de toda a ilha, como já o tem conseguido na de Sumba. E porque não deve despresar-se nesta fórma huma colonia, que pela fertilidade de seu paiz, e excellentes generos que tem para o commercio, merece differente attenção, e se faz juntamente appetecida dos Hollandezes, vos recommendo muito que procureis embaraçar-lhes os seus designios, mandando prover as ditas ilhas de gente e munições, e dando providencia ao mais de que necessitam para se remediar a desordem, em que estão. 1744 Março 25

15. Com igual injustiça mandou a mesma Companhia Hollandeza occupar ha annos o Cabo das correntes na costa de Moçambique, aonde com effeito chegaram a estabelecer-se os seus administradores, mas sendo depois expulsados pelos mesmos Cafres, ordenei ao Marquez do Louriçal, que procurasse fechar aquella porta, assim aos mesmos Hollandezes, como ás mais Nações da Europa, para que não podessem por ella penetrar o paiz, de que resultaria hum irreparavel prejuizo ao commercio de Moçambique e Rios de Senna. E porque me não consta o que o dito Marquez obraria nesta materia, a recommendo tambem ao vosso cuidado, pois não ignoraes a sua importancia, e consequencias.

16. Todas as providencias referidas assim como são precisas para preservar o Estado contra os designios dos seus inimigos ou declarados, ou occultos, assim tambem he indubitavel que não bastarão para segurar a sua subsistencia, se no mesmo tempo se não considerarem, e applicarem os meios necessarios para restabelecer as suas rendas, e o seu commercio da decadencia, em que se acham, depois de tantas perdas, e infelicidades, quantas se experimentaram nos annos proximos, procurando-se juntamente o remedio de outras desordens, que não prejudicam menos ao interesse publico.

17. Para que fiqueis instruido do que se passa nesta importante materia, deveis saber que conforme os mappas, que

1744 Março 25 ultimamente se remetteram de Goa, as despezas ordinarias do Estado no presente systema, sem contar as que devem accrescer, se por qualquer accidente tornar a accender-se o fogo da guerra, excedem a receita das suas rendas em mais de 310:000 xerafins. E sendo certo que ainda quando não se houvesse despendido tantos milhões, quantos tem custado os soccorros extraordinarios que nos annos proximos tenho mandado para a India, nunca seria praticavel que alem dos ordinarios que se costumam remetter em todos os annos, sem que ha muitos venha o retorno delles, que sempre costumava vir, e alem da despeza que tambem se faz com o apparelho das naus, e transporte dos soldados, se póssam continuar de mais os subsidios de dinheiro que nas monções precedentes, e nessa fui servido mandar para o mesmo Estado; precisamente se segue que dentro delle se devem buscar, e ajustar os meios proprios á sua defensa, e para supprir a referida falta.

A este fim se formou em Goa, logo no principio da invasão da Provincia do Norte huma junta composta de Procuradores dos tres Estados, Ecclesiastico, Nobreza, e Povo. Porém, tudo o que resultou das suas conferencias foi a imposição da decima, a qual apenas se cobrou hum anno, porque sobrevindo depois a perda das Provincias de Salcete e Bardez, não só cessou a dita contribuição, mas se extinguiu tambem a mesma Junta. Pelo que vos ordeno que logo que chegares a Goa procureis restabelecel-a, mandando que assim nella, como no conselho de Estado se ponderem os arbitrios que parecerem mais proprios, assim para augmentar as suas rendas, e o commercio, de que tanto depende a sua subsistencia, como para diminuir as despezas, de sorte que cortando-se as que forem ou totalmente superfluas, ou menos necessarias, e regulando-se as mais com a devida economia, se evite o inconveniente de excederem tão consideravelmente a receita.

19. Entre os ditos arbitrios deve ter o primeiro logar o do restabelecimento da decima, visto terem cessado os embaraços que fizeram suspender a sua cobrança, e haver Bulla

Apostolica que obriga os Ecclesiasticos á mesma contribuição. Mas porque sou informado de que no primeiro lançamento que para ella se fez, procederam os lançadores com tão escandalosa infidelidade por respeitos e conveniencias particulares, que muitas pessoas das mais ricas não pagaram a terça parte do que justamente deviam á proporção das suas rendas, vos ordeno que feito o novo lançamento por pessoas de mais honra e consciencia, o mandeis examinar pelo Ministro que vos parecer, ordenando-lhe que tomando as informações necessarias vos faça presente qualquer desigualdade que nelle achar, a qual emendareis sem embargo do arbitrio dos lançadores, visto que esta parcella não he de tão pouca importancia que não produzisse no anno de 1738 mais de 156:000 xerafins, ainda sendo feito o lançamento com a diminuição referida. 1744 Março 25

20. Por conta que me deram os Governadores do Estado me foi presente que estavam na resolução de pôr em execução outro arbitrio do papel sellado, o qual tinha tambem approvado a referida junta; e ainda que não poderá ser de grande consideração o lucro que delle resultasse, comtudo se o achares praticado, e não occorrer inconveniente attendivel que o encontre, não alterareis as ordens dos ditos Governadores.

21. Maior utilidade poderá produzir á fazenda do Estado o estanco de alguns generos, pois he constante ser este hum dos meios mais principaes a que se costuma recorrer quando a necessidade o pede, e as rendas publicas não bastam para supprir as despezas a que são obrigadas. Nesta consideração julgo conveniente participar-vos que de Goa se me mandou propôr o estanco de dois generos: o 1.º são as urracas, das quaes se diz que sendo vedadas com a condição de ficarem obrigados os palmareiros a vendel-as á fazenda Real, como as vendem commummente ao povo, poderão produzir maior rendimento do que he o do tabaco naquella cidade; o 2.º genero he o velorio, do qual se diz que, tomando-se pela fazenda Real em Moçambique, e pelo preço commum todo o que for em direitura do Reino para aquella Praça, e man-

1744 Março 25 dando-se para ella de Goa, e dos mais portos da India por conta da mesma fazenda com ordem de empregar-se o seu producto em marfim, poderá produzir de ganho mais de 60:000 xerafins, e muito maior somma, se o mesmo velorio se mandar comprar a este Reino. Mas porque seria perigosa e arriscada a grandes inconvenientes qualquer resolução que se tomasse nesta materia sem precederem os exames e informações de que ella depende, e que só achareis na face do logar, me pareceu não differir á dita representação; e vos ordeno que conferindo em Goa na fórma que vos tenho advertido se será conveniente estancar ou os ditos generos ou algum outro, tomeis a resolução que julgares mais util ao interesse do Estado.

22 A respeito da alfandega do dito porto de Moçambique se me representou tambem que poderia ter maior rendimento com que soccorrer o Estado, quando se evitasse a desigualdade com que nella se pagam os direitos das fazendas a razão de 2 por cento, pagando-se na de Goa e nas mais a razão de 5 por cento. E quando este costume não tenha motivo particular que o faça preciso, nem prejudique consideravelmente ao commercio do dito porto o augmento dos direitos da sua alfandega; ordenareis que se paguem, como nas mais, a razão de 5 por cento; e que ficando naquella feitoria os 2 por cento, por não prejudicar as suas consignações, se incorporem na receita geral da fazenda de Goa os 3 por cento novamente impostos, remettendo-se todos os annos para Goa o seu producto empregado em marfim ou oiro, para com essa parcella se supprir tambem em parte a referida falta.

23. O estabelecimento de fabricas he outro meio, com que se costumam augmentar igualmente as rendas publicas, e as particulares dos vassallos. E porque sou informado de que em Tanná havia bastantes fabricas de roupas, e manufacturas de algodão, linha, e seda, que se extrahiam e vendiam com boa reputação, as quaes se perderam juntamente com aquella Fortaleza, retirando-se os seus officiaes para differentes partes, será tambem conveniente que procureis

attrahil-os a Goa, e restabelecer as mesmas fabricas, ou naquella cidade, ou em outra parte, aonde haja maior commodidade para a sua subsistencia. 1744 Março 25

24. Mas porque nem os arbitrios referidos, nem quaesquer outros, que poderiam occorrer, e considerar-se melhor nas referidas conferencias, serão tão promptos, como he urgente a necessidade de proporcionar as despezas do Estado á sua receita; vos ordeno que logo nas primeiras trateis da reforma de todas as ditas despezas, que poderem evitar-se. E sendo bem evidente que depois de reduzidos todos os dominios do Estado ao pequeno recinto que comprehendem as ilhas de Goa, e Provincias de Salcete e Bardez, com as duas praças de Dio e Damão no Norte, nem para a administração da justiça entre tão poucos vassallos, nem para a da fazenda, não chegando todo o seu capital a 550:000 xerafins conforme o mappa referido, são necessarios tantos tribunaes, ministros, e officiaes, quantos se criaram no tempo da sua maior opulencia, precisamente se segue que não havendo actualmente meios para sustentar tanta grandeza, se deve cortar assim nesta parte, como nos mais empregos e despezas por tudo o que se julgar superfluo.

25. A este fim tenho mandado expedir repetidas ordens nas monções precedentes aos Vice Reys vossos predecessores; mas não se havendo executado até agora pelos embaraços que sobrevieram, vos encarrego que chamando á vossa presença o Secretario do Estado, o Vedor da Fazenda, o Provedor mór dos contos, e o Chanceller da Relação, lhe ordeneis que cada hum na parte que lhe toca vos informe dos empregos e despezas que podem escusar-se, e dos meios com que poderá compensar-se o prejuizo dos interessados, nos casos, em que de justiça deva attender-se. E ouvindo tambem aos Governadores actuaes do Estado, e as mais pessoas que forem capazes de interpor arbitrio sobre o estabelecimento de hum novo systema, a que he preciso reduzir o seu governo, proporcionando-o ás circumstancias presentes; conferireis ultimamente todos os pareceres no conselho, e tomareis logo todas aquellas resoluções, que couberem, na

1744 Março 25 vossa jurisdicção, mandando-as observar interinamente, e dando-me conta assim dellas, como de tudo o mais que se julgar conveniente, e para se pôr em pratica necessitar da minha approvação, interpondo o vosso parecer, e remetter-me copias dos mais que vos forem presentes.

26. Com igual cuidado deveis procurar instruir-vos dos grandes descaminhos e roubos, com que he constante que se fraudam e diminuem as rendas do Estado, sobre o que se me tem representado tão repetidas queixas por pessoas dignas de credito, que não posso persuadir-me a que sejam insubsistentes. Para esta averiguação poderão ser-vos mais uteis as informações particulares do que as publicas e judiciaes; porém de humas e outras usareis conforme o pedirem as circumstancias, com a reflexão de que quando não sirvam para resarcir o damno passado pela impossibilidade dos que deviam satisfazel-o, aproveitem ao menos para evitar o futuro.

27. As mesmas queixas se me representaram proximamente contra a administração que o Senado da camara de Goa faz das suas rendas, de que tambem resulta prejuizo á fazenda do Estado, por ser a maior parte dellas procedida de imposições que o povo estabeleceu, e destinou para supprir o pagamento da marinha, e outras despezas do mesmo Estado. Pelo que vos ordeno que tambem procureis averiguar se na sua administração ha as desordens e descaminhos que se diz, e havendo-os, mandareis tomar contas aos officiaes da mesma Camara, e ma dareis do que resultar desta diligencia, declarando tambem se será mais conveniente separar as ditas rendas da administração do Senado, incorporando-as na receita geral da fazenda do Estado.

28. Sobretudo he preciso que empregueis o vosso zêlo e actividade em promover os interesses do commercio na certeza de que do augmento delle depende tanto a conservação e restabelecimento do Estado, que nenhum outro meio sem este poderá ser bastante para preserval-o da ultima ruina. Nesta consideração se tentou ha annos o projecto de formar huma companhia, em que dando-se as mãos as duas praças

de Lisboa e Goa, se empregassem em desfructar o commercio geral de toda a India na mesma fórma que o fazem as mais companhias Europêas. Porém de todas quantas diligencias se tem repetido a este fim no discurso dos annos proximos, se não tirou outro fructo mais que o desengano de que na perturbação, em que se acham presentemente aquelles dominios, ainda quando houvesse promptos os grandes cabedaes, de que dependem similhantes estabelecimentos, nunca haveria quem quizesse expol-os ao perigo de huma perda irreparavel. De sorte que sendo por hora impraticavel esta idéa, só resta o meio de promoveres o commercio parcial, escolhendo entre os seus ramos os que forem mais faceis, e juntamente mais capazes de produzirem hum lucro competente aos interessados, e por consequencia á fazenda Real.

1744 Março 25

29. Para animar hum destes ramos que he o commercio, que costuma fazer-se deste Reino para Goa, alem da resolução que tomei de mandar prohibir a entrada e consumo de todas as fazendas e generos Asiaticos, que não vierem em naus Portuguezas, se tem procurado proximamente persuadir os homens de negocio a que perdido o horror, e escandalo, que justamente conceberam de verem sequestradas em Goa a titulo de emprestimo metade das suas carregações em dois annos successivos, tornem a interessar-se no dito commercio. Mas porque he constante que ainda que as fazendas e generos, que se remettem deste Reino, produsam em Goa hum lucro competente, pelo contrario he infallivel a perda de 25 até 30 por cento nas que se mandam em retorno, por não serem compradas por conta dos mercadores do Estado na primeira mão, e nos paizes aonde se acham, mas conduzidas e vendidas em Goa pelas Nações estrangeiras com o ganho de 20 e 25 por cento, nunca póde esperar-se augmento consideravel no dito commercio emquanto se não evitarem em Goa as referidas compras. E porque não convem pelas razões, que são bem notorias, prohibil-as expressamente, vos recommendo que seguindo nesta parte o mesmo arbitrio, que ultimamente praticaram o Marquez do Louriçal e os Go-

1744 Março 25 vernadores do Estado, chameis á vossa presença os principaes homens de negocio de Goa, e os exhortareis a mandarem comprar por sua conta na primeira mão as fazendas referidas, offerecendo-lhes huma fragata de guerra para as hir buscar aos portos respectivos; porque a facilidade e segurança da conducção poderá animal-os a tomarem este partido, e a utilidade dos fretes, e augmento dos direitos compensará a despeza que se fizer com o apparelho da dita fragata.

30. Para o mesmo fim de animar o dito commercio, e estabelecer juntamente hum fundo, de que com o tempo venha a tirar a fazenda do Estado consideravel interesse, tomaram os ditos Governadores o arbitrio de remetterem nas ultimas naus huma carregação de pimenta, que o Rei de Sunda pagou pelo soccorro de Pondá, com a bem fundada idéa de que voltando para Goa o producto da dita pimenta empregado em prata e velorio, e continuando-se a mesma negociação de huma e outra parte nos annos futuros, se possa augmentar dentro de poucos o capital, e depois conservando-se este sempre em ser, utilisar-se o Estado dos lucros que produzirem os seus empregos. E como da conta que mando entregar-vos vereis o grande interesse que já se tirou da dita carregação, escuso recommendar-vos quanto importa continual-as com o regulamento conveniente: e só vos advirto que se succeder por algum accidente tocares o porto de Moçambique, deixeis logo nelle o velorio que se remette pela casa da India pertencente a esta negociação, dando as ordens convenientes para se vender, e remetter o seu producto empregado em marfim com arrecadação separada, a fim de que, vendido este, se possa fazer novo emprego, e remessa para este Reino.

31. O commercio do referido porto de Moçambique e dos rios de Senna he outro ramo, de que o Estado póde tirar tanto maiores vantagens, quanto he sem duvida que nenhum outro produz iguaes lucros. Nesta consideração se estancou ha annos fazendo-se privativo a favor do Estado. Porém, entregando-se a sua administração a huma Junta, que a esse fim se erigio em Goa, se tem visto com admiração que em

logar dos grandes cabedaes, que naturalmente devia ter adquirido, se acha gravada com consideraveis dividas procedidas das desordens, fraudes, e descaminhos, que se praticam no giro desta negociação. E não sendo bastantes a emendal-os todas as providencias, que em differentes tempos se tem applicado, fui servido ordenar ultimamente ao Marquez do Louriçal que supprimisse a dita Junta, unindo a sua administração ao conselho da Fazenda, e evitando a despeza superflua de mais de 30:000 xerafins, que importam os ordenados dos seus Ministros e officiaes. Não teve, porém, até agora effeito esta resolução, porque os embaraços da guerra, e precisa applicação a outros negocios não deram logar ao Marquez a concluir este; e querendo os Governadores que lhe succederam executar a ordem, se lhes opposeram os fautores, e interessados na conservação da Junta com tal animosidade, que os ditos Governadores julgaram prudentemente por menor mal suspenderem a sua resolução, do que exporem o socego publico a outras desordens maiores que as da mesma Junta. Pelo que vos ordeno que não obstante qualquer pretexto que poderão allegar-vos, executeis logo a referida ordem, mandando pelo Ministro que vos parecer, tomar contas aos Administradores e mais officiaes da Junta, e averiguar os descaminhos, e desordens do seu governo, conferindo no conselho o meio de evital-os, e de reduzir aquelle commercio ao pé em que deve por-se para que se logrem as suas utilidades. E quando para este effeito não baste a providencia da nova administração do conselho, me apontareis qualquer outro arbitrio que se julgar mais conveniente. 1744 Março 23

32. As minas de oiro e prata, de que abundam os ditos rios de Senna, são tão opulentas, que não só podem tambem soccorrer as urgencias do Estado, mas enriquecel-o, e aos seus vassallos, se applicares o devido cuidado, e as diligencias convenientes para se aproveitarem aquelles thesouros, de que até agora se não tem feito a estimação que merecem. Com este intento quando o Marquez do Louriçal esteve em Moçambique, tomou a acertada resolução de mandar exami-

1744 Março 25 nar as ditas minas por huns mineiros do Brazil, que no mesmo tempo chegaram em huma das naus da sua esquadra; e sendo natural que quando chegares a Goa achareis já as informações que deviam remetter ao Marquez os ditos mineiros, vos regulareis por ellas, e pelas largas experiencias que tendes das minas do Brazil para adiantar este negocio como pede a sua importancia.

33. E porque sou informado que os tres navios de Goa, Dio, e Damão, que costumam hir todos os annos a Moçambique, extrahem já bastante porção de oiro daquelle que com as aguas do inverno lança de si a terra sem outro trabalho ou industria; e que devendo pagar-se exactamente o quinto do dito oiro, não corresponde o rendimento dos mesmos quintos á importancia destas remessas, vos recommendo que procureis tambem averiguar e prevenir com as ordens convenientes qualquer descaminho e fraude que haja na cobrança destes direitos.

34. Alem de tudo o referido que respeita aos interesses temporaes do Estado devo recommendar-vos com igual empenho os que pertencem á Religião, e ás christandades e missões daquelles vastos dominios, de que Deus me constituiu Protector. E porque tudo o que podia aqui prevenir-vos sobre o governo, e augmento das mesmas missões, achareis na Secretaria do Estado em carta de 21 de Abril de 1738, escripta ao Conde de Sandomil, vos ordeno sómente, que tendo presente a dita carta, procures executar as ordens que contem, visto que os embaraços que occorreram naquelle tempo, não deram logar ao mesmo Conde a proseguir esta materia com o mesmo zélo, com que a principiou a tratar nas conferencias e pareceres, de que tambem achareis memorias na mesma Secretaria.

35. Entre todas as ditas missões a que presentemente merece mais compaixão he a da costa do Malavar pela terrivel perseguição que lhe tem movido o Governador de Cochim, exterminando a maior parte dos Missionarios, usurpando-lhes o Collegio de Travancor, queimando muitas igrejas, e povoações de christãos, roubando, e profanando

outras, e constrangendo com juramento e comminação de gravissimas penas a quatro unicos Parochos, que deixou em algumas, a que se separassem da obediencia do Bispo de Cochim, seu legitimo Prelado, o qual se acha na triste situação de não ter Igreja Cathedral, nem poder assistir em todo aquelle districto sujeito ao dominio da Companhia Hollandeza, porque todo lhe tem defendido o dito Governador. E ainda que não deixo de reconhecer quanto he difficil o remedio de tão violentos procedimentos, comtudo vos recommendo muito que se discorreres algum com que possa moderar-se, não deixeis de acudir áquella afflicta christandade. 1744 Março 25

36. Assim o dito Bispo de Cochim, como os mais do Estado, me tem feito as mais vivas representações sobre a injustiça com que se lhes falta com o pagamento das suas congruas, devendo-se-lhes as de muitos annos sem embargo das continuas diligencias dos seus procuradores, a que se não attende, nem ás repetidas ordens, que tenho mandado expedir sobre este particular. E porque podeis bem imaginar quanto me será desagradavel que os ditos Prelados não tendo outros meios para a sua subsistencia mais que as ditas congruas, experimentem na falta do seu pagamento não só o gravissimo prejuizo que lhes resulta, mas ainda a indecencia de se attender mais a outras consignações, que não deviam preferir a esta; fio de vós que examinando as causas desta desordem, lhe appliqueis o remedio prompto e efficaz, de que necessita.

37. A respeito da congrua de Arcebispo Primaz se tem dado providencia especial para o caso de não ter cabimento na Recebedoria de Bardez, aonde está consignada, como vos constará pelas ordens que achareis em Goa, as quaes espero que fareis observar; como tambem que ajudareis ao dito Arcebispo em tudo o que depender de vós, para que possa satisfazer ás obrigações do seu pastoral officio; e que igualmente procurareis que se conserve sempre entre as duas jurisdicções, secular e ecclesiastica, aquella boa harmonia, e reciproca união que convem ao serviço de Deus, e socego publico.

1744 Março 25 38. Ultimamente vos recommendo com a maior especialidade o transporte das naus, que nas monções precedentes se expediram para aquelle Estado, e inutilmente se estão consumindo na ribeira de Goa, sem embargo das repetidas ordens que tenho mandado para que se remettam a este Reino. E porque o motivo que se allega de se não haverem observado as ditas ordens, he a falta de gente da marinha, tenho resoluto que nas duas naus que agora vão se augmente o numero das suas equipagens, para que ajuntando-se-lhes em Goa alguns canarins praticos da navegação, e alguns soldados antigos, que tiverem acabado os annos porque foram servir voluntarios, e quizerem voltar ao Reino, se complete o numero necessario para poderes mandar na primeira monção quatro naus, preferindo as de guerra, e de maior lotação, que para o serviço do Estado são totalmente inuteis. E a respeito das que ficarem vos recommendo igualmente que deis a providencia necessaria para que se trate da sua conservação com mais cuidado do que me consta ha neste particular.

39. Em tudo o mais que não vae prevenido nesta Instrucção, fio da vossa capacidade e zêlo, que obrareis como convem ao meu serviço, regulando-vos pelos Regimentos e ordens que houver; e nas materias que excederem a jurisdição concedida aos Vice Reys me dareis conta para vos ordenar o que foi servido, quando não haja prejuizo grave na demora; porque havendo-o, tomareis neste caso os arbitrios que julgares mais acertados. Escripta em Lisboa a 25 de Março de 1744.

REY :·:

Antonio Guedes Pereira.

Instrucção que Vossa Magestade manda dar ao Marquez de Castello Novo, que agora vae por Vice Rey, e Capitão General do Estado da India.

Para Vossa Magestade ver.

Juramento de vassalagem a El-Rey dos Ranes Dessaes de Sanquelim, e outros Dessaes da mesma provincia e suas adjacentes

(Arch. da India, livro 1.º de Pazes, fol. 448.)

Auto de juramento de vassalagem, obediencia, e fidelidade, que fazem a ElRey nosso Senhor os Dessaes Satrogi Rane, Dessae de Sanquelim, Zalba Rane, Vantoba Rane, Essobá Rane, Ganeça Rane, Rodragi Rane, todos Dessaes tambem de Sanquelim, primos, e parentes da mesma familia, e casa do dito Satrogi Rane; Hariá Gaunço, Dessae da provincia de Maneri; Custã Gaunço, tambem Dessae de Maneri; Rogunata Porbu, Dessae de Bicholim, e Malé Porbu, seu parente; Ramagi, Dessae de Rivem; Rama Saunto, Dessae de Sanvardem; Fatobá, Dessae de Carambolim, da mesma provincia de Sanquelim; Custambá, Dessae de Haddavoy, da dita provincia de Sanquelim; Tucú Sinay, Ambú Sinay, e Ramachandra Sinay, Narcornis, que são escrivães geraes, da dita provincia de Sanquelim, e tambem são officiaes militares; Datu Sinay, proprietario do juncão, ou alfandega de Sanquelim, tambem official militar.

1746 Outubro 21

No anno do nascimento de Nosso Senhor Jesus Christo de 1746 annos, aos 20 de Outubro do dito anno nesta cidade de Goa, no palacio da casa da polvora, estando debaixo do seu docel na sala da audiencia o Illmo e Exmo Sr. Marquez de Castello Novo D. Pedro Miguel de Almeida e Portugal, Vice Rey e Capitão General da India, entraram, e se apresentaram ao dito Senhor os sobreditos Dessaes a ratificar com o maior juramento do seu rito a perpetua vassalagem, obediencia, e fidelidade, a que se tinham obrigado quando o dito Sr. Marquez Vice Rey, houve por bem de os receber na protecção de Sua Magestade, admittindo-os a elles ditos Dessaes, e aos seus dependentes com as suas familias, e a toda a sua descendencia a lograrem o foro de vassallos da corôa de Portugal, a qual ratificação, e juramento fizeram, apresentando hum papel escripto na sua letra gentilica, que foi

1746 Outubro 21 por elles entregue no mesmo acto a mim Luiz Affonso Dantas, Secretario do Estado, por mão do Dessae Satrogi Rane, o qual papel dei logo por ordem de S. Ex.ª ao Lingua do Estado Bogonà Camotim, para o ler em alta voz na mesma lingua, o que elle executou, e traduzido na lingua portugueza, he do theor seguinte:

«Illmo e Exmo Sr.—Nós Satragi Rane, Dessae de Sanquelim, Zalbá Rane, Essobá Rane, Ganeça Rane, Rudragi Rane, todos Dessaes tambem de Sanquelim, primos e parentes da mesma familia e casa do dito Satragi Rane, Haria Gaunço, Dessae da provincia de Maneri, Custam Gaunço, tambem Dessae da dita provincia de Maneri, Rogunata Porbu, Dessae da de Bicholim, e Maleá Porbu, seu parente, Ramagi, Dessae de Rivem, Rama Saunto, Dessae de Sanvardem, Fatoba Dessae de Carambolim, da mesma provincia de Sanquelim, Tucu Sinay, Ambu Sinay, e Ramachandra Sinay, Narcarnis, que são Escrivães geraes da dita provincia de Sanquelim, e tambem são officiaes militares, Datu Sinay, Escrivão proprietario do juncão, ou alfandega de Sanquelim, tambem official militar, reconhecendo as justificadas razões, com que V. Ex.ª declarou guerra aos Sar Dessaes de Cuddale, a cuja obediencia estavamos submettidos, por haverem elles occupado as fortalezas de que são dependentes as terras em que vivemos; e reconhecendo tambem que as victorias com que V. Ex.ª tem conseguido a conquista das mesmas fortalezas, são consequencia da justiça das suas acções, e que na continuação dellas temos bem fundada esperança de sermos por V. Ex.ª protegidos, havemos chegado todos á presença de V. Ex.ª e a seus pés, a protestar a sincera obediencia, total submissão, e perpetua fidelidade que por nós, e por todos os nossos dependentes, e pela nossa descendencia queremos ter a este Magestoso Estado da India do muito alto e muito poderoso Senhor Rey de Portugal, nosso Senhor, e como vassallos de sua alta e augusta Magestade admittidos benevolamente por V. Ex.ª a vivermos debaixo de sua Real protecção, promettemos, e nos obrigamos de nossa livre e boa vontade a cumprir e guardar inviolavelmente todas as obrigações de leaes vassallos, a qual obrigação fazemos e ratificamos com o maior juramento de nosso rito, que he de pormos as mãos solemnemente nas nossas espadas, como fazemos com effeito ao tempo de se pronunciarem estas palavras, em fé de que inviolavelmente cumpriremos tudo o que promettemos, sob pena de que as nossas mesmas espadas se tornem contra nós a qualquer tempo que faltarmos ao promettido, o que desejamos que Deus não permitta, porque a nossa tenção e firme vontade he de cumprirmos sempre pontualmente tudo o que assim promettemos, e ratificamos com o dito juramento, em fé do que, e para perpetuo testemunho pedimos ao Lingua do Estado Bogoná Camotim que este papel escrevesse, e elle o mandou escrever por seu ajudante Antá Camotim Vaga, no qual todos nos assignamos. Escripto hoje neste palacio da casa da polvora aos 7 do mez Cartico do anno chamado Kxée. — Sotrogi Rane, Dessay da provincia de Sanquelim—Ganeça Rane, Dessay—Vantogi Rane, Dessae da provincia de Sanquelim—Essagi Rane, Dessae da dita provincia—Rodragi Rane, Dessae da provincia de Sanquelim—Ramagi Dessae Rivencar—Rama Saunto Dessae de Sanvardem—Fatoba Dessae Carambolecar—Custamba Dessae Haddavecar—Tutu Sinay, Narcarnim da provincia de Sanquelim—Ramachandra Sinay, Narcarnim da provincia de Sanquelim—Datu Sinay Barcar—Rogunata Porbú, Dessae da provincia de Bicholim—Zalba Rane, Dessae da provincia de Sanquelim—Hiria Gaunço, Dessae da provincia de Maneri—Crusne Gaunço, Dessae da provincia de Maneri—Malle Porbu, Dessae da provincia de Bicholim.»

1746 Outubro 21

Certifico eu Boganá Camotim, Lingua do Estado, que estes assignados tomei dos proprios Dessaes, e dos seus Bragmanes, traduzi este papel em lingua portugueza no mesmo dia e anno, que em portuguez são 21 de Outubro de 1746, e por verdade me assignei—Bagoná Camotim [1] Item promettemos contribuir ao Estado para sempre 3:000 rupias por anno pelos foros da dita provincia.

[1] O que se segue até ao fim do periodo he escripto de outra letra em entrelinha.

1746 Outubro 21 O qual papel de letra gentilica, depois de lido pelo dito Lingua do Estado, recolhi eu dito Secretario, e o ajuntei a este auto, que fiz escrever, e sendo lida a sua traducção na lingua portugueza em voz alta pelo official maior da secretaria Antonio Ribeiro no mesmo acto, a que concorreu muita parte da primeira nobreza desta terra, e muitas pessoas de distincção, o assignei no mesmo dia e era acima. Subscripto por mim — Luiz Affonso Dantas.

N. B. O papel maratha assignado pelos Dessaes fica a fl. 451, e tem no fim esta declaração em portuguez:

«Eu Boganá Camotim, Lingua do Estado, que estes assignados tomei dos proprios Dessaes, e dos seus Bragmanes, traduzi este papel em lingua portugueza no mesmo dia e anno, que em portuguez são 21 de Outubro de 1746, e por verdade me assignei — Bogoná Camotim.»

A fl. 453 está outra igual traducção portugueza do mesmo papel dos Dessaes.

Condições concedidas pelo Ill.mo e Ex.mo Sr. Marquez de Castello Novo, Vice Rey e Capitão Geral da India aos Dessaes, que em 21 do presente mez de outubro juraram solemnemente fidelidade ao Estado.

(Arch. da India, livro 1.º de Pazes, fol. 455.)

Artigo 1.º

1746 Outubro 26 A cada hum dos Dessaes que veio jurar fidelidade ao Estado, se lhe conservarão os seus Dessaeados na mesma fórma que os tinham no tempo do Bounsuló.

Artigo 2.º

O que constar que o dito Bounsuló usurpou, lhe será inteiramente restituido.

Artigo 3.º

Sobre as aldeias que pedem os Dessaes, e os Ranes, se não póde por hora responder sem que se faça o exame, e averigue o rendimento dellas, e feito isto, se haverá toda a attenção ao serviço que fizerem os Dessaes e Ranes.

Artigo 4.º

Pagará o Estado 800 Sipaes, que os Dessaes e Ranes repartirão entre si conforme o numero da gente que tiverem, a razão de 4 rupias a cada Sipae por mez. 1746 Outubro 2

Artigo 5.º

Pagar-se-hão 10 cabos a razão de 30 pardáos por mez.

Artigo 6.º

Os sobreditos 10 cabos, e 800 Sipaes devem ser escolhidos, e capazes de fazerem guerra, e não vargeiros, nem begarins.

Artigo 7.º

Hão de ser matriculados para que se veja a sua capacidade, e hão de estar sempre promptos a acudir á parte que o Sr. Marquez Vice Rey ordenar, bem entendido que a paga dos officiaes e Sipaes hade ser durante a guerra.

Artigo 8.º

A todos os Dessaes e Ranes, que voluntariamente vieram jurar fidelidade ao Estado, se lhe concede a conservação de seus pagodes, bottos, bragmanes, e seus ritos e costumes, com tanto que não ponham embaraço aos Missionarios dos christãos, e a levantar Igrejas para lhe administrar os sacramentos na mesma fórma que dantes houve em Bicholim, e em outras partes, e como actualmente se acham nas terras de Sunda, em Quittur, Canará, etc., e se lhe concede mais que se não matarão vaccas nos seus pagodes, nem dentro dos limites do chão pertencentes aos mesmos pagodes.

Artigo 9.º

Conforme as boas acções que os Cabos de Sipaes fizerem na guerra contra o Bounsuló, se lhe dará o premio correspondente ao seu merecimento.

Artigo 10.º

Dar-se-ha hum mez adiantado de paga acima declarada aos Sipaes e seus Cabos, para o que deixarão as pessoas que

1746 Outubro 26 escolher o Ajudante General para ficarem de refens até chegarem as familias que se hão de estabelecer nas terras do Estado na fórma estipulada.

Artigo 11.º

Os Dessaes e Ranes não farão nenhum ajuste particular com os Dessaes de Cuddale sem licença do Estado, fazendo pelo contrario, caducará todo o ajuste acima, e serão tratados como inimigos; porém, usando com a fidelidade que se espera, serão tratados como vassallos de Sua Magestade, e protegidos, e defendidos como os Dessaes que estão estabelecidos nas terras do Estado.

Artigo 12.º

De todas as terras dos Dessaes e Ranes se pagarão ao Estado os fóros, pensões, direitos da alfandega, rendas do tabaco, passoris, direito das boiadas de Ballagate, e os demais que de direito competia ao Bounsuló.

Por firmeza de tudo o referido se formou este papel rubricado por S. Ex.ª e sellado com o sêllo das Armas Reaes da Corôa de Portugal. Goa 26 de Outubro de 1746 — Rubrica do Ill.mo e Ex.mo Sr. Marquez Vice Rey.

Seguro aos moradores das aldeias

(Arch. da India, livro 1.º de Pazes, fol. 456.)

D. Pedro Miguel de Almeida e Portugal, Marquez de Castello Novo, Conde de Assumar, dos conselhos de Estado e Guerra de ElRey meu senhor, Veedor de sua casa Real, Mestre de campo General dos seus exercitos, Director General da cavallaria do Reino, Vice Rey, e Capitão general da India, etc.

Faço saber a todos que reconhecendo os Dessaes Sotrogi Rane, Dessae de Sanquelim, Zalbá Rane, Vantobá Rane, Essobá Rane, Ganeça Rane, Rodragi Rane, todos Dessaes tambem de Sanquelim, primos e parentes da mesma familia e casa do dito Sotrogi Rane, Haria Gaunsu, Dessae da provincia de Manery, Custam Gaunso, Dessae de Manery, Rogunata Porbu, Dessae de Bicholim, e Malle Parbu, seu parente; Ramagi, Dessae de Rivem, Rama Saunto, Dessae de Sanvardem, Fattobá, Dessae de Carambolim, da mesma provincia de Sanquelim, Custambá, Dessae de Haddavoy, da dita provincia de Sanquelim, Tucu Sinay, Ambú Sinay, e Ramachandra Sinay, Narcarnis de Sanquelim, e mais seus officiaes militares; Datu Sinay, Escrivão proprietario do juncão, ou alfandega de Sanquelim, e Narbá Mabá Ráo, antigo vassallo do Estado, os inconvenientes que padeciam com a guerra depois de declarada contra os Sardessaes de Cuddale, na qual não tinham outra parte mais que os danos que experimentavam, podendo-se-lhe originar della a maior ruina, e cahirem na ultima miseria, não podendo acudir á cultura das suas terras, e privar-se das suas rendas com a falta do commercio; por todos estes motivos, e outros muitos, como tambem por reconhecerem que debaixo da protecção do Estado poderiam evitar os taes danos, se resolveram a vir jurar fidelidade a ElRey meu senhor, e implorar a sua Real protecção, o que feito solemnemente na fórma costumada, concedo seguro amplo e geral a todos os Dessaes, Gancares, Cullacharins, e mais moradores das aldeias dos sobreditos Dessaes, que vieram render obediencia, para que possam voltar, e habitar as suas aldeias e cultivar as suas terras, assim a vangana presente, como o sorodio, contribuindo semente ao Estado aquella mesma porção, que dantes eram obrigados a pagar aos Sardessaes de Cuddale, com declaração, porém, que a vangana a não poderão colher sem licença do Estado, e assistencia da pessoa sua; o que supposto, ordeno e mando a todos os Generaes, Governadores das praças, officiaes militares, e de Sipaes, e moradores do Estado não façam de hoje em diante dano algum aos sobreditos Dessaes, Gancares, Cullacharins, e mais moradores das suas aldeias, e os deixem livremente cultivar as suas terras, habitar as aldeias, e continuar o seu commercio, sob pena de rigoroso castigo a todo aquelle que o contrario fizer, por quanto em

1746 Outubro 26

1746 Outubro 26 nome de ElRey meu senhor os tomo a todos os sobreditos debaixo de sua real protecção; e para que venha á noticia de todos, mandei publicar este edital a som de caixas para que se não possa allegar ignorancia, e fixar nas partes publicas deste Governo, o qual se registará na secretaria do Estado, e na ouvidoria geral do crime, e se passarão copias delle traduzidas em lingua gentilica, e selladas com o sêllo das armas reaes, para se remetterem as ditas copias aos sobreditos Dessaes, para que assim o façam publicar nas suas terras. Panelim, 26 de Outubro de 1746. — Marquez de Castello Novo.

Levantamento da prohibição do commercio com as aldeias

(Arch. da India, livro 1.º de Pazes, fol. 457.)

D. Pedro Miguel de Almeida e Portugal, Marquez de Castello Novo, Conde de Assumar, dos conselhos de Estado e Guerra de ElRey meu senhor, Veedor de sua casa Real, Mestre de campo General dos seus exercitos, Director General da cavallaria do Reino, Vice Rey, e Capitão General da India, etc.

Faço saber a todos que tendo os Dessaes Sotrogi Rane, Dessae de Sanquelim, Zalbá Rane, Vanttobá Rane, Essobá Rane, Ganeça Rane, Rodragi Rane, todos Dessaes tambem de Sanquelim, primos e parentes da mesma familia e casa do dito Sotrogi Rane; Haria Gaunsu, Dessae da provincia de Manery, Custam Gaunsu, Dessae de Manery; Rogunata Porbú, Dessae de Bicholim, e Malle Porbú, seu parente; Ramagi, Dessae de Rivem, Rama Saunto, Dessae de Sanvardem; Fattobá, Dessae de Carambolim, da mesma provincia de Sanquelim; Custambá, Dessae de Haddavoy, da dita provincia de Sanquelim; Tucu Sinay, Ambú Sinay, e Ramachandra Sinay, Narcarnis de Sanquelim, e mais seus officiaes militares; Datu Sinay, escrivão proprietario do juncão, ou alfandega de Sanquelim, e Narbá Malbá Ráo, antigo vassallo do Estado, dado obediencia a ElRey meu senhor, e tendo-lhe concedido em

seu Real nome seguro amplo para cultivarem as suas terras, 1746
e habitarem as suas aldeias, levanto a prohibição que tinha Outubro
mandado publicar para que se não continuasse o commercio 21
depois de declarada a guerra com os Sardessaes de Cuddale, sómente no districto dos Dessaes que juraram fidelidade ao Estado, e assim declaro que todos os moradores deste Estado podem continuar o seu commercio pelas terras dos ditos Dessaes para Balagate por Sanquelim, Queri, e Cande de Quelgatte, e todos os mercadores assim deste Estado, como Balagateiros, que vierem para elle com as suas mercancias, não poderão entrar nelle, senão pelo Passo de Naroá, ou pelas terras do Rey de Sunda, como dantes faziam; sob pena de se tomarem por perdidas todas as fazendas, que entrarem por outra parte; e para que venha á noticia de todos, mandei publicar este edital a som de caixas, para que se não possa allegar ignorancia, e fixar nas partes publicas deste Governo, o qual se registará na secretaria do Estado, e na Ouvidoria do crime, e se passarão copias delle traduzidas em lingua gentilica, e selladas com o sêllo das armas Reaes para se remetterem as ditas copias aos sobreditos Dessaes, para que assim o façam publicar nas suas terras. Panelim, 26 de Outubro de 1746.—Marquez de Castello Novo.

Ratificação do juramento, em 1754

(Arch. da India, livro 1.º de Pazes, fol. 450).

Aos 30 de Maio de 1754, nesta Secretaria de Estado apa- 1754
receu perante o Secretario de Estado Antonio de Azevedo Maio
Coutinho o Dessae de Sanquelim Zalbá Rane, hum dos no- 30
meados no auto do juramento, vassallagem, e fidelidade, que fica neste livro acima escripto, em companhia de seu filho Vumbá Rane, e por elles foi dito na presença do dito Secretario d'Estado que ratificavam, e approvavam o juramento de fidelidade, vassallagem, e obediencia, que havia feito na fórma que no auto delle acima se contém; e que de novo se obrigavam assim e da maneira que o havia feito a Sua Magestade Fidelissima em 21 de Outubro de 1746; pelo que o

1754 Maio 30 Secretario de Estado Antonio de Azevedo Coutinho lhe mandou escrever este termo por ordem do Illmo e Exmo Sr. Marquez de Tavora, Vice Rey, e Capitão General da India, em que todos assignaram — Antonio de Azevedo Coutinho — Assignatura maratha de Zalbá Rane — Assignatura maratha de Vumbá Rane.

Carta do Vice Rey da India Marquez de Castello Novo a El-Rey, dando conta da conquista da Praça de Alorna

1746 Novembro 2 A Omnipotencia Divina foi servida abençoar as armas de Vossa Magestade, e fazel-as senhorear com distincto, ou para melhor dizer, com temerario valor, da Praça de Alorna, a que se seguiu abandonarem os inimigos a de Bicholim, e os districtos de ambas estas jurisdicções; e poderam ser maiores os progressos, se as inundações do inverno (que este anno se anteciparam) não fossem taes que me obrigaram a recolher as tropas aos seus quarteis, e ceder, a meu pesar, do intento que tinha de proseguir, e de me aproveitar do terror com que ficou o Bounsuló. Antes que dê conta a Vossa Magestade das circumstancias desta acção, devo representar-lhe os justos motivos que me obrigaram a declarar a guerra a este inimigo.

A facilidade que o Bounsuló achou (quando destituido de forças este Estado tinha acudido á invasão que o Maratha fez no Norte) para conquistar a Provincia de Bardez, e o infeliz successo de Aldoná, em que quatro companhias de granadeiros, unico poder que então havia no Estado, foram passadas á espada pela errada disposição do Commandante dellas, lhe inflammou de tal sorte o animo, e o insoberbeceu, que já se reputava invencivel, já não guardava as medidas do decoro, e tratava este Estado com vilipendio, e desprezo, e quasi que pertendia dar-lhe a lei, chegando a tal ponto a sua arrogancia, que ao assignar da paz emprestada que n'aquelle tempo se celebrou com elle, teve a petulancia de dizer, na presença dos nossos Commissarios, que até ali se dizia, que hum Portuguez bastava para dez Bounsulós, e que d'aqui por diante se diria que hum Bounsuló bastava para cem Portuguezes. Concluida esta paz, e a ultima que com elle ajustou o Marquez de Louriçal, que difficilmente podia subsistir com a ultima clausula que lhe poz o Commissario, cuidou só em quebrantal-a, e em não guardar nenhuma das convenções menos duvidosa, infestou como dantes as nossas costas, e continuou as suas costumadas piratarias. Já as nossas embarcações se não atreviam a engolfar fóra deste porto sem comboio pelo risco certo de serem represadas, ou inteiramente roubadas. Contra a mesma fé dos Tratados (sem que seja admiração faltar a ella quem não confessa nenhuma quando concorre o seu interesse) saqueou por duas vezes a Provincia de Pondá, que pelos mesmos Tratados somos obrigados a defender ao Rei do Sunda.

1746 Novembro 2

Neste Estado achei as cousas quando entrei neste governo, e principiando logo a examinar o caracter deste inimigo, pouco tempo me foi necessario para me certificar da sua altiveza, e arrogancia; examinei tambem as suas forças, e conheci que para estas, sem outro auxilio, eram sufficientes as nossas; dilatou-se, contra o estyllo praticado, mais de hum mez em fazer-me o comprimento ordinario, e para lhe mostrar a pouca conta que fazia da sua correspondencia, quando me mandou o seu Enviado, não lhe quiz acceitar o seu sagoate, dizendo que queria primeiro saber se o recebia da mão de amigo, ou de inimigo, e que a prova disto era dar satisfação ás queixas publicas, e ainda que tomou por offensa esta resposta, não me pareceu dar escusa a hum rebelde, que sabendo por seus paes, e avós a vassallagem, que devia a este Estado, se queria hoje igualar com elle. Para lhe mostrar tambem que o não temia, e fazer mais respeitadas as armas de Vossa Magestade, comecei a fazer alguns movimentos com a tropa. Não chegou o caso a huma rotura declarada, mas nunca mais se quiz communicar commigo. Pedia-se-lhe de quando em quando satisfação desta ou d'aquella

1746 Novembro 2 infracção, e a nada dava resposta. Não deixou com toda a sua arrogancia de entrar no temor de que ou tarde, ou cedo tomaria eu a vingança da sua infidelidade, por cuja causa se conteve hum anno inteiro sem represar mais embarcação, que huma galveta, que no principio me despachou o nosso Agente em Bombaim com cartas das nossas Praças do Norte.

Já não podia hum Maratha (de cuja casta he o Bounsuló) refrear mais tempo a inclinação ou profissão que tem aos roubos, e latrocinios; desejava fazel-os a seu salvo, mas não se atrevia a por-se em campo, e medir só elle as suas forças com as nossas. Sollicitou a alliança de alguns Regulos visinhos, promettendo-lhes grandes haveres que não podia satisfazer, senão á nossa custa, como alguns delles me participaram. Para facilitar os meios de conseguir o seu intento offerecia-se a conquistar a provincia de Bardez, e ajudar a Bapogy Naique, General do Maratha, para a conquista de Goa.

Na côrte de Satará reforçava estas diligencias com rogos, com promessas, e com presentes, meio sempre o mais efficaz para conseguir na Asia qualquer designio, por mais opposto que seja ás leis divinas e humanas.

Nesta conjunctura, unidas as forças dos Nababos de Quitur, de Samur, e de Arcate, derrotaram a Bapogi Naique, e ficaram com este mau successo frustradas as astucias do Bounsuló.

Reduzido emfim, não tanto pela razão, como por esta casualidade, pertendeu adormecer-me com huma palliada proposta de amizade, pedindo-me lhe permittisse mandar hum Emissario para tratar das dependencias passadas, e que o preliminar seria a restituição das embarcações represadas. Bem via eu o seu fingimento; mas quiz nesta occasião tirar-lhe qualquer pretexto para me fundar melhor na razão, e na justiça, e não tive duvida em admittir a sua proposição; mas ao mesmo tempo que se tratava da materia, mandou com a sua costumada perfidia fazer á vela a sua armada para atacar o navio que deste porto sahe todos os annos para Moçambique, e como o não podesse avistar por ser veleiro, a huma embarcação, que hia na sua conserva, a represou.

Pouco depois insultou a nau *Conceição*, que fazia viagem para Surrate, e como se vio obrigado a retirar, e na volta para o seu porto encontrasse duas pallas do commercio de Damão, que não levavam gente de guerra, que as defendesse, as tomou com toda a sua carga, que era importante, e em poucos dias depois represou outras duas da mesma Praça. 1746 Novembro 2

Pareceu-me que já era indecorosa qualquer dissimulação ou soffrimento, nem já havia medidas que guardar com hum Regulo incorrigivel, e infiel, do qual se não podia esperar outra emenda, senão a que pelo castigo o constrangesse a fazer á força das armas.

Todo o tempo que este se dilatasse era augmentar-lhe o animo para commetter maiores excessos, e assoprar-lhe as chammas do seu orgulho, alem de que emquanto se não cortasse a cabeça desta Hydra, que ás portas da casa espreitava o momento da nossa ruina, era preciso conservar todas as nossas forças unidas, e estar com os braços attados sem podermos aproveitar-nos das occasiões favoraveis, que se offerecessem, de restaurar o Norte, e de accudir a outras partes aonde nos ultrajavam o respeito á vista da nossa inacção.

Assentado neste proposito fui dispondo as cousas necessarias para atacal-o, assim por mar, como por terra. As principaes embarcações de que me devia servir, estavam occupadas no Sul para dar comboi aos mantimentos, os quaes era preciso segurar para que no inverno não experimentasse o povo a falta delles, e sem os quaes se não podia emprehender qualquer acção que se premeditasse. Dei ordens apertadas á armada para que abreviasse a sua volta. Fez-se a diligencia possivel, mas os ventos contrarios, e as correntes desta costa a retardaram mais do que se esperava, e entrou neste porto nos fins de Abril.

Quando já as tropas estavam promptas e todas as munições embarcadas em duas naus de guerra, quatro galias, quatro batellões, e dez galvetas, convoquei o Conselho d'Estado, e lhe fiz a proposta, de que remetto copia com os pareceres dos Conselheiros.

Era o meu primeiro intento investir a Praça de Rarim por

1746 Novembro 2 ser porto de mar, e o unico receptaculo das forças maritimas do Bounsuló. Atacar-lhe as pallas, derrotar-lhas, ou queimal-as. Golpe que seria o que lhe quebrantasse de todo as forças, e com que este Estado, e toda a costa se desafogaria das suas continuadas piratarias. Oppunha-se a este intento a visinhança do inverno em huma costa brava, e tormentosa, cheia de escolhos, que difficultam, com a grande vaga do mar, chegarem as embarcações á terra; qualquer tufão de vento, dos que costumam reinar nesta estação, podia fazer desgarrar as embarcações pequenas, em que se conduziam os mantimentos, e petrechos, e malograr-se por esta causa aquella expedição. Isto mesmo acautelavam alguns dos mais experimentados Conselheiros.

O negocio estava já publico, e era forçoso não experdiçar o trabalho principiado, e mudar de idéa, sem deixar de fazer o damno possivel ao inimigo, e regular pelo tempo para segurar o successo. Resolvi-me finalmente a atacar a Praça de Alorna.

Está situada esta Praça junto ao rio, que neste logar toma o nome da povoação, sendo o mesmo que banha o forte de Colvale, e desagua na barra de Chaporá. Pela parte do rio que lhe serve de fosso, domina huma cortina com duas torres de castello em hum terreno estreito, e alcantilado. O circuito da Praça he bastantemente estendido por huma dilatada planicie que o circunda, e sem padrasto nenhum que a domine. Tem hum fosso largo, e profundo, e pela parte interior huma especie de berma, ou terrassa levantada, coberta com hum bambual impenetravel, donde os inimigos podem fazer fogo, sem experimentar damno algum; entra-se na Praça por huma só porta, e lhe facilita chegar a ella huma lingua estreita de terra onde o fosso se não profundou, e em que apenas cabem dois homens de frente; na mesma porta tem huma obra cavalleira com dois flancos que a defendem pela parte de fóra, e pela de dentro lhe serve de defensa hum pequeno reducto.

Para dentro do bambual corre a povoação. Dominante a toda ella está a Cidadella, que com duas cortinas, e huma

torre, enfia, e defende tambem a porta principal da Praça. 1746 Novembro 2
He composta a Cidadella de quatro cortinas, e cinco torres; as muralhas são cobertas com telhados de duas aguas, guarnecidas com quatro ordens de seteiras, de sorte que os inimigos podem fazer todo o damno a seu salvo, sem o poderem receber, porque se lhes não descobre a minima parte do seu corpo. O fosso da Cidadella, ou castello, he igualmente largo, e profundo; entra-se para ella por huma unica porta da muralha exterior defendida por duas torres, e hum flanco em hum terreno muito apertado. O corpo da guarda he muito estreito, revestido por toda a parte de muralhas com seteiras, que difficultam a entrada pela parte de dentro, e nesta ha huma segunda porta tão forte como a primeira por donde se entra na Cidadella. Esta fortificação, ainda que barbara, não deixa na sua irregularidade de ser forte, e muito mais na Azia, aonde a difficuldade do transporte de muitos petrechos para a expugnação, e com que na Europa se abreviam e se facilitam os embaraços, aqui são, não só impraticaveis, mas quasi impossiveis.

He a Praça, como disse, das mais fortes que tem o inimigo, e fica no centro das nossas fronteiras, pelo que julguei que se conseguisse tomal-a, e se o tempo me desse logar, poderia marchar para Rarim, e quando não para Bicholim, que com mais commodidade poderia sitiar por ficar dentro dos nossos rios, que facilitavam as conducções sem o risco que se experimentariam na Costa.

O maior embaraço em que me achava, era da pessoa a quem devia encarregar esta empreza.

Necessitava de hum homem que fosse intrepido e intelligente. O unico que tinha experiencia da guerra era o Coronel Mr. de Pierripont, razão que de antes me tinha obrigado a entregar-lhe o governo da provincia de Salcete, sendo esta a parte por onde o Maratha costuma fazer as invasões, e não tinha ainda a certeza de que nesta conjunctura me não fizesse alguma diversão. O Tenente Coronel achava-se gravemente doente, e recahia o governo da infanteria em hum dos tres Sargentos-móres, que disputavam entre si a anti-

1746 Novembro 2 guidade, e se não sujeitavam de boa vontade huns aos outros. Cada hum delles com prestimo, quando muito, para exercitar no manejo das armas os seus corpos, mas nenhum para tomar huma deliberação nos successos da guerra, de que não tinham pratica nem experiencia. Havia outro Sargento-mór *ad honorem* com exercicio de Capitão de granadeiros do terço, pratico na guerra do Norte, e com valor e capacidade, mas era o mais moderno de todos.

Pelo contrario em quasi todos os officiaes, ou por modernos, ou por pouco experimentados, reinava hum certo receio, que não sei se chegava a ser terror, do Bounsuló, gravado na memoria desde o infeliz successo de Aldoná, assim mo tinha já mostrado a experiencia em algumas pequenas expedições nesta costa, mas mais palpavelmente em outra de maior consequencia, que pouco antes tinha mandado contra as pallas do mesmo Bounsuló, as quaes estando surtas no rio de Arandem, e algumas dellas encalhadas em terra, e sabendo a pouca gente que naquella occasião as guarnecia, mandei ao Almirante Luiz Vieira Matoso, com huma palla, quatro galias e cinco galvetas, com duas boas companhias de granadeiros, e huma ligeira, poder muito superior para similhante empreza, com ordem que as atacasse e queimasse; e chegando a surprehendel-as dentro do porto, e a estar a tiro de pistola dellas, bastou perguntar-lhe huma das sentinellas quem era, e dizer-lhe que surgisse, para se retirar vergonhosamente sem lhe atirar hum só tiro, nem recebel-o, se não depois de se pôr em fugida, passando de surprehender a ser surprehendido do seu proprio pavor.

A mesma experiencia me tinha tambem mostrado a lentidão, e má vontade com que hoje se obedece na India, ou seja pelo genio e pouca actividade das gentes, ou pelo calor intenso e influencia do clima, ou talvez pela pouca esperança de premio, que, ainda nos animos briosos, e elevados, costuma ser estimulo igual ao da gloria, e assim para que se execute o que o Vice Rei ordena he quasi sempre necessario a força do braço, mas o que qualquer outro manda não costuma ter a execução.

A expedição tinha muitas difficuldades; a marcha das tropas por terra depende sempre do grande embaraço de não haver carros, nem bestas para a conducção dos petrechos, e mantimentos. Todos elles se conduzem aos hombros dos begarins, gente frouxa, desanimada, e fraca por natureza. Hum só tiro de mosquete basta para largarem tudo, e deitarem a fugir, sem que haja forças humanas, que os detenha. A conducção por mar tinha não menos contrariedades com os bancos dos rios, e esperar seis horas de maré para passar por elles. O Commandante das tropas Mr. de Pierripont, que, como digo acima, era o unico de quem se podia confiar, o seu genio retirado o fazia ser pouco conhecido dos officiaes, que não eram do seu corpo. Era Francez, nova e maior difficuldade, porque aquelles que obedecem mal a Portuguezes lhe não obedecessem a elle, com a promptidão que o caso pedia. Tinha o mesmo Pierripont mostrado em outra occasião na India quanto era intrepido, e destemido, e se por força do seu valor fosse ferido, ou morto, bastava isto para se receiar o mau successo. 1746 Novembro 2

As sugestões para perturbar, e desvanecer qualquer expedição, são moeda tão corrente na India, que aquelle que não for prevenido a desprezal-as, a cada passo encontrará com hum tropeço, e com hum embaraço. Sirva de exemplo o que succedeu nesta mesma occasião.

Alguns dos que queriam incobrir o seu receio com a capa de hum falso zèlo, estando já as tropas para se pôrem em marcha, me vieram advertir, que na parte onde haviamos de acampar, não havia agua nenhuma, e que com o calor intenso do clima, e do cansaço da marcha, padeceriam muito os homens, e os cavallos. Desfez-se esta objecção distribuindo-se barriz pelas companhias para conduzir agua, mas como viram malograda esta primeira sugestão, forjaram outra mais perigosa, procurando divulgal-a primeiro entre os soldados, antes que chegasse á minha noticia, de que os inimigos tinham envenenado os poços; com este rumor se inquietaram os animos das gentes, e diziam que hir a derramar o sangue na guerra era supportavel, mas que hir a morrer de veneno era cousa dura.

1746 Novembro 2 A quem me trouxe esta noticia lhe perguntei de donde bebiam os inimigos, e me disseram que de hum poço que tinham reservado no castello, ao que lhe respondi, não por affectação, nem por ignorancia, mas por me parecer preciso mostrar o despreso que fazia de similhantes noticias, e atalhar outras, que se continuavam a inventar, que o remedio era hir beber depressa a agua pura ao mesmo castello. Não houve meio nem traça, de que se não valessem para me dissuadir deste intento, bastava dizer que pretenderam fazerme crer até á hora da marcha que eram falsas as noticias, e infieis os que mas davam, por ser impraticavel tomar-se a Praça; por ultimo chegou o caso a taes termos, que apontaram o traidor, e o diffamaram (sendo tudo falso) de sorte que foi preciso uzar de rigor, e ameaçar com o castigo para que os soldados se contivessem, e o não insultassem; tal he o effeito do medo, como o de Microscopio, que avulta e engrandece os objectos que teme, e que repugna. Aqui verá Vossa Magestade, verificado o que tive a honra de expor-lhe, antes de sahir dessa côrte, que mais receio se podia ter dos seus vassallos, que dos seus inimigos, pois foi necessario mais valor para reprimir a insolencia dos primeiros, que para vencer os segundos.

Todo o sobredito era hum novo estimulo para apressar e dar hum vivo calor a esta expedição, ou fosse para fazer perder o receio antes que degenerasse em terror panico, que muitos tinham do Bounsuló, ou para não perder a occasião de lhe abater o seu orgulho. Todos os instantes eram preciosos, e qualquer dilação de maior perigo, tanto porque esta Praça está em igual distancia de outras duas inimigas, e de qualquer dellas podia ser soccorrida; e como pelo inverno, que estava imminente, e costumado ser sempre rigoroso faria malograr todo o trabalho, e ficaria depois do successo das pallas, que acima disse, menos bem reputado o credito das armas, se a expedição não fosse bem succedida.

Para dar actividade a ella, e romper pela intrincada meiada das sugestões, e das difficuldades, me deliberei a achar-me presente nesta acção, porque ao menos com mais authoridade podia vencer alguns dos embaraços fingidos, ou verdadeiros, com que tantos a queriam contrastar. Quizeram-me persuadir algumas pessoas que não era acertado que eu fosse com hum corpo tão pequeno, porque na incerteza dos successos da guerra, podia ser maior o risco que a ganancia; zêlo que desprezei tambem como sugestão por me parecer, quando se tratava do credito e reputação das armas de Vossa Magestade, e do decoro deste Estado, não era novo sacrificio o que eu fizesse da minha pessoa, mas continuação do mesmo que já tinha offerecido a Deus e a Vossa Magestade em vir á India, e me pareceu tambem que quando nella não havia mais tropas, o logar mais decente, e mais authorisado para hum Vice-Rei era por-se na testa dellas, e correr com ellas, ou o mesmo risco, ou a mesma fortuna.

1746 Novembro 2

Certificados os inimigos de que as nossas armas se encaminhavam para a Praça de Alorna, reforçaram a sua guarnição com 800 sipaes, 300 cavallos, e se entrincheiraram com huma fachina em huma lingua de terra que se adianta para o rio de Colvale, aonde desagua o rio Alorna, logar onde precisamente se devia passar este rio, em distancia de pouco mais de hum quarto de legua da Praça. Era necessario desalojal-o primeiro deste sitio, que guarnecia com 300 homens, para facilitar a dita passagem; e para que pela barra de Chaporá não entrassem tambem as embarcações ligeiras do Bounsuló, e viessem atacar as nossas, mandei dar fundo nella ás duas naus de guerra, prevenção que a experiencia mostrou ter sido precisa, porque poucos dias depois na calada de huma noute escura vieram quinze galvetas insultar as mesmas naus.

No dia 3 de Maio mandei pôr em marcha a Mr. de Pierripont com as tropas por terra, compostas de seis companhias de granadeiros, e 17 ligeiras dos dois corpos de infanteria, que faziam entre todas quasi 1:000 infantes. A companhia da guarda, e a de Bardez, que faziam o numero de 80 cavallos, as duas companhias de artilharia com 150 homens, 1:000 sipaes, e huma companhia de caçadores de Salcete, e

1746 Novembro 2 outra de Bardez, que ambas faziam o numero de 120; acamparam aquelle dia as tropas nas collinas de Revora.

No dia 4 de madrugada se pozeram em marcha; e no mesmo dia me fiz á vela pelo rio Colvale com quatro gallias, dez manchuas, dois batelões grandes, em que hia a artilharia, e os morteiros, e doze balões com duas companhias de granadeiros, e huma ligeira, destinadas para o ataque da trincheira.

A pouco espaço da ilha dos Ranes, hia faltando a maré, e por não haver praticos daquelle rio hiam as embarcações dando em secco; para maior brevidade mandei por hum dos canaes ao General da armada Antonio de Figueiredo e Utra, a quem tinha encarregado aquella armada sutil, e eu fui por outro com o Ajudante General Pedro Guedes de Magalhães, e o General dos Rios D. João José de Mello, para que com a sonda na mão fossemos sem perder tempo adiantando as embarcações, o que se conseguiu com brevidade.

Tinha dado ordem a Mr. de Pierripont que regulasse a marcha pela das embarcações, e que eu faria o mesmo, para o que fosse tocando os tambores a respeito das quebradas do terreno, para que assim as embarcações como as tropas chegassem ao mesmo tempo diante da trincheira, e que tanto que a avistasse, fizesse contra ella hum fogo vivo com a artilharia miuda, e que este seria o signal do ataque.

Ás dez horas da marcha se avistaram na outra margem do rio as nossas tropas, e chegando eu ao mesmo tempo com as embarcações, e feito o signal a que correspondeu toda a artilharia das nossas embarcações, debaixo de hum, e outro fogo, mandei que as companhias de granadeiros, que já levava preparadas nos balões, atacassem a trincheira pelo flanco, e em breve espaço nos senhoreámos della desalojando o inimigo, sem mais perda da nossa parte que a do Capitão Tenente Antonio Manuel de Nobrega, que morreu de huma bala, e sete feridos.

Postadas em huma eminencia as tres companhias do ataque, mandei com pressa todas as embarcações miudas para que passassem as tropas, porque já de huma, e outra parte appareciam partidas de cavallaria inimiga para nos embaraçar a passagem. Fez se grande diligencia; a maior difficuldade era passar a cavallaria, não tendo as barcas capacidade para receber os cavallos, nem sendo vadiavel o rio. Neste aperto fui eu mesmo na minha manchua, e mettendo dentro dois soldados, que de cada lado conduziam pela redea o seu cavallo a nado com a cabeça bem levantada, e com este exemplo os officiaes e pessoas particulares, que se quizeram achar voluntarios nesta empreza mostraram grande zêlo, e nos seus balões foram passando os cavallos, e sem embargo de ser o rio largo e profundo, e de faltarem as pontes por não ser praticavel neste paiz a sua conducção, e de se fazer a passagem á vista do inimigo, ás cinco horas da tarde todas as tropas com artilharia, e bagagem estavam da outra parte do rio. 1746 Novembro 2

Acampadas as tropas, conferi com Mr. de Pierripont sobre o ataque da Praça, que se havia de fazer no dia seguinte, e consideradas maduramente todas as difficuldades, e o pouco tempo que nos podiamos dilatar nesta empreza, sendo entre todos o mais opportuno porque já de cima dos Gates não podia vir soccorro ao inimigo com o risco quasi certo de invernar fóra de casa, contra o costume dos gentios, assentámos que na fórma em que estavamos já empenhados, não podiamos soffrer a demora de hum sitio regular, assim porque a pouca gente, que tinhamos, se não podia dividir para fazer destacamentos para a conducção de artilharia grossa, petrechos, e mantimentos, nem tinhamos força bastante para nos oppormos contra as da Praça, e levantar terra para nos cobrir, nem para nos oppor aos inimigos, que sem duvida haviam de vir em seu soccorro e inquietar-nos pela parte de fóra, e que sendo o inimigo senhor de ambas as margens do rio não podiam vir com segurança, nem por mar nem por terra as munições, e mantimentos, sem que os inimigos as não tomassem, por cujo motivo se déra ordem, que os soldados levassem comsigo tres dias de mantimento, que no seguinte estavam acabados; que pela mesma razão tinhamos deixado em Colvale as tendas, e bagagem grossa; por ser impraticavel o seu transporte; que os officiaes, e os mesmos

1746 Novembro 2 soldados tinham a ligeira, e que assim toda a expedição, que na India se não fizesse de hum golpe, e repentinamente, e necessitasse de largo tempo, com a pouca gente que tinhamos para accudir a muitas partes, bastava isto para que se não conseguisse. Nestes termos o unico remedio que havia era fazer o ultimo esforço por ver se se podia levar a Praça a escalada, e arrimar ás portas os petardos, instrumento de que os inimigos não tinham até agora conhecimento, e que se fizessem o effeito que se desejava, e entrasse com impeto e exforço a nossa gente, os inimigos não poderiam resistir, mais costumados a combater seguros, e cobertos, que peito a peito, e sobretudo deviamos pôr, toda a confiança do bom successo nas mãos de Deus, e esperar que favoreceria a justa causa. Firmei eu e elle neste proposito; todo o resto da tarde do dia 4 se gastou em distribuir ordens, repartir escadas, petardos, morteirinhos de granadas reaes, machados, cunhas, e maços de ferro ás pessoas que os haviam de conduzir, e as mais disposições necessarias.

Coroaram os inimigos com 3:000 sipaes as collinas visinhas á Praça, de donde inquietaram bastantemente toda a noute, assim o nosso corpo, como as embarcações miudas, que estavam mais chegadas á terra.

As tres horas da madrugada do dia 5 de Maio se pozeram as tropas em marcha com grande silencio, levando na vanguarda as companhias de granadeiros de Francisco de Lima, e Antonio Mourão de Miranda; a de Pedro Martins da Costa, e a de Miguel Pereira de Sampaio, que haviam de ser os que avançassem á primeira porta da Praça, aonde chegaram pouco antes de amanhecer; mas sendo sentidos dos inimigos, fizeram estes hum grande fogo de mosquetaria do bambual. Mr. de Pierripont, que hia na vanguarda, com intrepido valor accommetteu a porta e procurou leval-a á força do machado, mas não o podendo conseguir, ordenou ao Sargento mór Engenheiro Pedro Vicente Vital, que lhe applicasse o petardo, o que elle fez briosamente debaixo do mesmo fogo, acompanhado do Alferes Marcellino Teixeira, que foi quem lhe largou o fogo.

Voada a porta pelo effeito do petardo era a entrada tão estreita, que cada hum homem era hum alvo certo de muitos tiros do inimigo, e o fogo do castello, que ficava dominante, infiava, e defendia a dita porta, era tão vivo, e tão continuado, que parecia temeridade o penetrar-se; milagre foi que nesta fatal passagem ficasse nenhuma pessoa com vida, e poucos foram dos primeiros que não ficassem, ou mortos, ou mal feridos. Isto mesmo irritou o animo dos nossos, que com cega resolução, e furor, entraram impetuosamente por este perigo, atacando, e derrotando ao inimigo, e obrigando com precipitada fuga a desamparar este primeiro recinto, e recolher-se no castello. 1746 Novembro 2

Logo neste principio ficou levemente ferido na testa Mr. de Pierripont, mas sem embargo disto foi accommettendo com o mesmo valor, e desembaraço até que outra bala de Pedreiro lhe levou a barriga da perna, e o prostrou por terra; mas esvaindo-se em sangue, nem por isso perdeu o animo, nem a constancia, antes com ella tão firme como a de hum heroe, esteve até o ultimo mandando, e dispondo o ataque com notavel accordo.

Descançaram por breve espaço as tropas, e emquanto o faziam, se procurou examinar as partes por onde se haviam de arrimar as escadas. Os bambuaes e o intrincado labyrintho de arvores que havia dentro da Praça embaraçava ver-se o logar por onde a menos risco se podia atacar. A pouca noticia que della se tinha, porque os Asiaticos tem maior ciume que nenhuma outra Nação, e não deixam, ainda em tempo da paz, chegar estrangeiro nenhum a grande distancia das suas Praças, e a pressa com que desejavamos concluir a reducção desta, foi causa de que agora se atacasse pela parte mais forte, e mais perigosa.

Não socegava Mr. de Pierripont com nenhuma demora; foi necessario violental-o a que se curasse, e ainda mal atadas as feridas intentou que o levassem em hum palanquim para dar actividade á acção, por conhecer que toda a demora era do ultimo perigo. Pelos officiaes que lhe vinham dar parte do estado do ataque, instava com vehemencia e furor, que

1746 Novembro 2 a todo o risco se assaltasse o castello sob pena de desobediencia, clamando sempre que o levassem, porque ainda que perigasse a sua vida, perdia Vossa Magestade pouco em hum Francez, porque teria muitos que o servissem, e póde Vossa Magestade estar certo que ao grande desprezo da vida deste official, e á sua constancia se deve a maior parte desta gloria.

Emquanto se atacava o castello, ficou a cavallaria fóra da Praça, commandada pelo Capitão da guarda, José de Vasconcellos Sarmento e Sá, embaraçando que os inimigos não tomassem a artilharia, e a bagagem que os inimigos intentaram atacar com 300 cavallos, que tinham pouco antes sahido da Praça; mas mandando em seu soccorro ao Capitão João Amorim Pessoa com a sua companhia, e com o fogo vivo, que lhe fez o Sargento mór San-Martem com a artilharia miuda, e o dos nossos sipaes, se poz em retirada.

Neste intervallo mandei escrever ao Governador, que se rendesse, se queria salvar a vida, e os bens, mas que se esperasse o assalto, seria elle, e toda a guarnição passada ao fio da espada; respondeu com a sua arrogancia costumada, que esperava por nós para nos tratar da mesma sorte que em Aldoná.

Atacou-se emfim a porta do castello pela parte mais perigosa, e a peito descoberto pelas quatro companhias de granadeiros acima nomeadas debaixo de hum fogo intenso, que os inimigos faziam a seu salvo das seteiras, sem poderem receber damno algum das nossas mamposterias; as granadas, que lhe lançavamos, rolavam pelos telhados, e se convertiam em nosso damno. Arrimaram-se as escadas á primeira torre, humas derribavam os inimigos com paus compridos, e alguns dos nossos que foram precipitados dellas morreram da queda, ou ficaram estropiados; e outras cortavam com os alfanges, e nesta contenda houve huma larga, e perigosa disputa. Quasi todos os officiaes dos granadeiros ficaram, ou mortos, ou gravemente feridos; os soldados não voltaram caras, mas principiaram a recear o perigo com a difficuldade que experimentavam, e á vista dos muitos que eram prostrados por terra, e muito mais com huma voz, que então se levantou, que na torre, que defendia a porta, estavam duas peças carregadas de espalhafato. Hum boato, hum leve incidente, hum quasi nada na guerra, muda em hum instante todo o semblante de huma acção; dilatou-se por esta causa por breve espaço a victoria, e esteve neste ponto bastantemente duvidosa; eu que via que tudo o que se dilatasse o assalto era augmentar o perigo, e que a retirada, sobre não ser airosa, seria de maior ruina, mandei o Ajudante General, Pedro Guedes de Magalhães, a dar-lhe calor, e no instante que elle hia com accordo a dar á execução esta ordem, o Sargento mór Engenheiro, Pedro Vicente Vidal, que estava occupado em lançar granadas reaes de huma pequena bateria, que se formou, acudiu com grande actividade, e desembaraço com hum petardo, por baixo de hum fogo intenso do inimigo, e o applicou á primeira porta do castello; mas antes que se lhe desse fogo, fez arrimar algumas escadas á torre, que defendia a mesma porta, para que no tempo que esta rebentasse com o petardo, se vissem os inimigos dominados por toda a parte; subiram com effeito os granadeiros, e desfazendo os telhados, foram com o fogo das granadas desalojando os inimigos da cortina, e atacando, e matando aos que encontravam nas torres. 1746 Novembro 2

Voada a porta do castello, entram por ella com grande valor o Capitão de granadeiros Pedro Delrisco Tavares, o seu Tenente Alexandre de Sousa, ainda que já ferido, o Alferes de granadeiros Antonio Pinheiro, a que se seguiu o Capitão de granadeiros Pedro Martins da Costa, e foram passando á espada todos os que estavam no corpo da guarda. Dentro deste apertado recinto encontrou-se novo, ou maior perigo, porque pelas seteiras dos muros, todos os tiros do inimigo se empregavam nos nossos, contra os quaes não havia reparo, e encontrou-se segunda porta tão forte como a primeira; applicou-se-lhe com a brevidade, que o caso pedia, o terceiro petardo, e aberta esta porta, entrou no castello a nossa gente com grande arrojo, e passou ao Governador, aos Cabos, e a toda a guarnição á espada, sem ser possivel dar

1746 Novembro 2 quartel a nenhum dos inimigos, que quizeram fugir, e se precipitaram das muralhas com grande desejo de salvar a vida, a perderam ás mãos dos nossos, que estavam nas mampostarias; e como eu tivesse disposto no rio a pouca distancia da Praça as embarcações miudas, não só para se opporem á retirada dos inimigos, como para servirem por aquelle lado de ataque falso, e favorecer com esta diversão ao verdadeiro. Todos os que poderam lançar-se ao rio, ou se afogaram ou morreram com o fogo das sobreditas embarcações, tanto he verdade, que cego e perturbado o espirito com o medo, crê que o perigo de que foge he sempre maior que aquelle em que se precipita.

Tal foi o furor de que se animaram os soldados, que degenerava em crueldade; apenas a hum miseravel pude salvar a vida, sendo para isto necessario uzar do rigor, e da authoridade. Em conclusão, no espaço de cinco horas de vigoroso combate nos senhoriámos da Praça de Alorna, e do seu castello, arvorando nelle a bandeira de Vossa Magestade, e se humilhou e abateu o fantastico orgulho do Bounsuló, que tendo na mesma manhã noticia de se ter investido a Praça, ás cinco da tarde teve a certeza de a termos rendido.

Os soldados por acclamação lhe puzeram o nome de Santa Cruz de Alorna, ou porque o primeiro dia da marcha foi no dia da Cruz, ou porque logo se levantou huma defronte da porta do castello. Eu não me atrevi a mudar-lho, pois he justo que as conquistas de Vossa Magestade principiem debaixo de hum tão bom auspicio, e seja a nossa guia nas outras que se intentarem.

Perderam os inimigos ao Governador da Praça, Goma Saunto, primo do Bounsuló, que mostrou grande valor, e resolução, e todos os mais Cabos. Morreram, alem destes, 500 sipaes dos melhores do inimigo; dos que se affogaram no rio, se não sabe o numero, e varios outros se acharam depois mortos das feridas nos matos.

Da nossa parte morreu o Sargento mór Miguel Pereira de Sampaio, que exercitava o posto de Capitão de granadeiros do terço, o qual com bisarria, e incrivel valor foi o primeiro que atacou a porta do Castello, geralmente sentido de todos pela sua grande capacidade, pela experiencia que tinha da guerra do Norte, e pela esperança bem fundada de que seria capaz de vir a governar as tropas em qualquer expedição; morreu tambem Paulo do Rego, Tenente de granadeiros da companhia de Francisco de Lima; Antonio Gomes, Tenente de granadeiros da companhia de Antonio Mourão de Miranda, o Sargento supra de Miguel Pereira Diniz Simões; ficaram feridos, o Capitão de granadeiros Francisco de Lima, o seu Alferes Bernardo de Siqueira, o Capitão de granadeiros Antonio Mourão de Miranda; Manuel de Abranches, Tenente de granadeiros de Miguel Pereira; Alexandre de Sousa, Tenente de granadeiros da companhia do Capitão Pedro Del-Risco Tavares; Manuel de Moura Serrão, Tenente de granadeiros do Capitão Pedro Martins da Costa, e dois Sargentos. Dos officiaes voluntarios ficaram gravemente feridos, o Capitão Tenente Bernardo Carneiro de Alcaçova, que servia de Capitão da Cidade, os Capitães de mar e guerra, Ricardo Pereira Pinto, e seu irmão Manuel Pereira Pinto, e Francisco da Cunha Apollinario.

1746 Novembro 2

Do Regimento de Pierripont morreram 20 soldados; do terço 12; feridos de Pierripont 46; do terço 23; da companhia da guarda 3; da artilharia 9; sipaes 6; begarins 6; marinheiros 2, que com os Officiaes feridos faz a somma de 93 feridos, e 33 mortos.

Ao mesmo tempo que entrei nesta empresa com a desconfiança ainda mais dos officiaes que dos soldados, estimei enganar-me nesta parte, e ser testemunha do valor, e constancia com que todos geralmente se portaram, sem se poder dizer de nenhum, que mostrára mau semblante no perigo, o que he mais para estimar por ser a primeira vez, que muitos delles viram a cara ao inimigo, e não tendo podido até agora dar mostras do seu valor, fizeram delle hum exame de boa prova em occasião tão perigosa. Tal houve (vindo na monção deste anno, e ainda bisonho) que fez prodigios de valor desprezando as feridas que recebera, e com ellas abertas continuou a acção com generosidade de animo; outros

1746 Novembro 2 já espirando diziam, que morriam contentes, pois ficavamos vencedores dos inimigos. Se alguns subalternos, tivessem a experiencia necessaria para guiar os soldados ao perigo, a menos custo podia ser esta acção porque na promptidão, e brevidade della consistia não expor tanto a vida dos soldados; mas naquelle conflicto não se podia accudir a differentes partes ao mesmo tempo, faltando os subalternos que executassem pela sua parte o que deviam. Com tudo seguro a Vossa Magestade, que tendo me achado em algumas occasiões na Europa, de bastante perigo, não me lembra de ver nenhuma tão viva, e de tão desproporcionada competencia, porque naquellas era o risco igual para ambas as partes; nesta os inimigos matavam, e feriam os nossos a peito descuberto, e tanto a seu salvo, que não podiam ser offendidos do nosso fogo, nem poderiam ficar vencidos se Deus não abrisse o caminho para que os inimigos experimentassem o golpe das espadas, o que esteve bem duvidoso de conseguir-se; tambem me parece que poucas vezes se tinha visto applicarem-se tres petardos á mesma Praça no mesmo dia. Este instrumento, já esquecido na Europa e de que se não tinha até agora usado nestas partes, por não haver occasião de o pôr em pratica, tem causado entre os barbaros grande admiração, e não percebem como com elle se abrem com tanta facilidade as portas e suppõem ser invenção nova, que agora veio da Europa.

O descontentamento que me fica he não haver com que premiar a tantos valorosos officiaes e soldados, ainda não contando mais que os que fizeram acções distinctas, e no caso presente era mais que nunca necessario este estimulo, para incitar nos outros a nobre emulação de os imitar. Do modo que pude satisfiz a esta obrigação na fórma que consta da lista inclusa, e aos soldados, e officiaes das tropas, mandei dar por ajuda de custo hum mez de soldo, e aos granadeiros mez e meio, por serem os que mais trabalharam, e se expuzeram a maior perigo.

O maior embaraço em que me vi foi no modo de remunerar ao Coronel Pierripont, porque entre as grandes virtudes de que he dotado como soldado, e como Capitão, nunca lhe esquece o seu interesse, e como assenta no principio que pelo seu serviço não espera, nem pretende remuneração, que elle em sua vida não possa lograr, nem tem para quem a deseje depois de morto, e por esta causa expõe tão generosamente a sua vida, me pediu lhe desse a patente de Sargento mór de batalha, na mesma fórma que a teve o seu antecessor D. Francisco Mascarenhas. 1746 Novembro 2

Eu tive grande difficuldade de lha conceder á vista das ordens antigas, que se acham nesta Secretaria; por huma dellas se declara ao Vice Rey Caetano de Mello, que não tinha jurisdicção para prover similhante posto na paz; por outra do tempo do Conde de Villa Verde se vê, que em occasião de guerra, se podem promover os postos, que forem necessarios durante ella, e supponho, que, conformando-se com esta regra, proveu em similhante posto o Conde de Sandomil a algumas pessoas. Na conjunctura presente estavamos em guerra e no principio della. Mr. de Pierripont era o unico com intelligencia, circumstancia, que fazia necessitar muito da sua pessoa, e de o ter mais contente que a qualquer outro; he de hum genio tão delicado como o anno passado fiz presente a Vossa Magestade; e não via com bons olhos premiar os seus subalternos ficando elle exceptuado do agradecimento, quando o tinha comprado tão distinctamente á custa do seu sangue derramado; achando-se de quasi setenta annos, não lhe fazia conta, nem o habito, nem o fôro, porque deste, diz, que goza na sua patria; movido de todas estas circumstancias condescendi com a sua vontade, com a clausula de requerer a Vossa Magestade a confirmação, e de não cobrar o excesso de soldo daquelle posto, até não constar da sobredita confirmação de Vossa Magestade, a qual não duvido que Vossa Magestade pela sua grandeza se digne conceder-lha, visto a ter tambem merecido; e com isto ficou satisfeito, e socegado, e estou certo, que na primeira occasião, que se offereça, hade obrar com o mesmo heroico valor, que nesta.

Tanto que me resolvi a declarar a guerra ao Bounsuló,

1746 Novembro 2 avisei ao Rey de Sunda, seu vizinho, e inimigo irreconciliavel, que as suas tropas, ainda que frouxas, e da peior qualidade, entretivessem o inimigo, bastando-me que elle fizesse qualquer diversão pela sua fronteira; o seu animo sempre disposto a abraçar toda a occasião de abater, sem risco proprio, o poder, e as forças do seu contrario, lhe fez mais agradavel a proposta; maiormente quando sem perigo podia colher o fructo dos roubos, que faria nas povoações; e assim foi logo talando o paiz inimigo, e queimando algumas Aldeias, em que não achava resistencia, emquanto eu me detinha na Alorna os dias precisos para se fazerem as portas, e mais reparos para que ficasse mais defensavel; e tanto que estes se foram adiantando, me puz em marcha a 14 de Maio, encarregando a continuação deste trabalho ao Tenente Coronel Engenheiro José Lopes, o que elle executou com boa satisfação.

Assim que os inimigos perceberam, que eu me encaminhava para Bicholim, abandonaram aquella Praça, desmantelando-a quanto a pressa lhe deu logar, pondo fogo ás portas, e toda a povoação; e pelo que examinei, quando entrei nella, foi novo favor do Ceu estar retirada, porque supposto que o castello fosse de ambito alguma cousa menor, que o de Alorna, o foço era mais profundo, e as muralhas tão altas, que difficultosamente se lhe poderiam arrimar as escadas; e a não ser por este modo, e a ser preciso formar baterias, talvez que o tempo e a invernada embargasse a sua reducção.

Com esta noticia avisei ao General do Sunda, que emquanto eu não chegava com as tropas, guarnecesse aquella Praça com a sua gente, e ao mesmo tempo mandei ao Capitão de mar e guerra Francisco Xavier fosse tomar posse della, e examinar o estado em que ficava.

A 18 de Maio entrei nella, e se foram fazendo logo as portas; em breves dias se poz em melhor estado do que dantes estava encarregando o trabalho della ao Sargento mór Pedro Vicente Vidal, o que executou com cuidado, e diligencia.

As tropas do Rey de Sunda, que por minha insinuação guarneciam aquella Praça, tiveram grande repugnancia a largal-a, porque muito tempo antes tinha pretendido, que eu a conquistasse, para lha entregar, assim como nos tempos passados lhe fizemos da Provincia de Pondá, que ao meu entender não foi mui acertado, porque ficando nós por este Tratado obrigados a defender ao Rey de Sunda a mesma Provincia, que lhe demos, era melhor defendel-a como propria, que como alheia; muito menos nos convém largar-lhe Bicholim, ficando nos circuitos com este territorio por todos os lados, porque ainda que presentemente haja pouco, que temer da sua parte, póde vir hum successor mais guerreiro, que nos dê cuidado, e contra a infidelidade da Azia nenhuma cautela he bastante. Finalmente, assim que cheguei mandei guarnecer a Praça com as companhias de granadeiros, e dizer ao General do Sunda, que fizesse evacuar a sua gente, porque intentava principiar logo algumas obras, e não podiamos estar juntos, assim pela differença dos costumes, como da Religião, o que podia ser causa, naquelle breve recinto, de muitas desordens; emfim, depois de muitas duvidas, e dilações affectadas, se resolveu a retirar, sendo a maior difficuldade que tinha por ter inconsideradamente avisado ao seu Rey, que já se achava de posse da Praça. 1746 Novembro 2

Emquanto se hiam aperfeiçoando as obras de Bicholim, e os mais reparos, mandei introduzir no interior das terras do Bounsuló varios editaes em lingua gentilica, em que convidava a todos os Dessaes, que são os senhores das terras, e aos Gancares que são os principaes das aldeias a voltarem para ellas, e as cultivarem, porque aqui na guerra succede o mesmo, que em Ungria, que quando as tropas Imperiaes entram pelas terras do Turco, despovoam-se inteiramente sem ficar huma alma vivente.

Os Dessaes de Sanquelim, Querim, e Manerim que são os mais poderosos daquelle districto, e os que tem sipaes mais valorosos, e occupam hum territorio aspero, e fragoso junto do Gate, me escreveram em termos ambiguos em que mostravam que igualmente receavam o castigo das nossas armas, que a indignação do Bounsuló; se os seus negocios se me-

1746 Novembro 2 lhorassem de fortuna, pareceu-me que queriam ter alguma apparencia de força para terem melhor desculpa com elle. Mandei ao Ajudante General Pedro Guedes de Magalhães, com duas companhias de granadeiros, 25 cavallos, e 600 sipaes e 1 peça de campanha a Sanquelim, para ver se podia reduzir ao Dessae á razão; mas caso que o não conseguisse, levava ordem para não fazer damno nenhum, nem no castello, nem na povoação. A pouco espaço della o corpo de gente do dito Dessae atacou o nosso com a sua desordem costumada, e com a resistencia e o valor dos nossos se poz em precipitada fuga, com alguma perda da sua parte. O mesmo succedeu á guarnição, que estava no castello, e como o Dessae se não veio avistar com o Ajudante General, voltou para o campo sem lhe fazer o menor damno, por quanto eu queria poupar aos ditos Dessaes e deixar-lhe huma porta aberta para qualquer acommodamento, porque vindo elles ao nosso partido, diminuia consideravelmente o do Bounsuló, e se augmentava o nosso.

Não só o rigor do inverno me obrigou a meu pezar a não continuar os progressos, que se esperavam do terror dos inimigos, mas sobrevir-me huma grande febre, que me quebrantou muito e não ter a quem encarregar as tropas, porque o Coronel Pierripont não estava em estado de obrar, pelas feridas, que se tinham aggravado, e posto em perigo.

Durante o inverno me fizeram os Dessaes de Querim, e Sanquelim, e outros muitos, varias proposições, que me não pareceu admittir; mas por ultimo querendo-me aproveitar da má intelligencia em que elles já estavam com o Bounsuló, lhe concedi algumas, em que ultimamente vieram a concordar, e vieram estes, e outros muitos render a obediencia, e vassalagem a Vossa Magestade, como se vê da copia do Termo incluso; e porque os seus Sipaes eram de melhor qualidade, e mais valorosos escolhi entre elles 800 para servirem ao Estado; e como me queria certificar da sua fidelidade, encarreguei ao Dessae de Sanquelim, para que, junto com os nossos Sipaes, surprehendesse a Praça de Avoró, que era muito importante para a communicação de Alorna com

Bicholim, o que elle executou fielmente, e pouco depois tomaram os mesmos os castellos de Morli, e Satarem, sendo este ultimo importante por ser huma das chaves dos Gates. 1746 Novembro 2

Os districtos das primeiras duas Praças comprehendem duas Provincias; a de Alorna divide-se em vinte e seis aldeias, e a de Bicholim em trinta e tres, e assim dos fóros, e rendimentos das vargens, e das alfandegas, inclusive a de Sanquelim, percebia o Bounsuló todos os annos a quantia de 122:885 rupias, que fazem da nossa moeda 73:731$000 réis; ainda agora rende a fazenda de Vossa Magestade 8:000 para 9:000 xerafins pela falta de cultivadores, e povoadores que se ausentaram com a guerra, e só depois della acabada se poderá receber maior beneficio; mas supposto que seja pouco o que hoje recebe a Fazenda Real, por ser só daquellas terras, que estão debaixo do chão das mesmas Praças, sempre se diminuiu ao inimigo o melhor rendimento, que tinha.

Deus guarde a muito alta, e muito poderosa pessoa de Vossa Magestade os muitos annos, que seus vassallos desejamos. Goa, 2 de Novembro de 1746.—Marquez de Castello Novo.

Carta de El-Rey ao Vice Rey da India, pelo conselho ultramarino, approvando todas as mercês que elle concedeu por occasião do assalto da Praça de Alorna

(Collecção dos meus Mss.)

D. João por Graça de Deus, Rei de Portugal, e dos Algarves, daquem e dalem mar, em Africa, Senhor de Guiné, etc. Faço saber a vós Marquez de Alorna, Vice Rei e Capitão General do Estado da India, que sendo-me presentes as vossas cartas de 2 de Novembro, e 17 de Dezembro de 1746 sobre os motivos, que vos obrigaram a declarar a guerra ao inimigo Bounsuló, e felicidade, que tiveram as Minhas Armas contra elle, tomando-se-lhe por assalto a Praça de Alorna, por cuja 1748 Março 27

1748 Março 27 occasião fizestes varias mercês aos que nella se assignalaram: Fui Servido por resolução de 25 do corrente, tomada em consulta do Meu Conselho Ultramarino approvar todas as mercês, que concedestes, por occasião do assalto daquella Praça em que se achou D. Luiz de Pierripont, ao qual, alem da dita confirmação, em que se comprehende, houve por bem fazer-lhe mercê do emprego de General de Salcete, em dias de sua vida, e de 3:000 xerafins de pensão por anno, pagos na Fazenda Geral desse Estado, de que vos aviso, para que façaes cumprir esta minha resolução. El-Rei Nosso Senhor o mandou por Thomé Joaquim da Costa Côrte Real, e o Desembargador Antonio Francisco de Andrade Henriques, Conselheiros do seu Conselho Ultramarino, e se passou por duas vias. Pedro José Correia a fez em Lisboa, a 27 de Março de 1748. — O Secretario Manuel Caetano Lopes de Lavra a fez escrever. — Thomé Joaquim da Costa Côrte Real — Antonio Francisco de Andrade Henriques.

Estipulações de Macau com os Chinas

(Gonçalo de Magalhães. — Memorias sobre as possessões portuguezas na Asia.)

1749 Os artigos da capitulação sobre a policia de Macau, convencionados entre o Senado e os Mandarins superiores de Cantão no anno de 1749, foram mutuamente escriptos e assignados em caracteres Sinicos e Portuguezes; aquelles foram insculpidos em pedra, e se conservam na casa do Mandarim em Mohó; os da letra Portugueza registaram-se no Senado; mas no tempo do Ouvidor Antonio Pereira por elle e quatro negociantes da cidade clandestinamente se formalisaram novos capitulos, resumidos e emendados os do Tratado de 1749, e foram gravados em uma pedra, que se conserva dentro da casa da camara. Os originaes artigos estão muito mal concebidos, nem merecem a pena de transcrever-se aqui.

Os emendados, *jure vel injuria,* são na fórma seguinte: 1749

Artigo 1.º Que sejam lançados fóra da cidade de Macau todos os chinas jogadores, e de mau procedimento.

Art. 2.º Que as lorchas dos Tancares, e outras embarcações venham surgir de noite na praia pequena defronte da casa de Hopu.

Art. 3.º Que não vendam os Chinas aos moços cousa alguma fiada, nem d'elles comprem o que lhes quizerem vender, por ser regularmente tudo o que venderem furtado a seus senhores.

Fazendo o contrario serão castigados, e lançados fóra de Macau.

Art. 4.º Que não andem fóra de noite os Chinas depois do quarto tomado, e apanhando-se algum, se entregará ao Procurador, e este o mandará ao Mandarim para o castigar; e nem se apague a lanterna dos Chinas de noite, porque os que a apagarem serão castigados, sendo soldado, pelo Capitão General desta cidade, e sendo paisano, que não seja obrigado ás milicias, pelo Juiz ordinario da mesma cidade.

Art. 5.º Que o que respeita ao que se ha de obrar se algum christão matar China, se assentou que se obrasse o estyllo, que se achar praticado, e que dêem os Portuguezes parte ao seu Monarcha.

Art. 6.º Que sendo devedores os Chinas aos christãos, ou fazendo algum maleficio a estes, sejam entregues aos Mandarins, Ministros do Imperador, para os castigarem, e não os prendam nos carceres dos christãos.

Art. 7.º Que se não levantem edificios dos seus primeiros fundamentos de novo, e que se levantem sómente os que com o tempo se tiverem arruinado, e fazendo-se de novo, serão lançados por terra, e serão castigados pelas justiças portuguezas.

Art. 8.º Que não comprem filhos ou filhas dos Chinas, e se acaso se comprarem, serão castigados asperamente os compradores.

Art. 9.º Que se os moços conluiados com os Chinas furta-

1749 rem qualquer cousa, serão examinados, e castigados pelos Ministros do Imperador, e Juizes desta cidade.

Art. 10.° Que se passarão ordens apertadissimas a todos os moradores desta cidade, que não recolham em suas casas Chinas vagabundos, e de mau procedimento; e os transgressores serão castigados com todo o rigor, e o mesmo se praticará com as mulheres, que agasalharem as Chinas da dita qualidade em suas casas.

Art. 11.° Que não irão os christãos á outra banda caçar, e só irão a negociar em Cantão, e os que contrariarem a determinação deste capitulo serão castigados pelas Justiças Portuguezas asperamente.

Art. 12.° O artigo 12.° respeita á prohibição de promulgar, e seguir a lei de Deos. O disposto nelle he hum aggregado de blasfemias, e por isso mesmo em 1749 o Senado o não consentiu; todavia está com outros insculpido na casa do Mandarim.

Tal he o transumpto fiel extrahido da copia, que foi dado por hum Religioso da ordem dos Pregadores, filho de Macau, e geralmente havido por homem de probidade, e conhecimentos litterarios.

Instrucção que o Marquez de Alorna, Vice Rey da India, deixou ao seu successor o Marquez de Tavora

(Collecção dos meus Mss.)

750 Illmo e Exmo Sr.—Tem V. Ex.ª a bondade (se não he summa modestia) de querer que eu lhe dê huma idéa dos negocios publicos, e particulares deste governo, que V. Ex.ª terá, com a perspicacia de suas luzes, percebido muito melhor pela theorica, do que eu pela experiencia de seis annos: e vejo-me precisado, por manifestar a minha obediencia, a accusar-me dos erros passados, para que emendados por V. Ex.ª se possa formar hum solido edificio, sem defeito nas

proporções donde dimane o acerto no serviço de Deus, e de ElRey meu Senhor, neste governo. 1750

Dois motivos igualmente forçosos me fazem suavissimo este trabalho; o primeiro, a fiel e indispensavel obediencia ás ordens de Sua Magestade Fidelissima, que prescrevem a todo aquelle que occupou qualquer logar o dever de instruir ao seu successor; o segundo, parecerá especie de infidelidade o dizer que póde ser mais forte, mas dando-se huma favoravel intelligencia ás minhas expressões, não offenderão os ouvidos mais delicados, e servirão de visivel demonstração de que os vinculos, que me estreitam com V. Ex.ª, concorrem efficazmente para aperfeiçoar a mesma fidelidade; e assim posso livremente publicar, que a intima amizade que em todos os tempos, sem discrepancia, professei a V. Ex.ª, e que a Providencia Divina se empenhou em estreitar com laços indissoluveis, he para mim o estimulo mais penetrante, e a mais abonada fiança para V. Ex.ª crer, que me interesso muito deveras na gloria do seu nome; e se fosse possivel, que os homens examinassem o recondito dos corações humanos, então veria V. Ex.ª no meu, que entre o seu acerto, e o meu, e entre a sua e a minha felicidade, não sei dar preferencia a nenhuma, e ambas as reputo de huma mesma entidade indivisivel.

Por evitar confusão, e para que seja mais perceptivel a V. Ex.ª este discurso, o dividirei em tres partes: na primeira tratarei dos Regulos, e Potentados nossos confinantes, que tem dependencia proxima com este Estado, principiando pelos amigos para passar depois aos inimigos; e neste logar darei tambem noticia do modo com que fazem a guerra; e os meios de que usei para me defender delles; a segunda, constará das nações da Europa, e do trato que têem comnosco; e a terceira, do governo domestico, e interior deste Estado.

PRIMEIRA PARTE

O Rey de Canará he nesta costa mais rico, que poderoso; o commercio do arroz, que sustenta toda a do Malabar, e

1750 alguma parte da de Mascate, faz concorrer com affluencia todo o dinheiro para o seu paiz, que este Rey enthesoura, e o constitue o mais rico della; no seu districto temos huma Feitoria em Mangalor, com varias vantagens, e privilegios ás outras nações, para o provimento deste Estado, como V. Ex.ª poderá examinar nos Tratados de paz, que se acham na Secretaria; com este Principe vivemos ha muito tempo em boa paz e correspondencia, e he da ultima consequencia conserval-a inviolavelmente, dependendo della o sustento deste paiz, que não produz mantimento mais que para quatro mezes do anno.

Parece incompativel o que digo acima, de ser este Principe o mais rico, e não o mais poderoso; mas com effeito assim he, pois as riquezas que possue lhe não servem mais que de enthesourar, e não para fazer uso dellas. Não consente que se façam fortificações no seu paiz, para que, no caso de invasão de inimigo, não possam nellas estabelecer-se; não tem tropas, ou tem tão poucas, que he mui limitada a despeza que faz com ellas. Nestes dois ultimos annos lhe fez o Angriá duas invasões em Mangalor, e Onor, saqueando estes dois portos, donde se retirou com importantissimo despojo. Para prevenir a terceira me mandou dizer ultimamente, que determinava formar huma armada, e me pedia que a deixasse unir á nossa, e seguiria a ordem dos nossos Cabos, porque elle os não tinha capazes, e que ambas cruzariam desde Melondim até á sua costa, e atacaria ao Angriá, quando fosse necessario. A tudo lhe respondi que sim, na certeza quasi infallivel de que tal armada nunca faria; e me desobrigava daquelle empenho pedindo-lhe algumas condições fundadas na paz, que com elle fez o Sr. Vice-Rey D. Rodrigo da Costa, pois nunca se cumpriu este Tratado, e a minha resposta a este Rey verá V. Ex.ª nos livros da Secretaria.

O Rey Samory foi no tempo antigo o mais poderoso da costa de Malabar, e o maior inimigo, que tiveram os Portuguezes; hoje se acha abatido, e quasi dominado pelos Mouros habitantes no seu paiz, o que este Principe soffre por não perder o commercio, que elles attrahem aos seus portos. No de Calecute temos huma Feitoria, que no tempo do Sr. Marquez de Louriçal se uniu ao Vigario daquella Freguezia. O mesmo Rey paga ao nosso Feitor, e este serve de ter prompta a madeira, Cairo, Sifa, e mais petrechos para a Ribeira, que se conduzem nas fragatas, que se mandam áquelle porto. 1750

Os Nababos de Quitur, e de Xaunur, situados por cima dos Gates, e dependentes do Rèy Mogol, têem pouca dependencia comnosco; mas sem embargo disto vivemos em boa amizade, e correspondencia com elles, e podemos livremente reputal-os por amigos.

O Rey de Sunda he hum Principe molle, e imbelle, que herdou de seu pae o Reino, a frouxidão, e os vicios, especialmente a bebedice; todo o que tiver negocio a tratar com elle, deve preparar-se primeiro para hum purgatorio de paciencia; tal he a sua lentidão, e indolencia, ainda nas materias, que requerem a maior promptidão; hum exemplo explicará melhor o que digo. Soube eu, que o Maratha intentava senhorear-se de algumas Praças mais visinhas deste Estado; participei-lhe logo a noticia para que se prevenisse, e acautelasse; e isto que poria a qualquer Dominante em movimento, foi para elle a materia mais indifferente; succedeu depois alguns mezes a morte de Xaú Rajá, Principe Supremo dos Marathas, que desviou a sua ruina, e depois de hum anno, e tantos mezes accordou do seu lethargo para responder á minha carta, poucos dias antes de V. Ex.ª chegar a este Porto, daqui póde V. Ex.ª inferir, que se este Principe he bom para vizinho, porque não inquieta o Estado; não presta para amigo, porque se não interessa mais que nos seus passa-tempos; sem embargo de tudo isto, e de que as suas tropas, e o seu povo seja a gente mais timida, e pusilanime, em cuja constancia se não póde fazer firmeza, comtudo convem muito conservar com este Principe boa correspondencia, por muitas rasões; a primeira, por ser o vizinho mais proximo; a segunda, porque das suas terras recebemos a melhor pimenta para carga das nossas naus do Reino, bastante madeira para as embarcações miudas, algum arroz e

1750 muitos generos necessarios para subsistencia; a terceira, porque hum sufficiente numero de Dessaes, vassallos deste Estado, tem as terras, que compõem estes Dessaeados, na provincia de Pondá, que he a mais visinha ao nosso continente; a quarta, porque por este mesmo respeito nos soffre huma especie de subordinação em varios casos, não por lei, mas por estylo antigo; a quinta, porque nas invasões do Maratha, os Gates por onde costumam passar, estão no seu dominio, e nós os vamos occupar com os seus, e nossos Sipaes, o que não fariamos se houvesse difficuldade da sua parte, e entraria o inimigo pela Provincia de Salcete, sem opposição alguma; a sexta, porque quando necessitamos das suas tropas não põe duvida a soccorrer-nos; e supposto sejam poucas e timidas, comtudo sempre augmentam o numero das outras, e fazem vulto, que he o que vale mais para os inimigos da Asia.

Antes que passe adiante deve V. Ex.ª saber, que por avisos, que tive de varias partes, soube, que os Inglezes tem actualmente hum Emissario seu em Sundem, côrte do Rey de Sunda, ao qual sollicitam se ajuste com elles para lhes vender toda a pimenta, que produz o seu paiz por preço certo, e pedem tambem lhes conceda o estabelecerem-se novamente em Caruar, donde ha annos os expulsaram os Sundas; sei tambem, que Naná tem outro Emissario na mesma côrte para pedir licença para que as embarcações da sua armada possam entrar livremente nos seus portos sempre que lhes for necessario; huma e outra negociação he da maior consequencia, e perigo para este Estado; se os Inglezes conseguirem ajustar com o Sunda toda a pimenta, não nos ficará parte alguma aonde se compre para a carga das naus do Reino; e se se estabelecerem segunda vez em Caruar, conseguirão com facilidade privar-nos deste genero, que he hoje o unico que temos em que se empregue o cabedal, que os mercadores remettem do Reino. Dista Caruar de Goa pouco mais de 12 leguas, e será, como já se experimentou em outro tempo, hum refugio certo, e inevitavel para os nossos desertores. V. Ex.ª vio, e examinou a carta, que ultimamente escrevi ao Rey de Sunda sobre este assumpto, 1750 lembrando-lhe a paz, que ajustou com o Sr. Marquez de Louriçal, na qual se estipulou, que no sitio de Caruar, nem em qualquer outro do seu dominio, se concederia estabelecimento a nenhuma nação da Europa. Entendo, que V. Ex.ª deve fazer todo o esforço por embaraçar esta negociação dos Inglezes, assim para que não consigam o estabelecimento em Caruar, como tambem o ajuste da pimenta, promettendo ao Rey de Sunda fazer hum Tratado, pelo qual se obrigue o Estado a tomar-lhe todos os annos 1:000, ou 1:500 candis de pimenta, que he a colheita ordinaria de cada anno; póde ser que o Sunda tendo certa a sahida, e venda de toda a sua pimenta, e tão segura na mão do Estado a sua satisfação, convenha no dito ajuste, e o meio mais facil de conseguil-o será peitar aos seus Ministros largamente.

Alguns especulativos dirão a V. Ex.ª que o Rey de Sunda não ratificou o sobredito Tratado de paz; porque imaginam, que entre as nações Asiaticas se observam as mesmas formalidades de direito, que entre as da Europa. Eu digo que este Tratado está em seu vigor, porque o Sunda tem observado varios capitulos delle; a saber, tudo o que toca aos Missionarios, e a respeito da nossa Religião, e pagou 40:000 xerafins que por elle se obrigou a satisfazer-nos; eu mandei derribar as tendas de Talavardá junto a Coculim como nelle se ajustou; fiz restituir as embarcações, que nos represou no Piro; e pugnei sempre pela observancia de todos os capitulos desta paz, a qual se acha assignada por Calapayá, e Custam Ráo, Plenipotenciarios do Rey de Sunda; o que supposto, he aério o fundamento de dizer, que não subsiste o Tratado, porque falta a ratificação. Tenho acabado com os amigos, passemos agora aos inimigos.

Os Angriás, que são açoute desta costa, desde a ponta de Dio, até Calecute, tiveram seu principio pouco antes do governo do Sr. Vice-Rey Caetano de Mello e Castro, e foram pelas suas piratarias crescendo de sorte em poder, que hoje se fazem temidos, e respeitados de todos; dividiram estes dois irmãos os seus dominios em duas partes; o primeiro,

1750 chamado Talagy Angriá, fez o seu assento em Guiriem; he o mais visinho a Goa, e o mais poderoso; o segundo, chamado Managy Angriá, estabeleceu-se no Culabo, visinho a Bombaim. Este ultimo, que he confinante da Provincia do Norte, tem o seu dominio crescido do poder do Naná; sollicitou sempre a nossa amizade, e deseja anciosamente, que recuperemos aquella Provincia, tendo nos por melhores visinhos, que o Maratha, de quem recebe continuos insultos; desde que aqui cheguei não houve occasião em que me não offerecesse as suas forças maritimas para qualquer empreza, principalmente contra o Naná; nunca lhe dei resposta positiva, nem deixei de agradecer-lhe a sua boa vontade, e o fui entretendo com boa correspondencia; não me atrevi a entrar com elle em negociação por saber que sempre está bebado, que não sabe ler, nem escrever, e que todos os negocios communica aos seus Bragmanes, que o dominam, e vendem, porque não póde por si examinal-os, e resolvel-os; e todo o negocio, que se lhe propuzesse, o saberia o Naná pelos mesmos Bragmanes; o que supposto, não sei a que classe reduza este Regulo, se á dos amigos, ou dos inimigos, mas o mais seguro he têl-o por indifferente, emquanto durar a opposição que tem com o Naná.

Ha quatro annos que Talagy Angriá me tem por differentes vezes, e em differentes tempos proposto a paz; e em consequencia de ver os bons successos, que a Providencia Divina nos deu contra o Bounsuló, propoz-me, que nos unissemos ambos para atacar o inimigo commum; ao que respondi, que se Deus me tinha feito favor de permittir, que conseguisse o que queria sem a sua ajuda, muito menos necessitava agora della. Quando veio invernar neste Porto a esquadra Franceza, receiou que unidos com os Francezes fossemos sobre Guiriem, tornou a repetir a mesma, diligencia acrescentando, que não só queria a paz comnosco, mas que eu fosse medianeiro da que elle pertendia com os Francezes; por onde se via, que nesta conjunctura o impelia mais o medo, que a vontade.

Quando chegou o soccorro no anno de 1748, suppondo

nelle maiores forças do que continha, instou novamente pela 1750
paz, pedindo-me soccorro para atacarmos unidos a praça de Monsurem, que havia pouco tempo lhe tinha tomado por surpreza o Bounsuló, e que juntamente lhe vendesse a Praça de Neutim, e o Rio Carlim, que ultimamente tinha conquistado, cuja proposição rejeitei logo com varios pretextos, por distar da barra de Goa 12 leguas, e por ser mais perigosa a visinhança daquelle inimigo, que a do Bounsuló; dei ouvidos ás outras proposições na certeza de que não teriam effeito algum; respondi, que como aquella expedição era só do seu interesse, e não do nosso, seria necessario, que elle pagasse a despeza da armada, e munições; generosamente disse, que estava prompto para fazer todos os gastos, e perguntou a importancia delles para os remetter; pedi-lhe 200:000 rupias; ao que respondeu, que elle se punha logo em campo para marchar, que mandasse eu o soccorro, e que no que tocava á satisfação das despezas, entre amigos se ajustaria depois da acção; o que bem entendido quer dizer, que não pagaria nenhuma; e como percebi isto, o fui entretendo nesta negociação sem a abraçar, nem rejeitar. Neste meio tempo alguma attenção teve com as nossas embarcações. Acha-se actualmente aqui o seu Emissario esperando a resposta e ultima conclusão. A proposta que elle fez para a paz achará V. Ex.ª na Secretaria, e qualquer que ella seja, tenha V. Ex.ª a certeza, que não terá mais duração, firmeza, e subsistencia, que a opportunidade que se offerecer ao interesse deste Regulo, e que sejam quaes forem as promessas, e os juramentos dos tratados, não ha fé, nem lei que prevaleça á sua conveniencia; debaixo deste principio convem muito entretel-o com dexteridade, ou fazer com elle huma paz emprestada, que a nada obrigue; porque quando d'ella não resulte outra utilidade que a de não represar as nossas embarcações, he quanto basta para que se não perturbe o commercio.

A familia Reinante dos Marathas se acha dividida em dois ramos; o primeiro, he o de Xaú Rajá, Principe Supremo dos Marathas, que tem a sua côrte em Satará; e outro o de Sambagy Raja, primo com-irmão do primeiro, que tem a sua

1750 côrte em Calapur; repartiram estes dois primos o seu dominio por huma linha imaginaria. O Xaú Rajá aproveitando-se da decadencia do Imperio do Mogol, e da infidelidade dos Generaes deste Principe, discorre, e tala com exercitos dos seus Capitães todo o immenso territorio desde o Reino de Cambaya, até Bengala, fazendo tributarias todas as Provincias por onde passa, depois de as assolar, e roubar, tirando dellas incriveis riquezas. O districto de Sambagy Rajá, corre desde o de Talagy Angriá, até os ultimos confins do Canará, e suppõe que todo o Concão para baixo dos Gates lhe he tributario, em que se comprehende o mesmo Angriá, e o Bounsuló e igualmente suppõe ser-lhe tributario todo o districto de Goa, no que nunca consentimos, nem pagamos. Os Reys de Sunda, e do Canará, lhe pagam tributos consideraveis.

O governo dos Marathas he differente de todos os outros, e na verdade o seu Soberano he huma especie de fantasma, ou de Idolo, que os subditos adoram emquanto lhes convém; Xaú Rajá, Principe Supremo, se constitue com direito de distribuir ordens assim no terreno de que se suppõe Senhor, como no de seu primo Sambagy Rajá, as quaes poucas, ou quasi nenhumas vezes são executadas. Compunha-se o seu Conselho de quatro ou cinco Ministros principaes, que cada hum tem poder, e forças separadas; o mais poderoso de todos he Naná, filho de Bagy Ráo que nos conquistou a Provincia do Norte e com effeito póde pôr em campanha 50:000 cavallos pagos á sua custa, e possue thesouros immensos.

Para sahirem os exercitos á campanha pede-se licença ao Dominante de Satará, e este lhes destina as partes para onde devem ir fazer as suas correrias; não se alcança a licença senão por somma certa de laques de rupias, que se pagam, ou se estipulam antes de partir; conseguida ella, o General das tropas leva carta branca tacita, ou expressa, para fazer quantas extorções, e atrocidades se possam imaginar, sem dependencia, ou subordinação alguma a ninguem; o rigor da guerra não he tanto como o do estrago, e mais conseguem pelo terror panico da multidão, que pelo fio da espada, e pelos combates. Aonde não encontram que saquear, e só

acham resistencia, principalmente a do fogo, não se empe- 1750
nham demasiado; nem pareça que a isto contradiz a conquista da Provincia do Norte, porque neste empenho hiam a ganhar muito, e arriscar pouco, porque a perdą de 20:000 homens que tiveram no sitio de Baçaim para elles não he consideravel, nem equivalente ao muito que hoje lhes rende aquella Provincia. O Xaú Rajá por si tem tão poucas tropas, que quasi são só as que bastam para a sua guarda, e assim he hum poderoso precario, mais pelas forças dos seus Ministros, que pelas proprias.

Falleceu Xaú Rajá o anno passado; Naná que, pelo seu poder, podia subir ao Throno, oppunha-se a isto ser de casta Bragmane, que, segundo o seu rito o exclue desta alta prerogativa; queria comtudo levantar hum Soberano á sua devoção, que lhe fosse subordinado, e que deixando-lhe as apparencias da Magestade, ficasse elle independente, e com dominio absoluto sobre todos; o que causou bastante alteração no animo dos Marathas, que não soffriam nem viam com bons olhos, que os Bragmanes seus servidores passassem a ser seus dominantes; foi-lhe facil buscár hum incognito fingido, ou verdadeiro, divulgando ser da mesma familia, e do mesmo sangue de Xaú; muitos, ou quasi todos se persuadiram do contrario, e segundo a melhor presumpção do seu nascimento, era homem de humilde, e de baixa condição; prevaleceu comtudo o poder de Naná, e sentou no throno hum fantasma, que na figura, e no semblante quasi confirmava sua baixeza; cederam todos á força, e ao receio do castigo; mas causou tal alteração nos animos dos grandes, que ainda agora duram os ciumes e as controversias sobre este assumpto; e será da ultima consequencia para o Estado que continuem, e que se desunam entre si os animos daquellas gentes, para que neste primeiro anno não experimente V. Ex.ª a inquietação que costuma causar este inimigo, e para que tenha tempo de conhecel-o, e aos habitantes desta terra.

Sambagy Rajá, segundo ramo da Casa Reinante dos Marathas, a quem por direito do sangue tocava a corôa, e a successão de seu primo Xaú Rajá intentou ir a Satará, quando

1750 este Principe se achava no ultimo perigo de vida, para fazer ao mesmo tempo valer o seu direito. O Naná, que se achava prevenido para oppor-se a tudo o que fosse contrario ao seu intento, tinha feito acampar em Satará hum corpo de 20:000 cavallos durante a doença do Xaú, e assim que soube a determinação de Sambagy, mandou occupar com tropas todos os caminhos, e veredas, com ordem de embaraçar qualquer, que quizesse entrar na côrte, sem seu consentimento; não por receio que delle tivesse por ser hum Principe frouxo, e de nenhum talento, mas para que não servisse de pretexto aos mal contentes, e tumultuariamente o quizessem levantar Rey, prevalecendo o direito incontrastavel que tinha á corôa. Tanto que Sambagy foi chegando mais perto de Satará, lhe mandou dizer Naná, que seu primo Xaú era fallecido, e que se acaso aquelle obsequio era para despedir-se delle, já era inutil, e por tanto que podia retirar-se para Calapur; assim o fez Sambagy cedendo ao poder de Naná; e bem se póde suppor o rancor com que ficaria assim elle, como sua mulher, que inteiramente o domina, sendo esta de animo tão activo, e ardiloso, e de condição tão pessima, que para conseguir o seu intento se não poupa, nem a industria, nem a politica, nem a arte diabolica.

Já acima declarei a dependencia que o Bounsuló tem de Sambagy Rajá, o qual valendo-se deste pretexto se quiz constituir medianeiro da paz do Estado com aquelle Regulo. Escreveu-me, que como o districto dos Dessaes de Cuddale, era do seu alto dominio, quizesse eu entregar-lhe as Praças que lhe tinha conquistado, ou mandar arvorar nellas a sua bandeira, que depois fariamos algum ajuste sobre esta materia. Respondi-lhe, que até agora suppunha ter feito a guerra castigando o Bounsuló, sem que, no espaço de tres annos, lhe occorresse tão extravagante idéa; que eu tinha ganhado á força de armas as Praças de que fazia menção, e não fazia conta de lhas restituir, nem de arvorar outra bandeira que a de ElRey meu Senhor, antes defendel-as até a ultima extremidade; que bem se via quanto era affectado este pretexto, porque no anno antecedente me mandára Sam-

bagy Rajá pedir que o ajudasse contra o Angriá, prometten- 1750
do-me que na ultima me ajudaria com as suas forças a expulsar de todo o Bounsuló do seu paiz, e repartiriamos a conquista entre ambos; o que mal se combinava com a proposição que de presente me fazia. Com este Principe temos hum Tratado de paz, tão mal observado, como qualquer outro que se faz com Principes gentios; e depois de declarar guerra ao Bounsuló, refugiou algumas galvetas, que lhe ficaram no porto de Molondim e que faziam o corso unidas com as galvetas daquella Praça, capitaneadas por Irogy Naique, e represaram os parangues, que vinham com mantimento para Goa; e quando se lhe pediu satisfação desta infracção da paz, respondeu, que aquelle procedimento tinha sido do Bounsuló; fallava-se a este em Irogy Naique, dizia que elle era vassallo do Sambagy Rajá.

Não me faltava desejo, quando estive em Neutim, de voltar a força das armas contra a Praça de Molondim distante 1 legua da primeira, por ser o mais importante sitio para a guarda desta costa, pois he huma ilha, que tem hum breve canal que a separa da terra firme aonde se podem recolher embarcações grandes, e pequenas, sahida ao mar em fórma de cabo, que serve de ponto aos navegantes do Norte para o Sul; a Praça he de grande circuito, mas, ao que pude julgar naquella distancia, de pouca defeza, porque não tem fosso, e naquelle tempo tinha pouca guarnição; mas estava muito adiantado o mez de Dezembro, era tempo de dispôr as naus do Reino, e não podia dilatar-me, por isso ficou defferida esta empreza para melhor occasião, ou talvez porque a Providencia Divina destinasse, que aquella fosse a primeira conquista, a que V. Ex.ª podesse dar calor com a sua presença, e conseguir pelo seu animo marcial. Antes que V. Ex.ª a intente, será preciso mandar explorar a parte mais fraca por onde possa atacal-a, e que for mais opportuna para o desembarque; tudo consiste nos bons exploradores, e em hum inviolavel segredo; se estes forem gentios, ou naturaes da terra, nem V. Ex.ª se deve fiar das suas noticias, nem espere que se consiga o segredo, como tantas vezes tenho ex-

1750 perimentado quando lhes confiei similhantes diligencias, mas deve buscar-se pretexto, e disfarce á hida de algum Engenheiro intelligente para trazer noticias mais certas. Quando V. Ex.ª consiga apoderar-se, como espero, considerará se convem demolir Neutim por se achar em situação menos importante, e mais arriscada, visto não haver agua dentro da Praça, não ter bahia, nem porto onde se recolham as embarcações mais pequenas, e ser huma costa brava exposta no verão aos Noroestes, e de inverno ao Sul, e Sudoeste, que levantam tal vaga, que muitos dias se não póde aportar em terra, alem de padecer muitos incommodos a guarnição que ali se acha.

Não me parece que neste insulto, que se fizer a Sambagy Rajá, poderá haver grande prejuizo, nem que Naná como mais poderoso o soccorra; antes talvez estime vêl-o embaraçado comnosco, e que nós lhe diminuamos o districto, para que occupado em defender-se se esqueça de perturbar-lhe as suas idéas; o Angriá tão pouco se póde esperar que o soccorra, tendo-se-lhe rebelado. O unico que lhe póde dar algum adjutorio he o Bounsuló, mas são tão poucas as suas forças que as não devemos temer. Para o Estado, entendo ser importantissima esta conquista; porque com ella ficaremos senhoreando os portos de Molondim, Rarim, Arandem, Chaporá, Goa, Rio do Sal até Angediva, sem que aos Piratas lhes fique parte alguma aonde possam recolher suas embarcações, alem de que Molondim descortina todo o mar para o Norte, e para o Sul; poderemos com as nossas embarcações correr promptamente contra todo o inimigo quando se descubrir; dominaremos mais seguramente o rio de Carlim, e não poderá o inimigo fabricar, nem recolher nelle alguma das suas embarcações, sendo nós senhores de ambas as suas margens.

Os Dessaes de Coddalle, por outro nome os Sauntos Bounsulós, são os que tem hoje guerra declarada comnosco, e V. Ex.ª estará bem instruido dos movimentos que me obrigaram a rompel-a; e do que depois disso se tem seguido; escuso dilatar-me nesta materia: o fructo que até agora temos colhido he o da reputação das nossas armas entre as nações Asiaticas, que este mau vizinho tinha posto no ultimo abatimento, fazendo-nos hoje mais respeitados do que estavamos quando aqui cheguei; o mais solido que se póde conseguir, será depois da paz, sendo ella decorosa ao Estado; e entretanto não he pequeno o beneficio que recebemos em diminuir as rendas, e as forças ao inimigo; e ainda que não lucremos o fructo das terras que lhe temos conquistado, porque os Cultores fugiram, e desampararam as aldeias, fazemos perder ao inimigo, ha mais de quatro annos, a renda de cento e tantas mil rupias. 1750

Por varias vezes me tem este inimigo proposto a paz, ou directamente pelos seus Emissarios, ou indirectamente por Naná, e por Sambagy Rajá, que o protegem; mas sempre com condições vagas, e com clausula de lhe restituir todas as terras, e Praças conquistadas; o que V. Ex.ª poderá ver, e examinar nos livros da Secretaria: sempre estive prompto para ouvir qualquer proposta, mas como não assentava em ponto fixo, e era pouco decorosa ao Estado, não me pareceu proseguir a negociação, nem gastar inutilmente o tempo. Se lhe restituisse tudo o que lhe arranquei das mãos, tornaria á sua antiga, e costumada insolencia, e ver-nos-iamos logo obrigados a principiar de novo a castigal-o; e emquanto tinha em meu poder a presa, e pisava como proprio o seu paiz, eram vãos os esforços do Bounsuló, e me não parecia util fazer huma paz, que não fosse vantajosa.

Pouco tempo ha, que este inimigo me mandou insinuar por via de Sambagy Rajá, que lhe restituisse Rarim e Neutim, e que escolhesse huma das Provincias de que eu estava de posse, largando-lhe todas as outras; propoz-me o Bounsuló com effeito a Alorna; e como entre elles não ha titulo de terras, sem que se perceba renda dellas, entendeu, que com o que Sua Magestade Fidelissima foi servido dar-me, se seguia ter eu o rendimento daquelle districto; e que por esta razão conviria mais facilmente em huma paz de que me redundava conveniencia; deixei-o ficar neste engano, e respondi-lhe, que estava prompto para tratar da paz com as

1750 condições que em Barim lhe tinha proposto, nas quaes tinha convindo, e o seu Secretario, e que elle interrompera levantando de repente o campo quando estava tratando de negocio tão importante; e como neste ponto chegou V. Ex.ª a este porto, não tive mais resposta; supponho, qúe passado algum tempo, e depois de mandar observar, e explorar por pessoas astutas o animo de V. Ex.ª, no que são insignes os Asiaticos, proporá a V. Ex.ª algum ajuste tão vago ao principio como até agora tem sido, até se certificar da intenção de V. Ex.ª, que por todos os modos convem occultar-lhe.

Antes que passe adiante devo dizer a V. Ex.ª as razões que me obrigaram a não proseguir a conquista de todo o dominio dos Dessaes de Coddalle, para que se possa regular neste negocio como melhor lhe parecer; e depois declararei o que julgo mais conveniente neste negocio. Toda a Conquista, que intentarmos pela terra dentro a este, e qualquer outro inimigo, que não seja á beiramar, nos póde ser mais damnosa que de proveito; e se intentei, e consegui a da Praça de Alorna, no interior do terreno inimigo, foi por duas razões que favoreceram o meu intento; a primeira, porque com as embarcações podia chegar a ella por hum rio caudaloso, e conduzir os mantimentos, munições, e mais petrechos sem ser ás costas de begarins; a segunda, porque estando situada no interior do paiz, e sendo das mais fortes, e a mesma que por duas vezes, em outro tempo, se intentou tomar infructuosamente, pareceu-me que se Deos abençoasse as nossas armas, dava com hum martelo na cabeça ao Bounsuló, e lhe abateria a soberba, e o despreso com que nos tratava, e me facilitaria outras emprezas; pareceu-me tambem, que, se me afastasse da costa do mar, ou das Praças que estão situadas junto dos rios navegaveis, por onde facilmente podessem ser soccorridas punha em grande contingencia a reputação das armas, e a risco de sermos cortados, sendo o paiz montuoso, cheio de bosques, e desfiladeiros, e os caminhos taes que apenas só cabras, os podem penetrar, sendo quasi impossivel fazel-os praticaveis com a pouca gente que temos, que mal chega para ter as Praças guarnecidas, e não para podermos nunca pôr em campanha hum corpo consideravel. Considerei tambem, que os inimigos tinham arrasado a fortificação de Coddalle, e que Varym era logar aberto, onde nos não podiamos fortificar sem huma grande despeza, e largo tempo; e que mais valia deixar a éste inimigo a porção de terra que lhe ficava, do que expor a que outro mais poderoso, ou fosse Angriá ou Maratha, a titulo de soccorro, lho occupassem, e ficassemos com hum vizinho, que nos désse para o futuro maior cuidado; o que supposto, nunca a minha opinião será de que penetremos mais o paiz inimigo; porque se na Europa he sempre perigosa similhante expedição, ainda que se previnam todas as cautelas imaginaveis, muito mais o he na Asia, em que o paiz favorece as sortidas, as emboscadas, e as surprezas, e hum corpo de tropas tão pequeno como o nosso, não tem força para se expor sem ser na ultima extremidade. 1750

Se o Bounsuló vier a partido, e se reduzir a ceder todo o districto desde Sanquelim até o rio de Arandem, com o forte de Tiracol, situado na outra margem opposta deste rio, em que se comprehendam as Praças de Bicholim, e Alorna, com a Provincia de Pernem, nos podemos dar por satisfeitos, e ceder-lhe as Praças de Rarim, e Neutim, que não tem porto, e são situadas na Costa Brava, aonde ficam expostas as embarcações, e sem segurança. No districto, que este inimigo nos ceder, importa muito que seja tambem comprehendido o dos Ranes; principalmente o de Satrogy Rane, Zalba Rane, e Vitobá Rane, e os de mais desta familia, por ser huma chave dos Gates, por onde costumam vir os Balagateiros com o seu commercio para a alfandega de Sanquelim, e póde com a paz dar hum bom rendimento, que por ora não excede ao de 9:000 xerafins.

Se por acaso V. Ex.ª se vir obrigado de algum modo a fazer a paz sem todas as vantagens sobreditas, e o inimigo persistir em não querer largar ao Estado mais de huma das Provincias conquistadas, como ultimamente me tem proposto, não sei deliberar-me na escolha della, porque a Provincia de Pernem, que discorre desde Alorna até o rio de Arandem,

1750 he importantissima a respeito do mesmo rio, aonde se podem recolher as palas, e galvetas em todo o tempo com a maior segurança; e ainda que pelo ajuste da paz nos não ficasse o forte de Tiracol, podiamos fazer outro na margem opposta da banda do Sul, que servisse de freio ao mesmo rio, e que embaraçasse o corso deste Pirata, que como tão vizinho prejudicaria, mais que qualquer outro, ao commercio de Goa. Por outra parte as Provincias de Sanquelim e Bicholim, as tenho por igualmente importantes, assim por serem mais proximas ao nosso districto, como por terem aldeias muito pingues, como he a de Mahem, Bicholim, Mulgão, Calapur, etc., e ser esta paragem por onde vem o commercio da terra dos Balagateiros, que faz o rendimento das aldeias de Sanquelim, e Bicholim, como acima disse.

Tenho razão para entender, que emquanto eu aqui estiver, não farão os Bounsulós nenhuma proposta; porque recearam que V. Ex.ª tenha a bondade de ouvir o meu parecer, e que talvez o queria seguir, assentando que seria contrario aos seus interesses; e tambem porque antes de ter algum trato com V. Ex.ª farão, como costumam, toda a possivel diligencia por espreitar, e examinar o genio de V. Ex.ª para ver o modo, e as traças de que devem usar para reduzil-o a convir na paz. Para a conseguir vantajosamente entendo, que convem muito, que nem os amigos, nem os inimigos possam penetrar a resolução em que V. Ex.ª estiver; antes convem muito affectar, que V. Ex.ª está em outra muito diversa ou em huma total indifferença. He da ultima importancia, que não seja V. Ex.ª o que proponha as condições ao inimigo, mas que o obrigue a apresentar-lhas clara, e distinctamente; porque do contrario se segue eternisar-se a negociação, porque sobre cada palavra de V. Ex.ª lhe hão de requerer taes intelligencias, e buscar taes rodeios nas expressões, que será hum processo infinito para se convir em qualquer dellas.

Para evitar tanta demora, o melhor meio he, que o inimigo faça a proposta por capitulos, e responder-lhe V. Ex.ª cathegorica, e laconicamente á margem de cada hum delles, con-

ceda, ou não conceda; e em similhantes casos ás vezes usei 1750
de não conceder hum dos capitulos mais faceis, para que insistissem nelle com maior força, e vender-lhe a fineza depois de largo tempo, em ceder da minha resolução, por não conceder outro mais difficultoso, outras vezes foi muito conveniente, segundo a qualidade dos negocios, deixal-os ao beneficio do tempo, e neste espaço se costuma descubrir melhor a cavilação, e falsidades dos Gentios. A experiencia mostrará a V. Ex.ª, que todo o negocio por elles proposto, sejam amigos, ou inimigos, ou he injusto a todas as luzes, ou unicamente fundado no seu proprio interesse; como não são illuminados da luz da fé, a não guardam, nem a amigos, nem aos seus proximos parentes; e como dão pouco, ou nenhum exercicio ás virtudes moraes, nenhum delles he liso, nem sincero. Desconfie V. Ex.ª de todo aquelle que para lhe propôr qualquer negocio, principia por adulações, lisonjas, submissões, profundas, protestos de sinceridade, e de cordial affecto, e creia, que então está mais firme na resolução de não cumprir nada do que promette.

Já acima dei a conhecer a V. Ex.ª hum dos Ministros da côrte de Satará, chamado Naná, filho e herdeiro de Bagy Raú, o que conquistou a Provincia do Norte, de casta Bragmane; he o mais poderoso em forças, e dinheiro, entre todos os Marathas; com este Regulo nos conservamos em huma paz apparente, ajustada em Punem, côrte do mesmo Regulo, quatro dias de caminho distante de Satará, no tempo do Sr. Vice Rey Conde de Sandomil. Disse paz apparente, porque sempre que se lhe offerece occasião de atacar as nossas fragatas do Norte, o faz sem respeitar a mesma paz, desculpando-se com especiosos pretextos quando se lhe pede satisfação, humas vezes, que não vio a bandeira, outras, que foi descuido dos Cabos da sua armada, e outros tão frivolos, e mentirosos motivos como estes. Neste inverno emprehendeu surprender-nos Damão, como a V. Ex.ª tem sido presente pelas cartas do Governador daquella Praça; esta he a fé jurada naquella paz, e a prova mais authentica do animo caviloso no trato com Gentios; a este deve V. Ex.ª reputar

1750 pelo maior, e mais terrivel inimigo deste Estado; quanto os Gentios tem de fingidos, e simulados, tanto tem de prevenidos, e suspeitosos; porque julgam pela sua pouca fé, a fé alheia; comtudo a natural synderesse, ou a razão (ainda que offuscada) de Naná, não deixa de persuadil-o ser injusto possuidor, e de má fè, da nossa Provincia do Norte; e este cuidado lhe traz sempre o animo inquieto pelo receio de que cedo, ou tarde a possamos recuperar; e para não ser surprendido nesta empreza pratica, no principio do verão manda galvetas a Molondim, e introduz neste paiz grande numero de espias para que de instantes a instantes, por mar, e terra, lhe participem os nossos movimentos, e como lhe sirva de padrasto a Praça de Damão, não he só na occasião acima referida que tem intentado apoderar-se della; em varias outras se tem posto com a sua armada na barra daquelle porto para embaraçar-lhe o commercio, e entrada de mantimento, e prohibe a sua introducção por terra, para a reduzir por fome; e quando cresça o seu receio, marcha com o seu exercito para o cume dos Gates, ameaçando descel-os para embaraçar ou o soccorro da Praça, ou a conquista da Provincia; por esta mesma razão tem entretido ao Bounsuló na esperança de lhe dar soccorro contra nós, sem nunca pôr por obra a sua promessa; mas tanto que receia, que este inimigo possa ajustar a paz comnosco, não ha industria, nem traça de que não use embaraçal-a, porque emquanto nos vê occupados com elle, se tranquilisa a sua suspeita. O Bounsuló deseja diversamente o soccorro de Naná; porque já este se resolvia a dar-lho, com a idéa de apoderar-se de todo o seu paiz, para ficar mais perto de nós, e opprimir-nos mais facilmente; penetrou o Bounsuló este intento, e receiando-se de tal soccorro de tropas, pertendeu, que lho commutasse a dinheiro, com que comprasse outras menos suspeitosas que as suas. Fomentei quanto pude esta suspeita, e quando o Bounsuló me ameaçava com o soccorro de Naná, lhe respondia que elle me era favoravel, porque apoderando-se, como intentava, de todo o seu paiz, vingava este Estado do maior inimigo que tinha.

Hum dos Capitães mais bem acceitos, e de quem até agora fiava Naná os seus exercitos, he Ramachandrá Malar, que por desgosto, e injuria se ausentou do paiz do Bounsuló de quem era vassallo, e abraçou aquelle serviço, no qual se fez tão estimado, como opulento de cabedaes, com animo tão nobre, que esquecendo-se em beneficio da patria, das injustiças com que nella fôra tratado tem soccorrido por baixo de capa aos Bounsulós com sommas consideraveis. Hoje me seguram o dito Ramachandrá se acha de má intelligencia com o Naná. 1750

Pouco depois de entrar no conhecimento deste paiz, reconheci a grande, e inevitavel vantagem, que os inimigos tem contra nós, sendo-lhes facil serem informados de qualquer movimento nosso, e não podermos em tempo conveniente ter noticias dos seus. Habitam no nosso paiz hum grande numero de Mouros. Gentios da mesma côr, do mesmo traje, da mesma lingua, e da mesma lei, que os do paiz inimigo; aonde tambem estão estabelecidos bastantes Christãos mais no nome, que na realidade, huns, e outros mais fieis aos inimigos do que a nós; entram, e sahem deste paiz sem lhes ser necessario disfarce para averiguar o que querem; o que não succede aos Portuguezes, porque nem a touca, nem a cabaia os occulta, e a lingua, e côr os descobre mui facilmente. Achava-se retirado na côrte de Satará D. Antonio José Henriques por hum crime, que se lhe arguiu em Goa, o qual pelo seu genio alegre, e jovial, e intelligencia da lingua chegou a ser bem visto do Xaú, e contrahiu com alguns dos seus Ministros boa amizade; pareceu-me servir-me delle para me dar avisos daquella côrte, aonde se formam os projectos que hão de seguir os exercitos, que para varias partes se destinam; o que em muitas occasiões me serviu de acautelar-me, e tomar as minhas medidas antecipadas; pelo mesmo fazia semear naquella côrte algumas maximas que concorriam para o nosso socego, e introduzir no animo da Xaú a desconfiança de deixar crescer em forças e cabedaes hum vassallo como Naná, que na vida e na morte podia dar-lhe cuidado, achando se sem esperança de successão. A Naná

1750 persuadia, ser contra os seus interesses dar soccorro ao Bounsuló; porque quanto melhor me estabelecesse nas suas terras, tanto mais me dissuadiria da lembrança da perda da Provincia do Norte. Com estas, e outras similhantes idéas, que o tempo, e occasião me offereciam, procurava averiguar as disposições e animo dos Marathas. Hum dos Ministros de Satará, que corresponde ao emprego de Secretario de Estado, chamado Ganaxamá se inculca bem affecto aos interesses deste Estado, tendo herdado de seu tio Naro Ramo este emprego, e o mesmo affecto, cuja filha he casada com hum filho de Vitogy Sinay Dumó vassallo nosso, morador na ilha de Combarjua, pelo qual sube algumas vezes de Satará. Este Gentio he dos mais agudos, e astutos entre todos, por isso deve V. Ex.ª ter toda a cautella para colher delle as noticias, de tal sorte que nunca possa penetrar o animo com que V. Ex.ª as recebe. O mesmo Ganaxamá conservou sempre comigo, e eu com elle boa correspondencia; pretendeu, que eu me interessasse com o Rey de Sunda para que lhe largasse huma aldeia na Provincia de Pondá, e na visinhança de Salcete, contigua ao Pagode de Queulá, de que he devoto; e sem me escusar dos bons officios com o Rey, fui dilatando esta negociação com pretextos especiosos pelo não desgostar, mas com firme proposito de persuadir o contrario ao Rey de Sunda; porque nem a elle nem a este Estado convem, que hum Maratha poderoso tome pé, e faça assento em paragem, que para o futuro possa dar cuidado a ambos os dominios.

Tenho dado conta dos Potentados, com quem ou como amigos, ou como inimigos tem dependencia este Estado; falta agora explicar a V. Ex.ª o modo com que os Asiaticos fazem a guerra, e os meios de que usei para me defender delles.

Não supponha V. Ex.ª, que as tropas do Maratha, e de outros Regulos de que tanto boato tem soado de tempos a esta parte, assim na Asia, como na Europa, tem nada mais de formidavel, que o immenso numero de gente desordenada, de tal sorte, que, pela experiencia que já tenho della,

não se me offerecia duvida com hum corpo de 5:000 homens 1750
de tropas reguladas atacar hum exercito de 50:000. A desordem que tem na sua formatura, essa mesma observam na marcha, e no acampamento; o seu arraial differe pouco dos de Ciganos, cada hum busca o sitio, a sombra, e a arvore, que mais se lhe accommoda; tem pouca vigilancia nas guardas, e sentinellas, e são por este respeito mui faceis de ser surprehendidos. Divide-se esta Milicia em tres corpos, cavallaria, Infantaria, e elefantes armados. A cavallaria he composta de poucos cavallos capazes, e de hum numero infinito de sendeiros, a que chamam Quartão; alguns soldados deste corpo são armados com lanças, e outros com espadas largas. Os sipaes, que he a sua infanteria, são armados com caitocas, que he huma especie de esmerilhões, que cursam muito mais que as nossas armas; e alguns, com huma, e duas espadas compridas, e largas; e outros com arco, e frecha. Segue sempre ao exercito hum numero infinito de gente, a que chamam faquires, que não são homens de armas nem tem por officio combater, mas somente assolar, e roubar o paiz por onde passam. Os elefantes, a que adestram, e ensinam para a guerra, são de summo valor entre os Gentios, quando são intrepidos, e se não espantam do ruido; montam-os os Principes, os Generaes, e pessoas distinctas; servem de accommetter ao inimigo levando varios pelotões de gente armada com arco, e frecha; e enfurecidos, fazem grande estrago com a tromba; ha elefante, (quando tem todas as circumstancias necessarias) que se vende por 20:000 rupias. Estas tropas não são taes, que esperem a pé firme hum inimigo bem ordenado, e que accommettam com intrepida resolução; todas as suas operações consistem em surtidas, surprezas, e emboscada; e nos bosques, e desfiladeiros em que se suppõe seguros são terriveis, e muito mais formidaveis nas derrotas; são finalmente estas tropas huma especie de Pandouros com menos ferocidade, e menos valor, mas summamente astutos para se aproveitarem de qualquer desordem, ou vantagem; as suas maiores emprezas se terminam mais em estragos, latrocinios, e assollações do paiz,

1750 do que em combates, que se decidam pela espada, pelo fogo, a que tem grande horror.

O pavor que todos tem ao Maratha, e que vôa adiante dos seus exercitos, annuncia ás Provincias por onde passam, e ás mais distantes, o estrago que as ameaça; isto as obriga logo a remetterem Emissarios aos exercitos a evitar por muitos laques de rupias a ruina de que se receiam; acabada a caravana recolhem-se os exercitos sem desembainhar a espada, com immensos despojos, e riquezas, que ás vezes não equivalem á despeza que se faz com as tropas aliadas a quem se paga 1 rupia por dia a cada homem, e 500 rupias por cada cavallo que se estropia, perde, ou morre naquella entrada; se similhantes tropas tivessem ordem e valor, á proporção das outras circumstancias, seriam invenciveis. Nenhumas como estas soffrem tanto qualquer incommodo; não necessitam de fardamentos, porque andam nús da cintura para cima; com tres, ou quatro apas, que he huma especie de bolos feitos de arroz, ou de trigo, tem que comer para varios dias, e em rasão desta desigualdade escusa-se o grande embaraço de carriagem, que necessita hum grande exercito para a conducção de mantimentos. As dilatadas, e repetidas correrias do Maratha tem introduzido tal terror panico em toda a Asia, desde o Indo até o Ganges, que absolutamente tudo lhe cede, e nada lhe resiste; por varias vezes tem chegado a tocar com as pontas das lanças nas muralhas de Dilly, e Agra, côrtes do Grão Mogor. O reino de Cambaia, e de Guzarate, as Provincias de Arcate, e Carnate, e todo o districto de Bengala, tem sido ultimamente o lastimoso theatro dos seus destroços, donde tem tirado, e tira actualmente riquezas immensas, fazendo com isto diminuir consideravelmente o Erario do mesmo Mogor. Como não faz a guerra nem por gloria, nem por defença de causa justa, mas pela mera ambição, e interesse de riquezas não se inclina facilmente, sem ser por algum fim particular, a descer os Gates no districto, chamado Concão, em que se comprehende o de Goa, por ser pobre, e de que não póde tirar effeitos que satisfaçam a sua cubiça, nem tão pouco gosta que se lhe disputem os passos com ferro, e fogo de que lhe não resulta utilidade, e só perda de vidas; por esta razão se alguma vez entrou na provincia de Salcete, foi huma correria transitoria; e a unica em que se demorou no anno de 1739, foi por diversão, e por se ter empenhado na conquista da provincia do Norte. No meu tempo nunca nella poz os pés, porque tanto que suspeitava, que para esta parte se encaminhava o seu exercito, mandava logo occupar os desfiladeiros dos Gates pelos nossos sipaes, e os do Rey de Sunda; e algumas vezes fiz divulgar, que nos passos estreitos tinha mandado formar minas, e fogaças, para o que se faziam alguns preparativos, mais apparentes, que verdadeiros; e com isto permittiu Deos que se lhe embaraçasse a descida. 1750

O Bounsuló, que tambem he da casta Maratha, não tem diverso modo de fazer a guerra; e os seus sipaes são da mesma qualidade, ou differem pouco dos nossos; a maior parte são os mesmos cultivadores das terras, a quem faz pegar nas armas, quando intenta qualquer acção, ou surpreza, que no meu tempo sempre, com o favor de Deos, se malograram; e entendo que nada conseguiram, porque as suas tropas, e forças nos não devem dar cuidado, nem podem intentar sitios de Praças, porque lhe falta a artilharia, e mais petrechos necessarios. He com tudo este inimigo sagaz para se aproveitar das desordens, e espreitar qualquer descuido, e não menos astuto para introduzir espias, e corromper gente dentro das Praças, o que se evita com grande vigilancia, e cautella, e com a mudança das guarnições em tempo incerto, como sempre tenho praticado.

Do que acima tenho referido se vê, que este inimigo nem he para temer, nem para despresar; continuamente chegaram a V. Ex.ª noticias de toda a parte, do ajuntamento que faz de tropas, dos soccorros que lhe tem chegado, e outras similhantes, ás quaes V. Ex.ª não deve dar credito; nem deixar de prevenir-se, como se fossem certas, com animo sereno para que o publico não perceba que lhe dão cuidado; e pelas que V. Ex.ª já tem recebido neste pouco tempo, e visto

1750 o como se desvanecem, julgará para o futuro o conceito que deve fazer.

Antes que acabe o que respeita aos Gentios amigos, e inimigos de que até aqui tenho tratado, devo advirtir a V. Ex.ª alguns pontos, que me parecem essenciaes.

Quando o Sr. Marquez de Louriçal chegou segunda vez a este Governo, achou Pondá, e Goddo, que lhe serve de Cidadela, occupada pelo Maratha, como tambem a Praça de Sanguem situada sobre o rio que corre em Rachol e visinha aos Gates de Tenem, e Diguim; determinou com grande acerto expulsar o inimigo da nossa visinhança; principiou por Sanguem que atacou, e demolio; e voltou com as tropas sobre Pondá, que teve o mesmo destino; ficou com tudo o Goddo em poder do inimigo, e encarregado do seu Governo Ismal-Can, cabo Mouro, que procurou vendel-o a quem melhor partido lhe fizesse; negociou com o Bounsuló a sua entrega e para a embaraçar convidamos o Sunda para que commettesse partidos a Ismal-Can. Celebraram-se os pactos de ambas as partes com a má fé costumada e desta fórma tornou o Goddo ao seu antigo dominio. Da nossa parte restituimos aoSunda as Praças demolidas. Aconteceram estes successos, quando o Sr. Marquez já prostrado de forças, pela doença de que falleceu, não teve tempo de premeditar outras conquistas que as da eternidade. O Governo que lhe succedeu, ou fosse por falta de experiencia, ou por outra causa, não attendeu ao futuro, nem procurou a utilidade que a conjunctura, e a opportunidade do tempo lhe offereceu para desafogar, e alargar o nosso dominio; contentou-se com 40:000 xerafins, que o Rey de Sunda offereceu pela despeza daquella expedição, presumindo ter feito hum relevante serviço.

Na minha opinião muitos foram os erros, que naquella occasião se commetteram; o primeiro foi demolir-se Sanguem, quando mais nos importava a sua conservação; por ser aquelle sitio por onde os inimigos costumam fazer entrada na provincia de Salcete, e estar pouco distante dos Gates por onde descem; occupado por nós servia de Praça de armas para os sustentarmos com gente, e mantimentos;

e no caso de o inimigo os passar, importava muito conservar 1750
na retaguarda do seu exercito huma Praça, que lhe embaraçaria os comboios; e ficavamos senhoreando todo o rio de Rachol. O segundo foi, que podendo negociarmos com o Ismal-Can a entrega do Goddo, o guarneceriamos com gente nossa, e nos ficaria o Sunda mais submisso, e nós livres do susto de que os Marathas o tornem a occupar, estando tão visinho de Goa, e nas mãos do Sunda; acho provavel, que por este meio senhoreassemos toda a provincia de Pondá, que nos convem por ser a mais pingue, e da qual recebemos continuamente o beneficio de muitos mantimentos necessarios; e porque se a precisão nos obriga, por conta da visinhança, a defendel-a á nossa custa de qualquer invasão, muito mais util era possuil-a como propria, e acrescentar as suas rendas ao nosso dominio, que largal-a a quem necessita de nós para a conservar, e defender. Mas no caso que quizessemos largal-a ao Sunda, sempre devia ser por troca, e com reposição do Cabo da Rama, de que o Rey de Sunda se apoderou indevidamente ha tempos, sendo huma parte da provincia de Salcete; e ainda hoje ha pessoas, que se lembram de andar sempre unida a ella, e cobrarmos os foros; e poderamos tambem fazer-lhe ceder o Forte do Piro, e a Enseada das Galés, e rio de Ancolá, que tanto prejuizo causam ás nossas embarcações miudas pelos direitos que continuamente se alteram naquelles portos; e serviriam de freio para que o Sunda se não tentasse com a pirataria, que quasi só contra nós exercita debaixo de boa paz. Mallogrou-se esta occasião tão opportuna, e favoravel, para nos ter agora em continuo susto aquelle Goddo, se se verificar a noticia que corre de que Naná pertende despojar a Sambagy Rajá, de Calapor, e todo o seu dominio, e senhorear-se do dito Goddo para nos opprimir, e molestar de mais perto. Neste caso ver-se-ha V. Ex.ª obrigado a fazer ao mesmo tempo todo o esforço para sustental-o, como para conseguir apoderar-se de Molondim, como acima tenho dito, para que Naná nos não fique tão visinho por mar, e terra. Passemos agora ao modo de defença.

1750 Acha-se V. Ex.ª em hum paiz, que tem todas quantas vantagens se podem imaginar para a defensiva. O nosso se divide em tres partes; a primeira, he a ilha de Goa, e suas adjacentes, e as outras duas, as provincias de Bardez, e Salcete; a primeira he banhada, por hum lado, do Oceano, desde Chaporá até Agoada, e pelo outro de hum rio caudeloso, que desagua no mar, e a divide da ilha de Goa; pela parte que olha para o terreno inimigo he defendida por huma muralha forte pouco mais de hum quarto de legua, desde o Forte Novo até Coluale, obra do Sr. Conde de Linhares; comprehendendo-se nesta linha o mesmo Forte, o de Tivim, o do Meio, e o de Coluale, com hum fosso principiado, e não concluido, que facilmente podia tornar ilhada esta Provincia por todas as partes. Nesta mesma provincia está situada a fortaleza de Aguada, que defende a entrada da barra de Goa, em hum monte alto, e forte por natureza; continuando-se-lhe o fosso que está principiado em Sinquerim, facilmente podia tambem ficar ilha. Nesta provincia está igualmente situado o Forte dos Reis, que cruza com a artilharia do de Gaspar Dias, situado na ilha de Goa, para difficultarem a passagem do banco que se acha na entrada daquella barra. A provincia de Salcete he a mais exposta ás invasões do inimigo pela parte dos Gates, e se houvesse constancia nos sipaes, e naturaes, seria difficultosa a descida pelos desfiladeiros asperos das terras do Sunda. A Praça de Rachol, supposto seja irregular, he com tudo para os inimigos da Asia bastantemente forte; no meu tempo lhe mandei obrar hum fosso aquatico, e tem a facilidade de se poder inundar todo o terreno ao redor pela parte de Curtorim, e da ilha dos Padres da Companhia, sem que lhe fique mais que hum pequeno ataque em huma eminencia na parte em que a fortaleza he mais forte. Nesta provincia está tambem situada a fortaleza de Mormugão, que defende a barra daquelle rio, que divide Goa da dita provincia; obra do avô de V. Ex.ª o Sr. Conde de Alvor.

A ilha de Goa, a maior de todas, he banhada por duas partes de dois rios caudelosos, que divididos em diversos canaes, formam as ilhas adjacentes de que abaixo tratarei; o unico passo secco que tem estes rios he defronte de S. Braz defendido pelo forte daquelle nome; pela extremidade aonde existe o forte do Cabo, que defende a barra, a circunda o mar Oceano; segue-se o forte de Gaspar Dias, de que já acima fiz menção, e a ponte de Pangim, obra do Sr. Vice Rey Conde de Linhares, que serve de trincheira, e embaraço aos inimigos. Os muros a que deu principio o Sr. Vice Rey D. Antão de Noronha, e seguiram outros Vice Reys, discorrem desde o forte de Daugim por S. Braz, e S. Thiago, de onde voltam pelo Mangueiral, S. João de Sagu, e continuam até ás portas de Moulá; vindo a terminar em pouca distancia da Casa da Polvora por cima do outeiro que lhe fica dominante, cujo espaço immenso o não guarnecem 2:000 homens, obra imperfeita, e com o tempo arruinada em varias partes. No lado que olha para Salcete toda a praia he defendida por algumas faxinas nas partes onde he mais facil o desembarque; e no sitio chamado de D. Paula se deve ter cuidado para evitar qualquer surpreza pela parte do mar. 1750

Por cima da igreja de Pangim, se acha hum terreno espaçoso, e da maior vantagem que se póde desejar, para que, no caso que os inimigos entrem em Goa, não possam presistir nella; tem huma esplanada natural por todas as partes, igualmente dominante a todo o paiz circumvisinho, sem padrasto algum que lhe possa servir de ataque; termina-se nelle a ponte de Pangim, que feito hum pequeno reducto na testa della em Ribandar, e outro no fim, será impossivel que os inimigos a possam penetrar; por hum lado desta ponte a defende hum rio caudeloso, e pelo outro, hum terreno inundado, e cortado de salinas; está perto da barra por onde podem vir os mantimentos; naquella praia podem as embarcações maiores e menores estar seguras, e abrigadas de toda a tempestade; e he a melhor situação onde devia estar a alfandega para evitar os desvios que se fazem por entre os canaes. Depois que reconheci este terreno assentei que elle era o unico, e verdadeiro receptaculo das forças de Goa, se o inimigo a invadisse, e que não poderia presistir nella sem-

1750 pre que nos mantivessemos naquelle sitio. Oxalá que os Engenheiros, que inspiraram ao Sr. Conde de Alvor, a fazer a despeza immensa, que se fez em Mormugão, se tivessem applicado a esta, o que bastaria para fazer perder as esperanças a qualquer inimigo de senhorear-se nunca desta capital.

As ilhas adjacentes são: A ilha de Divar, chamada vulgarmente da Piedade, aonde os inimigos em tempo mais calamitoso nunca entrarão, porque os canaes que a circundam não dão vau, e pela parte que olha para a terra firme he defendida do forte de Naruá, que vareja com a sua artilharia todo o rio por aquella parte. A ilha de Chorão a tem sómente na parte que olha para a terra firme, mal defendido por hum forte que lhe fica em grande distancia.

As duas ilhas de Paliem (aliás Ponelem), e Corjuem mais contiguas á terra firme, e onde o canal he mais estreito, são defendidas pelo forte desta ultima ilha. A de Santo Estevam tem dois vaus, hum delles defendido por hum forte de onde os tiros fazem pouco effeito, e servem de maior defensa a ambos os vaus as baterias razas que se acham junto delles. A ilha de Cumbarjua, he a mais exposta a ser invadida, porque o canal que a separa de Goa, bem como da terra do Sunda, he mais estreito, e na baixamar se póde vadear com facilidade; o lado que olha para Goa está bem defendido pelo forte de S. Braz, e no de Sunda mandei formar huma trincheira de Gabions unidos, e huma bateria para a sua defensa.

Os vaus, e passos seccos, se defendem facilmente com baterias razas sobre elles, e com manchuas postas de hum e outro lado dos mesmos vaus para os cruzarem com artilharia; e em caso de receio do inimigo com balões que andam de noute pelos rios para prevenir o damno da armada aos que guardam os postos; esta precaução basta para que o inimigo, que receia muito o nosso fogo, não intente, e se lhe difficulte a passagem dos vaus na baixamar, temendo que com qualquer dilação volte a enchente, ficando perdidos, e cortados.

Estas vantagens, que em outro paiz seriam desejadas para se defenderem os postos com pouco gente, e mediana constancia, se inutilisam neste, pela pusilanimidade dos habitantes; porque ainda que estejam tão seguros como no Castello de Milão, ao ouvir huma Rabana do inimigo, ou o boato de que apparece, ainda em larga distancia, isto só basta para fugirem dalli 100 leguas, sem que haja forças humanas que os contenham, nem para ao menos verem o pouco fundamento que ha para o seu pavor. Algumas vezes se tem evitado este inconveniente postando as tropas regulares nos sitios mais perigosos, e os Naturaes nos logares de menos risco, e nas embarcações de onde não podem ter liberdade de fugir, com alguns Officiaes militares e poucos soldados que os contenham. 1750

SEGUNDA PARTE

As nações da Europa, que tem estabelecimentos na Asia, são: a Hollandeza, Ingleza, Franceza, Hespanhola, e Dinamarqueza; todas ellas se governam, excepto a ultima, por companhias formadas para o commercio da costa de Coromandel, e de Bengalla, Sião, Pegú, Imperio da China, do Japão, da Persia e mais portos da Asia. Escuso de dizer a V. Ex.ª o estabelecimento de cada huma dellas, achando-se esta materia largamente descripta nos auctores que tratam della; limitar-me-hei sómente aos interesses que tem comnosco.

Os Hollandezes são na Asia os nossos inimigos irreconciliaveis; porque não contentes de nos terem despojado dos melhores dominios da especiaria, que faziam a nossa opulencia, conspiram ainda hoje a defraudar-nos de alguns, de que elles fariam melhor uso para o seu commercio, e de que por desgraça nossa, não tiramos a mesma utilidade que elles pertendem; ha muitos tempos que estão com os olhos em Damão, e já por duas vezes, no do meu governo deram mostras de quererem surprehender aquella Praça, como V. Ex.ª verá nas cartas, em que dei conta a Sua Magestade Fidelissima deste successo, e da noticia que depois tive, de quere-

1750 rem ajudar ao Maratha para nos expulsar della, com a condição de lhes permittir feitorias alli, e nas nossas terras do Norte, que este inimigo nos conquistou. Esta nação não tem communicação alguma comnosco, e nos tem por suspeitos em todos os seus portos; no de Malaca já passa de tres annos que augmentaram consideravelmente o direito das ancoragens aos nossos navios, que vem de Macau, sómente por difficultar-nos aquelle commercio, e com tal violencia, que passando alguns dos ditos navios de noite por aquelle estreito sem seu conhecimento, e vindo depois a sabel-o, fizeram pagar ao primeiro que ahi aportou não só a quantia que lhe impozeram, mas a que havia pagar o antecedente; desde o mesmo tempo visitam o livro da carga de todas as nossas embarcações de commercio, que navegam por aquelles mares, e lhes tomam, como fazenda de contrabando, todo o anfião que levam para a China. Sobre huma, e outra violencia, tenho escripto ao Governador de Malaca, e ao General de Batavia, aonde reside o supremo conselho da companhia, a esta monção corresponde receber-se a sua resposta; e deste negocio tenho dado tambem conta a Sua Magestade Fidelissima.

Dos Inglezes não temos recebido menores hostilidades; depois que se declarou a guerra entre elles, e os Francezes, e que mandaram poderosas armadas á costa de Coromandel, quasi que extinguiram de todo o nosso commercio naquella parte, e na de Bengalla. O Commandante Thomaz Grifin, mais como pirata cruel, e ambicioso, que como General de huma nação aliada, se empenhou em arruinar-nos, fazendo-nos quantas extorsões poderia fazer-nos o inimigo mais implacavel, embaraçando aos nossos navios todo o ganho do commercio, e a outros represando-os, e vendendo-os em praça publica com toda a sua carga, usando de pretextos especiosos para os reputar por boas presas; aos nossos de Macau embaraçou com os seus de tocar no porto de S. Thomé, que era do nosso dominio, e que nelle fizessem negocio. Seguiu-se a este o Almirante Boscovem, que parecendo mais civil, e mais tratavel, nos fez o maior insulto; apoderou-se á falsa fé de S. Thomé, abatendo a bandeira de Sua Magestade Fidelissima, arvorando em seu logar a Ingleza, e mandando sahir daquelle districto a todos os Portuguezes nelle moradores, e estabelecidos; o que V. Ex.ª verá mais largamente descripto nas cartas em que dei conta a Sua Magestade Fidelissima sobre este ultimo successo; por cujos motivos mandei fazer protestos no conselho de Cudulur, de que tenho resposta, e ao de Bombaim, que João de Sousa Ferraz por controversias com o General daquella ilha, não se atreveu a apresentar, tendo-lho assim ordenado ha quatro mezes. 1750

Com estas duas nações tenho usado daquella prudencia que se requer em quem não tem forças para repelir insultos, e violencias, por não convir na conjunctura presente chegar a rompimento declarado. Remetti o negocio a Sua Magestade Fidelissima para que nas côrtes respectivas pedisse a satisfação que lhe parecesse, e para que determinasse o que fosse servido.

Os Francezes são os de que não temos similhantes queixas; vivem em boa correspondencia comnosco, e nas occasiões que se offereceram, sempre nos soccorreram conforme as suas forças, ou porque não são na Asia iguaes ás das duas nações sobreditas, ou porque a Religião os estreita mais comnosco.

A mesma boa correspondencia encontramos nos Hespanhoes de Filipinas onde os navios de Macau tem a liberdade, com exclusão de todas as mais nações, de fazerem hum util commercio no troco das patacas pelo ganho da China, e das roupas finas de Bengalla, e da costa de Coromandel. Com a Dinamarqueza estabelecida em Tranquebar, na costa de Coromandel, não temos nenhum trato, nem correspondencia.

TERCEIRA PARTE

Tem V. Ex.ª para o ajudar nas deliberações do Governo, os Conselhos, e Tribunaes seguintes, a saber: O Senado da Camara de Goa, o Conselho do Estado, o da Fazenda, a Junta das Missões, o Tribunal da Terceira Instancia, a Rela-

1750 ção, e Mesa do Despacho das Petições. O primeiro, que está encarregado da policia, tem continua dependencia com o Governo, pois não póde arrematar as rendas da sua administração, sem primeiro dar parte a V. Ex.ª, e ter o seu consentimento. Não deve pôr preço no arroz, que he o mantimento commum deste paiz, sem V. Ex.ª ser ouvido; e supposto que por varias ordens de El-Rey meu Senhor se lhe deixe a liberdade de lhe pôr taxa; comtudo a experiencia me mostrou, que quando assim o praticava,o mesmo era declaral-a, que annunciar ao povo huma fome certa, e ser causa de vexações, de clamores, e de motins, de que ha tres annos me vi perseguido; e depois que determinei que o Senado não pozesse o preço a este mantimento, e que fosse livre a qualquer pessoa transportal-o a este Porto, e vendel-o como quizesse, concorreu tanto, e a preço tão moderado, que não houve mais fome, nem clamor. O mesmo Senado tem entre as suas rendas consignação certa para o seguro das fortalezas de Agoada e Mormugão, do forte de Gaspar Dias, ponte de Pangim, muros de Goa, e seus fortes, e algumas tercenas dos soldados, e lhe ordenei que nenhumas destas obras militares se fizesse sem o parecer dos Engenheiros e assistencia de hum delles; e nas que desta sorte se fizeram o anno passado na Agoada, reconheceu o Senado a conveniencia que tinha, e o engano, e roubos, que lhe faziam os Empreiteiros.

O Conselho do Estado, sem se mudar de methodo, he o mais inutil de todos; porque delle se não recebe, presentemente, luz alguma com que se possa deliberar, nem tomar resolução sobre os negocios de guerra, ou paz, imposição de tributos, e materias graves, que nelle se devam tratar. Compõe-se este Conselho do Vice-Rey, que preside, do Arcebispo commummente pouco pratico de taes negocios, e de Conselheiros, que cada hum no espaço do seu circulo póde servir utilmente, mas fóra delle não tem prestimo, nem podem ajudar a quem governa com os seus pareceres; o primeiro he o General da armada, que ex-officio he o primeiro Conselheiro, e se acha hoje quasi decrepito; o Vedor da Fazenda, que pelo seu emprego he segundo Conselheiro, ao qual se seguem os Conselheiros de Provisão Real, segundo a sua antiguidade; o Inquisidor da primeira cadeira, sem noticia alguma dos negocios politicos, ou militares, nem dos interesses dos Principes; o Chanceller, que commummente quer reduzir a pontos de direito os negocios publicos, e as negociações com os Regulos da Asia, que se não embaraçam, nem da formalidade juridica, nem da jurisprudencia; o ultimo he o Capitão da Cidade; que costuma ser hum Fidalgo, a quem, mais por escolha da sua pobreza, que pela do seu talento, se lhe confere este emprego. No decurso de seis annos, só duas vezes convoquei este Conselho; a primeira quando fiz a guerra ao Bounsuló, e a segunda quando aqui veio invernar a esquadra Franceza; pareceu-me que era perder tempo convocal-o nas outras occasiões, e que o fruto que tiraria era divulgarem-se os negocios que dependiam de se occultar com religioso segredo. 1750

No Conselho da Fazenda tratam-se os negocios della, os requerimentos das partes, e arrematação das Rendas Reaes; e neste caso depois de andarem em lanços o tempo que parece conveniente, pergunta-se ao Vice Rey, que preside, e aos Conselheiros, se lhes parece que se arrematem; e se ordena ao Porteiro, que assim o faça affrontando a todos os lançadores.

Na Junta das Missões preside o Vice Rey, e he chamado a ella o Arcebispo; são Deputados della, o Vedor da Fazenda, o Chanceller da Relação, e os Religiosos de todas as Religiões, que se elegeram por mais votos; nesta Junta se trata da noticia de varias Missões, e da escolha dos Missionarios que para ellas se mandam. Será preciso que V. Ex.ª leia a carta que sobre esta materia mandou Sua Magestade Fidelissima ao Sr. Conde de Sandomil, Vice Rey, e os assentos que se acharem na Secretaria do meu tempo, pois fui o que fiz pôr em pratica esta Junta.

Na Mesa da Terceira Instancia se resolvem em ultima instancia as causas crimes dos Cavalleiros das tres ordens militares, que pelos seus privilegios não podem ser differidos

1750 nos Tribunaes Seculares. Preside nella o Vice Rey, e he chamado o Arcebispo, e entre os dois se ajusta antecedentemente os seis Ministros que devem votar em similhantes casos.

Reservei para ultimo tratar do Tribunal da Relação, e da Mesa do despacho das Petições, que he supplemento do Desembargo do Paço; e porque V. Ex.ª já sabe os sujeitos de que se compõe, passarei a dar a V. Ex.ª algumas noticias que me parecerem importantes. Os Desembargadores da India são pessoas que tem servido alguns logares inferiores no Reino, e que se offerecem a vir servir neste Estado por tempo certo, para subirem mais depressa aos superiores, do que se segue, que muitas vezes não he a escolha, senão a necessidade, ou o empenho, o que decide do seu merecimento; vendo-se no Tribunal Supremo (se a Providencia os não dotou de madureza, e conhecimento proprio) se desvanecem de sorte, que he necessario grande prudencia para os refrear. Não tem os Vice Reys outra coacção para reprimir as suas desordens mais que as advertencias particulares nos primeiros lapsos, e as publicas perante o Tribunal nos segundos, e dar conta a El-Rey se continúa a sua reincidencia. Ha casos em que as ordens do mesmo Senhor permittem mudal-os de hum logar para outro, por evitar alguns inconvenientes; do que se não deve usar senão por ultimo remedio, e quando os damnos se não podem evitar por outro caminho; porque esta mudança sempre he equivoca, e não se distingue o innocente do culpado. A independencia em que os Ministros se consideram dos Vice Reys, os faz não attenderem muitas vezes ás contas que delles podem dar a Sua Magestade Fidelissima sobre o seu procedimento, na consideração de que está longe, e de que qualquer resposta tarda dois annos, e que sendo necessaria informação se dilata quatro, e mais tempo; e que neste o tem para escurecer a verdade com a mascara de jurisprudencia.

Quando os Desembargadores querem, não ha poder por amplissimo que seja, que iguale ao do Vice Rey; tem para si, que nelle reside o do Soberano, menos no que pelas suas

Reaes ordens lhe for exceptuado; apoiam a sua opinião com 1750
Solorzano, Apuente, e outros auctores que seguem este parecer; mudada a scena, e não lhes convindo, não ha pessoa que tenha menos liberdade para obrar que o Vice Rey; se se lhe argumenta com os mesmos auctores que seguiram pouco antes, dizem que são estrangeiros, e que o que affirmam se não deve praticar no nosso paiz; como se Cujacio, Farinache, Pequetele, e mil outros que lhes servem de regra nas suas decisões, não fossem tambem estrangeiros. Até nas materias claras, como provisões, cartas, e ordens, que Sua Magestade Fidelissima manda em direitura aos Vice Reys, e lhes commette a execução dellas, pertendem sujeital-as, e trocal-as para os seus fins particulares, com interpretações forçadas, para que a resolução dependa do seu arbitrio; fallo como experimentado, mas nestes casos nunca conseguiram de mim o que pertenderam; porque mandando-me Sua Magestade Fidelissima qualquer ordem na lingua que entendo, e fiando de mim o podel-a executar, não me fiei, nem deixei vencer das suas sugestões, porque não achava razão para serem elles melhores interpretes que eu da nossa lingua; e se a materia dependia de juizo, e Sua Magestade Fidelissima a fiava do meu, respondia com a fiel execução do que me mandava. Por aqui julgará V. Ex.ª que sempre que podem costumam os Desembargadores, ou seja na Relação, ou Mesa do despacho, arrogar a si o que privativamente toca aos Vice Reys; o que nunca lhes consenti, e me oppunha com todas as forças.

Ouço que o Chanceller, que de novo veio este anno para a Relação, se acha possuido de espirito de justiça nova, e que por falta de pratica se preocupa facilmente de opiniões aérias, e temerarias; como se vio na primeira vez que V. Ex.ª foi áquelle Tribunal, e que está na idéa de não seguir os costumes de muito tempo praticados neste paiz, refutando todos sem exame, e querendo que só se observem os de Portugal, o que he metter a fouce em seara alheia, e erigir-se legislador; o que V. Ex.ª não deve consentir, por ser privativo da sua jusrisdicção pelo capitulo do seu Regimento, e pela mes-

1750 ma ordenação que declara, que se guardem os estyllos, e costumes de cada cidade, ou villa, longamente usados, não sendo contra direito, ou contra a boa razão; e na carta de Sua Magestade Fidelissima escripta ao Sr. Conde de Sandomil sobre a innovação do costume que quiz introduzir o Chanceller Antonio Freire de Andrade na festa do Espirito Santo, determina o mesmo Senhor a observancia dos estyllos; e parece-me, que presistindo elle neste erro, deve V. Ex.ª com authoridade de Regedor ordenar no Tribunal, que se observe inteiramente o que estiver authorisado pelo costume, e que quando o Chanceller tiver que dizer contra elle, o declare por escripto, para o mandar examinar maduramente pelos outros Desembargadores; e se todos se conformarem no seu parecer, tome V. Ex.ª a resolução que lhe parecer mais justa.

No trato civil, os tratei a todos com urbanidade, e benevolencia revestida de authoridade; se a necessidade me obrigava a fazer a algum qualquer advertencia, a fazia em particular usando de toda a brandura, e recommendando a vigilancia, e cuidado com que se devia applicar á materia de que se tratava; e desta sorte me conservei todo este tempo, mostrando que era amigo de todos, e que não era dependente de nenhum; e não me foi necessario usar de remedios fortes, que ficassem sujeitos á interpretação do publico. Nunca consenti que no Tribunal, e na minha presença se altercassem razões, e argumentos que podessem accender as paixões, e se alguma vez se altercavam, lhes impunha silencio, e ordenava que cada hum votasse no logar que lhe tocava, e que se escusassem os commentos dos pareceres dos outros; e acabado o Tribunal lhes recommendava, que para outra vez se contivessem. Sempre escolhi algum dos Ministros de que fazia melhor conceito, para que particularmente me désse conta do que se passava no Tribunal, nos dias que nelle não podia achar-me presente; porque nestes costuma a imprudencia de alguns chegar até as descomposturas.

Se com os Ministros he preciso andar sempre com o prumo

na mão, e muito attento, para que se não desmandem; não he menos necessario com o Arcebispo Primaz, principalmente se este desdoura a sua alta dignidade com imprudencias, e elevações, como o que ultimamente acabou, que a Doutrina e Missão com que principiou a instruir as suas ovelhas, foi persuadil-as, que não passára á India Prelado tão Fidalgo, nem tão douto Religioso, e virtuoso como elle; e conseguiu com isto o fructo que produz a soberba, que foi terem-no todos por louco, por imprudente, e ridiculo, e todos os dias confirmava este conceito com as suas obras, e precipitadas resoluções; e affirmo a V. Ex.ª com toda a verdade, que menos cuidado me deu o acautelar-me, defender-me, e accommetter os inimigos do Estado, que refrear as elevações deste inimigo domestico, que por falta de juizo, e de prudencia me dava continuamente materia nova com que inquietar-me, e perturbar-me, quando mais occupado me achavá com outros negocios importantes; pouco cuidado me déra o que respeitava sómente á minha pessoa, se a sua altivez não intentasse por mil modos usurpar a jurisdicção Real, que eu tinha por obrigação defender; e este he o achaque ordinario da maior parte dos Primazes da India, que costumam obrar de facto, fiados em que para os obrigar a conter nos seus limites, se não póde deixar de seguir a lentidão das formalidades de direito, sujeitas a réplicas, e tréplicas, a que raras vezes se vê o fim. 1750

A veneração que indubitavelmente se deve a qualquer Prelado, revestido da alta Dignidade Episcopal, como successor dos Apostolos, pelo que lhe he devido o maior acatamento, influe de tal sorte no animo dos Ministros, que muitas vezes tem acontecido sacrificarem os interesses, e decoro para se não malquistarem com os Prelados; e já se viu neste paiz a deformidade de assistir, e defender, em huma causa de recurso, o Procurador da Corôa ao Arcebispo, contra a mesma Corôa.

Por espaço de quatro annos fiz particular estudo de apurar o meu soffrimento, e de não mostrar ao publico mais que attenções a este Prelado; mas, ou fosse por lhe parecer que

1750 o soffrimento era frouxidão ou porque este o fazia mais ousado, e atrevido; tomei pelo caminho de ter com elle trato menos frequente, do que tinha; e conhecida a sua ligeireza, e pouco caso que fazia de alterar a verdade dos factos, puz em meu proposito não conferir negocio algum com elle, que não fosse por escripto, e evitar as respostas de palavra. Adoeceu de queixa perigosa, de que receiou não escapar; mandou-me publicamente pedir perdão pelo Reitor do collegio da companhia de tudo o que levado da sua paixão tinha dito, e escripto contra mim; facilmente lhe perdoei, e assim ficamos até que acabou. Refiro isto a V. Ex.ª para lhe mostrar, que o escolho maior que deve evitar qualquer Vice Rey, he o dos Primazes, quando não são dotados de prudencia, e de juizo, que neste paiz vale infinitamente mais que as letras.

Em conclusão, se por desgraça succeder, que o Prelado actual encubra debaixo da moderação que ainda agora manifesta, o mesmo que a hypocrisia do seu antecessor não pôde nunca encubrir; prepare-se V. Ex.ª para ver o numero dos pecados capitaes contra que deve combater. Primeiro, continuos insultos á jurisdicção Real. Segundo, indirectamente a todo o genero de pessoas incapazes de os merecer. Terceiro, violencias, e prisões aos soldados contra as ordens Reaes. Quarto, querer que as igrejas dependam totalmente do Ordinario, e não da ordem de Christo, a quem pertencem. Quinto, juizos temerarios, e libellos diffamatorios, com prejuizo do credito, e fama das pessoas. Sexto, incivilidade com os Ministros, e pessoas principaes. Setimo, a occasião continua ao Vice Rey, por não soffrer o unico padrasto que póde reprimir a sua soltura; porque de todos estes casos fui eu testemunha no espaço de seis annos. Para evitar damnos similhantes, parece-me que deve V. Ex.ª fugir quanto poder de contendas com Ecclesiasticos; e no caso de serem inevitaveis, usar primeiro de todos os meios suaves, para que não sáiam a publico; remettendo toda a materia Ecclesiastica ao Arcebispo, sem antes interpor parecer, tratal-o com decencia em publico, e em particular conforme o ceremonial, con-

servando sempre a authoridade da pessoa que representa; e 1750
não se empenhando por nenhum Clerigo, para ficar livre de toda a obrigação, e para evitar com isto que o Prelado se empenhe com V. Ex.ª pelos Seculares. Se a contenda for entre os subditos Religiosos, com os seus Prelados, não deve V. Ex.ª entrar em taes questões; antes mostrar aos primeiros, que a virtude da obediencia consiste em sujeitar a vontade propria á alheia; porque desta sorte se livrará das continuas perseguições com que quererão tomar-lhe o tempo. Algumas vezes, ou seja a respeito da eleição dos Prelados, ou por paixões, que facilmente se accendem entre as parcialidades dos Religiosos, succede haver taes perturbações, que redundam em escandalo grave; ao que deve V. Ex.ª promptamente acudir por via do Governo, antes que chegue ao publico, aconselhando-se primeiro com Ministros, e Theologos desinteressados, para obrar conforme o direito Canonico, e sem encargo de consciencia.

Este governo por estar reduzido a breves limites, por isso mesmo he o mais laborioso; e quanto mais se acha diminuto do poder antigo, tanto mais se vê hoje rodeado de inimigos que conspiram a sua total ruina; a vigilancia continua, e as poucas forças fatigam infinitamente, e multiplicam o cuidado do espirito, e o trabalho corporal. A experiencia irá mostrando a V. Ex.ª a afflicção em que tantas vezes me vi, para acudir ao mesmo tempo a diversas partes oppostas, e igualmente precisas, e os tratos que padece no entendimento quem governa, quando não tem outro remedio, mais que entregar-se nos braços da Providencia, e protecção de S. Francisco Xavier, para esperar milagres; e depois desta resignação, não encontrei remedio mais efficaz, que mostrar boa cara com mau jogo, e dar a entender ao publico, que na constancia consistia a maior força.

A miseria a que ficaram reduzidas todas as pessoas principaes, depois das perdas passadas. Os habitantes nascidos neste paiz, por natureza timidos, vingativos, e cavilosos, que ao menor receio dos seus contendores lhes arguem querellas, e falsidades; os avisos continuos das Praças, e das

1750 provincias, e portos ao mesmo incidente. As continuas desordens, a que se deve acudir dos malfeitores de que todos os annos desagua Portugal neste paiz, aonde a liberdade lhes augmenta a insolencia; tudo isto concorre para augmentar o trabalho de quem governa; mas de algum modo o póde vencer proporcionando-se hum methodo certo, e invariavel, para evitar confusão, que he o que opprime e suffoca infinitamente mais que o mesmo trabalho, quando falta a ordem, e boa distribuição.

Deve V. Ex.ª persuadir-se em tudo que a sua vida, e a sua saude he na conjunctura presente o negocio mais importante deste Estado, e que della depende inteiramente a sua conservação; e seria o maior dos infortunios, se a necessidade obrigasse a abrirem-se as vias, e sentar-se na cadeira do Governo huma, ou tres pessoas na fórma do estyllo, que devendo ser das que existem neste paiz não vejo huma sómente, que possa reger o leme deste Governo com tal segurança que o não precipite na ultima ruina. Esta razão obriga a V. Ex.ª, não tanto por interesse proprio, como pelo bem publico, a que V. Ex.ª se acha dedicado, a regular de tal sorte as suas occupações, que não arruine com ellas a sua vida, e saude, nem falte á expedição dos negocios, distribuindo-os de tal sorte, que lhe fique tempo livre de respirar, e de dar com o exercicio do passeio movimento ao corpo; porque ainda que lhe pareça penoso, e que neste paiz causa molestia, pela continua transpiração que excita, he com tudo muito preciso; não ha cousa tão prejudicial como a vida continuamente sedentaria.

Cada hum com o seu genio póde estabelecer o methodo que lhe for mais commodo; e eu só direi aquelle que praticava. Levantava-me muito cedo, que he quando se respira o ar mais fresco; ouvia logo missa, pelo incommodo que padecem os Padres de a dizerem tarde, porque lhes não fica tempo de tomar a sua canja a horas competentes; e para não esperdiçar este tempo em esperar pelos Officiaes da Secretaria, que sempre vem tarde a respeito das distancias em que moram, conservava em casa hum delles para estar

prompto a toda a hora; logo pela manhã respondia ás cartas 1750
de negocios importantes, que pendiam de brevidade; depois de responder ás cartas fallava ás partes, e se os negocios necessitavam de despachos interlocutorios logo lhos dava na mão; e em ultimo logar despachava, todos os do expediente; durava este trabalho ordinariamente até á huma e meia depois do meio dia, e nesta hora terminava a tarefa daquelle dia, e ficava-me a tarde desembaraçada para o exercicio a cavallo, ou a pé, do qual me recolhia cedo; para então reservava ouvir algumas pessoas, que tinham negocios mais particulares, e outras de quem me devia informar sobre qualquer materia; respondia tambem a algumas cartas menos importantes, e dava as ordens para as tropas. Nunca alterava este methodo, se não quando andava em viagem, ou sahia á campanha, ou por alguma molestia, ou quando algum negocio importante pedia que todo o tempo se applicasse a elle; mas fóra destas occasiões, tornava a pegar no mesmo fio; e tendo assim as horas repartidas achava tempo sufficiente para o trabalho, e para o descanço; procurava quanto podia não complicar hum negocio com outro, nem intentar muitos ao mesmo tempo; todo aquelle, que não dependia de informações, que o dilatassem, não attendia a outro emquanto se não acabava, porque o contrario he viver em continua confusão, e sujeitar a esquecimento.

Devo suppor, que a familia de V. Ex.ª, ainda que numerosa, he a mais escolhida, e regulada; mas como tantas vezes tem succedido mudar-se neste clima o genio, e as naturezas, não deve V. Ex.ª ter nesta parte ocioso o seu cuidado, mas antes apurar neste negocio a vigilancia, e indagação; para isso convém muito que dentro da casa, e fóra della escolha V. Ex.ª pessoas, que sirvam de sentinella para lhe dar conta das acções dos seus domesticos, e que bem averiguem o seu bom ou mau procedimento; e não convém menos, que elles ignorem as pessoas que derem estas noticias a V. Ex.ª para que não as corrompam. Este he hum dos escolhos, em que perigam ordinariamente os que governam, suppondo com boa fé que alguns criados seus são tão fieis, que lhes

1750 parece impossivel o prevaricarem; assim o entendia eu, e com tudo por tres vezes me vi obrigado a mostrar com publico castigo, que o titulo de meus criados os não isentava delle, quando commetteram desordem. O Sr. Conde de Sandomil teve mais que sentir nesta parte e entendendo, que hum criado de quem fiava o governo da casa, seria incapaz de nenhuma aleivosia, chegou este a ser de tal sorte, que á falsa fé assassinou, e roubou a hum Gentio principal, chamado Rama Portuguez, homem de talentos, e authoridade entre os da sua casta, dando a entender que commettia aquella escandalosa atrocidade por ordem de seu amo.

Neste paiz, centro de toda a cavilação, donde desappareceu a verdade, por não poder habitar onde predomina a mentira, he summamente perigoso proceder logo pelas primeiras noticias, e apressar na resolução; a experiencia me mostrou, que as que me vinham por Gentios, e Naturaes, ametade dellas eram falsas, e a outra metade duvidosas; e a qualquer leve exame, quasi sempre achava ser tudo falsidade, e hum mero engano. Não faltarão pessoas, ainda das principaes, que porão a vida pela fé de alguns Gentios; quero suppor que a sua credulidade os persuade, a este engano, se não for como commummente succede, por serem os agentes do seu interesse; o mais seguro he tel-os a todos por suspeitos, não só nos negocios domesticos, mas nos do inimigo com quem todos elles tem trato occulto. A experiencia tem mostrado, que todo aquelle que com abertura de coração, e sinceridade tratar com Gentios de qualquer casta que sejam, especialmente Bragmanes, se póde dar por perdido, e se achará enganado se não resistir á brandura, ás submissões, e ao apparente bom modo de que usam; não ha nenhum que tenha fé nem lealdade, com ninguem, pois são por natureza mentirosos, e fraudulentos; e se fosse necessario dar prova de testemunhas não as haveria de mais excepção, que S. Francisco Xavier, que assim o authentica nas suas cartas.

As poucas forças do Estado, a distancia, e incerteza dos soccorros, e a pouca firmeza das allianças, obrigam a quem governa o mesmo Estado a armar-se de hum fundo de prudencia, e madureza capaz de pôr aos pés ainda os mais seguros projectos, com o receio de hum mau successo, que seja irreparavel, e a espreitar qualquer occasião com probabilidade de ser favoravel; e quando assim não seja mais util será conservar o credito das armas repousando, que intentar empreza que se malogre, e que bem lograda seja difficil de se conservar. 1750

Importa muito a V. Ex.ª ganhar o affecto dos Officiaes e Soldados, porque sendo poucos, e muito o trabalho, possam suportal-o com boa vontade; a maior felicidade de qualquer Capitão, he ter pela sua parte o amor dos seus subditos; e não são poucos no Mundo os prodigios que succederam, quando os Soldados tem tal fé naquelle que os governa, que se persuadem que acham nelle hum pae, ou hum protector que os defenda, que os anime, e que se compadeça dos seus trabalhos. Huma e outra cousa se consegue com ser familiar com elles, e tão prompto em remunerar, e em recommendar ao Soberano os benemeritos, como em ser moderado e compassivo com os delinquentes. O amor dos povos não he menos necessario; este facilmente se consegue dando-lhes promptos e justos despachos nos seus requerimentos; fazendo recommendações particulares aos Juizes, dos miseraveis orphãos, e viuvas; e fazendo com que haja arroz.

Se V. Ex.ª emprehender qualquer acção grande, tenha a certeza que não a conseguirá, se a não animar com a sua presença; a má educação dos Portuguezes, a pouca intelligencia que os Officiaes tem da guerra, e a emulação de que os Subalternos não alcancem gloria e nome tudo concorre para malograr a empreza, quando nella não preside o que governa.

Nas contas que V. Ex.ª der a Sua Magestade Fidelissima de algumas pessoas, deve ser tão moderado nas queixas, como no louvor; porque de huma hora para outra muda a gente de genio e de condição neste paiz. As contas devem ir bem instruidas de documentos, e tão claros, que a materia se perceba, e não necessite de segunda informação, pelo damno que causa a demora da resolução. Muitos haverá que

1750 apresentem a V. Ex.ª arbitrios fantasticos, e temerarios, tão faceis de descrever, como difficeis de executar; comtudo ouça V. Ex.ª a todos, louve o zêlo de quem lhos der, e depois de examinal-os verá a pouca ou nenhuma subsistencia que tem. Algumas pessoas eram de parecer, que convinha largar ao inimigo as Praças conquistadas, ou arrasal-as; nunca dei ouvidos a taes propostas mais uteis ao inimigo, do que ao Estado; persuado-me, que os que seguem tal opinião, são como os que trabalham a terra, e que vivem só de seu jornal sem estenderem a vista ao largo para prevenir consequencias futuras. Se não presistisse em conserval-as, não poderia dilatar as nossas fronteiras, nem fazer a guerra no paiz inimigo, e defender o nosso; perderia a superioridade em que Deus me poz, e ficaria o inimigo com esta vantagem como se tivesse a porta aberta para continuar a seu salvo assim as correrias, e assolações por terra, como o corso por mar, e bloquearia como dantes a barra de Goa, sem poder entrar, nem sahir embarcação que não represasse. Fundava-se o falso zêlo destes arbitristas em pontos de economia, para evitar á Fazenda Real a despeza que se faz com as ditas Praças, sem advertir que as terras que ellas cobrem contribuem para muita parte della; e quando ainda agora não seja para toda, importa supportar por algum tempo o excesso, para obrigar ao inimigo a convir em huma paz decorosa, e feita ella, será maior o lucro; e quando isto não fôra, bastava só o consideravel damno que o inimigo recebe na diminuição do rendimento, com cuja falta se lhe diminuem as forças, para que fosse da ultima consequencia o conservarmos as Praças. O mesmo inimigo lhes podia fazer abrir os olhos, e desenganar do seu erro. O motivo porque não está feita a paz he porque a unica proposta, que para ella tem feito, e em que persiste com tenacidade ha quatro annos, he que se lhe restituam as ditas Praças e terras conquistadas; de que se infere o grave damno que se segue, ou recebe emquanto as possuimos, e que mais depressa quer soffrer este prejuizo na esperança de melhorar algum dia de fortuna, do que resolver-se a perdel-as por convenção; e esta he a razão porque até agora se não reduziu a propor nenhuma outra condição, e esta mesma razão nos obriga a ter-lhe firme este freio, para não experimentarmos similhantes damnos. 1750

Concluo esta terceira parte em lembrar a V. Ex.ª, que com razão deram os Romanos o nome de Moderadores áquelles que presidiam nas provincias; porque he sem duvida, que quem governa homens, deve ser hum continuo moderador das paixões alheias; o que difficultosamente se conseguirá, se não se puzer todo o esforço em refrear as proprias; porque com este exemplo instruirá melhor aos Subditos, que com a razão e com o castigo; pois mais depressa se deixam convencer os homens pelo que lhes entra pelos olhos, que pelos ouvidos.

Finalmente, não se lisongeie V. Ex.ª com a esperança de encontrar neste Governo alivios, nem descanço; considere-se não homem para si, mas constituido por Deus para a defensa publica, exposto, e sempre prompto neste theatro de contradicções a combater animoso contra todas as paixões humanas, que dividirão o seu cuidado entre as traças, os enganos, e astucias dos inimigos; as queixas, os ditos, e as violencias dos domesticos, e terá em continuo exercicio o valor para rebater os insultos dos primeiros, e o talento, e rectidão para refrear mortes, roubos, assassinios, e atrocidades. Aqui terá uso a sua clemencia com os ingratos, pelo esquecimento dos beneficios; e igualmente a justiça para domar, e pôr freio a todas as desordens, a que está sujeita a natureza corrupta; e no meio de tudo isto terá continuamente a combater Hydras mais pestilentes que a de Lerna, que tanto dilatou o nome do seu vencedor, a quem coroou a Mithologia por este, mais que por outros trabalhos, ou fingidos, ou alegoricos, que venceu. Estes com mais realidade coroarão a V. Ex.ª se armado de hum grande fundo de soffrimento, e do seu proprio valor, se empenhar em conseguir delles a victoria; e parecer-lhes-hão menos asperos, e mais suaves, se impelido da nobre emulação dos Heroes, a que sempre aspirou, considerar que se estes dilataram pelo Mundo a fama, e o nome, foi pelas suas façanhas, e á custa

1730 do suor do seu rosto; pois sem fadigas e trabalhos se não dá nesta vida hum só passo, assim no caminho da virtude, como no da gloria.

ADDITAMENTO Á SEGUNDA E TERCEIRA PARTES

O tumulto, e embaraços com que escrevo esta Instrucção, não he muito que faça esquecer algumas materias que vão lançadas fóra do seu logar.

Pertencia á segunda parte tratar da proposição que o General de Bombaim me fez ha poucos mezes, convidando-me para que nos unissemos contra os Hollandezes, que davam indicios de querer-se apoderar do commercio de Surrate, para o que ganharam á força de sagoates a vontade do Nababo respectivo, que lhes tinha permittido correr com o muro do jardim da Feitoria até o rio, e o hiam levantando em fórma de cortinas, e baluartes, onde poderiam assestar a artilharia, e ficariam dominantes daquelle porto; o que seria contra os interesses das duas nações. A esta proposta não respondi por varias razões: A primeira, porque assim o dito General, como eu, estavamos no fim do Governo, e poderia seu successor mudar de parecer. A segunda, porque os Inglezes nunca lhes occorre serem nossos alliados, senão quando se trata dos seus interesses, e não dos nossos. A terceira, porque se acaso for tão inconveniente ao commercio a obra da Feitoria dos Hollandezes, procurarão os Inglezes como poderosos todos os meios de lha embaraçar sem o o nosso auxilio. E ultimamente, porque sendo-nos tão suspeitosos os Hollandezes se entrassemos em contenda com elles, dar-lhe-hiamos novo pretexto para perseguir-nos; e o meu parecer he que deixemos esta disputa entre as duas nações, e que nos não interessemos por nenhuma dellas.

Tão pouco tratei nesta terceira parte dos braços tão extendidos deste Governo, Dio, Damão, Macau, Timor, Moçambique, rios de Sena, ilhas de Carimba, Inhambane, e Sofala.

Escuso fallar nestas colonias de Africa tendo V. Ex.ª examinado pessoalmente a sua importancia, e vantajoso commercio que dellas nos redundára se se lhes désse a fórma que lhes falta, e a que não pude attender por estar continuamente de hum anno para outro na expectação que de Lisboa viesse ordem ou para estabelecer huma companhia, ou para se mudar de methodo, e não querer tomar sobre mim deliberação alguma sem esta certeza, que podesse prejudicar aos interesses, quando de Lisboa viesse revogado o que aqui se tivesse estabelecido, como succedeu ao Sr. Vice Rey Conde da Ericeira, quando poz Moçambique, e os mais portos por arrendamento. Veja V. Ex.ª as cartas do tempo deste Vice Rey, e as que escrevi de Moçambique, e depois que aqui cheguei sobre este assumpto; o que junto ás noticias, que tem adquirido, o ajudará a formar hum juizo verdadeiro sobre a sua importancia. 1750

Dio, e Damão, são pela sua situação duas Praças da maior importancia, e as mais vantajosas para o commercio; a primeira he huma porta aberta para o commercio do Persico, de Moca, Mar Roxo, Mascate, Moçambique, e toda a costa de Africa; a segunda, por muitas vezes podera ter atrahido todo o negocio de Surrate, porque desejaria aquelle povo ter nella estabelecimento que o livrasse das vexações, e violencias que lhe faz o Nababo que governa; em ambas havia fabricas de roupas proprias para o Brazil, a visinhança do Maratha as tem posto na ultima decadencia, e não fôra este o maior damno se houvesse embarcações de guerra, que lhe facilitassem o commercio por mar.

Macau, que facilita o commercio da China, padece o mesmo damno por dois motivos. O primeiro, pelas parcialidades dos moradores, que os anima huns contra os outros com detrimento de ambas as partes; O segundo, porque nestes ultimos annos tem perdido varias embarcações do commercio, que he só o unico meio de se poder conservar; e porque os Chinas, que conhecem este damno, não perdem occasião de nos inquietar. Convem-nos muito conservar com elles para que não cheguem ao ultimo ponto de expulsar-nos, para o que não será necessaria força alguma; e bastará não permit-

1730 tirem que da terra firme entrem mantimentos naquella ilha para nos reduzirem a largal-a por força. Talvez cessasse este perigo, se todos os annos se visse entrar naquelle porto huma, ou duas naus de guerra, que nos fizessem conciliar respeito, e nisto consiste a maior difficuldade do remedio. Na Secretaria achará V. Ex.ª as Instrucções que dei ao Desembargador Antonio da Silva Pereira, quando lá o mandei, e a conta que elle me deu depois de concluida a sua commissão, e por ella poderá V. Ex.ª formar idéa daquelle paiz. A que eu posso dar nesta brevidade, he ser aquelle porto o que hoje nos convém conservar por todos quantos modos nos forem possiveis, por ser o do commercio mais importante, e do maior lucro, assim para a China, como para a Cochinchina, e o de Tunquim, que agora se principia; o maior inconveniente que Macau padece, he o grande numero de habitantes Chinas, que os constitue em huma superioridade inevitavel ao limitado numero de Portuguezes, que não passa de... pouco mais ou menos, e quando este navegar para fazer o seu commercio, poucos são os que restam na terra, e fica esta á descripção dos Chinas.

Se Macau se acha nesta decadencia, muito peior he a de Timor, porque apenas se acharão naquella ilha sete ou oito Portuguezes, e bastantes Missionarios, cujo fructo não he tanto o que se colhe na vinha do Senhor, como na da soltura, e liberdade com que vivem. Ha annos que os Hollandezes occuparam a cabeça da ilha, e se fortificaram nella, para onde tem attrahido a melhor parte do commercio do sandalo, cêra, e oiro, que a terra produz; a falta de forças faz que não tiremos a mesma utilidade, e que este nossos inimigos irreconciliaveis nol-a usurpem inteiramente. Lifão, que he a nossa capital, e Larantucana ilha de Solor, apenas são defendidas de huma trincheira de madeira meia cahida, com a artilharia desmontada, e nenhuma gente que a defenda; na minha opinião o que mais contribue para a decadencia de Timor, e Macau, foi a attenção que se deu (se me não engano) no tempo do Vice Rey Neto (Vicereinato) do Sr. João de Saldanha, á representação que a elle fez a Camara de Ma-

cau, pedindo-lhe que não mandasse deste porto embarcação 1750
de guerra para aquelle, nem para Timor, e que ella se obrigava a mandar todos os annos a Goa huma embarcação com commercio, e transportaria tudo o que fosse necessario para Timor; pareceu naquelle tempo ser conveniente este ajuste, porque poupava á Fazenda Real a despeza de armar duas naus sem utilidade nenhuma; e assim cessou inteiramente o commercio em direitura de Goa; delle se seguia, quando deste porto hiam naus para aquellas duas partes, ficar nellas alguma gente Portugueza, que se casava, e estabelecia assim em Macau como em Timor, e se augmentava o numero de Portuguezes que as defendessem; mas com esta suspensão se suspendeu até este beneficio, e com ella se foi extinguindo o commercio. Por aqui verá V. Ex.ª o prejuizo, que muitas vezes causa huma inconsiderada economia, que não attende ao futuro, e que vem a ser causa da ruina, e lastimoso estado a que tem chegado estes dois portos.

Nas minhas contas á nossa côrte verá V. Ex.ª, que nunca fui omisso em lhe representar os inconvenientes sobreditos, e que me faltavam os meios de evital-os; acabei o meu tempo na esperança do remedio, sem o conseguir; talvez que a Providencia o reservasse para o de V. Ex.ª

Tenho finalmente concluido as tres partes principaes das noticias de que V. Ex.ª deseja instruir-se; a estreiteza do tempo, e a multidão dos negocios que se accumulam a quem se aparta deste paiz me embaraça assim de pulir o discurso como de abrevial-o, e o fui lançando na fórma que me representava a ideia; e por isso se encontram nelle algumas repetições, e termos menos expressivos, o que V. Ex.ª supprirá com a sua alta comprehensão.

1719 Setembro 29 Para complemento da carta ao Vice Rey da India, que está a paginas 8, pômos aqui o Breve de 29 de Setembro de 1719, que concedeu ao Patriarcha de Alexandria as faculdades de Commissario Apostolico e Visitador das Missões da China,

BREVE

(Torre do Tombo, Maço 43, n.º 24.)

A tergo—Venerabili Fratri Carolo Ambrosio, Patriarchae Alexandrino.— *Intus vero*— Clemens, Papa, XI.—Venerabilis Frater, salutem, et Apostolicam benedictionem.— Speculatores Domus Israel super Cathedram Principis Apostolorum inscrutabili Divinae Providentiae arcano constituti, non modo gravissima Ecclesiarum omnium sollicitudine premimur, sed ad universam, quae sub caelo est, ex omni tribu, et lingua, et populo, et natione gentium multitudinem mentis nostrae oculis jugiter circumferimus; quantum siquidem nobis est a solis ortu usque ad occasum laudari nomen Domini summopere cupimus; adeoque etiam ad remotissimas ab hac S. Sede regiones pastoralis vigilantiae nostrae curam extendimus; ut ibidem Christiana Fides quotidiana infidelium accessione latius propagetur, et quo aliàs inducta fuit, sublatis dissidiis illius incrementa turbantibus, solidius in dies benedicente Domino stabiliatur. Hinc est, quod Nos peculiari quodam paternae nostrae charitatis affectu ad amplissimum Sinarum Imperium studia nostra convertentes, Te (de cujus spectata fide, integritate, prudentia, doctrina, pietate, charitate, rerum agendarum peritia, ac Catholicae Religionis zelo plurimum in Domino confidimus) tanquam nostrum et Apostolicae Sedis Visitatorem, cum potestate etiam Legati de Latere, una cum congruo Missionariorum comitatu illuc mittere decrevimus, ut caetum illic jam dudum conversionis infidelium, ac orthodoxae Fidei propagationis opus, iis omnibus inde zizaniis, quae inimicus hominis superseminaverat, penitus extirpatis, firmius, et felicius opera tua promoveatur. Igitur te a quibusvis excommunica-

com poderes de Legado *à latere;* e bem assim as restricções que ao mesmo Breve fez ElRey de Portugal, e a carta de guia para o Governador de Macau, sobre a hida do dito Patriarcha. 1719 Setembro 29

BREVE

(Traducção portugueza.—Additamento ás reflexões sobre o Padroado Portuguez no Oriente. Nova Goa, 1858.)

No sobrescripto — Ao Veneravel Irmão Carlos Ambrosio, Patriarcha de Alexandria.— *Dentro.*— Clemente, Papa XI.— Veneravel Irmão, saude, e benção apostolica.— Estando nós por insondavel segredo da divina providencia constituidos por atalaia da casa de Israel sobre a cadeira do Principe dos Apostolos, não sómente nos opprime o pesado encargo de velar por todas as Igrejas, mas com os olhos da nossa mente vigiamos em toda a redondeza sobre a universa multidão das gentes, que ha debaixo do Ceo, de qualquer tribu, lingua, povo, e nação que sejam; pois quanto está da nossa parte desejamos encarecidamente que o nome do Senhor seja louvado desde onde nasce o sol até onde se esconde; e por isso estendemos o cuidado da nossa vigilancia pastoral ainda ás regiões mais remotas desta Santa Sé, para que alli a Fé Christã mais largamente se propague pela conversão dos infieis; e aonde já foi plantada, tirados os estorvos que atalham os seus incrementos, mais solidamente cada dia se estabeleça com a benção do Senhor. Daqui vem que nós com particular affecto da nossa caridade paternal, convertendo as nossas attenções ao amplissimo imperio Chinez, temos resoluto mandar-te alli (pela muita confiança, que pelo Senhor temos em tua provada fé, inteireza, prudencia, doutrina, piedade, caridade, destreza no tratar os negocios, e zelo da religião catholica) como Visitador nosso e da Santa Sé Apostolica, com poderes de Legado de Latere, acompanhado do numero conveniente de Missionarios, a fim de que a obra, já de ha muito alli começada, da conversão dos infieis, e propagação da fé orthodoxa, extirpadas totalmente todas aquellas

1719 Setembro 29 tionis, suspensionis, et interdicti, aliisque ecclesiasticis censuris, et poenis a jure, vel ab homine, quavis occasione, vel causa latis, si quibus quomodolibet innodatus existis, ad effectum praesentium dumtaxat consequendum, harum serie absolventes, et absolutum fore censentes, de nonnullorum ex venerabilibus Fratribus nostris S. R. E. Cardinalibus Congregationis Propagandae Fidei negotiis praepositae super rebus Indiarum Orientalium a nobis specialiter deputatorum consilio, Te nostrum, et dictae S. Sedis Commissarium, et Visitatorem cum potestate etiam Legati de Latere in praedicto Sinarum, aliisque Indiarum Orientalium Regnis et Insulis, authoritate Apostolica tenore praesentium facimus, constituimus, et deputamus, tibique quandiu Visitatoris Apostolici a nobis, ut praefertur, deputati munere fungendo, in illis partibus commoraberis, ultra solitas, et consuetas facultates Visitatoris Apostolici hujusmodi, etiam administrandi omnia Sacramenta, etiam parochialia, atque omnes etiam Sacros, et Presbyteratus Ordines, etiam extra tempora ad id a jure statuta, et non servatis interstitiis, atque etiam sine titulo, prius tamen recepto missionibus perpetuo inserviendi juramento, conferendi: et Pontificalia exercendi absque ullius Ordinarii, vel Dioecesani, quacumque dignitate etiam Metropolitana, aut Primatiali fulgentis consensu, seu scientia: instituendi, destituendi, mutandi, suspendendi, etiam juris ordine non servato, et extrajudicialiter procedendo, quoscumque Vicarios Apostolicos, ac novos etiam Vicariatus, ubi, et quoties opus fuerit, in locis tamen, qui non subsunt Episcopis, aut Vicariis a Sede praedicta constitutis erigendi; ibique Vicarios Apostolicos similiter praeficiendi cum solitis facultatibus: declarandi, moderandi, suspendendi, et revocandi quibuscumque personis tam Secularibus, quam Regularibus, etiam Societatis Jesu, quaecumque privilegia, etiam a dicta Sede quomodocumque, et ex quavis causa concessa, etiam pluries confirmata, et innovata: substituendi, et deputandi unum, vel plures Sacerdotes, quos magis idoneos judicaveris in visitatores Apostolicos locorum, seu provinciarum, ubi opus fuerit,

sizanias, que o inimigo do homem sobre ella semeou, mais firme e felizmente seja promovida por tua diligencia. Portanto absolvendo-te por estas letras, e declarando-te absolvido de quaesquer sentenças de excommunhão, suspensão, e interdicto, e outras censuras e penas ecclesiasticas, em qualquer occasião, ou por qualquer causa proferidas, por direito, ou por homem, se em algumas por algum modo estás incurso, e só para conseguir o effeito das presentes: por conselho de alguns dos nossos veneraveis Irmãos Cardeaes da Santa Igreja Romana, membros da Sagrada Congregação, que preside aos negocios da Propagação da Fé, e especialmente deputados por Nós para superintender as cousas das Indias Orientaes; por auctoridade apostolica, e pelo teor das presentes te fazemos, constituimos, e deputamos nosso Commissario, e da dita Santa Sé, e Visitador com poderes tambem de Legado de Latere no dito reino da China, e outros das Indias Orientaes, e Ilhas; e pela mesma auctoridade, e outrosim pelo teor destas mesmas presentes letras te concedemos e conferimos, em quanto exerceres o cargo de Visitador Apostolico por nós deputado, como se declara, e em quanto naquellas partes te detiverdes, alem das faculdades costumadas e do estylo como Visitador Apostolico, as seguintes, que exercitarás dentro dos limites da tua legação; a saber: de administrar todos os sacramentos, ainda os parochiaes; e de conferir todas as ordens sacras, e ainda as de presbytero, mesmo fóra dos tempos para isto designados por direito, e não guardados os intersticios; e ainda sem titulo, comtanto que seja com previo juramento de servir perpetuamente nas missões: de exercer actos pontificaes sem consentimento ou sciencia de Ordinario algum, ou Diocesano de qualquer dignidade revestido, ainda que seja metropolitana ou primacial; de instituir, destituir, mudar, suspender, ainda procedendo sem guardar a fórma de direito, e extrajudicialmente, quaesquer Vigarios Apostolicos, e erigir tambem novos Vicariatos, aonde e quando for mister (sendo todavia nos logares, que não são sujeitos a Bispos, ou a Vigarios constituidos pela sobredita Santa Sé), e ahi pôr similhantemente Vi-

1719 Setembro 29

1719 Setembro 29 eisdemque communicandi ad tempus tibi bene visum facultates necessarias, et opportunas: deputandi quoscumque Missionarios Apostolicos, tam Seculares, quam Regulares, etiam dictae Societatis Jesu, eosque, et alios etiam a Sede praefata deputatos, removendi, et transferendi a loco in locum, eisdemque solitas facultates ad tempus tibi bene visum concedendi, concessasque etiam ab eadem Sede, et dicta Cardinalium Congregatione pro tuo arbitrio et prudentia moderandi, seu revocandi in totum, vel in partem: convocandi Synodos Diocesanas, Provinciales, seu Nationales, iisque dicta authoritate Apostolica praesidendi, seu praesidentiam aliis demandandi; atque etiam extra Synodos constitutiones, et statuta condendi: duodecim viros Ecclesiasticos, doctrina, virtute, et meritis praestantes, ac nostri, et dictae Sedis in primis devotos in nostros, et ejusdem Sedis notarios dicta authoritate recipiendi, et admittendi, ac illos aliorum nostrorum, et dictae Sedis notariorum numero et consortio favorabiliter aggregandi, illisque ut, etiam si habitum, et rochetum non deferant, nihilominus omnibus, et singulis favoribus, honoribus, praeeminentiis, indultis, privilegiis, exemptionibus, et praerogativis, quibus alii nostri, et ejusdem Sedis notarii, tam de jure, quam de consuetudine utuntur, potiuntur, et gaudent, ac uti, potiri, et gaudere possunt, et poterunt quomodolibet in futurum, absque tamen nostrorum, et ejusdem Sedis notariorum de numero participantium praejudicio, et citra exemptiones a Concilio Tridentino sublatas, ac facultates legitimandi, ad gradus promovendi, aliaque similia privilegia iisdem notariis de numero participantium comissa, seu ab eis praetensa, quibus notarii a te creandi nullibi uti valeant; et si secus ab eis factum fuerit, irritum, et inane existat, uti, potiri, et gaudere possint, et valeant, concedendi, et indulgendi; apposito tamen in tuis litteris eorum creationis in notarios decreto, quod ipsi antequam exercitio tituli, insignium, et privilegiorum notariis hujusmodi competentium perfrui incipiant, in manibus tuis, seu alicujus personae in dignitate Ecclesiastica constitutae professionem fidei juxta

garios Apostolicos com as faculdades do estylo; de declarar, moderar, suspender, e revogar a quaesquer pessoas, assim seculares, como regulares, e ainda da Companhia de Jesus, quaesquer privilegios, ainda os concedidos pela dita Santa Sé por qualquer modo e causa, ainda que hajam sido muitas vezes confirmados e renovados: de substituir e deputar um, ou muitos Sacerdotes, que mais idoneos te parecerem, nas visitações apostolicas dos logares, ou provincias, onde for mister; e de communicar aos mesmos, pelo tempo que te parecer, as faculdades necessarias e opportunas: de deputar quaesquer Missionarios Apostolicos, assim seculares, como regulares, e ainda da dita Companhia de Jesus, e de os remover, e transferir de logar para logar a estes, e outros, ainda que sejam deputados pela dita Santa Sé; e conceder-lhes as faculdades do estylo pelo tempo que bem te parecer; e moderar-lhas, ou revogar-lhas em todo ou em parte segundo o teu arbitrio e prudencia, ainda as concedidas pela mesma Santa Sé, e pela dita Congregação dos Cardeaes; de convocar Synodos Diocesanos, Provinciaes, e Nacionaes, e presidir a elles pela dita auctoridade apostolica, ou delegar a presidencia em outros; e bem assim de fazer constituições e estatutos fóra dos Synodos; de pela dita auctoridade receber e admittir doze varões ecclesiasticos, prestantes na doutrina, virtude, e partes, e sobretudo devotos a Nós e á dita Santa Sé, por notarios nossos, e da mesma Sé; e aggregal-os favoravelmente no numero e companhia dos outros nossos notarios, e da dita Santa Sé; e conceder-lhes, e permittir-lhes que usem e gosem, e possam gosar, sem embargo de não trazerem loba e roquete, de todos e cada hum dos favores, honras, preeminencias, indultos privilegios, isenções, e prerogativas de que os outros nossos notarios e da mesma Sé usam, gosam, e estão de posse, assim por direito como por estylo, e de qualquer modo podem usar e gosar, e poderão para o futuro; todavia sem prejuizo dos nossos notarios do numero e da mesma Sé, e salvo as isenções cassadas pelo Concilio Tridentino, e as faculdades de legitimar, promover aos graus, e outros similhantes privilegios concedidos aos mesmos no-

1719 Setembro 29

1719 Setembro 29 articulos pridem a Sede praedicta propositos emittere, et solitum fidelitatis juramentum praestare teneantur: nec non ubi opus fuerit alios notarios, et etiam Clericos, tam Seculares, quam Regulares, recepto prius ab eis fidelitatis debitae solito juramento, cum facultatibus necessariis, et opportunis creandi: ac viginti quatuor auratae militiae equites instituendi, illosque aliorum equitum hujusmodi numero, et consortio favorabiliter aggregandi, ac illis, ut torqueum aureum, et aurata calcaria gestare, nec non omnibus privilegiis, indultis, favoribus, honoribus, et praerogativis, quibus alii equites hujusmodi de jure, usu, et consuetudine uti, potiri, et gauderes olent, et possunt, ac poterunt in futurum, similiter uti, frui, et gaudere possint, et valeant (citra tamen facultates, et exemptiones ab eodem Concilio Tridentino sublatas) pariter concedendi, et indulgendi: dispensandi cum Clericis, tam Secularibus, quam Regularibus super exercitio artis Medicinae, ita ut irregularitas non contrahatur, in iis praesertim locis, ubi non sint laici, et catholici medici, dummodo tamen sint in ea arte periti, et citra membrorum incisionem, et adustionem, ac gratis, et sine ulla prorsus mercede artem Medicinae hujusmodi exerceant: dispensandi super defectu aetatis tredecim mensium ob operariorum penuriam, ut promoveri possint ad Sacerdotium, si aliàs idonei fuerint: dispensandi et commutandi vota simplicia in alia pia opera: dispensandi ex rationabili causa in votis simplicibus, Castitatis, et Religionis: dispensandi gratis in 3.° et 4.° consanguinitatis, et affinitatis, simplici, et mixto, atque etiam in 2.° solo quoad matrimonia praeterita, quo vero ad futura, per te ipsum tantum, et urgente magna necessitate, dummodo nullo attingat primum gradum, et mulier rapta non fuerit, vel saltem in potestate raptoris non existat; et in praedictis casibus prolem susceptam declarandi legitimam: dispensandi super impedimento criminis neutro conjugum machinante, atque etiam utroque, vel altero machinante, si impedimentum sit occultum, et necessitas postulet ratione alicujus gravis imminentis periculi; et restituendi jus pretendi debitum: con-

tarios do numero, que por si hajam de ser creados, possam usar; e se o contrario fizerem, seja irrito, e nullo; pondo-se comtudo nas cartas, que lhe passares da sua creação em notarios, o decreto, que elles antes de entrarem no exercicio do titulo, insignias e privilegios, que competem a taes notarios, sejam teúdos de nas tuas mãos, ou nas de alguma pessoa constituida em dignidade ecclesiastica, fazer a profissão de fé dos artigos antigamente propostos pela dita Santa Sé, e prestar o juramento de fidelidade; e bem assim concedemos que possas crear com as faculdades necessarias e opportunas, onde for mister, outros notarios, ainda que sejam clerigos, assim seculares, como regulares, recebido previamente delles o costumado juramento de devida fidelidade; e de instituir vinte e quatro cavalleiros da milicia dourada, e aggregal-os favoravelmente ao numero e companhia dos outros taes cavalleiros; e bem assim de lhes conceder que possam trazer collar de ouro, e esporas douradas, e similhantemente que possam usar, gosar, e lograr de todos os privilegios, indultos, graças, honras, e prerogativas, de que os outros taes cavalleiros de direito, uso, e estylo costumam e podem usar, gosar, e lograr, e para o futuro poderem (salvo comtudo as faculdades; e isenções cassadas pelo mesmo Concilio Tridentino); e de permittir aos clerigos, assim seculares, como regulares, o exercicio da arte da medicina, a fim de que não contráhiam irregularidade, mórmente naquelles logares, onde não houver medicos leigos, e catholicos, comtanto que sejam peritos nesta arte, e salva a incisão e adustão dos membros, e exerçam esta arte da medicina de graça, e sem remuneração alguma; de dispensar no defeito da idade de treze mezes pela escassez de obreiros para que possam ser promovidos ao sacerdocio, se aliás forem idoneos; de dispensar e commutar os votos simplices em outras obras pias; e dispensar por causa razoavel nos votos simplices de castidade, e religião; de dispensar gratuitamente no terceiro e quarto grau de consanguinidade e affinidade simples, e mixto; e ainda no segundo grau, sómente no que toca a matrimonios concluidos; em quanto aos futuros porém sómente

1719 Setembro 29

1719 Setembro 29 cedendi, mediantibus coronis, crucibus, numismatibus, parvisque imaginibus sacris a te benedictis, plenarias, aliasque minores indulgentias in formula typis edita indulgentiarum hujusmodi coronis, crucibus, numismatibus, et sacris imaginibus per Nos concedi solitarum contentas; et insuper largiendi semel indulgentiam plenariam pro una dia visitantibus quamlibet Ecclesiam, cum primo ad eam accesseris: qualibet die non impedita, semel tamen in hebdomada celebrando Missam de Requiem in quocumque altari, etiam portatili: liberandi animas, secundum tuam intentionem a Purgatorii poenis per modum suffragii: fruendi pro te, ac sociis tuis Missionariis, seu familiaribus privilegiis, quibus Christi fideles in Portugaliae, et Algarbiorum regnis, ac eorundem regnorum Insulis, in Indiis Orientalibus, et Ultramarinis conquestis, terris, et locis eorumdem regnorum Portugaliae, et Algarbiorum dominio subjectis commorantes, et ad illa declinantes, vigore Litterarum Apostolicarum a nonnullis Romanis Pontificibus praedecessoribus nostris, immo etiam a Nobis pro Cruciata Sancta concessorum, fruuntur, in locis tamen, ubi dictorum privilegiorum usus viget: absolvendi ab haeresi, et apostasia a fide, et a schismate quoscumque etiam Ecclesiasticos, tam Seculares, quam Regulares, etiam relapsos in foro conscientiae tantum: tenendi, et legendi libros haereticorum, vel infidelium, de eorum religione tractantium, ad effectum eos impugnandi, et alios quomodolibet prohibitos, et hujusmodi facultatem aliis pro tua prudentia (exceptis Caroli Molinei, et Nicolai Machiaveli operibus, ac libris de Astrologia judiciaria tractantibus) concedendi: admittendi per te ipsum dumtaxat quascumque appellationes etiam ad Sedem praedictam interpositas a quibuscumque Ordinariorum, seu delegatorum tam Secularium, quam cujusvis Instituti, etiam specialiter nominandi, Regularium sententiis, seu decretis, etiam omisso medio, earumque causas tam per te, quam per alios cognoscendi, et fine debito, etiam sine strepitu, et figura judicii, sed simpliciter, et de plano, et de sola facti veritate inspecta terminandi. Exequendi, seu ab aliis exequi mandandi quaecumque tua

por ti proprio, e urgindo grande necessidade, com tanto que em nenhum attinja o primeiro grau, e a mulher não haja sido raptada, ou ao menos não esteja em poder do raptor; e nos sobreditos casos de declarar legitima a prole havida; de dispensar no impedimento de crime, não sendo maquinante algum dos conjuges, e ainda sendo-o um ou ambos, se o impedimento for occulto, e a necessidade o pedir em razão de algum grave perigo imminente; e de restituir o jus de pedir o debito; de conceder mediante corôas, cruzes, medalhas, e pequenas imagens sagradas, por ti bentas, indulgencias plenarias, e outras menores conteúdas na fórma, que anda impressa, das indulgencias por Nós costumadas conceder a taes corôas, cruzes, medalhas, e imagens sagradas; e alem disso de conceder por uma só vez indulgencia plenaria de um dia aos que visitarem qualquer Igreja, quando a ella pela primeira vez chegares; de livrar as almas das penas do purgatorio por modo de suffragio segundo a tua tenção, celebrando missa de *requiem* em qualquer dia não impedido, e uma só vez na semana, em qualquer altar, ainda portatil; de lograres tu, e os Missionarios teus companheiros, ou familiares, dos privilegios, de que gosam os fieis christãos moradores nos reinos de Portugal e Algarves, e nas ilhas dos mesmos reinos, Indias orientaes, conquistas ultramarinas, terras e logares sujeitos ao dominio dos mesmos reinos de Portugal e Algarves, e os que para ellas navegam, por virtude das letras apostolicas por alguns dos Romanos Pontifices, Nossos predecessores, e outrosim por Nós concedidas para a Santa Cruzada; e isto comtudo nos logares, onde está em vigor o uso dos ditos privilegios: de absolver de heresia, e de apostasia da fé, e de schisma a quaesquer pessoas, ainda ecclesiasticas, assim seculares, como regulares, e ainda os relapsos no fôro da consciencia sómente: de ter e ler livros hereticos ou de infieis, que tratem da religião delles, para o effeito de os impugnar, e outros quaesquer livros prohibidos; e de conceder esta faculdade a outros, segundo a tua prudencia (excepto as obras de Carlos Molina, e Nicolau Machiavel, e os livros que tratam de astrologia judiciaria):

1719 Setembro 29

1719 Setembro 29 decreta, sententias, praecepta, et ordinationes, quacumque appellatione, recursu, recusatione, seu nullitatis dictione minime obstante, ita ut quaelibet appellatio solum in devolutivo, et non retardata executione, et non nisi ad dictam Sedem interponi possit: exercendi omnes, et singulas facultates, etiam ultra supra expressas ab eadem Sede quibuscumque Vicariis Apostolicis, tam regni Sinarum, quam exterarum regionum Indiarum Orientalium hujusmodi concedi solitas, et alias quandocumque concessas: nec non plenissime gaudendi, utendi, ac fruendi quibuscumque privilegiis, indultis, et gratiis, praedictis Vicariis Apostolicis quandocumque concessis, et quomodolibet competentibus, et signanter communicandi Sacerdotibus idoneis omnes, et singulas facultates, quas iidem Vicarii Apostolici aliis communicare possunt: declarandi, et definiendi dicta authoritate Apostolica quaecumque dubia, aut difficultates, quae super his omnibus, et singulis facultatibus, earumque tenore insurgere, aut excitari quoquomodo possint, ita ut tuae declarationi omnes tam Seculares, quam Ecclesiastici, et cujusvis Ordinis Regulares, etiam praedictae Societatis Jesu, quacumque appellatione remota, acquiescere, et obedire teneantur: ac demum utendi iisdem omnibus, et singulis facultatibus, atque libere exercendi absque ulla obligatione illas, vel praesentes literas, aut alia documenta super earum concessione publicandi, exhibendi, ostendendi, seu praesentandi cuiquam quacumque tam Seculari, quam Ecclesiastica, etiam Episcopali, Archiepiscopali, aut Primatiali, etiam Legati Apostolici dignitate fulgenti: facultates intra tuae legationis limites exercendas authoritate praedicta earundem serie praesentium concedimus, et impertimur. Non obstantibus Lateranensis Concilii novissime celebrati de certo notariorum numero, etiam si ad illum nondum deventum sit, cui per hoc aliàs non intendimus derogare, ac quatenus opus sit, Nostra, et Cancellariae Apostolicae regula de non tollendo jure quaesito, nec non felicis recordationis Bonifacii, Papae, octavi, praedecessoris nostri, de una, et Concilii generalis de duabus dictis, aliisque Apostolicis, ac in Univer-

de admittir por ti proprio sómente quaesquer appellações, 1719 Setembro 29
ainda as interpostas á dita Sé, de quaesquer sentenças, ou decretos dos Ordinarios, ou delegados, assim seculares, como de qualquer Instituto de regulares, ainda que della se deva fazer expressa menção, ainda omittido o meio; e de conhecer das causas destes, tanto por ti mesmo, como por outros; e de as terminar com o devido fim, ainda sem estrepito, e figura de juizo, mas simplesmente e de plano, e vista sómente a verdade do facto: de executar, ou mandar executar por outros, quaesquer teus decretos, sentenças, preceitos, e ordenações, não obstante qualquer appellação, recurso, recusação, ou arguição de nullidades; de fórma que qualquer appellação só possa ser interposta no devolutivo, e sem retardar a execução, e sómente para a dita Sé: de exercer todas e cada uma das faculdades, ainda alem das acima expressas, pela mesma Santa Sé costumadas conceder-se, e outras em qualquer occasião concedidas a quaesquer Vigarios Apostolicos, assim do reino da China, como de outras taes regiões estrangeiras das Indias Orientaes; e bem assim de gosar, usar, e lograr plenissimamente de quaesquer privilegios, e indultos, e graças em qualquer tempo concedidas aos sobreditos Vigarios Apostolicos, e que de qualquer fórma lhe compitam, e designadamente de communicar a sacerdotes idoneos todas e cada uma das faculdades que os mesmos Vigarios Apostolicos podem communicar a outros: de declarar e definir pela dita auctoridade apostolica quaesquer duvidas ou difficuldades, que sobre todas e cada uma destas faculdades, e seu teor por qualquer modo se possam levantar ou excitar, de sorte que á tua declaração todos, assim seculares, como ecclesiasticos, e regulares de qualquer ordem, ainda da sobredita Companhia de Jesus, removida qualquer appellação, sejam teúdos de acquiescer e obedecer: e finalmente de usar de todas e de cada uma das mesmas faculdades, e de livremente as exercer sem alguma obrigação de publicar, exhibir, mostrar ou apresentar aquellas, ou estas presentes letras, ou outros documentos sobre a sua concessão, a qualquer pessoa, assim secular, como ecclesias-

1719 Setembro 29 salibus, Provincialibusque, et Synodalibus Conciliis editis generalibus, vel specialibus constitutionibus, et ordinationibus, nec non quorumvis Ordinum, Congregationum, Institutorum, Societatum, etiam Jesu, ac Conventuum, Collegiorum, et Hospitiorum, ac quarumvis Ecclaesiarum, et locorum piorum, et aliis quibuslibet, etiam juramento, confirmatione Apostolica, vel quavis firmitate alia roboratis statutis, et consuetudinibus, etiam immemorabilibus, privilegiis quoque, indultis, et litteris Apostolicis eisdem Ordinibus, Congregationibus, Institutis, Societatibus, Conventibus, Collegiis, Hospitiis, Ecclesiis, et locis piis, illorumque superioribus, et personis, et aliis quibuslibet, etiam speciali mentione, et expressione dignis, sub quibuscumque verborum tenoribus, et formis, ac cum quibusvis etiam derogatoriarum derogatoriis, aliisque efficatioribus, efficacissimis, et insolitis clausulis, irritantibusque, et aliis decretis in genere, vel in specie, etiam motu proprio, et Apostolicae potestatis plenitudine, ac consistorialiter, vel etiam ad Imperatorum, Regum, et Principum, aliarumque quarumvis personarum, qualibet ecclesiastica, vel mundana dignitate, seu praeeminentia fulgentium instantiam, vel eorum contemplatione, seu aliàs quoquomodo concessis, confirmatis, et pluries innovatis. Quibus omnibus, et singulis, etiam si pro illorum sufficienti derogatione de illis, eorumque totis tenoribus specialis, specifica, expressa, et individua, ac de verbo ad verbum, non autem per clausulas generales idem importantes, mentio, seu quaevis alia expressio habenda, aut alia aliqua exquisita forma ad hoc servanda foret, illorum tenores, datas, formas, et occasiones praesentibus pro plene, et sufficienter, ac de verbo ad verbum nihil penitus omisso insertis, expressis, et servatis respective habentes, illis aliàs in suo robore permansuris, ad praemissorum effectum hac vice dumtaxat specialiter, et expresse, ac plenissime derogamus, ac derogatum esse volumus, caeterisque contrariis quibuscumque. Quocirca Fraternitati tuae per praesentes mandamus, quatenus injunctum tibi munus hujusmodi, ita fideliter, et strenue exequaris, ut ex tuis laboribus, fide, et dili-

tica, ainda revestida da dignidade episcopal, archiepiscopal, ou primacial, e ainda de Legado Apostolico. Não obstante os editos do Concilio Lateranense novissimamente celebrado sobre o numero certo dos Notarios, ainda que não esteja completo, ao qual por estas letras não he nossa tenção derogar; e guardada quanto seja necessario, a nossa regra, e da chancelaria apostolica de não tolher o direito ás partes *(de non tollendo jure quaesito)*; e outrosim a ordenação de Bonifacio VIII, nosso predecessor de feliz memoria dita *de una*, e do Concilio geral *de duabus*, e outros editos geraes e especiaes, e ordenações apostolicas, e Concilios Universaes, Provinciaes, e Synodaes; e bem assim os estatutos e costumes, ainda immemoriaes, e ainda roborados com juramento, confirmação apostolica, ou com outra qualquer firmeza, de quaesquer Ordens, Congregações, Institutos, Sociedades, ainda a de Jesus, e conventos, collegios, e hospicios, e de quaesquer igrejas, e logares pios, e outros quaesquer; e tambem privilegios, indultos, e letras apostolicas concedidas ás mesmas Ordens, Congregações, Institutos, Sociedades, Conventos, Collegios, Hospicios, Igrejas, e logares pios, e a seus Superiores e pessoas, e outros quaesquer, ainda dignos da especial menção, e expressão, debaixo de quaesquer teores de palavras e fórmas, e com quaesquer clausulas, ainda derogatorias das derogatorias, e outras mais efficazes do que as mais efficazes, e insolitas, e irritantes; e outros decretos confirmados, e muitas vezes renovados em geral, ou em especial, ainda por motu proprio, e plenitude do poder apostolico, ou consistorial, ou ainda concedidos á instancia, e contemplação dos Imperadores, Reis, e Principes, e de outras quaesquer pessoas, revestidas de qualquer dignidade, ou preeminencia ecclesiastica ou mundana, ou por qualquer outro modo. As quaes todas e cada uma para effeito do sobredito por esta vez sómente especial, expressa, e plenissimamente derogamos, e queremos que sejam derogadas, e quaesquer outras em contrario, sem embargo de que para sua sufficiente derogação se haja de fazer dellas, e de todo o seu teor especial, especifica, expressa, e individual menção, e

1719 Setembro 29 gentia, divina favente bonitate, optati, et sperati fructus ad Dei gloriam, et animarum salutem proveniant. Propitium interim bonorum omnium Authorem Deum Tibi, Venerabilis Frater, enixe precamur, atque Apostolicam Benedictionem ex omni cordis nostri sensu impertimur. Datum Romae apud Sanctam Mariam Majorem, sub annulo Piscatoris, die 29 Septembris 1719, Pontificatus nostri anno decimo nono.— F. Cardinalis Oliverius.—Loco † annuli Piscatoris.

Et Ego Notarius Apostolicus infrascriptus hoc presentem publicum Transumpti Instrumentum, quod cum suo originali, cui, et aliis hujusmodi tenoris me refero, fideliter, et attente revisum concordat, in hanc publicam formam redigere curavi, signoque, et subscriptione meis solitis, et consuetis signavi, et roboravi, ut eidem stetur *(sic)* firmiterque credatur, ac plenaria fides adhibeatur, et adhiberi possit in judicio, et extra illud; perinde ac si litterae originales in medium exiberentur, vel forent ostensae; tradidique praedictum originale insimul cum praesenti nobili viro Antonio de Oliveira Carvalho, a Secretis status Serenissimi hujusmodi Portugaliae, et Algarbiorum Regis Œconomo maximo, qui mecum hic etiam subscripsit. Quod omne quidem feci rogatus, et requisitus. Actum Olisipone Orientali, hac die 23.ª mensis Martii, anni 1720.—Emmanuel Ferreira, Notarius Apostolicus.—Loco † Sigilli.—Antonio de Oliveira de Carvalho.

palavra por palavra, e não por clausulas geraes, que o mesmo importem, ou qualquer outra expressão: e sem embargo outrosim de que outra alguma exquisita fórma seja necessario guardar-se para este fim; havendo os seus teores, datas, fórmas, e occasiões por plena, sufficientemente, e palavra por palavra, sem omissão de cousa alguma incertas, expressas, e guardadas respectivamente nas presentes; ficando aquellas aliás em seu vigor. Pelo que a tua Fraternidade pela presente mandâmos, emquanto te for incumbido este cargo, que tão fiel e rigorosamente o cumpras, que pelos teus trabalhos, fé, e diligencia, com o favor da vontade divina, brotem os desejados e esperados fructos para gloria de Deus e salvação das almas. Entretanto, Veneravel Irmão, encarecidamente rogamos a Deus, auctor de todos os bens, te seja propicio; e com todas as veras do nosso coração te lançamos a benção apostolica. Dado em Roma em Santa Maria Maior, debaixo do signal do annel do Pescador, no dia 29 de setembro de 1719, decimo nono anno do nosso Pontificado.— F. Cardeal Oliverio.—Logar † do signal do annel do Pescador. 1719 Setembro 29

E eu Notario Apostolico, abaixo assignado, este presente publico instrumento de traslado fiz passar nesta publica fórma, o qual fiel e attentamente concertado concorda com o seu original, ao qual e aos outros deste teor me reporto; e assignei de meu signal e assignatura costumada, e authentiquei, para que ao mesmo se dê inteira fé e credito, e possa ser allegado em juizo e fóra delle, como se as proprias letras originaes fossem apresentadas ou mostradas; e entreguei o sobredito original juntamente com a presente ao nobre varão Antonio de Oliveira Carvalho, Official Maior da Secretaria de Estado do Serenissimo Rey de Portugal e Algarves, que aqui tambem assignou comigo. O que tudo fiz rogado e requerido. Feito em Lisboa Oriental hoje 23 do mez de Março de 1720.— Manuel Ferreira, Notario Apostolico.—Logar † do sêllo.—Antonio de Oliveira Carvalho.

RESTRICÇÕES

1720 Março 22 Illmo Sr. Patriarcha de Alexandria. -- Sua Magestade, que Deus guarde, foi servido mandar ver o Breve, que V. S.^{a} Illma me remetteu, na fórma, que se costumou praticar com os Senhores Nuncios, que vieram a estes reinos; e me ordenou dissesse a V. S.^{a} Illma em seu Real nome, que sem embargo de serem concedidos nelle a V. S.^{a} Illma poderes para visitar o Imperio da China, com as Cathedraes daquelle Imperio não devia V. S.^{a} Illma usar daquelles poderes por encontrarem o estylo, como sempre praticaram os ditos Senhores Nuncios, que vieram a estes reinos: e que a administração dos Sacramentos nas parochias se deve entender cummulativa com os Parochos, e não privativa: e que a revogação ou moderação dos privilegios se não devem praticar com os que forem concedidos a Sua Magestade, ou a terceiro á sua instancia, ou contemplação: que no que respeita aos Visitadores, que V. S.^{a} Illma deputar, dando-lhes os seus poderes, fará V. S.^{a} Illma a delegação em Missionarios, que já tenham approvação de Sua Magestade; e que os ditos Missionarios, assim Portuguezes, como estrangeiros, que tiverem aquella approvação, os não removerá V. S.^{a} Illma senão por justissima e urgentissima causa, observando as disposições do direito, assim no procedimento, como na admissão da appellação, que de V. S.^{a} Illma se interpozer; e V. S.^{a} Illma se absterá de erigir novos Vicariatos, como tambem de conhecer de causas *in 1.ª instancia;* e nas que se lhe devolverem por appellação guardará V. S.^{a} Illma os termos de direito, sem usar das clausulas, que tirão a ordem judiciaria, por ser tudo isto contra o costume do Reino: que nas appellações, que se interpozerem das sentenças de V. S.^{a} Illma, e mandatos para a Sé Apostolica, as admittirá V. S.^{a} Illma em ambos os effeitos, devolutivo e suspensivo, nos casos, em que o direito os admitte; admittindo juntamente appellação das declarações, e definições, que V. S.^{a} Illma fizer ácerca das duvidas, que se moverem sobre as faculdades, que lhe são concedidas, se por direito, ou conforme a elle forem applicaveis. 1720 Março 22

Terá V. S.ª Ill.ma entendido que a jurisdicção, que se não exprime no Breve, não prevalecerá em nenhuma sorte contra os privilegios, direitos, e costumes dos Reinos de Sua Magestade, como fica dito a respeito do expressado no dito Breve; o que tambem praticará V. S.ª Ill.ma nos Estatutos, e Constituições que de novo fizer, tendo V. S.ª Ill.ma tambem entendido ser contra o privilegio, e costume do mesmo Reino citar para comparecer na Curia Romana pessoa alguma, ainda que seja para seguir appellação, que expressamente se interponha para o Summo Pontifice com nome expresso, porque ainda neste caso tem logar o dito privilegio.

Ultimamente ordena-me Sua Magestade recommende a V. S.ª Ill.ma da sua parte não se intrometta no governo economico, e domestico dos Regulares pelo grande desserviço de Deus, que se seguirá do contrario, como tambem a moderação dos salarios dos Notarios, e Officiaes, de que V. S.ª Ill.ma se servir.

Em tudo espera Sua Magestade V. S.ª Ill.ma obrará de maneira, que tenha muito que agradecer-lhe, para que V. S.ª Ill.ma experimente no seu Real animo os effeitos da veneração, e obsequio de Sua Magestade para com a Santa Sé Apostolica. E para servir a V. S.ª Ill.ma estou sempre prompto. Deus guarde a V. S.ª Ill.ma muitos annos. Paço, 22 de Março de 1720. — Diogo de Mendonça Côrte Real. — Ill.mo Sr. Patriarcha de Alexandria.

CARTA DE GUIA

Na nau *Rainha dos Anjos*, que presentemente parte para essa cidade, vae o Patriarcha de Alexandria, Commissario, e Visitador Apostolico geral á China, com faculdade de Legado a Latere; e para que Vossa Mercê não ignore os poderes, que elle leva, me ordena Sua Magestade remetta a Vossa Mercê a copia do Breve das suas faculdades; e das restricções, que o mesmo Senhor lhe fez, para que fique instruido de que elle póde usar dos ditos seus poderes, e aquelles de

1720 Março 22 que Sua Magestade lhe não permitte o uso: advertindo porém a Vossa Mercê que em todas as materias, tanto do que elle ha de exercitar, como no que se lhe não ha de permittir, quer Sua Magestade se use com o dito Patriarcha de todos os termos de urbanidade civil, que em tal caso se requerem; e que Vossa Mercê nessa cidade lhe faça todas aquellas demonstrações de agasalho e bom tratamento, que pede a sua dignidade, e obsequio devido á Sé Apostolica. Deus guarde a Vossa Mercê. Lisboa occidental, a 21 de Março de 1720.— Diogo de Mendonça Côrte Real.— Sr. Governador da cidade de Macau.

INDICE

DOS

DOCUMENTOS CONTIDOS N'ESTE TOMO

Cartas recebidas: Pag.

Do Sr. Barão Schmidthals, Ministro de Allemanha em Lisboa.... V

Do Sr. Conselheiro Antonio José Viale........................ V

Do Sr. Conselheiro Antonio José de Barros e Sá VI

Do Sr. Presidente da Camara Municipal de Coimbra VI

Do Reverendissimo Sr. Bispo de Macau........................ VII

Do Sr. Visconde de Ouguella................................ VII

1708 Abril 2 — Lisboa — Carta de El-Rey ao Vice-Rey da India, pelo Conselho ultramarino, sobre as perturbações causadas pelo Patriarcha de Antiochia 1

1709 Dez. 28 — Goa — Resposta do Vice-Rey da India a El-Rey 1

1712 Abril 7 — Copia do Tratado de 7 de abril de 1712 celebrado entre o Vice-Rey da India e o grandioso Fondú Saunto Bounsoló, Sar Dessay de Cuddalle.............................. 221

1716 Março 26 — Condições com que Sambagy Raze ratifica a paz e amisade que tinha com o Estado......... 2

1711-1717 — Carta do Ad-Rajáo de Cananor ao Vice-Rey da India Vasco Fernandes Cesar de Menezes ... 4

1719 Set. 29 — Roma — Breve concedendo ao Patriarcha de Alexandria as faculdades de Commissario Apostolico e Visitador das Missões da China, com poderes de Legado *à latere*........... 348

1719 Dez. 9 — Goa — Carta do Vice-Rey da India a El-Rey, sobre a paz feita com o Rey de Assarcete... 6

1720 Março 22 — Lisboa — Carta do Secretario d'Estado Diogo de Mendonça Côrte Real ao Patriarcha de Alexandria, com as restricções de Sua Magestade 364

Pag.

1720 Março 21 — Lisboa — Carta do Secretario d'Estado Diogo de Mendonça Côrte Real ao Governador de Macau, participando-lhe a partida do Patriarcha de Alexandria 365

1720 Abril 6 — Lisboa — Carta do Secretario d'Estado para o Vice-Rey da India sobre a partida do Patriarcha de Alexandria, nomeado Visitador para a China 8

1721 Maio — Carta do Vice-Rey da India ao Patriarcha de Alexandria 10

1722 Jan. 9 — Alibaga — Tratado de paz que se ajustou entre o Vice-Rey da India com Bagy Ráo Pandito Pardana 10

1724 Jan. 10 — Traducção do ajuste feito pelo Governador da fortaleza e terras de Galianà Ramachandra Panta 12

1724 Jan. 12 — Traducção do papel dado escripto pelo Pillagy Zadan Ráo ao Capitão Geral das fortalezas e terras do Norte 14

1724 — Traducção do papel dado escripto pelo Daulgy Somanancy ao Capitão Geral das fortalezas e terras do Norte 14

1724 Jan. 13 — Traducção da carta de Pillagy Zadi ao Capitão geral das fortalezas e terras do Norte 15

1724 Março 4 — Artigos de paz que Pedro Guedes de Magalhães, Capitão de mar e guerra, ajustou com o Rey Samorim 16

1724 — Traducção da Olla escripta pelo Rey Samorim aos Governadores do Estado de Goa 17

1724 Março 5 — Artigos de paz que Pedro Guedes de Magalhães, Capitão de mar e guerra ajustou com o Rey de Tanor 21

1724 Out. 1 — Calicut — Carta do Feitor de Mahim ao Capitão mór 18

1724 Dez. 27 — Mahim — Carta dos Francezes de Mahim aos Governadores do Estado 19

1724 Dez. 27 — Mahim — Carta do Feitor de Mahim ao Capitão mór 20

1725 Set. 7 — Goa — Certidão do Escrivão do Thesouro de se ter recebido uma Olla do Rey de Tanor no valor de 10:000 xerafins 22

— Documentos relativos ás Pazes com o Rey de Tanor e Samorim, sem data nem assignatura 23

1726 Maio 27 — Bicholim — Condições com que o Vice-Rey da

Pag.

India entregou ao Sar Desay Nagubá Saunto o dominio util da fortaleza de Bicholim..... 25

1726 Agosto 22 — Tratado de paz que o Vice-Rey da India concede a Fondu Saunto Bounsuló, Sar Dessay das terras de Cuddalle 27

— Declaração com que o Sar Dessay promette observar o tratado de paz antecedente...... 29

1727 Dez. 17 — Condições preliminares com que o Embaixador de Pate, em nome do seu Rey, se submette á soberana protecção de El-Rey D. João V de Portugal, ajustadas com o Vice-Rey da India 32

1727 Dez. 18 — Macau — Carta de Alexandre Metello de Sousa e Menezes para o Secretario d'Estado, dando conta da Embaixada que deu ao Imperador da China, por ordem de El-Rey D. João V.. 36

1728 Agosto 24 — Pate — Tratado de paz, amisade e alliança entre o Vice-Rey da India e o Rey de Pate....... 55

1729 Março 10 — Lisboa — Relação da Embaixada que El-Rey D. João V mandou no anno de 1725 ao Imperador da Tartaria e China, escripta pelo Secretario.......................... 60

1729 Dez. 19 — Goa — Carta do Vice-Rey da India a El-Rey, sobre os prejuizos que a Inquisição causa ao commercio na India 172

1731-1732 — Artigos e convenção de paz e amisade perpetua entre o Capitão geral das fortalezas e terras do Norte e Chrisná Rão Mahadeo, Governador de Galliana e suas fortalezas e terras do Concão 175

1735 Fev. 23 — Calicut — Capitulações feitas na feitoria Portugueza com El-Rey Samorim, por seus Regedores 179

1735 Março 5 — Calicut — Carta de El-Rey Samorim.......... 181

1735 Dez. 20 — Goa — Tratado e condições com que o Vice-Rey da India acceitou a satisfação que El-Rey de Sunda lhe mandou dar para se restabelecer a antiga paz entre o Estado e os seus dominios 183

1736 Julho 11 — Carta de Fondu Saunto Bounsuló escripta ao Vice-Rey da India...................... 195

1736 Julho 14 — Goa — Capitulações com o Bounsoló 192

— Lista do que o General dos Rios, Antonio Cardim Froes, conferiu com Vissa Rana Sinay.. 194

1740 Fev. 27 — Goa — Capitulações das pazes com o Bounsuló acceitas pelo Vice-Rey da India 196

Pag.

1740 Fev. 28 — Papel da memoria dada por Givagi Sinay Sabanis, vinda na carta de Nagogi Naique, Sar Dessay de Phonddá.................... 199

1740 Maio 14 — Carta dos Sar Dessaes de Cuddalle escripta ao Secretario do Estado.................... 200

1740 Maio 14 — Carta dos Sar Dessaes de Cuddalle escripta a Vittogy Sinay Dumó.................... 200

1740-1741 — Tratados com o Maratha.
Capitulações remettidas de Punem por D. Francisco Baron Galenfels.................... 202

1740-1741 — Traducção da copia de capitulações que veiu de Bombaim remettida pelo General inglez d'aquella Ilha.................... 206

1740-1741 — Copia do papel remettido pelo Capitão da Praça de Damão com carta de 15 de Fevereiro de 1741.................... 211

1741 Fev. 9 — Tratado de limites para repartição das Aldeias para Sarcar e Damão.................... 214

1741 Agosto 31 — Novas condições impostas pelo Vice-Rey da India acceitas pelos Sar Dessaes Zai Ramo Saunto Bounsoló e Ramachandra Saunto Bounsoló.................... 223

1741 Set. 11 — Copia do Tratado que se propoz no Concelho d'Estado feito a 11 de Setembro de 1741, pelo qual o Vice-Rey da India admitte os Sar Dessaes de Pragana Cuddalle á amisade do Estado 220

1741 — Traducção da Memoria dos artigos das capitulações das pazes entre os Sar Dessaes e o Estado.................... 233

1742 Dez. 13 — Ribandar — Resposta do General Manuel Soares Velho sobre algumas duvidas para ajustar a paz com os Sar Dessaes.................... 237

1742 Junho — Tratado com o Rey de Sunda ajustado pelo General Manuel Soares Velho.................... 239

1742 Julho 24 — Condições ajustadas entre o General Manuel Soares Velho e Callapaya, General de Sunda e seu embaixador Custam Ráo.................... 241

1744 Março 25 — Lisboa — Instrucção de El-Rey D. João V dada ao Marquez de Castello Novo (depois Marquez de Alorna), Vice-Rey e Capitão General do Estado da India.................... 243

1746 Out. 20 — Goa — Juramento de vassallagem a El-Rey dos Ranes Dessaes de Sanquelim e outros Dessaes da mesma provincia e suas adjacentes.. 263

Pag.

1746 Out. 26 — Goa — Condições concedidas pelo Vice-Rey da India aos Dessaes, que juraram solemnemente fidelidade ao Estado.................... 266

1746 Out. 26 — Panelim — Edital do Vice-Rey da India concedendo seguro aos moradores das aldeias.... 268

1746 Out. 26 — Panelim — Edital do Vice-Rey da India levantando a prohibição do commercio com as aldeias................................ 270

1754 Maio 30 — Goa — Ratificação do juramento em 1754..... 271

1746 Nov. 2 — Carta do Vice-Rey da India Marquez de Castello Novo a El-Rey, dando conta da conquista da Praça de Alorna...,.............. 272

1748 Março 27 — Lisboa — Carta de El-Rey, pelo Conselho ultramarino, ao Vice-Rey da India, approvando todas as mercês que elle concedeu por occasião do assalto da praça de Alorna......... 295

1749 — Estipulações de Macau com os Chinas........ 296

1750 — Instrucção que o Marquez de Alorna, Vice-Rey da India, deixou ao seu successor o Marquez de Tavora............................ 298